Uwe Gräbe

Jerusalem, Muristan –
und andere Wege in Nahost

Interreligiöse Perspektiven

Band 8

LIT

Uwe Gräbe

Jerusalem, Muristan –
und andere Wege in Nahost

Grenzgänge und Begegnungen
im politischen und religiösen Spannungsfeld

LIT

Für Nilar und Jonathan

Umschlagbild:
Jerusalem, Altstadt; Uwe & Jonathan Gräbe (s. Kapitel III.1)

Gedruckt auf alterungsbeständigem Werkdruckpapier entsprechend
ANSI Z3948   DIN ISO 9706

Bibliografische Information der Deutschen Nationalbibliothek
Die Deutsche Nationalbibliothek verzeichnet diese Publikation in der
Deutschen Nationalbibliografie; detaillierte bibliografische Daten sind
im Internet über http://dnb.d-nb.de abrufbar.

ISBN 978-3-643-14161-3 (br.)
ISBN 978-3-643-34161-7 (PDF)

© LIT VERLAG Dr. W. Hopf Berlin 2018
Verlagskontakt:
Fresnostr. 2   D-48159 Münster
Tel. +49 (0) 2 51-62 03 20
E-Mail: lit@lit-verlag.de   http://www.lit-verlag.de

Auslieferung:
Deutschland: LIT Verlag, Fresnostr. 2, D-48159 Münster
Tel. +49 (0) 2 51-620 32 22, E-Mail: vertrieb@lit-verlag.de
E-Books sind erhältlich unter www.litwebshop.de

Inhalt

Felsendom, Armenisch-Katholische Kirche, Al-Aqsa Moschee

„Martin Buber hatte Recht" (Graffiti in Tel Aviv)

Alle Fotos auf dieser und den folgenden Bildseiten (160-162) vom Verfasser.

I   JERUSALEMER WEGE

1   Willkommen am Muristan

„*Welcome to Jerusalem*" so schallt es dem Besucher auf Schritt und Tritt entgegen, sobald er die ummauerte Altstadt durch eines der historischen Stadttore betreten hat und sich in das Gewirr der engen Gassen begibt. Aus dem 16. Jahrhundert stammen die imposanten Stadtmauern, die im gleißenden, klaren Sonnenlicht golden strahlen. Ihrer Faszination kann sich wohl niemand entziehen. In den zurückliegenden drei Jahrzehnten habe ich diese Mauern und Gassen immer wieder aus unterschiedlichen Perspektiven kennengelernt: als Student und Doktorand in dieser einzigartigen Stadt, als Vortragsreisender, zuletzt als Nahostreferent einer internationalen Gemeinschaft von Kirchen sowie als Geschäftsführer eines Schulvereins, der mit seinen bescheidenen Mitteln die Arbeit einiger pädagogischer Einrichtungen im Nahen Osten fördert.

Am intensivsten war jedoch die Zeit von 2006 bis 2012: In diesen sechs Jahren durfte ich täglich durch die Tore Jerusalems ein- und ausgehen. Sechs Jahre lang habe ich innerhalb dieser Mauern mit meiner Familie gelebt und als Propst an der Erlöserkirche gearbeitet. Und manches Mal, wenn ich abends nach Gemeindebesuchen mit dem Auto durch das Jaffa-Tor in die Altstadt hineinfuhr, dann musste ich unwillkürlich denken: Wie profan. Milliarden von Menschen auf der ganzen Welt träumen davon, einmal im Leben als wandernder Pilger die Stadt auf diesem Wege zu Fuß zu betreten. Und ich fahre einfach mit dem Auto hinein...

Und überhaupt: das Licht. Fast ist es ein Klischee, denn kaum ein Reisebericht über Jerusalem kommt ohne die Erwähnung dieses kristallklaren Lichtes aus, welches die Stadt verzaubert, ihre Konturen schärft – und zuweilen gar die Gedanken der Pilger auf ihrer Suche nach Gott inspirieren soll. Ist es sinnvoll, all diesen Beschreibungen noch eine weitere hinzuzufügen – auf die Gefahr hin, dabei genauso ins Klischeehafte abzugleiten wie unzählige Berichte zuvor? Eigentlich kommt es ja in ganz unterschiedlichen Formen daher, dieses Licht. Mal heiß, flirrend, zur Mittagszeit eines Augusttages: in solchen Momenten selbst von den Steinen noch so grell reflektiert, dass es unmöglich ist, die Augen offen zu halten. (Die Kameraleute der im Nahen Osten reichlich präsenten Fernsehsender schimpfen dann immer über die Unmöglichkeit, unter solchen Bedingungen zu gescheitem Bildmaterial zu kommen.) Und dann wieder geradezu übernatürlich, etwa an einem Frühjahrsmorgen kurz nach Sonnenaufgang, bevor die Pulks der Touristen sich in die Altstadt schieben. Die goldenen, silbernen, weißen und grauen Kuppeln der Stadt heben sich dann so magisch von dem makellos blauen Himmel ab, dass man meinen könnte, das irdische Jerusalem werde für die Dauer eines Augenblicks bereits von seinem himmlischen Pendant berührt.

Wenn man vom Platz hinter dem Jaffa-Tor die Stufen des Davidsbasars mit all seinen Souvenir- und Kitschläden hinuntersteigt und dann in die zweite Gasse links abbiegt, dann befindet man sich im *Muristan*. Ein eigenartiger, fremd klingender Begriff in einer Gegend, wo sonst arabische, hebräische oder griechische Straßennamen üblich sind. Bis zum Ersten Weltkrieg war dies die „Kronprinz Friedrich Wilhelm Straße", benannt nach jenem Hohenzollern, dem hier vom osmanischen Sultan ein Stück Land zugesprochen wurde, auf welchem der deutsche Kaiser dann zwischen 1893 und 1898 die Evangelische Erlöserkirche erbauen ließ. Dieses Stück Land war damals schon getränkt mit Geschichte, und die Straße erhielt, nachdem die deutsche kaiserliche Armee, die hier an der Seite ihrer osmanischen Verbündeten gekämpft hatte, im Jahr 1917 aus der Stadt vertrieben worden war, wieder den alten, überlieferten Namen *Muristan*.

Wahrscheinlich ist dies nichts anderes als eine Verballhornung des in manchen arabischen Städten anzutreffenden persischen Begriffes *Bimaristan*, welcher einfach ein Krankenhaus bezeichnet. Denn ein solches hatte sich seit den Zeiten Karls des Großen an dieser Stelle befunden und bereits mehrfach den Besitzer gewechselt, bevor hier im Mittelalter, als es unter dem Namen „Hospital zum Heiligen Johannes" firmierte, der Hospitaliter- bzw. Johanniterorden gegründet wurde – welcher dann Jahrhunderte später eine wesentliche Rolle als Teil des geschichtlichen Narratives des preußischen Königs- und deutschen Kaiserhauses übernehmen sollte. In der populären städtekundlichen Literatur über Jerusalem findet man jedoch noch etliche weitere kreative Herleitungen des Begriffes *Muristan*. Von der Verwandtschaft mit dem französischen Wort *mourir* ist da die Rede, welche auf ein Sterbehospiz hindeuten könnte. Einige Reiseführer verstehen den Begriff zudem auch als Bezeichnung eines sehr speziellen Krankenhauses, in welches die Menschen gebracht wurden, die aufgrund ihrer seelischen Verfassung einer besonderen Betreuung bedurften – zu Deutsch: eines Irrenhauses.

Jene letzte Interpretation – so falsch sie historisch auch sein mag – hat durchaus einen gewissen Reiz. Immerhin befindet sich der Muristan sozusagen im Zentrum einer Stadt, in welcher Vernunft und Irrsinn oftmals ununterscheidbar nahe beieinander liegen. Direkt schräg gegenüber vom Haupteingang der Erlöserkirche liegt die Grabeskirche – oder, in der Begrifflichkeit der orthodoxen Christen: die *Anastasis* beziehungsweise auf Arabisch *Qayiama*, also Auferstehungskirche. Und vom Dach der angrenzenden Propstei gesehen liegen die Kuppeln der muslimischen Heiligtümer auf dem Tempelberg beziehungsweise dem *Haram ash-Sharif*, dem „vornehmen Heiligtum" – also der Felsendom und die Al-Aqsa-Moschee – ebenso zum Greifen nahe wie die weiße Kuppel der *Hurva*-Synagoge im jüdischen Viertel der Altstadt. Nach ihrer Zerstörung durch die Jordanische Legion im Jahr 1948 wurde die Synagoge erst in den Jahren 2007 bis 2010 wieder aufgebaut. Doch das Dreieck, welches von der grauen Kuppel der Christen, der goldenen Kuppel der Muslime und der weißen Kuppel der Juden umrissen wird, bezeichnet seit jeher den Raum, in welchem sich Propheten und Politiker, Lebenskünstler und Besessene mit einer solchen Selbstverständlichkeit begegnen wie sonst nirgendwo auf der Welt. Und manches Mal mag sich der, der hier für einige Zeit heimisch geworden ist, fragen, zu welcher Kategorie er nun selbst wohl zähle. Vielleicht gibt es in dem so umrissenen Raum sogar so etwas wie ein „Prinzip Muristan". Für mich ist das eine Konstellation, in der jeder weiß, dass alles falsch ist – aber wie in einem absurden Theater sämtliche Beteiligten so handeln, als wäre alles in bester Ordnung.

Der Name „Jerusalem", auf Hebräisch *Yerushalayim*, leite sich von *Ir shel Shalom* – „Stadt des Friedens" – her, so beschwor es die biblisch gebildete Touristin mit dem breiten amerikanischen Südstaatenakzent und dem auffälligen Davidsstern an ihrer Halskette am Tisch des kleinen Straßencafés im Muristan, direkt gegenüber von Erlöserkirche und Propstei. So habe es Gott selbst gewollt und seinem Volk verheißen, und wenn man einmal betrachte, dass die unterschiedlichen Religionen in dieser Stadt heute friedlicher nebeneinander lebten als in irgendeinem Zeitalter zuvor, dann könne man bereits die tiefe Wahrhaftigkeit dieses Namens erkennen. Offenbar zufrieden mit sich und der Welt nahm sie einen Schluck heißen arabischen Kaffees aus ihrem *Finjan*, der traditionellen kleinen Tasse, während ihre Gesprächspartner ihr zunickten und selbst der tiefblaue Herbsthimmel ihr Recht zu geben schien.

Nur zufällig hatte ich ihre Sätze im Vorbeigehen aufgeschnappt – und da war es wieder, das „Prinzip Muristan": Vor einer halben Stunde nämlich hatte es hier noch ganz anderes ausgesehen. Und das hat mit den Familienstrukturen in unserer Straße zu tun. Der Muristan liegt zwar im Herzen des christlichen Viertels der Altstadt, doch es leben nur noch sehr wenige Christen in dieser Gegend. Die meisten sind längst ausgewandert. Die einzigen Christen in unserer Straße waren wir Propstei-Bewohner; die nächsten christlichen Nachbarn fanden sich erst in den Wohnungen des St. Johannes-Konvents an der Ecke zwischen dem *Avtimios*-Markt und der *Christian Quarter Road*. Und fast die ganze gegenüberliegende Seite des Muristan teilten sich zwei muslimische Großfamilien: die Salaimehs und die Abdeens. Sie wohnten hier zwar nicht, sondern betrieben nebeneinander jeweils eine Reihe Straßencafés, die sie in Erbpacht vom Griechisch-Orthodoxen Patriarchat übernommen haben. Aber diese konkurrierenden Aktivitäten im gleichen Geschäftsbereich boten immer wieder zahlreiche Anlässe zu einer schier unendlichen Familienfehde.

Die letzte Welle dieser Fehde begann, als der Inhaber des kleinen Schusterladens um die Ecke plötzlich verstorben war. Meine These war, dass sowohl die Salaimehs als auch die Abdeens gleichzeitig das Interesse entwickelt hatten, diesen freigewordenen Laden zu übernehmen, um mit ihren Cafés zu expandieren. Doch der gute Yacoub, unser Hausmeister (beziehungsweise „*Facility-Manager*" und Fahrer", wie er sich selbst bezeichnete) hielt mir entgegen, dass es eigentlich gar keines Anlasses bedurft hätte, um die angestauten Emotionen der einen gegenüber den anderen wieder einmal explodieren zu lassen. „*Majaniin*", sagte Yacoub. „Verrückte." Womöglich lag der eigentliche Grund für den Streit in einer solch fernen Vergangenheit, dass sich niemand mehr so recht daran erinnerte.

Und die Verrückten der einen Familie waren nun angerückt, um den Verrückten der anderen Familie eine Lektion zu erteilen. Mit Eisenstangen waren sie gekommen und mit Kanthölzern – sowie mit ein paar besonders muskelbepackten jungen Kerlen, die ich zuvor noch nie in unserer Nachbarschaft gesehen hatte. Für einen Moment versuchte der „kleine Kraftprotz", sich ihnen in den Weg zu stellen. Eigentlich hieß er 'Ala. Aber alle nannten ihn immer nur den „kleinen Kraftprotz": den gedrungenen Mittzwanziger mit dem Stiernacken, der in dem Café genau gegenüber vom Propsteieingang den Ton angab und unerwünschte Gäste leicht auf Distanz zu halten vermochte. Doch diesmal hatte er gegen die Übermacht der anderen Partei keine Chance. Eine Eisenstange klatschte mit solcher Wucht auf seine Nierengegend, dass er für einen Moment mit einem kläglichen Seufzer in die Knie ging. Und dann wurde in seinem

10

Laden ganze Arbeit geleistet: Teller und Gläser flogen klirrend aus den Regalen, Tische und Stühle zersplitterten, Kichererbsenbrei und Salatsoße flossen auf den Erdboden, und zuletzt trugen zwei besonders starke Männer die Gefriertruhe mit dem Speiseeis aufs Dach, um sie von dort mit einem ohrenbetäubenden Lärm auf die Straße krachen zu lassen.

Als wenige Minuten später die israelische Polizei erschien und den Muristan zum Schutz der Touristen abriegelte, war der Spuk bereits vorbei und die Angreifer geflüchtet. 'Ala, der „kleine Kraftprotz", krempelte das blutige T-Shirt über der klaffenden Platzwunde am Rücken hoch, zündete sich eine Zigarette an, inhalierte ein paar tiefe Züge und betrachtete einige Minuten lang in Ruhe den Schaden. Schließlich kramte er sein Handy aus der Hosentasche und führte zwei oder drei kurze Telefonate. Und dann geschah das Wunder: Binnen kürzester Zeit wurden einige schwer beladene *Arabayyes*, die traditionellen grünlackierten Handkarren der palästinensischen Lastenträger, herbeigeschoben. In Windeseile füllte sich das Café mit neuem Mobiliar, neuem Geschirr und neuen Speisen. Zuletzt wurde noch eine nagelneue Kühltruhe herbeigeschafft und mit Eis bestückt. Die Trümmer der alten Einrichtung wurden kurzerhand vor die Tür der Propstei geworfen. Nur wenig mehr als eine halbe Stunde später saßen die ersten Touristen wieder an den Tischen des Cafés, und die Dame aus Texas mit dem Davidsstern um den Hals erzählte etwas von „Jerusalem, der Stadt des Friedens". So sehen wohl die besonders hartgesottenen Touristen aus, dachte ich für einen Moment. Bis mir klar wurde, dass keiner der Besucher etwas mitbekommen hatte von dem, was kurz zuvor geschehen war.

Nicht verhehlen lässt sich bei alledem, dass der Respekt, den eine Kirche wie die unsere in ihrer unmittelbaren Jerusalemer Nachbarschaft genießt, äußerst begrenzt ist und zudem immer weiter schwindet. In meinem Jerusalemer Bücherregal stand ein Blechschild, welches ich irgendwann einmal aus dem verstaubten Fundus der Propstei herausgezogen hatte. Bis in die 1970er Jahre hinein muss es an einem der Eingänge des Muristan angebracht gewesen sein. Dazu muss man freilich wissen, dass unsere Straße sowohl an ihrer Hauptabzweigung vom Davidsbasar als auch an allen Einmündungen der kleinen Seitengassen mit historischen Metalltoren ausgestattet ist, die sich theoretisch auch verschließen lassen. So hat der Muristan durchaus den Charakter einer traditionellen arabischen

Nachbarschaft, in welcher der Schutz des Privatbereiches groß geschrieben wird.

Das Blechschild, welches ich gefunden hatte, wies nun zweisprachig darauf hin, dass es sich beim Muristan um eine Privatstraße der evangelischen Kirche handele, die unter der Woche abends ab sieben Uhr, und sonntags zudem während der Gottesdienstzeiten, für die Öffentlichkeit geschlossen sei. Wahrscheinlich war das Schild entfernt worden, als solche Regeln schon längst nicht mehr durchsetzbar waren. Irgendwann hatte einer meiner Vorgänger einem der Caféhausbesitzer erlaubt, fünf Tische auf der Straße vor seinem Laden aufzustellen. Später hatten auch die anderen Cafés mit dem Aufstellen von Tischen im Außenbereich begonnen; die Auslagen der Souvenirläden waren gefolgt, und als ich meinen Dienst in Jerusalem begann, war die Zahl an Tischen, Stühlen und Ständern mit bunten Palästinensertüchern aus China, siebenarmigen Leuchtern aus vergoldetem Plastik, geschnitzten Olivenholzkamelen und original Jordanwasserfläschchen bereits unüberschaubar geworden. Zuweilen klagten Gottesdienstbesucher darüber, kaum noch zum Eingang der Kirche zu gelangen – was allerdings wohl ein wenig übertrieben war.

Eines späten Abends klopfte Elke, unsere Kirchenmusikerin, aufgebracht an meine Tür. Sie hatte bis dahin an der Orgel geübt, war jedoch immer wieder unterbrochen worden. „Sag mal, ist es normal, dass die Kinder hier in der Straße unsere Kirchentür als Fußballtor benutzen?" – „Ach, hier sind noch ganz andere Sachen normal", entgegnete ich. Dabei erinnerte ich mich an all die Nächte, in denen unter unseren Fenstern das Fußballspiel tobte und der Ball regelmäßig mit dumpfem Knall gegen das schwere Eichenholz der Kirchentür geschossen wurde, bis der Muezzin vom benachbarten Minarett gegen vier Uhr das nahe Morgengrauen ankündigte. Irritierend daran war vor allem, dass es sich bei fast allen, die da spielten, um Kinder im schulpflichtigen Alter handelte, die normalerweise früh am jeweils nächsten Morgen hätten aufstehen müssen. Einmal stand ich auf, ging des Nachts zu den Kindern und fragte sie, was denn wohl passieren würde, wenn ich auch nur einmal einen Fußball gegen die Tür der *Al-Aqsa*-Moschee oder des Felsendoms schießen würde. Ein etwa Zehnjähriger sah schräg von unten zu mir auf, zündete sich eine Zigarette an und fuhr dann mit Zeige- und Mittelfinger der rechten Hand quer über seine Kehle, um mir mit dieser eindeutigen Geste zu bedeuten: Das würdest du nicht überleben.

Sehr deutlich lässt sich an den nächtlichen Aktivitäten der Nachbarskinder übrigens das zunehmende Auseinanderbrechen der sozialen und

12

familiären Strukturen in der arabischen Gesellschaft der Jerusalemer Altstadt ablesen. Das Wort des *Scheichs* oder Familienoberhauptes zählt nicht mehr viel. Viel zu viele Menschen auf zu engem Wohnraum in den sanitär nur mangelhaft ausgestatteten Altstadtwohnungen, Arbeitslosigkeit, häusliche Gewalt, Alkohol- und Drogenmissbrauch haben in den vergangenen Jahren einen hohen Tribut gefordert. Zudem macht sich ein Wertewandel bemerkbar, dem gerade die Älteren hilflos gegenüberstehen: Autorität ist nicht mehr etwas selbstverständlich Gegebenes, sondern Autorität will – wie überall in der modernen Welt – immer wieder neu begründet werden, um glaubhaft zu sein. Und einem Familienoberhaupt, das arbeitslos die Tage vor dem Fernseher verbringt oder gar Drogen nimmt, fällt es, vorsichtig gesagt, zunehmend schwer, gegenüber den Kindern und Jugendlichen in der Großfamilie seine Autorität zu begründen.

Eine solche Situation lockt natürlich ganz unterschiedliche Kräfte an, welche versuchten, sich der orientierungslos gewordenen Menschen, in diesem Fall vor allem der Jugendlichen, in der Altstadt anzunehmen. Immer häufiger sah man junge Männer mit gepflegten langen Bärten und sorgfältig gebügelten, weißen Kaftanen, die hier ihre Schriften verteilten, mit sanfter Stimme die Menschen ansprachen und ihre fundamentalistische Form des Islam als Lösung aller Gegenwartsprobleme anpriesen. Sie scheuten nicht einmal mehr davor zurück, genau vor unserer Kirchentür missionarisch tätig zu werden. „Das kommt von außen", so raunte es mir mein arabischer Kollege, der selbst aus einer alten christlich-palästinensischen Familie stammt, einmal zu. „Das sind nicht unsere muslimischen Nachbarn, wie wir sie jahrhundertelang gekannt haben." Es lag etwas Beunruhigendes in diesem Kommentar.

Das Gespräch, das immer neue Zuhören und die Begegnung unter gegenseitigem Respekt sind ein viel zu kostbares Feld, um es allein den islamistischen Bauernfängern zu überlassen. Wie es ganz bescheiden im Alltag gemacht wird, das habe ich oft von meiner Frau bei unseren gemeinsamen Gängen durch die Altstadt gelernt. Meine Frau Nilar stammt aus Burma. Kennengelernt haben wir uns vor rund einem Vierteljahrhundert im Studium an der Universität Heidelberg. Die Jahre in Jerusalem waren auch deswegen eine gute Zeit für uns, weil wir hier auf halbem Wege zwischen Deutschland und Burma angekommen waren: geografisch, kulinarisch und eben auch kulturell. Hier waren wir nicht mehr der deutsche Pfarrer und seine ausländische Frau, sondern einfach zwei Menschen aus unterschiedlichen Teilen der Welt, die sich gemeinsam in einen neuen Kontext hineinzufinden hatten. Und manchmal hatte es Nilar damit sogar einfacher als ich, weil sie aus ihrer Heimat ein kulturelles Handwerkszeug mitgebracht hatte, welches uns im Westen bisweilen fehlt. Wie man ebenso respektvoll wie bestimmt um den Preis einer Ware feilscht, das habe ich von Nilar gelernt. Und längst nicht mehr feilschen musste meine Frau schon nach wenigen Wochen bei Abu 'Adel, unserem Gemüsemann. Gerne zugehört habe ich immer, wenn sie sich bei ihm, dem Muslim, unter Verwendung aller möglichen orientalischen Höflichkeitsformeln nach seinem Wohlergehen, seinen Geschäften und seinen Kindern erkundigte, und wie er ihr, der Christin, dann die beste Ware anpries – zu denselben Preisen wie den Einheimischen, was nicht selbstverständlich ist.

Deutlich schwerer tat sich anfangs unser Sohn Jonathan mit der Lebenssituation am Muristan. Fünf Jahre alt war er gerade geworden, als wir in Jerusalem eintrafen. Am Schluss hatte er hier mehr als die Hälfte seines Lebens verbracht; hier kam er zur Vorschule, hier hat er die Grundschulzeit abgeschlossen. Doch den Kindern am Muristan ist er meistens aus dem Wege gegangen. Der eher robuste Umgang der Straßenkinder miteinander, das ständige latente Gewaltpotential, haben ihm im Laufe der Jahre einige Schreckmomente eingebracht. Auf das Rangeln und Stoßen, welches hier zum alltäglichen Miteinander einfach dazugehört, bereitet eine internationale Schule gepflegter angelsächsischer Prägung, wie Jonathan sie in Jerusalem besuchte, wohl nur in äußerst beschränktem Maße vor. So waren es dann vor allem seine internationalen Schulkameraden, mit denen er seine Zeit verbracht hat – chauffiert vom „Taxi Mama", wie es auch in Deutschland üblich sein mag. Für seine Exkursionen durch die Altstadt hingegen entwickelte er zunehmend Techniken, sich so zu bewegen, dass er den Straßenkindern nicht begegnete.

Bei einiger Ortskundigkeit ist es durchaus möglich, ausgiebige Spaziergänge über die zumeist flachen Dächer der Altstadt zu unternehmen. Anfangs entschwand Jonathan gerne über unser eigenes Dach hinweg. Da ihm die entsprechende Ortskundigkeit zunächst jedoch fehlte, konnte es durchaus passieren, dass er dann von irgendeinem Erwachsenen aus der Nachbarschaft nach Hause gebracht wurde. Oder auch, dass er einmal das österreichische Hospiz aufsuchte, welches er von einem früheren Besuch mit den Eltern bereits kannte, um dort etwas zu essen und zu trinken zu bestellen – mit dem kecken Hinweis, die Rechnung möge man getrost seinem Vater, dem Propst, zukommen lassen, der allseits bekannt sei und die offene Summe dann schon begleichen werde.

Einmal machten wir gemeinsam einen Gang über die Stadtmauern Jerusalems und kamen dabei mit einer orthodoxen jüdischen Familie ins Gespräch. Als diese an der nur schwer einsehbaren Nordostecke der Altstadt von arabischen Kindern mit Steinen beworfen wurde, gelangten auch wir ins Schussfeld. „So sind sie, die Araber", sagte Jonathan lakonisch – und alle meine Versuche, mit pädagogisch gut gemeinten Erklärungen gegen die Ausbildung eines frühkindlichen Rassismus anzugehen, fruchteten nur wenig. Doch bald darauf wurde Jonathan, als er wieder einmal auf unserem Dach spielte, von den Kindern aus der gegenüberliegenden nationalreligiösen jüdischen Siedlung mit Steinen beworfen. Womöglich hatten sie ihn für einen Araber gehalten. „Und was hast du dann getan?", fragte ich ihn, als er mir seine Blessuren am Arm zeigte. „Och, ich habe zurückgeworfen", entgegnete er mit verschmitztem Lächeln. Zum Glück ist uns eine Ausweitung dieses Konfliktes erspart geblieben.

Als Jonathan wenige Zeit später einmal in einem unbeobachteten Moment den Papierkorb unter dem Empfangstresen der Propstei angezündet und damit fast das Haus in Brand gesetzt hatte, teilte mir der aufgebrachte Kollege von der englischsprachigen Gemeinde im Haus mit, dass mein Sohn nicht nur ein ausgemachter Pyromane sei, sondern auch immer wieder aus einer erhöhten Position heraus kleine Steinchen auf die Touristen in unserem mittelalterlichen Kreuzgang fallen lasse. Am Ende seiner Ausführungen setzte der Kollege noch hinzu, dass er mich nur aus Respekt vor meinem Amt als Propst bislang noch nicht über das Treiben meines Sprosses informiert habe.

Das war der Moment, an dem wir ernsthaft überlegten, ob das Klima der Altstadt wirklich förderlich für eine kindliche Entwicklung ist. Ich habe mich dann mit dem Gedanken getröstet, dass etliche Propstgenerationen vor mir hier ihre Kinder großgezogen haben. Und soweit ich weiß, sind aus ihnen allen hochanständige Leute geworden.

Was blieb uns also, als immer wieder das Gespräch zu suchen – auch da, wo es unangenehm wurde? Es war umso wichtiger, je weniger man sich auf die quasi automatische Wirksamkeit der eigenen Autorität verlassen konnte. Und so habe ich manches Mal den Weg ums Haus unternommen: Zuerst auf die Westseite, um die Caféhausbesitzer wieder und wieder aufzufordern, ihre Tische und Stühle ein Stück zurückzunehmen und nicht unsere gesamte Straße zu blockieren. Dann auf die Nordseite, um den dort ansässigen arabischen Kofferhändler davon abzuhalten, mit einem Durchbruch seiner Wand in unseren Hinterhof zu expandieren. Und schließlich auf die Ostseite, um die jüdischen Siedler dort auf den Dächern des muslimischen Viertels anzuhalten, ihren verrottenden Müll nicht immer wieder vor unsere Hintertür zu werfen.

Erfolgreich war ich damit nur beim Kofferhändler im Norden – womit ich anfangs am wenigsten gerechnet hätte, weil seine Geschichte eigentlich die dramatischste war. Kofferhändler gibt es in der Jerusalemer Altstadt reichlich. Was daran liegen mag, dass viele Touristen mit relativ bescheidenen Transportbehältern hier ankommen und sich dann erst die richtige Ausrüstung kaufen müssen, um ihre reichlich erworbenen Souvenirs verstauen zu können. In verschärfter Form tritt diese Situation normalerweise in Februar ein, wenn regelmäßig zahlreiche Touristen aus Nigeria (die hierzu Subventionen ihrer Regierung erhalten) das Land bereisen und sich dann angesichts der in Jerusalem zu dieser Jahreszeit recht kühlen Temperaturen zunächst einmal eine dicke Wolldecke kaufen. Und diese Decke will dann auch irgendwie transportiert werden – weshalb in diesem Monat in der Regel auch etliche Wolldeckenhändler in das Geschäft mit Koffern (meistens billiger Ware aus China) einsteigen.

Unser Nachbar handelte nun nicht mit Wolldecken, sondern ausschließlich mit Koffern und anderen Lederwaren. Und er hatte eine große Familie. Nachdem er im Kofferhandel offenbar eine Weile sehr erfolgreich gewesen war, hatte er am Stadtrand von Jerusalem ein geräumiges Haus für seine zahlreichen Familienangehörigen gebaut. Genaugenommen befand sich das Haus in einem der arabischen Viertel der Stadt, welche im Sechstagekrieg 1967 von den Israelis erobert und schließlich 1980 zur „einen, auf ewig ungeteilten Hauptstadt Israels" annektiert worden waren. Nun wurde jedoch seit 2003 von der israelischen Regierung die Sperranlage gebaut, welche von denen einen als der „Sicherheitszaun" bezeichnet wird, der vor palästinensischen Selbstmordattentätern schützen soll, von den anderen jedoch schlicht als „die Mauer", welche faktisch massiv die Fragmentierung des Gebietes eines zukünftigen Staates Palästina befördert. Folglich geschah es, dass einige – wenn auch geringe – Teile der gerade zwei Jahrzehnte zuvor annektierten Stadtteile vom Kern Jerusalems aus gesehen außerhalb der Sperranlage zu liegen kamen. Ortsnamen wie z.B. *Kafr Aqab, Atarot, Semiramis, Zughayer* und *Ar-Ram* verbinden sich mit diesem Phänomen. Dies führte zunächst einmal dazu, dass hier quasi rechtsfreie Räume ohne jegliche kommunale Dienstleistungen entstanden: Die Palästinenserbehörde darf in diesen Zonen keine Verantwortung übernehmen, die israelischen Behörden dagegen sehen sich aufgrund von Sicherheitsbedenken meistens außer Stande, jenseits ihrer Sperranlage aktiv zu werden. So werden Straßen nicht repariert, für die Durchsetzung des Baurechts sieht sich niemand zuständig, es gibt keine kommunale Müllabfuhr, und wer das Pech hat, hier in einen Verkehrsunfall verwickelt zu sein, um den kümmert sich keine Verkehrspolizei. Die paar Hundert Meter jenseits des *Qalandia*-Checkpoints am nördlichen Ausgang Jerusalem sind eine derartige Zone, die von vielen Pendlern zwischen Ramallah und Jerusalem täglich passiert werden muss. Für mich war gerade dieser Ort die erschreckendste Wüstenei der Region. Eine Unzahl von Gittern, Betonbarrieren und Stacheldrahtabsperrungen hat die israelische Armee hier bis ins palästinensische Wohngebiet hinein gebaut; der Wind treibt Sand, Dreck und Millionen weggeworfener Plastiktüten vor sich her. Eine unübersehbare Zahl an Straßenkindern bettelt in hoch aggressiver Weise die Autofahrer an, die hier auf ihre Abfertigung am Checkpoint warten.

Was jedoch viel schwerer wiegt: In diesen Zonen leben mehrere tausend Menschen. Und diese befürchten nicht ganz grundlos, dass sich Israel über kurz oder lang von allen Gebieten hinter der Mauer trennen wird. Dies aber würde bedeuten, dass die hier lebenden Palästinenser von der israelischen Stadtverwaltung keine Identitätskarten, die sie als Einwohner Jerusalems ausweisen (die so genannten *Jerusalem IDs*) mehr erhalten würden. Und dies wiederum hätte äußerst weitreichende Folgen: Diese Menschen, die ansonsten zumeist über keinerlei Staatsangehörigkeit verfügen, würden damit von einem Tag auf den anderen den Zugang zum israelischen Sozialversicherungssystem, zur Krankenversicherung und zum Schulsystem verlieren. Da kaum jemand dieses Risiko eingehen wollte, zogen viele arabische Jerusalemer, die einst in die arabischen Neubaugebiete am Stadtrand abgewandert waren, nun wieder zurück in die Altstadt – was zur Überbevölkerung und den sozialen Problemen dieses Fleckchens Erde erheblich beitrug. Die Familie unseres Koffermannes gehörte auch zu diesen Menschen. Mit einer großen Kinderschar lebte sie in zwei winzigen Zimmern in Obergeschoss des Kofferladens.

Dies war der Grund, warum er so gerne die Wand seines Hauses, die an unseren Hinterhof grenzt, durchbrochen hätte. Irgendwann in früheren Jahren hatte er einen entsprechenden Versuch bereits unternommen gehabt; davon zeugte die solide Metallplatte, die von der Seite der Propstei aus kurzerhand auf die Wand geschraubt worden war. Doch seit meinem Amtsantritt verfolgte der Kofferhändler dieses Projekt mit erneuter

Energie. Er brauche „Ventilation" für seinen Laden, so erklärte er immer wieder. Ich konnte in solchen Fällen nur entgegnen, dass mir der Unterschied zwischen Ventilation und einer Tür durchaus bewusst war. Und was er zu bauen versuchte, war eine Tür in unseren Hinterhof, den wir als Terrasse und geschützten Freizeitraum für unsere jungen Freiwilligendienstleistenden, die so genannten Volontäre oder kurz „Volos" beiderlei Geschlechts, nutzten. Ich konnte ihn in seinem Ansinnen sogar von Herzen verstehen. Denn wer wollte nicht ein wenig Raum und Luft gewinnen, wenn er mit so vielen Menschen auf so engem Raum leben muss? Doch allein wenn er nur die Sicht in unseren Hinterhof gewonnen hätte, dann hätten nach allen traditionellen Regeln der Altstadt unsere Volontärinnen dort nicht mehr „unzüchtig gekleidet" – also etwa in kurzen Hosen – sitzen können. Und dann hätten wir den Hof alsbald ganz verloren gehabt. Also war von meiner Seite ein Entgegenkommen in dieser Angelegenheit stets unmöglich. Eine Weile lang griff mich unser Koffermann bei jeder Begegnung am Arm, um mich in seinen Laden zu ziehen und mir in den drastischsten Bildern sein Unglück zu schildern, dem Abhilfe zu schaffen ich nicht bereit sei. Ich versuchte ihm dann ebenso wortreich zu schildern, warum ich ihm in diesem Punkt nicht entgegenkommen könne: weil es unserem gutnachbarschaftlichen Verhältnis nicht gut tun würde, weil „meine Direktoren" in Deutschland ohnehin dagegen seien, und so weiter. Natürlich ermüdete das immer gleiche Gespräch auf Dauer. Fast hätte ich daher aufgegeben gehabt. Ich ertappte mich dabei, wie ich langsam dazu überging, an manchen Tagen gar längere Umwege durch die Altstadt in Kauf zu nehmen, um nicht an seinem Laden vorbeigehen zu müssen. Doch irgendwann nahmen seine Vorstöße von einem Tag auf den anderen ein Ende. Teile der Familie waren anderswo glücklich untergekommen, und seitdem grüßte mich der Koffermann bei jeder Begegnung freundlich. Das beharrliche Miteinander-Reden hatte also doch zum Erfolg geführt. Dennoch: ein Rest schlechten Gewissens blieb.

In anderen Fällen war ich nicht so erfolgreich. Die nationalreligiösen jüdischen Talmudschüler auf unserer Ostseite warfen gerne hin und wieder mal etwas Müll zu uns hinüber. Schon ein Vorgänger von mir hatte sich auf seine freundliche Beschwerde hin die lakonische Antwort abgeholt: „Unser Müll auf *eurem* Gelände? Das ist nicht *euer* Gelände. Das ist ein Teil von *Eretz Israel*." Will heißen: Auf diesem Land haben Christen nichts zu sagen. So lautet wohl das „Prinzip Muristan" dieser jüdischen Nachbarn, und so sagten sie es uns eines Abends auch direkt und unverblümt. Da der Dachübergang zwischen der Propstei und der Talmudschule laut Grundbuch seit 1869 – dem Jahr der Schenkung des Muristan an den preußischen Kronprinzen – formell Teil unseres Geländes ist, war ein junger Kollege von mir auf die Idee gekommen, eine Hochzeitsgesellschaft, für die er verantwortlich war, zu ermuntern, auf diesem Übergang einen Sektempfang zu geben. In der Tat könnte dieser Platz über den Dächern der Stadt mit Blick zum Felsendom ein recht romantischer Ort sein. Die Israelis nennen ihn offiziell „die galizischen Dächer", was offenbar mit dem Ursprung der neben diesem Übergang gelegenen Synagoge zu tun hat: Nach der Eroberung Ostjerusalems 1967 konnten die Israelis hier ganz augenscheinlich an eine jüdische Tradition anknüpfen, deren Wurzeln bis lange vor 1948 reichen und die sich, wie es scheint, auf eine Gemeinde von jüdischen Einwanderern aus Galizien zurückführen lässt. Als hier nun ein erkennbar christliches Brautpaar auf ein Glas Sekt einlud und dazu eine kleine Kapelle (deren Mitglieder ebenso wie ein guter Teil der Hochzeitsgäste übrigens durchweg säkulare israelische Juden waren) ein Ständchen spielte, dauerte es nicht lange, bis eine Gruppe Halbstarker aus der Talmudschule erschien, und begann, den Schlachtruf „*Notzrim le-Roma*", zu Deutsch: „Christen, geht doch nach Rom", zu skandieren. Nur durch eine rasche Flucht hinter die Kirchenmauern konnten größere Handgreiflichkeiten vermieden werden.

Nun ist es so, dass säkularen ebenso wie auch vielen religiösen Israelis solche Manifestationen von Intoleranz in der israelischen Gesellschaft äußerst unangenehm sind, und dass sie sich an christlichen Hochzeiten in der Regel durchaus erfreuen. Dies bedeutet jedoch nicht, dass wir für die Wahrnehmung unserer eigenen Interessen an einem solch exponierten Ort irgendwelchen offiziellen Schutz zu erwarten gehabt hätten. Während meiner Amtszeit wurde nämlich auch deutlich, dass die Jerusalemer Stadtverwaltung ebenfalls einen begehrlichen Blick auf den Dachübergang geworfen hatte. In unregelmäßigen Abständen erschienen Abgesandte der Stadt bei mir im Büro, um von mir die Zustimmung zu erlangen, dass die städtische Entwicklungsgesellschaft hier eine wunderschöne Promenade mit Blumenbeeten und Bänken errichten dürfe. Dies wäre doch für den Tourismus überaus förderlich und würde zudem meine Probleme mit der „Müllecke" an unserem Hinterausgang beseitigen. Ich gebe zu, dass ein solcher Gedanke durchaus seinen Reiz hatte. Ein unzweifelhafter städtebaulicher Schandfleck wäre so beseitigt worden, ohne dass es die evangelische Kirche Geld gekostet hätte, und ohne dass sie dazu selbst in die Auseinandersetzung mit den Nachbarn hätte treten müssen. Die eigene Immobilie hätte dadurch zweifelsohne an Wert, an Ausstrahlung und an Sicherheit gewonnen. Unter den gegebenen politischen Umständen ist es jedoch alles andere als opportun, in einer arabischen Nachbarschaft Ostjerusalems der israelischen Stadtverwaltung Teile des eigenen Grundstücks für Projekte jedweder Art zur Verfügung zu stellen. Bereits mehrere griechisch-orthodoxe Patriarchen hatte es kirchenpolitisch geradezu den Hals gekostet, dass sie Kirchenland an Juden veräußert hatten. Und die Vorstellung, in Zukunft nur noch mit einem Leibwächter durch die Stadt gehen zu können, war nicht wirklich motivationsfördernd. Die endgültige Entscheidung gegen eine solche Zusammenarbeit mit der Stadtverwaltung fiel jedoch in dem Moment, als uns an der Erlöserkirche klar wurde, dass eine solche Dachpromenade in erster Line eine komfortable Zuwegung zu den jüdischen Siedlungen auf den Dächern des muslimischen Viertels wäre. Davon hatten die Emissäre der Stadtverwaltung freilich nie gesprochen.

Dass sie danach für eine Weile still hielten, bedeutete nicht, dass sie das Projekt aufgegeben hätten. Alle paar Monate statteten sie uns wieder einen Besuch ab — weil sie angeblich persönlich die Zustimmung der arabischen Nachbarschaft zu dem Projekt erhalten hatten, oder weil ihnen neue kreative Gedanken gekommen waren. Und wenn das Zuckerbrot nichts nützte, dann wurde zuweilen auch ganz milde die Peitsche gezückt. Ich erinnere mich gut an den Tag, als drei hohe Polizeioffiziere mit resolutem Gesichtsausdruck bei mir im Büro erschienen. Zunächst legten sie ihre Waffen scheinbar nebensächlich vor sich auf das kleine Tischchen in meiner Sitzecke. Damit waren die Machtverhältnisse geklärt. Dann erklärten sie mir mit ernstem Blick, dass unser Dachübergang in hohem Maße gefährlich sei und dass hier baulich unbedingt etwas geschehen müsse. Insbesondere die Lüftungsschächte von den Läden des darunterliegenden arabischen Fleischbasars stellten ein großes Problem dar: Nicht nur, dass hier ahnungslose Spaziergänger hineinfallen könnten — nein, auch für etwaige Terroristen bestehe eine hohe Verlockung, in solchen Ecken ihre Sprengsätze zu deponieren. Der Dachübergang müsse also dringend im Sinne der Allgemeinheit zu einer sicheren Promenade umgebaut werden — oder es kämen im Falle eines Unglücks Schadensersatzforderungen in unüberschaubarer Höhe auf unsere Kirche zu.

Dies beeindruckte mich unzweifelhaft, woraufhin ich die Polizisten zur Inspektion auf den Dachübergang begleitete. Dort mussten sie jedoch zu ihrer Verblüffung feststellen, dass sämtliche Lüftungsschächte in einem stets verschlossenen Bereich unseres Innenhofes endeten und nur dort den Duft der darunter befindlichen, oftmals ungekühlten Fleischauslagen – welcher insbesondere in der Sommerhitze recht penetrant sein konnte – verströmten. Sowohl Touristen wie auch Terroristen, die auf dem Dachübergang unterwegs waren und die sich von solchem Geruch nicht hätten abschrecken lassen, wäre es äußerst schwer gefallen, zu diesem Bereich Zugang zu erhalten, um hier etwa zu stolpern oder Bomben zu deponieren. Dies erkannten die Polizisten relativ schnell, worauf sie sich ebenso eilig wie formlos verabschiedeten. Einer murmelte noch kopfschüttelnd: „Das nächste Mal sollen unsere Bürokraten selbst überprüfen, ob ihre Geschichte stimmt, bevor sie uns losschicken."

Mag eine Koalition der Interessen unserer nationalreligiösen jüdischen Nachbarn und der Stadtverwaltung in gewissem Maße noch nachvollziehbar sein, so erstaunte es zumindest ein wenig, dass ähnliche Mechanismen auch im Bereich unserer muslimischen Nachbarn auf der Westseite des Kirchengeländes wirksam waren. Statt meinen Bitten nachzukommen, mit ihren Tischen und Stühlen nicht ständig den ganzen Muristan zu blockieren, läuteten die Salaimehs und die Abdeens eines Tages zu Beginn der kühlen Jahreszeit eine neue Phase der Eskalation ein: Sie bauten sich nämlich kurzerhand beheizbare Zelte vor ihre Läden auf die Straße, um so den eigenen Raum zu erweitern. Zuerst die eine Familie, dann die andere. Irgendwann bohrten sie Löcher in das historische Steinpflaster unserer Straße, um die Zeltstangen darin mit Stahlschrauben von der Länge eines menschlichen Unterschenkels zu verankern. Das Prinzip Muristan: Mit stoischer Gelassenheit taten unsere Nachbarn so, als hätte das alles seine Richtigkeit. Die Diskussionen nahmen nun jedoch einen schärferen Ton an, und in jedem „normalen" Land hätte man an diesem Punkt wohl die Polizei gerufen. Nur: wer in einer arabischen Nachbarschaft die israelische Polizei ruft, gilt schnell als „Kollaborateur". Wobei sich dieser Grundsatz auch außer Kraft setzen lässt: Gar kein Problem hatten unsere Nachbarn, als sie mir eines Morgens mit hoch offiziellen israelischen Dokumenten vor der Nase wedelten. Gegen Tische, Stühle und Zelte könne ich nun gar nichts mehr sagen, weil sie ja schließlich eine Platzmiete dafür an die Jerusalemer Stadtverwaltung zahlten. Verblüfft studierte ich die Dokumente. Es stimmte: Die Stadtverwaltung hatte damit begonnen, unsere Privatstraße quadratmeterweise auf eigene Rechnung zu vermieten.

Dies war der Moment, in dem ich mich sehr nachdrücklich an unseren Kontaktmann bei der Stadtverwaltung wandte. „Kontaktmann" ist vielleicht ein allzu bescheidener Begriff für dieses Amt, welches in Jerusalem wohl einzigartig ist. Der „Berater des Bürgermeisters für die Angelegenheiten der religiösen Gemeinschaften" (gemeint sind konkret ausschließlich die christlichen Kirchen) war zwar am Rathaus tätig, wurde zu jener Zeit jedoch regelmäßig vom Außenministerium sozusagen an den Bürgermeister „entliehen". Bei den Inhabern dieses Amtes handelte es sich ausnahmslos um Spitzendiplomaten, die in der Regel zuvor bereits mehrere Botschafterposten bekleidet hatten. An dieser Konstruktion mag man erkennen, für wie diplomatisch heikel das Verhältnis zu den unzähligen christlichen Kirchen von der Stadtverwaltung gesehen wird.

Zu den Inhabern dieses Amtes habe ich stets ein ausgesprochen herzliches Verhältnis gepflegt. In den ersten zwei Jahren unserer Jerusalemer Zeit bekleidete Mordechai (genannt: Motti) Lewy diesen Posten. Motti Lewy ist ein freundlicher Herr mit hoher Stirn. Er war zuvor Gesandter an der israelischen Botschaft in Berlin gewesen, hatte bereits in seiner Kindheit einige Jahre in Deutschland verbracht, sprach daher ein fehlerfreies Deutsch und zeichnete sich durch eine gewisse Affinität zu uns Deutschen im Heiligen Land aus. Wie bereits auf seinem vorherigen Posten, so nutzte er auch die Zeit bei der Jerusalemer Stadtverwaltung, um sich in akribischer Weise in die ihm anvertraute Materie einzuarbeiten. Ich kenne nur wenige jüdische Israelis, die in den Fragen der christlichen Konfessionen auch nur annähernd so bewandert sind wie er. Darum war es wohl eine glückliche Wahl, als er von seinem Außenministerium schließlich als israelischer Botschafter an den Vatikan entsandt wurde. Die erste E-Mail, die ich von ihm aus seinem neuen Wirkungsbereich erhielt, war bezeichnend für seinen subtilen Humor: „Lieber Uwe, der Unterschied zwischen Jerusalem und Rom ist gar nicht so groß. An beiden Orten meinen die Leute, der Mittelpunkt der Welt zu sein."

Mottis Nachfolger wurde Ya'acov (oder Jackie) Avrahamy. Und wieder einmal hatten wir großes Glück: Jackie war zuvor israelischer Botschafter in Burma gewesen und ist, ebenso wie seine Frau Efrat, ein großer Liebhaber der südostasiatischen Kultur. Hier war freilich durch die Herkunft meiner Frau ein Anknüpfungspunkt gegeben, und sehr bald entstand daraus eine überaus herzliche Freundschaft. Oft besuchten wir uns gegenseitig; manches Mal kam dabei burmesisches Essen auf den Tisch. Gemeinsam haben wir die Kerzen an unserem Adventskranz und an ihrem *Chanukka*-Leuchter entzündet. Zum *Sukkot*- bzw. Laubhütten-

22

fest saßen wir ebenso in der *Sukka* – also einer Laubhütte – der Avrahamys, wie sie zu Weihnachten unter unserem Christbaum.

An Jackie Avrahamy wandte ich mich nun also in der Angelegenheit der Mieten, welche die Stadtverwaltung von unseren Nachbarn für die Nutzung unserer Straße erhob. Kopfschüttelnd schaute sich Jackie die Papiere an; gemeinsam überlegten wir, ob sich daraus nicht vielleicht ein „Deal" machen lasse. Da die Nachbarn offenbar die Autorität der Stadtverwaltung respektierten und ihren Mietforderungen nachkamen (ein ähnlicher Vorstoß von unserer Seite war längere Zeit zuvor kläglich gescheitert), könnte man es doch einfach bei dem Verfahren belassen und sich die Einnahmen teilen. Es dauerte etliche Wochen, bis Jackie wieder auf mich zukam. Er sei an der Wirtschaftsabteilung der Stadtverwaltung, die solche Mietverträge abschließe, gescheitert. Dass es in Jerusalem Privatstraßen gebe, wolle man dort nämlich überhaupt nicht einsehen.

Diese Situation, dass höchstrangige Mitarbeiter der Stadtverwaltung bei einer anderen als der eigenen Abteilung regelrecht „abblitzen", habe ich noch mehrfach erlebt. So musste bei anderer Gelegenheit selbst die Vizebürgermeisterin eine besondere Anstrengung unternehmen, um ihren Einfluss im Sinne einer durchaus vernünftigen Entscheidung geltend zu machen. Doch darüber wird an anderer Stelle zu berichten sein.

Vorerst ging ich dazu über, den Nachbarn bei jeder sich nur bietenden Gelegenheit deutlich zu machen, dass ihr Mobiliar auf unserer Privatstraße stand. So auch an jenem Tag, als 'Ala, der „kleine Kraftprotz", wieder einmal ein paar ausrangierte Tische direkt vor unsere Tür geworfen hatte. Es war ausgerechnet der Tag unseres jährlichen traditionellen Adventsbasars, an dem Tausende von Menschen in die Propstei strömen. Als unser Nachbar keine Anstalten machte, sein Gerümpel wegzutragen, nahm ich selbst einen der Tische und stellte ihn in seinen Laden. Schweigend nahm er ihn und stellte ihn wieder zurück vor unsere Tür. Als ich den Tisch ein zweites Mal in seinen Laden trug, griff er mich grob beim Kragen, und die Diskussion wurde lauter. Jetzt die Sache nur nicht eskalieren lassen, ermahnte ich mich selbst. Seine Hände nicht abwehren, sondern die eigenen Hände am Körper behalten. Einen Schritt zurück treten. Durchatmen. Die Distanz wieder herstellen. In meinem schönsten (wenn auch furchtbar fehlerhaften) Arabisch erinnerte ich ihn an unser gutnachbarschaftliches Verhältnis und daran, dass wir ihm nicht die Einrichtung zusammenschlagen würden wie seine anderen Nachbarn; so möge er doch bitte auch ansatzweise unseren freien Zugang über unsere Privatstraße respektieren.

An diesem Punkt mischte sich ein älteres jüdisch-israelisches Ehepaar in die Diskussion ein, welches bis dahin schweigend an einem der Café-haustische gesessen hatte. So etwas wie Privatstraßen gebe es in Israel gar nicht, erklärten sie mir auf Englisch mit russisch-hebräischem Akzent, und dies könne man eindeutig bestätigen, da einer der beiden selbst einmal einen leitenden Posten bei der Stadtverwaltung bekleidet habe.

Ich erwiderte auf Hebräisch, dass sie sich nicht in Dinge einmischen mögen, mit denen sie nichts zu tun haben. Nun schaltete auch 'Ala auf Hebräisch um: Und ich möge mich vorsehen, dass mir nichts Schlimmeres zustoße. Wieder einmal kamen seine enorm großen Hände meinem Gesicht dabei beunruhigend nahe.

Es war mir immer unangenehm, mich mit unseren arabischen Nachbarn auf Hebräisch zu unterhalten – ist es für viele von ihnen doch schlicht die Sprache der Besatzer. Da mein Arabisch (vor allem in solchen Stresssituationen) jedoch ebenso lückenhaft ist wie das Englisch unseres Nachbarn, war wieder einmal der Punkt gekommen, an dem wir feststellen mussten, dass der effizienteste Weg der Kommunikation für uns über das Hebräische lief. So machte ich ihm unter Anrufung der Familienehre deutlich, dass ich die kaputten Tische nun keinesfalls wieder vor unserem Eingang sehen wolle. Und in der Tat blieb der Propsteieingang für die nächsten 24 Stunden frei. Ein kleiner Erfolg!

Es dauerte jedoch nur wenige Monate, da flatterte uns die Schadensersatzforderung eines israelischen Rechtsanwaltsbüros ins Haus: Eine jüdische Passantin sei an einem schlecht verlegten Pflasterstein des Muristan (der Rechtsanwalt schrieb in umständlichen Hebräisch: „in der Boristan-Straße in der Nähe des Grabes eines gewissen Jesus") gestolpert, und da man gehört habe, dass sich die lutherische Kirche für die Unterhaltung dieser Straße verantwortlich erkläre, fordere man jetzt für die erlittenen Schmerzen und die notwendige medizinische Behandlung Schadensersatz in nicht unerheblicher Höhe. Die Zweckkoalition zwischen israelischen Interessengruppen und unseren muslimischen Nachbarn funktionierte offenkundig vorzüglich. Die juristische Auseinandersetzung, die sich hieraus ergab, war bis zu unserem Fortgang aus Jerusalem nicht abgeschlossen.

Nun mag man sich fragen, warum bis hier her noch gar nicht von der Südgrenze des Muristan die Rede war. Hier stellt sich die Situation ein wenig komplizierter dar als an unseren anderen Grundstücksgrenzen. Am südlichen Rand unseres Grundstücks, über den besagten Dachübergang erreichbar, befand sich nämlich unser Gästehaus: das „Lutherische Gästehaus" bzw. das „Gästehaus des Propstes". Es handelt sich dabei um ein überaus charmantes Gebäude voller Flair und faszinierender Geschichte, welches gerne von Touristen und Pilgern aus der ganzen Welt aufgesucht wird. Gebaut worden war es von einem gewissen Herrn Watson zur britischen Mandatszeit auf Fundamenten aus früharabischer, byzantinischer und römischer Zeit. Später diente es als Augenklinik des britischen Johanniterordens; erst 1964 wurde es von der evangelischen Kirche gekauft und in ein Gästehaus verwandelt. Mit seiner Rückseite grenzt es bereits an den Bereich, in dem das jüdische und das armenische Viertel der Altstadt geradezu fließend ineinander übergehen; seine Vorderseite eröffnet einen atemberaubenden Blick über das christliche und das muslimische Viertel.

Als ich meinen Dienst in Jerusalem begann, ging gerade ein langjähriges Genehmigungsverfahren in die Endrunde, um das Gästehaus um eine komplette Etage zu erweitern. Eine Genehmigung für dermaßen aufwendige Baumaßnahmen in einer so einzigartig historischen Nachbarschaft wie der Altstadt Jerusalems zu erhalten, dürfte schwieriger sein, als ein Kamel durch das berühmte Nadelöhr zu fädeln. Jedenfalls gibt die israelische Bürokratie in solchen Fällen das faszinierende Bild einer ganzen Nadelöhr-Parade ab: Vierundzwanzig Einzelgenehmigungen waren einzuholen. Von der Feuerwehr, der Antikenbehörde, dem Katastrophenschutz und dem Gesundheitsamt ebenso wie von eher kuriosen Erscheinungen wie dem „Amt für einsturzgefährdete Bauten". Als unser Anwalt stolz die letzte dieser Einzelgenehmigungen einreichte, um damit die Baugenehmigung zu erhalten, stellte sich heraus, dass die Akte des Genehmigungsverfahrens, die Jahre zuvor beim städtischen Bauamt angelegt worden war, mittlerweile verschwunden war. Nach monatelangen Nachforschungen und der Androhung von Rechtsmitteln tauchte die Akte plötzlich doch wieder auf. Die Freude darüber war jedoch verfrüht: Nun war die Gültigkeitsdauer einiger der Einzelgenehmigungen bereits abgelaufen, und der Gang durch die Behörden startete teilweise von vorne.

Doch irgendwann lag die abschließende Genehmigung glücklich vor, und sofort begannen die Bauarbeiten. Sie dauerten zunächst nur wenige Tage, dann erschienen zwei kritisch dreinblickende städtische Inspektoren auf der Baustelle, die prompt einen Baustopp verhängten. Die Nachbarn hatten eine Klage gegen unseren Bau eingelegt. Und dies, wie es schien, aus gutem Grund: In einer bestimmten Phase des Baugenehmigungsverfahrens – lange vor meiner Zeit in Jerusalem – war auch eine Nachbarschaftsbefragung vorgesehen. Und kurioserweise war damals offenbar das Einverständnis aller Nachbarn eingeholt worden – bis auf das derjenigen, deren Häuser dem Gästehaus am nächsten lagen. Warum gerade diese ausgelassen worden waren (und warum die städtischen Behörden das nicht moniert hatten), ließ sich nach all den Jahren nicht mehr nachvollziehen. Doch es handelte sich dabei ausgerechnet um nationalreligiöse und ultraorthodoxe jüdische Familien, denen die Häuser genau gegenüber dem Gästehaus an der engen St. Markus-Gasse gehörten. Nun ist es so, dass weder nationalreligiöse noch ultraorthodoxe Juden generell begeistert sind, christliche Nachbarn zu haben, und normalerweise alles taten, um uns zu signalisieren, dass wir in der Altstadt Jerusalems unerwünscht waren. Und jetzt hatten sie eine Steilvorlage bekommen, um zu erklären, dass Christen ihnen den Blick über ihre Heilige Stadt verbauten und sich nicht an israelische Gesetze hielten.

Es folgten jahrelange juristische Verfahren, Aufhebungen des Baustopps, einstweilige Verfügungen und erneut verhängte Baustopps. Zu Beginn versuchten die Nachbarn, auf Abriss der neu entstehenden Etage zu klagen; hilfsweise auf mehrere Millionen Dollar Schadensersatz. Ein gerichtliches Gutachten schien diese Forderung zu stützen, ein anderes gerichtliches Gutachten stellte fest, dass den Nachbarn gar kein Schaden entstanden sei. Während einer längeren Baustopp-Phase erschien ein ominöser Hintermann der Nachbarn bei uns, erklärte kurzerhand, dass der Bau wohl niemals fortgesetzt werden könne, und dass er uns einen Preis in Höhe des doppelten Marktwertes des Gebäudes biete, um es uns abzukaufen.

Damit waren wir wieder einmal in einem Brennpunkt des Nahostkonfliktes gelandet: Es ist ja nicht so, dass jüdische Siedler sich regelmäßig in illegaler Wildwest-Manier das Land ihrer nichtjüdischen Nachbarn aneignen. Insbesondere die jüdischen Siedlungen, die in den muslimischen oder christlichen Wohnvierteln Ostjerusalems in den vergangenen Jahren entstanden sind, stehen in der Regel auf formaljuristisch völlig legal erworbenem Land. Wo beispielsweise ein palästinensischer Ladenbesitzer, der wirtschaftlich schon lange keine Perspektive mehr für sich sieht, den doppelten Verkehrswert für seine Immobilie angeboten bekommt, da verwundert es kaum, wenn er ein solches Angebot – auch wenn es vom politischen Gegner kommt – nicht gleich rundheraus ausschlägt. Dies gilt vor allem dann, wenn der größte Teil der Geldsumme sofort ausgezahlt wird, der Kaufvertrag jedoch geheim bleibt und es dem palästinensischen

Ladeninhaber ermöglicht, weitere zwanzig Jahre lang – oder gar bis zu seinem Tod – seinen Laden unverändert weiter zu betreiben.

Einer, der sich durch derartige Transaktionen besonders hervortat, war der Spielbankenbesitzer Irving Moskowitz aus Florida, der bis zu seinem Tod im Jahr 2016 als einer der Haupt-Mäzene der jüdischen Siedlerbewegung galt. Daneben engagierte er sich als Philanthrop durch seine eigens hierfür geschaffene Stiftung in vielen sozialen und medizinischen Hilfsprojekten weltweit, insbesondere in Ländern der Dritten Welt. Er gehörte daher zu den gerne gesehenen Honoratioren auf vielen Wohltätigkeitsveranstaltungen. Seine bekanntesten Unternehmungen waren jedoch die von ihm finanzierten jüdischen Siedlungen im Ostjerusalemer Stadtteil *Ras el-Amud*, im *Beit Orot*-Komplex auf dem Ölberg (die unmittelbaren Nachbarn am zweiten Standort unserer Kirche in Jerusalem) und auf dem Gelände des ehemaligen *Shepherd's* Hotels, welches einst der Familie des Hitler-Verehrers und Großmuftis von Jerusalem, Haj Amin al-Husseini, gehört hatte. In Jerusalem wurde viel darüber spekuliert, wie viele Gebäude in der Altstadt Moskowitz bereits aufgekauft hatte. Unser Freund Motti Lewy wurde nie müde zu erklären, dass das jüdische Siedlungswerk in den nichtjüdischen Vierteln der Altstadt nicht besonders erfolgreich und nie über ein knappes Dutzend Gebäude hinaus gelangt sei. Macht man sich die Art der Verträge bewusst, welche Moskowitz normalerweise abschloss, dann kann man jedoch davon ausgehen, dass die Dunkelziffer ungleich größer ist. Einige Beobachter sprechen gar von geschätzten zweistelligen Prozentzahlen des Grunds und Bodens beispielsweise im muslimischen Viertel der Altstadt, die bereits Moskowitz bzw. seinen Rechtsnachfolgern gehören könnten, ohne dass dies momentan nach außen sichtbar ist. Die Siedlerbewegung denkt durchaus in längeren Zeiträumen.

Nun also waren wir mit einem solchen „unmoralischen Angebot" konfrontiert. Ob Moskowitz der Hintermann war oder nicht – darüber konnten wir nur spekulieren. Ich meine jedoch, ein vielsagendes Lächeln auf dem Gesicht unseres Verhandlungspartners gesehen zu haben, als ich den Namen fallen ließ. Dennoch: Ein Verkauf kam nicht in Frage, selbst wenn dafür Summen geflossen wären, mit denen man die gesamte Nahost-Arbeit der Evangelischen Kirche in Deutschland bis zum Tag der Wiederkunft Christi hätte finanzieren können. Bald wurde auch dieser Baustopp wieder aufgehoben, und es ging weiter.

Eines der größeren Kunststücke bestand darin, sofort zum Ende eines jeden Baustopps die bis dahin längst abgezogenen und an anderen Orten tätigen Firmen zu bewegen, schnellstmöglich auf die Baustelle zurückzukehren und die Arbeiten so effizient wie möglich fortzusetzen, bevor der nächste Baustopp in Kraft trat. Zum Glück hatten wir an unserer Kirche in Jerusalem stets fähige Verwaltungsleiter, die solche Kunststücke zu vollbringen in der Lage waren. Zuerst tat Wolfram Buchholz diesen Job; danach arbeitete ich für den größten Teil meiner Zeit mit der ganz fabelhaften Anja Werth zusammen. Und so brachten wir es fertig, dass die neue Etage des Gästehauses nach fast dreijähriger Bauzeit tatsächlich fertig gestellt und nach einem mehrmonatigen erneuten Kampf um die Betriebsgenehmigung auch offiziell bezogen werden konnte. Der Rechtsstreit mit den Nachbarn ging derweil weiter. Selbst einige Jahre nach meinem Fortgang aus Jerusalem war noch nicht geklärt, ob und in welchem Maße sie durch unseren Bau geschädigt wurden. Doch nach etlichen weiteren Gutachten hatte sich bis dahin der Streitwert von mehreren Millionen auf einige Zehntausend US-Dollar reduziert. Und ich hatte viel über israelisches Baurecht und die Funktionsweise israelischer Gerichte gelernt.

Eine Nachbarin hatte sich zu Beginn der Gerichtsprozesse auffällig zurückgehalten. Neben den ultraorthodoxen und den nationalreligiösen Nachbarn gab es da nämlich noch eine säkulare jüdische Künstlerin, die erst einige Jahrzehnte zuvor aus Europa nach Israel eingewandert war, und die mit dem gleichen Recht gegen uns hätte klagen können. Doch sie trat der Klägergemeinschaft nicht bei. Vielleicht weil sie hoffte, auf außergerichtlichem Weg zu einem besseren Deal mit uns zu gelangen – vielleicht weil sie den Ausgang des Gerichtsverfahrens der anderen Nachbarn gegen uns erst hatte abwarten wollen. Nach israelischem Recht hätte sie dann immer noch einige Jahre lang die Gelegenheit gehabt, aus demselben Grunde ebenfalls eine Klage gegen uns einzureichen. Diese Künstlerin – nennen wir sie einmal „Annemone Dagan" – war eine alleinstehende Dame mittleren Alters, die dafür bekannt war, mit ebenso laut klimperndem wie reichlich vorhandenem Schmuck am Körper und zwei Plastiktüten unter dem Arm täglich durch die engen Gassen der Altstadt zu streifen und dabei nach Inspiration für ihre Kunst zu suchen.

Eines Tages entschieden wir uns, eine Sympathieinitiative zu starten und Annemone Dagan zu einem Festessen in unser Gästehaus einzuladen. Den Koch hatten wir angewiesen, das beste Gericht zu kochen, welches er im Repertoire hatte. Und gemeinsam hatten die Verwaltungsleiterin Anja Werth und ich dazu einen vorzüglichen Wein ausgesucht. Eine halbe Stunde vor dem Termin waren Anja und ich im Gästehaus, inspizierten die festlich gedeckte Tafel und warteten. Wir warteten eine halbe Stunde, eine Stunde, anderthalb Stunden. Unser Koch wurde nervös, da nun die Gefahr bestand, dass das Essen am Ende entweder zerkocht oder kalt werden könnte. Doch dann war von draußen das bekannte Klimpern von Ketten, Ohrbehängen und Armreifen zu hören. Annemone erschien in einem weiten Umhang, es war Winter. Bevor ich ihr den Umhang abnehmen konnte, warf sie ihn mit gekonntem Schwung an einen Garderobenhaken. Anja, Annemone und ich setzten uns an den Tisch. Der Kellner bediente mit ausgesuchter Höflichkeit, ich bot Wein an. Ach nein, sagte Annemone. Sie wolle nur Wasser, sie müsse noch Auto fahren. Nach einigem Smalltalk versuchte ich zur Sache zu kommen: Ob unsere neue Etage sie als Nachbarin störe, so fragte ich Annemone. Mit überlegenem Lächeln holte sie weit aus: Im Talmud gebe es eine ganze Ordnung über Schäden, die einer dem anderen zufüge, und über geeignete Formen des Schadensersatzes.

Ja, die Ordnung *Nezikin*, erwiderte ich.

Nun, dann möge ich doch bitte einen Vorschlag machen, wie ich entsprechend dieser Schrift den ihr durch unseren scheußlichen Bau entstandenen seelischen Schaden wieder gut machen wolle, sagte Annemone.

Ich versuchte ihr zu erklären, dass ich von Seiten der Evangelischen Kirche in Deutschland nicht befugt sei, ihr irgendein finanzielles Angebot zu unterbreiten. Aber vielleicht könnten wir die Angelegenheit ja auch anders lösen?

Auf dem Tisch türmten sich die Platten mit feinstem Gemüse und zartem Braten. Da klingelte Annemones Handy. Ohne ein Wort der Entschuldigung nahm sie das Gespräch an. „Wie schön, dass du dich meldest", erklärte sie dem Anrufer auf Hebräisch. „Nein, überhaupt kein Problem. Ich habe momentan nichts vor... Nein, ich freue mich auf dich. Setz bitte einfach schonmal den Reis auf. Ich bin in einer Viertelstunde bei dir. Ja, ich habe schon großen Hunger!"

„Ihr versteht gewiss", sagte sie. „Ich habe viel zu tun." Rasch stand sie auf, nahm sich ihren Umhang und war schon entschwunden. Vom Essen hatte sie fast gar nichts angerührt, und auch Anja und ich mochten nicht mehr so recht. Traurig schaute unser Koch uns an. Immerhin haben wir dann die Weinflasche noch gemeinsam geleert.

Die Frage des Schadensersatzes thematisierte Annemone seitdem nicht mehr. Doch phasenweise spielte sie seitdem immer jeweils einige Wochen lang meine Nemesis: So saß sie in diesen Phasen täglich in dem

Café gegenüber der Propstei und schaute mit starrem Blick auf unseren Eingang, wann immer ich das Haus verließ; erschien immer dann in unseren Mittagsandachten, wenn ich sie hielt, oder ging beim Adventsbasar ausgiebig im Kreuzgang der Propstei spazieren. Hin und wieder bat sie uns darum, in unserem Gebäude Kunstausstellungen veranstalten zu dürfen – was wir ihr natürlich nicht ausschlagen konnten. Die Kunst, die sie auf diesen Ausstellungen präsentierte – egal ob Bilder, Keramik oder Blumenarrangements – war, wie es im Nahen Osten üblich ist, immer Kunst *„for peace"*: für den Frieden. Wobei sich das im Englischen mit hebräischem Akzent anhört wie: *„for piss"*. Ich weiß nicht, ob Letzteres vielleicht Annemones impliziter Kommentar zu unserem Neubau war.

Eine Geschichte, die uns im Gästehaus immer wieder beschäftigte, war der so genannte „Fall Barakat". Begonnen hatte alles viele Jahre zuvor, also lange vor meiner Jerusalemer Zeit. Damals war von Zeit zu Zeit ein immer lauter werdendes Klopfen unter dem Garten des Gästehauses zu hören gewesen, welches sich keiner so recht hatte erklären können. Auch Vorstöße bei der Polizei führten zu keinem Ergebnis – bis eines Tages das Klopfen in ein lautes Krachen mündete und eine Staubwolke die Fassade des Gästehauses einhüllte. Verdutzt stellte unser Personal fest, dass Teile des Gartens mitsamt einer soliden, steinernen Terrasse eingestürzt und in einem tiefen Loch verschwunden waren. Dort unten hatte offenbar wochenlang ein Herr Barakat gebuddelt, ein muslimischer Geschäftsmann, dem der angrenzende Souvenirladen an der etwas tiefer gelegenen Basarstraße gehörte. Wie es schien, hatte er in ebenso illegaler wie dreister Weise versucht, seinen Laden unterirdisch zu erweitern. Es folgten aufwendige Gerichtsverfahren, in deren Folge der ursprüngliche Zustand wieder hergestellt wurde: Das Loch wurde mit soliden Betonwänden gesichert; zwei Etagen wurden hier eingezogen, und schließlich wurde der Garten mit seiner Terrasse oben wieder aufgesetzt. Herrn Barakat wurde der Zugang zu den beiden neuen Räumen unter unserem Garten gerichtlich untersagt, wobei es dem Gästehaus freigestellt wurde, den oberen dieser Räume selbst zu nutzen. Auch einen Schadensersatz von Seiten Barakats hätte es geben können – doch leider verpasste der Rechtsanwalt, der das Gästehaus damals vertrat, die hierfür gültigen Fristen.

Als (geringen) Ausgleich für den entgangenen Schadensersatz entschieden wir uns während der Bauarbeiten im Gästehaus, nun zumindest den oberen der beiden von Barakat geschaffenen, unterirdischen Räume als Lager selbst in Betrieb zu nehmen. Dazu war ein Durchbruch von weniger als zwei Metern Länge vom Keller des Gästehauses durch das Erdreich in den neuen Raum hinein zu schaffen. Unsere Arbeiter hatten gerade erst das Werkzeug für diese Arbeiten ausgepackt, da klingelte es an der Tür. Herein spazierte ein triumphierend dreinblickender Herr Barakat mit zwei Inspektoren der israelischen Antikenbehörde im Gefolge. Ein Durchbruch durch möglicherweise archäologisch wertvolle Erdschichten gehe nun gar nicht: Wieder einmal wurde ein Baustopp verhängt. Unser Rechtsanwalt konnte dann allerdings wenige Tage später erreichen, dass dieser Durchbruch doch stattfinden konnte: unter den wachsamen Augen der ständig anwesenden Inspektoren der Antikenbehörde, die sich für diesen Dienst fürstlich von uns entlohnen ließen.

Wie nur konnte ein kleiner muslimischer Souvenirhändler einen derartig guten Kontakt zu den israelischen Behörden haben, dass er damit in der Lage war, unseren Bau aufzuhalten? War es wieder das „Prinzip Muristan"? Die Antwort wurde uns wenige Tage später frei Haus geliefert: Einer der Männer, die seinerzeit mit Barakat unter dem Garten des Gästehauses gegraben hatten, stand im Halbdunkel vor unserer Tür. Vor dem Barakat sollten wir uns in Acht nehmen. Bei ihm handele es sich um einen der raffiniertesten Antikenräuber des Landes, der schon ein enger Freund des israelischen Generals und Kriegshelden Moshe Dayan gewesen sei. Und der Zweck des Grabens unter unserem Gästehausgarten sei gar nicht die Erweiterung seines Ladens gewesen, sondern die Bergung antiker Artefakte, die er dort im Erdreich entdeckt habe.

In der Tat war es so, dass Moshe Dayan, wie auch etliche andere israelische Generäle (das berühmteste Beispiel ist wohl der Nationalheld Yigal Yadin) nach seiner Karriere in Militär und Politik im Ruhestand eine neue Karriere als fanatischer Hobby-Archäologe begonnen hatte. Und solche prominenten israelischen Hobby-Archäologen haben eigentlich immer mit arabischen Raubgräbern zusammengearbeitet, um die interessantesten Grabungsstätten zu finden. Dass nun aber kostbare Fundstücke direkt unter unserem Gelände liegen sollten, verschlug mir den Atem.

Barakat versuchte noch mehrfach, von uns den unteren der beiden von ihm gegrabenen Räume (den wir bis dahin nicht angerührt hatten) zu erwerben – bis er sich zwei Jahre später im Alter von über achtzig Jahren zur Ruhe setzte und seinen Laden an einen Herrn Shueiki verkaufte. Es dauerte nicht lange, und der Rechtsanwalt des Herrn Shueiki meldete sich bei uns: Sein Mandant sei zwecks Erweiterung seines Ladens überaus daran interessiert, den leerstehenden unteren Raum unter unserem Gästehausgarten zu erwerben.

Für mich war das der Moment, besagten Raum endlich einmal selbst zu inspizieren: Mit einer Taschenlampe ausgerüstet ließ ich mich vom oberen der beiden unterirdischen Räume durch eine enge Luke hinab nach unten. Der untere Raum war noch immer gefüllt mit den Hinterlassenschaften und dem Abraum der Grabung Barakats. Über allem entspann sich ein wahres Dickicht aus Spinnweben. Ungefähr so sieht es auch in Indiana-Jones-Filmen immer aus, bevor sich der Protagonist auf verschlungenen Pfaden einem archäologischen Schatz nähert (den er dann normalerweise freilich wenige Minuten später in einem wilden Kampf entweder mit seinen Gegnern oder mit irgendwelchen übernatürlichen Mächten unwiederbringlich zerstört). Der Fußboden des Raumes war nicht befestigt, sondern bestand lediglich aus dem festgetrampelten Schutt der Jahrhunderte. Vielleicht lag da ja wirklich etwas drunter. Wir werden es nie erfahren: Ich habe Herrn Shueiki, der uns kurz darauf besuchte, bei einer Tasse arabischen Kaffees mitgeteilt, dass die Antikenbehörde die weitere Herrichtung und Nutzung dieses Raumes verboten habe, und dass wir ihn deshalb nicht abtreten konnten. Einen Testballon habe ich bei der Gelegenheit noch gestartet: Ob er sich vorstellen könne, dass unter dem Boden des Raumes vielleicht archäologische Fundstücke liegen, fragte ich Shueiki scheinbar ahnungslos. Er verzog keine Miene. Doch seitdem hörten wir nichts mehr von ihm.

Dass in Jerusalem einer unter dem Grundstück seines Nachbarn gräbt oder Wände zum Nachbarn durchbricht, ist an sich eigentlich nichts Ungewöhnliches. Besondere Furore machte ein Fall im Jahr 1997, als zwei Räume im griechisch-orthodoxen Patriarchat auf diese Weise von den muslimischen Nachbarn okkupiert wurden. Als Begründung für diesen Übergriff wurde hinter vorgehaltener Hand behauptet, dass ein früherer griechisch-orthodoxer Patriarch einst eine muslimische Geliebte gehabt habe, der er diese Räume versprochen hatte. Umgekehrt endete erst im März 2016 eine zwanzigjährige Auseinandersetzung um den Keller unter einem muslimischen Lebensmittelladen. Der Besitzer, ein Herr Hirbawi, hatte hier einst koptische Mönche ertappt, die im Begriff waren, ein kreuzfahrerzeitliches Gewölbe freizulegen, und dabei behaupteten, dass dieser Keller zu ihren Räumlichkeiten in der Tiefe der benachbarten Grabeskirche gehöre, somit also eine Heilige Stätte sei. Die Familie Hirbawi ist in Palästina nicht unbekannt; einer ihrer Zweige betreibt in Hebron die letzte Fabrik, in der noch die legendären Palästinensertücher bzw. *Kuffiyehs* hergestellt werden. (Alle anderen auf dem Markt befindlichen Tücher dieser Art stammen aus südostasiatischer Produktion.) In der Folge engagierten sich der ägyptische Präsident Mubarak und Palästinenserpräsident Arafat (der stets eine *Kuffiyeh* trug, was aber mit dieser Angelegenheit nichts zu tun hatte) persönlich in der Angelegenheit; in einer Nacht- und Nebelaktion wurde Herr Hirbawi trotz seiner israelischen Staatsbürgerschaft gar in das palästinensische Autonomiegebiet von Ramallah entführt, um Druck auf ihn auszuüben. Doch selbst das Angebot einer Kaufsumme von zwei Millionen Dollar hatte ihn nicht davon überzeugt, auf den Keller zu verzichten. Da auch der koptische Erzbischof die Angelegenheit zu einer Sache seiner persönlichen Ehre erklärt hatte, konnte der Streit erst nach dem Tod beider Kontrahenten beigelegt werden: Die zahlreichen israelischen Anwälte beider Seiten (die vermutlich als einzige von dem Fall profitiert haben) einigten sich schließlich in Anwesenheit des Hirbawi-Sohnes und einiger koptischer Mönche auf die salomonische Lösung, den Keller durch eine Mauer zu teilen.

Aber auch hoch offiziell finden zuweilen recht ambivalente Grabungen statt: So hatten israelische Archäologen in jahrelanger Arbeit einen Tunnel unterhalb der muslimischen Häuser an der Westseite des Tempelberges geschaffen und auf diese Weise unter der Erde eine nicht unerhebliche Verlängerung der West- bzw. Klagemauer freigelegt. So mancher Anwohner hatte irritiert das Klopfen unter seinem Fußboden wahrgenommen oder beim Hochheben seiner Bodenfliesen den Archäologen direkt ins Gesicht geblickt. Als der lange zuvor fertiggestellte Tunnel 1996 offiziell für den Tourismus geöffnet wurde, war dies der Anlass für tagelange Unruhen mit Hunderten von Verletzten und achtzig Toten. Auch wir haben den Tunnel irgendwann einmal mit der Familie besichtigt. Beeindruckend sind die enormen Steinquader und die große Nähe zum ehemaligen Allerheiligsten des Tempels ohne Zweifel. Und die Erbauer solcher Tunnel können sich durchaus auf historische Präzedenzfälle berufen: Auch unter dem von uns genutzten protestantischen Zionsfriedhof stießen wir einmal auf einen Tunnel, welcher im 19. Jahrhundert von zwei passionierten Archäologen namens Bliss und Dickie dort gegraben worden war, um heimlich zu Artefakten vorzustoßen, nach denen sie die damaligen Machthaber offiziell niemals hätten graben lassen.

Die Erfahrung, dass plötzlich und unerwartet das eigene Haus unterhöhlt wird, musste auch unser Nachbar gegenüber dem Nordportal der

Erlöserkirche machen. Dort befindet sich die Alexander-Podvorie-Kirche der „Russisch-Orthodoxen Imperialen Palästinagesellschaft". Hinter diesem martialischen Namen verbirgt sich ein ebenso nostalgischer wie harmloser Verein, der von einem überaus charmanten Herrn mit dem Namen Nikolai Worontsow geleitet wurde. Herr Worontsow lebte die Hälfte des Jahres in München und ging dort einem regulären Beruf nach, der ihm dann die Möglichkeit gab, sich in der jeweils anderen Jahreshälfte um sein Kirchlein in Jerusalem zu kümmern. Neben dem Kirchenraum selbst verfügte das Gebäude über einen kleinen Nonnenkonvent, einige Pilgerunterkünfte und das historische „Zarenzimmer": Die schweren roten Samtsessel aus dem 19. Jahrhundert, die nur darauf warteten, dass endlich ein neuer russischer Zar darauf Platz nimmt, die eichenen Schränke und die zahlreichen Portraits russischer Adliger an den Wänden verkörperten den Charakter der Palästinagesellschaft als einer Vereinigung von einigen wenigen russischen Monarchisten der harmloseren Sorte, die über die Welt verstreut leben und in Abwesenheit ihres Monarchen einer ganzen Reihe philanthropischer Aufgaben nachgehen.

Manches Mal bin ich in der Straße Herrn Worontsow begegnet. Oft stand er dann mit traurigem Blick vor seiner Kirche. Die Grabung unter seinem Gebäude, von der gleich die Rede sein soll, war nicht die erste Bedrohung, die er erlebt hatte. Vielmehr versuchte Herr Worontsow seit Jahren, sich gegen die zunehmende Bedeutungslosigkeit seiner Gesellschaft und gegen Übernahmegelüste von vielen Seiten zu stemmen. Die Russisch-Orthodoxe Imperiale Palästinagesellschaft war nämlich nicht immer so klein und unbedeutend gewesen wie heute. Einst gehörten ihr enorme Ländereien und Immobilien in Jerusalem, beispielsweise im so genannten *Russian Compound*, der heute unter anderem das berüchtigte Untersuchungsgefängnis von Jerusalem beherbergt. Die Gesellschaft hat immer Wert darauf gelegt, unabhängig und keinem russisch-orthodoxen Patriarchen direkt unterstellt zu sein. In der Zeit, in welcher das sowjettreue (oder „rote") Moskauer Patriarchat und das Exils- (oder „weiße") Patriarchat damit beschäftigt waren, im Heiligen Land miteinander um Einfluss zu ringen, ließ sich diese Linie der Neutralität relativ gut verfolgen. Nach der Gründung des Staates Israel hatte sich ein Status Quo herausgebildet, dem zufolge die russisch-orthodoxen Einrichtungen im israelischen Staatsgebiet dem „roten", und die Einrichtungen im Westjordanland dem „weißen" Patriarchat unterstellt waren. Der Machtkampf, der sich hinter den Kulissen abspielte, wurde sichtbar, als 1997 auf An-

34

weisung des Palästinenserpräsidenten Yasser Arafat ein Kloster in Hebron gewaltsam dem Moskauer Patriarchat unterstellt wurde.

Zu dieser Zeit hatten beide Patriarchate bereits längst ein Auge auf die verbliebenen Immobilien der Russisch-Orthodoxen Imperialen Palästinagesellschaft geworfen. Besonders deutlich wurde dies Ende 2006, als die Gesellschaft zu einem großen Fest in die Alexander-Podvorie-Kirche einlud: Mit Hilfe der israelischen Antikenbehörde waren unter der Kirche imposante archäologische Relikte aus römischer und byzantinischer Zeit, die teilweise zu einem der Vorgängerbauten der Grabeskirche gehörten, restauriert und der Öffentlichkeit zugänglich gemacht worden. Zugleich war auch die Kirche selbst restauriert worden und erstrahlte in neuem Glanz. Zur Wiedereinweihung hatte Nikolai Worontsow den russisch-orthodoxen Erzbischof Mark aus München eingeladen, der für das Exilspatriarchat die Verantwortung auch über das Heilige Land wahrnahm. Erzbischof Mark ist übrigens gebürtiger Deutscher. Erst im Studium in den Sechzigerjahren soll er vom evangelischen zum orthodoxen Glauben konvertiert sein. Ich habe ihn nie nach seiner Herkunft gefragt. Denn mit seinem hinter dem Kopf geknoteten Haupthaar und seinem langen, schütteren, grauen Bart ebenso wie in seinem Auftreten ließ er keinen Zweifel daran aufkommen, dass er seine möglicherweise evangelisch-deutsche Vergangenheit weit hinter sich gelassen hatte.

Erzbischof Mark leitete also eine ebenso schöne wie lange Messfeier. Ein kleiner Chor von drei Nonnen stimmte die traditionellen Gesänge mit wundervollen Engelsstimmen an, zwei Mönche lasen die Gebete, während der Erzbischof durch die Liturgie führte. Bänke gibt es in der Kirche nicht – so standen wir geladenen Gäste ebenso wie die anwesenden russischen Pilger bereits seit fast drei Stunden im Kirchenschiff, als sich draußen vor der Tür plötzlich ein Lärm erhob. Irritiert blickte Erzbischof Mark zur Tür, fuhr jedoch ohne Unterbrechung mit der Liturgie fort. Der Lärm wurde lauter. Motti Lewy, der als Vertreter des damaligen ultraorthodoxen Bürgermeisters erschienen war, verließ den Kirchenraum; kurz darauf folgten ihm die Vertreter des israelischen Innenministeriums. Die ersten Schweißperlen zeigten sich auf der Stirn von Erzbischof Mark. Er versuchte jetzt, die Messe schneller zu lesen, um eher zum Abschluss zu kommen. Der Lärm draußen wurde abermals lauter. Nacheinander verließen jetzt die Vertreter der russischen Botschaft, der Palästinenserbehörde und des Franziskanerordens die Kirche. Erzbischof Mark las die Liturgie mittlerweile mit einem geradezu atemberaubenden Tempo, während sich der Lärm draußen zum Tumult steigerte. Bis zum Ende der

Messe waren fast alle Besucher dem Lärm nach draußen gefolgt – bis auf die russischen Pilger, die diesen Gottesdienst aus ganzen Herzen feierten, und die Deutschen, die diszipliniert genug waren, eine liturgische Handlung nicht vor ihrem offiziellen Ende zu verlassen.

Gemeinsam mit einem völlig verschwitzten Erzbischof Mark traten nun auch wir vor die Tür. Das Bild, welches uns dort erwartete, war ebenso beeindruckend wie surreal: In der Eingangshalle stand auf einer Treppe unter einem imposanten römischen Bogen ein vor Selbstbewusstsein strotzender Erzbischof Kyrill und hielt lautstark Hof, während sich die offiziellen Besucher um ihn drängten. Erzbischof Kyrill war der damalige „Außenminister" des Moskauer Patriarchats – welcher im Februar 2009 dann gar zum Patriarchen ernannt wurde. Dass der höchstrangige Vertreter des Moskauer Patriarchats unangemeldet in einer „neutralen" russisch-orthodoxen Kirche im Ostteil Jerusalems erscheint und dem dort offiziell zelebrierenden Erzbischof des Exilspatriarchats die Gottesdienstbesucher abspenstig macht, hatte ohne Zweifel einen hohen Symbolcharakter. Dies galt umso mehr angesichts der Tatsache, dass sich Erzbischof Mark selbst stets für die Einheit seiner Kirche eingesetzt hatte und an den Verhandlungen der beiden Patriarchate beteiligt gewesen war: Gerade vor diesem Hintergrund hätte Kyrill es vermeiden müssen, seinen Amtsbruder öffentlich zu düpieren. Nicht ganz zu Unrecht interpretierte Nikolai Worontsow dies als Versuch einer feindlichen Übernahme seines Kirchleins.

Nach dem Gottesdienst waren die Besucher zum Empfang auf die Dachterrasse der Kirche geladen. Die beiden Erzbischöfe saßen an unterschiedlichen Enden der Terrasse, umgeben von ihren jeweiligen Truppen, und beäugten sich misstrauisch. Ich bemühte mich, strikte Neutralität wahrend, ungefähr in der Mitte dazwischen zu sitzen, wo ich mit den leitenden Archäologen der israelischen Antikenbehörde ins Gespräch kam, welche die Restaurierungen unter der Kirche maßgeblich gefördert hatten. Die Spannung, die über allem hing, war mit den Händen zu greifen – so dass ich für die rein archäologischen Gesprächsthemen an meinem Tisch mehr als dankbar war. Doch je weiter der Abend fortschritt, umso mehr ertrank alles – wie so oft bei solchen „russischen" Anlässen – in Wodkaseligkeit. Am Ende sah es so aus, als ob die beiden Erzbischöfe im Gefühlsüberschwang gar einander zuprosteten. Ein Journalist der Kirchenpresse muss diese Geste irgendwie in den falschen Hals bekommen haben. Jedenfalls war zwei Tage später in vielen Zeitungen zu lesen, die Erzbischöfe des weißen und des roten Patriarchats hätten miteinander die „Messe konzelebriert" – was ohne Zweifel ein enormer Schritt in der Ökumene gewesen wäre.

Nur wenige Monate später hatten sich dergleichen Feinheiten ohnehin erledigt: Unter dem Einfluss des russischen Präsidenten Putin, der zu Kyrill eine geradezu sagenhafte Männerfreundschaft unterhielt, wurden die beiden Patriarchate dann nämlich so schnell miteinander fusioniert, wie es kaum jemand erwartet hatte. Und für die Russisch-Orthodoxe Imperiale Palästinagesellschaft wurde der Wind damit abermals rauer. Über Jahre hinweg hatte Nikolai Worontsow daran gearbeitet, das so genannte *Sergeij House* im *Russian Compound* vom israelischen Staat an seine Gesellschaft zurück übertragen zu bekommen. Höhepunkt seiner Bestrebungen war ein sehr erfolgreiches internationales theologisches Symposium, welches er in dem Gebäude ausrichten durfte, das bis dahin vom israelischen Naturschutzbund genutzt wurde. Doch kurz darauf soll Präsident Putin eine erhebliche Geldsumme sowie ein Paket an Verbesserungen im russisch-israelischen Verhältnis auf den Tisch gelegt haben, um diese Immobilie für sein vereinigtes Patriarchat zurück zu erwerben. Die jahrelange Klärung der Alteigentümerfrage wurde damit ausgesetzt; der Verein des Herrn Worontsow war chancenlos. Womöglich wird im *Sergeij House* einmal die russische Botschaft in Israel ihren Sitz finden. In allem Lärm um die Verlegung der US-amerikanischen Botschaft nach Jerusalem im Mai 2018 ging ein wenig die Nachricht unter, dass Russland bereits im April 2017 Westjerusalem als Israels Hauptstadt anerkannt hatte. Im Juni 2018 richtete die russische Botschaft in Israel erstmals ihren Nationalfeiertag in Jerusalem aus – im Hof des *Sergeij House*.

Schon ab etwa 2009 hatte sich Nikolai Worontsow augenscheinlich darauf konzentriert, nur noch seine Immobilie gegenüber unserem Nordportal zu schützen. Dabei hatte er es nicht allein mit dem gestärkten russisch-orthodoxen Patriarchat aufzunehmen, sondern auch mit dem griechisch-orthodoxen Patriarchat, welches sich ohnehin als das einzige legitime orthodoxe Patriarchat in Jerusalem versteht. Offenbar in diesem Zusammenhang kam es auch zu den besagten Grabungen der Griechisch-Orthodoxen unter der Alexander-Podvorie-Kirche. Bereits einige Wochen lang hatte Herr Worontsow von seinem Keller aus jenes beunruhigende Klopfen wahrgenommen, mit dem in Jerusalem so viele ihre Erfahrungen gemacht hatten. Als er eines Morgens wieder die Kellertreppe hinuntersteigen wollte, sah er diese durch eine frisch gegossene Betonwand blockiert. Sein Kellerraum war vom angrenzenden griechisch-orthodoxen Kloster annektiert worden. Herr Worontsow wandte sich sofort an die israelische Polizei, die sich jedoch für diesen Fall als nicht zuständig erklärte.

Will eine Gemeinschaft von Menschen im Orient ihre Würde und ihr Anrecht auf den Ort, an dem sie lebt, begründen, so geht dies nicht ohne ein historisches Narrativ, das eine große Geschichte beziehungsweise eine lange Tradition umfasst. So inszenierte sich bereits der Schah von Persien als Nachfolger der großen Könige von Persepolis; König Kyros spielt im nationalen Narrativ selbst des heutigen Iran noch eine zentrale Rolle. Der Diktator Saddam Hussein versuchte im Irak architektonisch wie machtpolitisch an das Erbe des Babylonierkönigs Nebukadnezar anzuknüpfen. Die christlichen Kopten in Ägypten bezeichnen sich als einzige wahre Nachfahren der Pharaonen. Und vor einiger Zeit entdeckte ich eine Seite im Internet, auf der libanesische Christen versuchen, die historische Sprache der alten Phönizier wieder zum Leben zu erwecken, deren Nachfahren sie ja eigentlich seien. Für den Staat Israel wiederum ist die biblische Geschichte zentraler Bestandteil der eigenen Identität – wobei sich das Ringen mit jenem anderem Volk auf biblischem Boden niemals ausblenden lässt: Als die Israelis 1996 zu einer Dreitausendjahrfeier der Stadt Jerusalem einluden (gemeint waren natürlich dreitausend Jahre seit der Eroberung der einst jebusitischen Stadt durch König David), da dauerte es nicht lange, bis die Palästinenser – frei nach dem Motto „Wer bietet mehr?" – den fünftausendsten Jahrestag Jerusalems ausriefen, wodurch sie sich selbst in eine historische Kontinuität mit den vorisraelitischen Bewohnern der antiken Stadt stellten. Solche historischen Konstrukte sind von gewisser Bedeutung für ein Volk, dessen Nationalbewegung im Zwanzigsten Jahrhundert überhaupt erst als Antwort auf den Zionismus entstanden ist – ein Nachzügler unter den vom Geist des europäischen Nationalismus geprägten Bewegungen sozusagen, der seine Geschichte erst entdecken und erfinden muss.

Ein umfassendes und möglichst weit zurück reichendes historisches Narrativ ist umso wichtiger, je kleiner und je weniger einflussreich eine Gruppierung ist. Wenige Monate bevor ich meinen Dienst in Jerusalem aufnahm, hatte sich die deutschsprachige evangelische Gemeinde vor Ort in ihrem Leitbild auf eine „mehr als tausendjährige Geschichte" berufen – wohl um ein wenig davon abzulenken, dass ihre Geschichte im engeren Sinne erst im 19. Jahrhundert mit dem preußisch-anglikanischen Bistum (und somit mitten im Zeitalter des Kolonialismus) beginnt. Aber natürlich ist es ebenso legitim, darauf hinzuweisen, dass es den historischen Quellen zufolge Karl der Große war, der den Muristan bereits zu Beginn des 9. Jahrhunderts als Gabe des sagenhaften Kalifen Haroun al-Rashid von Baghdad erhalten hatte. Das 9. Jahrhundert ist ein sehr guter, da unverfänglicher Ausgangspunkt für eine eigene Geschichtsschreibung – liegt es doch nicht allein vor dem kolonialistischen 19. Jahrhundert, sondern sogar noch vor dem Zeitalter der Kreuzzüge, die in Jerusalem bis heute eine offene Wunde darstellen. Die Schenkung des Muristan-Grundstücks an den preußischen Kronprinzen im Jahr 1869 wird in diesem Narrativ zu einer Art Wiederholung der Schenkung an Karl den Großen mehr als tausend Jahre zuvor; die deutschsprachige evangelische Kirche in Jerusalem reiht sich damit ein in die Gemeinschaft der historischen Kirchen der Stadt.

Eine weitere wichtige Rolle im historischen Narrativ der Erlöserkirche spielt der Johanniterorden. Hatte der Muristan nach der Schenkung an Karl den Großen mehrfach den Besitzer gewechselt, so waren es schließlich doch die Kreuzfahrer, die der kirchlichen Präsenz hier über Jahrhunderte am deutlichsten ihren Stempel aufdrückten. Seit jeher hat der Muristan eine mit dem Namen Johannes verbundene Lokaltradition. Hier gibt es die St. Johanneskirche der Griechen und das ehemals griechisch-orthodoxe St. Johannes-Hospiz, in dem heute israelische Siedler wohnen. Und hier stand schließlich auch das Hospital zum Heiligen Johannes, aus welchem der hier gegründete Hospitaliterorden seinen Namen als Johanniterorden mit hinaus in die Welt nahm. Traditionell wird Johannes der Täufer als Namenspatron all dieser Örtlichkeiten verstanden, wobei jedoch niemand ganz genau erklären kann, wie eine mit dem Täufer verbundene Lokaltradition ausgerechnet an den Muristan gelangt sein soll. Seit etlichen Jahren bereits werden daher in der Debatte auch ganz andere, sehr plausible Theorien vertreten, um welchen (viel unbekannteren) Johannes es sich dabei in Wirklichkeit gehandelt haben könnte.

Aber wie auch immer: Mit dem Johanniterorden ist das preußische Königshaus bzw. das spätere deutsche Kaiserhaus eng verbunden. Und deswegen wollten die Gründer unserer „modernen" Kirche hier am Muristan präsent sein – und nicht in der Christuskirche am Jaffa-Tor, wo sie der gemeinsame Weg eines preußisch-anglikanischen Bistums (1841-1886) zunächst hingeführt hatte. Als dieses Bistum auseinandergebrochen war, stand endlich die Möglichkeit offen, auf den Fundamenten der mittelalterlichen Kirche *Santa Maria Latina*, direkt neben den Ruinen des ursprünglichen Hospitals vom Heiligen Johannes, die schöne

Erlöserkirche zu errichten. In seiner Stiftungsurkunde, die heute in der Eingangshalle der Propstei ausgestellt wird, nimmt Kaiser Wilhelm II unmittelbar auf den historischen Johanniteroden Bezug. Bis heute stammt der Herrenmeister des Johanniterordens aus dem preußischen Königshaus – was immer wieder zu Besuchen äußerst illustrer Gäste an unserer Kirche führte.

Anders als im 19. Jahrhundert geht man heute jedoch äußerst sensibel mit allen kreuzfahrerzeitlichen Traditionen um – vor allem in der Begegnung mit unseren ostkirchlichen Geschwistern, die in dieser Hinsicht aufgrund ihrer geschichtlichen Erinnerung verständlicher Weise ziemlich humorlos sind. So wurde in Begegnungen zwischen Vertretern des heutigen Johanniterordens und des griechisch-orthodoxen Patriarchats immer wieder versucht, deutlich zu machen, dass der Johanniterorden im Mittelalter eigentlich kein kämpfender Orden war (wie beispielsweise der Templerorden), sondern vielmehr ein Ritterorden der Krankenpflege, der sich um die Verwundeten und die kranken Pilger kümmerte. Der sagenhafte Meister Gérard, der in diesem Sinne zur Zeit der Kreuzzüge hier zum Wohl der „Herren Kranken" gewirkt haben soll, ist daher ein Anknüpfungspunkt und eine Identifikationsfigur für viele Johanniterdelegationen, die den Muristan regelmäßig besuchen. Zur Blütezeit sollen in jenem mittelalterlichen Krankenhaus bis zu zweitausend Kranke gleichzeitig gepflegt worden sein – ein Ansporn für das soziale Engagement von Christen bis heute. An einem schönen Vormittag in der Altstadt unternahm der griechisch-orthodoxe Patriarch den Versuch, mir seine Zuneigung zu beweisen, indem er mich anstrahlte und mir zurief: „Ich weiß: Ihr habt nie gekämpft, sondern immer nur die Kranken gepflegt!"

Und ein letzter Punkt ist wichtig für das historische Narrativ der deutschsprachigen evangelischen Kirche in Jerusalem: Das wilhelminische Kirchenbauprogramm im Heiligen Land sah stets vor, so nah wie möglich an die zentralen heilsgeschichtlichen Orte heranzukommen. So wurde die evangelische Weihnachtskirche in Bethlehem auf das dem Ort der Geburt Jesu am nächsten liegende, noch käufliche Gelände der Stadt gesetzt. Die deutsche katholische *Dormitio*-Abtei auf dem Zionsberg liegt unmittelbar neben dem Ort des letzten Abendmahls und des Pfingstwunders. Die 135 Grundstücke unserer evangelischen Auguste Victoria-Stiftung, die auf dem Ölberg zusammengekauft wurden, waren auch ein Versuch, dem Ort der Himmelfahrt möglichst nahe zu kommen. Und die Erlöserkirche liegt nun direkt neben der Grabeskirche, dem traditionellen Ort von Tod und Auferstehung Jesu Christi. Doch gerade die

Wahrheit dieser Tradition stand zur Zeit der neuzeitlichen Gründung unserer Kirche massiv in Frage – befindet sich der Bau der Grabeskirche doch mitten in der Altstadt, während die biblischen Erzählungen ebenso wie alle Logik sehr deutlich machen, dass Golgatha draußen vor der Stadt lag. Als in der zweiten Hälfte des 19. Jahrhunderts in den Ruinen der mittelalterlichen *Santa Maria Latina* mit den Aufräumarbeiten zum Bau der Erlöserkirche begonnen wurde, da fand man unter dem Schutt auch eine gewaltige, massive Steinmauer. Sofort meinte man, die historische „zweite Stadtmauer" aus der Zeit Jesu gefunden zu haben, von der der antike jüdische Schriftsteller Flavius Josephus berichtet – und damit den Beweis, dass der gegenwärtige Ort der Grabeskirche im ersten Jahrhundert tatsächlich außerhalb der Mauern der Stadt gelegen habe. In dem Selbstbewusstsein, den letztgültigen Beweis für die historische Authentizität der Grabeskirche gefunden zu haben, legten die preußischen Baumeister 1893 den Grundstein der Erlöserkirche genau auf diese massive Mauer.

Leider bewahrheitete sich diese Theorie jedoch nicht: Bei archäologischen Ausgrabungen in den Siebzigerjahren wurde festgestellt, dass es sich bei der Mauer unter unserer Kirche um eine Terrassierungsmauer des Kaisers Hadrian handelt – aus der Zeit, als dieser Jerusalem zur römischen Stadt *Aelia Capitolina* umgestaltete und dazu Hügel und Täler nivellieren ließ. Unter dieser Mauer jedoch befindet sich ein in der Tat sehr tiefes Tal – nämlich die Sohle eines historischen Steinbruchs, aus dem vermutlich die Steine für den Tempelbau des Königs Herodes entnommen worden waren. Ein solcher Steinbruch hätte niemals innerhalb der Stadt gelegen. Und viel spricht dafür, dass der Hügel Golgatha ein vom Abbau ausgesparter Stumpf minderwertigen Gesteins mitten in diesem Steinbruch war – eine für spektakuläre Kreuzigungen in der Tat sehr exponierte Lage. Auch der historische Müll, der in der Antike offenbar über die Stadtmauer geworfen und in diesem Steinbruch entsorgt wurde (eine im Nahen Osten bis heute nicht unübliche Form der Müllentsorgung), ist ein Beleg für diese Theorie. Und damit ist der Untergrund der Erlöserkirche dann doch ein – zumindest indirekter – Beweis dafür, dass sich die heutige Grabes- oder Auferstehungskirche an der „richtigen" Stelle befindet. Seit 2010 wurden die archäologischen Funde unter der Erlöserkirche vom Deutschen Evangelischen Institut für Altertumswissenschaft des Heiligen Landes systematisch erschlossen und schließlich einer interessierten Öffentlichkeit allgemein zugänglich gemacht.

Ist das historische Narrativ, das sich an solchen Eckpunkten festmacht, nun wirklich notwendig zur Identitätsbestimmung einer deutschsprachigen evangelischen Kirche in Jerusalem? Oder dient es nicht eher dazu, überholte koloniale Ansprüche intellektuell zu unterfüttern – und als Munition in einem jahrhundertealten Ringen mit den Nachbarn in der Altstadt um Prestige und historische Besitzansprüche; einem Ringen, welches, nüchtern betrachtet, allzu oft an eine intellektuelle Überhöhung der „Geschichte vom Maschendrahtzaun und vom Knallerbsenstrauch" erinnert?

Man sollte dieses Ringen nicht allzu voreilig abwerten oder sich darüber lustig machen. Jerusalem ist so gedrängt voll mit Heiligkeit – voller jedenfalls, als ein solch kleiner Fleck Erde es vernünftigerweise zu tragen vermag. Jeder Quadratzentimeter atmet Erinnerungen – zumeist widersprüchlicher Art – über die Generationen von Menschen gelernt haben, dass sie für ihre Gemeinschaft und für ihre Beziehung zu Gott konstitutiv seien. Wie es eine armenische, eine äthiopische, eine koptische (also ägyptische), eine maronitische (also libanesische) und eine französische (St. Anna!) Kirche in Jerusalem gibt, so gibt es hier eben auch eine deutsche Kirche mit ihrem wie auch immer begründeten historischen Narrativ. Alle diese Kirchen haben – man mag sagen: quadratzentimeterweise – Anteil an der Heiligkeit dieser Stadt. Und darin unterscheiden sie sich nicht von ihren jüdischen und ihren muslimischen Nachbarn. Bedenklich ist nicht, wenn einer an diesen Quadratzentimetern festhält. Bedenklich wäre es, wenn er die Verantwortung, die aus diesem Festhalten erwächst, nicht zum Guten nutzen würde. So viele Pilger der unterschiedlichen Religionen sieht man durch Jerusalem eilen wie mit Scheuklappen: stets auf der Suche nach den eigenen heiligen Stätten; nach dem, was einer „mein" Jerusalem nennen mag – das Jerusalem der anderen dabei nicht sehend. Ich wünsche mir Pilger, die durch Jerusalem wandern und dabei links und rechts schauen: Dies ist eine heilige Stätte der Muslime, dies eine der Juden, und dies eine unserer christlich-orthodoxen Geschwister. Und hier, daneben, ist vielleicht ein Ort, der uns Westchristen heilig ist. Und alle diese Orte verweisen mit der gleichen Legitimität auf den einen Gott, zu dem wir unterschiedlich beten, zu dem wir unterschiedlich unterwegs sind – dessen Präsenz in allen Religionen und Konfessionen jedoch immer wieder „geerdet" ist: in einem Stein, in einem Stück Land – und sei es auch nur ein Quadratzentimeter davon.

Indem wir deutschsprachigen evangelischen Christen – wie auch immer – an unserer historisch begründeten, eigenständigen Präsenz in der

Altstadt festhalten, wahren wir uns die Chance, den verschiedenen Gemeinschaften und Interessengruppen einen Raum der Begegnung zur Verfügung zu stellen, in welchem sie nicht von einer religiösen oder politischen Position vereinnahmt werden. Das Refektorium der Propstei beispielsweise ist ein Raum völlig ohne religiöse Symbole. Wenn ich an die vielen Begegnungen zwischen Juden, Christen und Muslimen, zwischen Israelis, Palästinensern und Deutschen denke, die ich hier während meiner Amtszeit arrangieren konnte, dann empfinde ich eine große Dankbarkeit und weiß, dass wir am rechten Ort sind.

Und dann ist da noch der *Wow-Effekt*, der mich immer wieder froh gemacht hat. Zur Dienstwohnung des Propstes gehört auch die Dachterrasse auf dem mittelalterlichen Kreuzgang, auf der ich mit der Familie oder alleine manchen schönen Moment verbracht habe. Die Geräusche, die aus dem Turm der Erlöserkirche dringen (nicht allein das Glockengeläut!), hört man hier besonders deutlich. Manches Mal habe ich auch gehört, wie jemand, der die 178 Stufen nach oben geklettert ist, angesichts des überwältigenden Blickes, der ihn oben ganz unvermittelt erwartet, trotz seiner Atemlosigkeit zunächst die Luft für einen Moment anhält und dann ausruft: „Wow!" Dieses „Wow" konnte ich mit den Akzenten aller nur denkbaren Sprachen vernehmen. Der erste Blick vom Kirchturm, wenn man auf dem oberen Treppenabsatz angelangt ist, geht nach Osten – über das Häusermeer der Altstadt hinweg zur golden schimmernden Kuppel des Felsendoms und zum Ölberg. Und wenn sich dann noch der Klangteppich der muslimischen Gebetsrufe über die Stadt legt, das kristallklare Licht jeden Winkel erleuchtet und irgendwo da unten eine Glocke zu läuten beginnt, dann ist das wirklich – wow!

Als ich mir einen solchen Blick unmittelbar von unserer Dachterrasse einmal durch ein neues Dach für das darunter liegende Refektorium verbaut hatte, da habe ich gleich neben dem Refektoriumsdach eine erhöhte hölzerne Plattform auf unsere Wein-Pergola zimmern lassen, welche uns diesen Blick zurückgeschenkt hat. Und auf die Plattform habe ich einen Schaukelstuhl gestellt, ein Geburtstagsgeschenk von meiner Frau. Dies war schließlich mein Lieblingsort in Jerusalem. Manche Stunde habe ich auf diesem Schaukelstuhl verbracht – des Tags ebenso wie des Nachts. Hier, mit dem Blick zum goldenen Felsendom, habe ich immer wieder die Ideen für meine Predigten entwickelt – und auch die ersten Kapitel dieses Buches sind noch dort entstanden. So mag in diese Zeilen auch etwas vom Geist dieses einzigartigen Ortes eingeflossen sein, an welchem Abraham seinen Sohn Isaak zum Opfer gebunden hatte, an welchem das Allerheiligste der beiden jüdischen Tempel stand, an welchem Jesus den Tempel gereinigt hat, und von wo der Prophet Mohammed schließlich zum Himmel ritt. Es ist ein überwältigender Ort. Vielleicht der beste Ort der Welt. Ein Ort jedenfalls, für den man gerne auch ganz profane Kämpfe ausfechten mag, ohne sich dabei profan zu fühlen.

Nur: Irgendwann endet auch die schönste Zeit; irgendwann in den Tagen, in denen ich genau diese Zeilen schrieb, fuhr ich zum vorerst letzten Mal heraus aus dieser Stadt, die einen trunken und abhängig macht wie keine zweite auf dieser Welt. Wer innerhalb dieser Mauern bleibt, der endet oft tragisch. Am Rande des von den Stadtmauern umfassten Gebietes, neben der Touristeninformation am Jaffa-Tor, liegen zwei traditionelle muslimische Gräber. Die Grabsteine sind jeweils mit einem ebenfalls aus Stein gemeißelten Turban gekrönt. Die Legende sagt, dass hier die beiden Baumeister der osmanischen Stadtmauer begraben wurden, nachdem der Sultan sie habe köpfen lassen. Zur Begründung für diesen barbarisch anmutenden Akt liefern unterschiedliche Fassungen der Legende gleich mehrere Varianten: Die einen behaupten, der Sultan habe so sicherstellen wollen, dass die Baumeister das Geheimnis dieser einzigartigen, strahlenden Mauer mit ins Grab nehmen, statt es auszuplaudern und anderswo ähnlich schöne Mauern errichten zu lassen. Und andere Fassungen der Legende sagen, der Sultan habe seine Architekten wegen eines planerischen Versagens buchstäblich einen Kopf kürzer gemacht – weil sie es nämlich versäumt hatten, auch den Zionsberg mit in diese herrlichen Mauern einzufassen. Wahrscheinlich stimmt keine dieser beiden Varianten, und mit einiger Sicherheit kann man sagen, dass in den historischen Gräbern am Jaffa-Tor auch gar nicht die beiden Baumeister liegen. Aber es ist (wie die meisten Legenden Jerusalems) eine faszinierende Legende, und darum hat die Stadtverwaltung vor diesen Gräbern schließlich ein Podest mit steinernen Stufen errichten lassen, von wo die Besucher einen besseren Überblick haben und auch die Touristenführer die Anlage – mitsamt ihrer Legenden – besser erklären können.

Auf einen besonderen Jerusalem-Weg machte sich der Rat der Evangelischen Kirche in Deutschland (EKD), also das höchste Leitungsorgan meiner Kirche, gemeinsam mit diversen Ehepartnern und der Führungsspitze des Kirchenamtes im Frühjahr 2007. Ganz unterschiedliche Orte in Israel und den palästinensischen Gebieten standen auf dem Besuchsprogramm, und die zuständige Referentin aus dem Kirchenamt hatte sich im

Vorfeld der Reise etwas ganz Besonderes ausgedacht: Eine der regelmä-ßigen Morgenandachten solle in der Grabeskirche stattfinden – dem Ort von Tod und Auferstehung Christi. Und damit verlangte sie eigentlich Unmögliches. Wer in der Grabes- (bzw. korrekter: Auferstehungs-)kirche welche Rechte hat, das ist nämlich peinlichst genau festgelegt durch den *Status Quo*, welchen die osmanischen Herrscher im neunzehnten Jahr-hundert festgeschrieben haben. Und an diesem *Status Quo* haben genau sechs Kirchen Anteil: die Griechisch-Orthodoxen, die Armenier, die Franziskaner, die Syrer, die Kopten und die Äthiopier. Jede dieser Kir-chen verfügt hier über festgeschriebene Kapellen, Winkel, Nischen, Uhrzeiten am Tag. Die Äthiopier hatten nach langem Ringen immerhin noch ein Plätzchen auf dem Dach der Kirche erhalten – oder, nach anderer Lesart: waren im Laufe dieses Ringens aus einer einst soliden Position heraus schließlich auf das Dach verdrängt worden. Den evangelischen Kirchen, die seit dem 19. Jahrhundert in Jerusalem aktiv wurden, war solchermaßen frommes Gerangel stets suspekt geblieben. Sie hielten lieber vornehmen Abstand dazu.

Und nun wollte die Kirchenleitung einer dieser evangelischen Kirchen ausgerechnet hier eine Andacht feiern. Mit einem leisen inneren Seufzer und überzeugt, dass mein Unternehmen ohnehin aussichtslos sei, besuchte ich nacheinander zwei Männer, die für die beiden wichtigsten Konfessi-onen in der Grabeskirche über den Status Quo wachen: Pater Athanasius und Erzbischof Aristarchos.

Pater Athanasius Macora ist Franziskanermönch aus Texas. In der Franziskanischen Custodie trägt er den Titel des „Beauftragten für den Status Quo". Sein texanischer Akzent will nicht so ganz zu dem in den Ostkirchen so vertrauten Namen *Athanasius* passen. Dabei spricht er langsam, stets auf diplomatische Formulierungen bedacht. Sein breites, freundliches Gesicht wirkt meistens ein wenig traurig – oft aber auch einfach unendlich müde. Er bewegt sich langsam, als falle ihm jede kör-perliche Anstrengung schwer. So muss jemand aussehen, auf dessen Schultern die Last des in Dutzenden staubiger Folianten festgeschriebe-nen *Status Quo* liegt. Und seine Auskunft ließ keinen Zweifel: Unmög-lich. Evangelische können in der Grabeskirche nicht beten.

Ähnlich ernüchternd fiel die Auskunft seines griechisch-orthodoxen Kollegen aus. „Schwierig" sei das, sagte Erzbischof Aristarchos, und kraulte dabei mit den Fingern seinen beeindruckenden, grauen Bart. Aristarchos ist ein kleiner, freundlicher Mann, dessen tiefdunkle Augen hinter buschigen Brauen stets vor Herzlichkeit funkeln. Er ist als „persönlicher Sekretär" der engste Vertraute des Patriarchen, spricht ein ausgezeichnetes Deutsch und vertritt die Griechisch-Orthodoxe Kirche unter anderem auch in der Kommission „Glaube und Kirchenverfassung" beim Ökumenischen Rat der Kirchen in Genf. Somit handelt es sich bei ihm um einen der ökumenefreundlichen Vertreter des Griechisch-Orthodoxen Patriarchats zu Jerusalem. Und damit ist er nicht unbedingt typisch für diese Institution. Einen Gegenpol zu ihm bildet beispielsweise der Abt vom Heiligen Grab, mit dem die Kommunikation allein deswegen schon schwierig ist, weil er außer Griechisch keine weitere Sprache spricht – jedenfalls keine, die ich in sechs Jahren hätte herausfinden können. Darüber hinaus ist alles, was nicht orthodox ist, für ihn ohnehin nicht wirklich christlich. Nach meinen Erfahrungen mit solch unterschiedlichen Haltungen zur Ökumene innerhalb des Patriarchates wusste ich schon, warum ich mich mit meinem Anliegen an Erzbischof Aristarchos wandte – und nicht an den Abt vom Heiligen Grab.

Der Streit zwischen den beiden Parteien lässt sich übrigens wunderbar an der „Gebetswoche für die Einheit der Christen" ablesen, die jedes Jahr im Januar stattfindet. Im Jahr 2008 hatte sich erstmals die „ökumenefreundliche" Fraktion im Patriarchat durchgesetzt – sofern man diesen Begriff hier überhaupt in diesem Sinne gebrauchen kann, ist doch „Ökumene" nach orthodoxem Verständnis zunächst ein innerorthodoxer Begriff. Um solche kirchendiplomatischen Feinheiten zu erklären, bedürfte es freilich eines längeren Exkurses, für den an dieser Stelle kein Platz ist. Jedenfalls gehörte das Griechisch-Orthodoxe Patriarchat in diesem Jahr erstmals zu den Miteinladenden zu dieser Gebetswoche, von der es sich bis dahin diskret ferngehalten hatte. Und das war unter vielen Jerusalemer Christen ein Grund der Freude. Natürlich kam dem Patriarchat die Ehre zu, diese Gebetswoche auch gleich eröffnen zu dürfen: mit einem Abendgebet in der Golgathakapelle der Grabes- oder Auferstehungskirche. Ganz aufgeregt, erstmals von orthodoxer Seite zu einer solchen Veranstaltung eingeladen worden zu sein, waren auch mein katholischer Kollege, Abt Benedikt von der *Dormitio*-Abtei, und ich gemeinsam in die Grabeskirche gekommen. Da standen wir also, gemeinsam mit etlichen Dutzend Christen der unterschiedlichsten Konfessionen, oben auf Golgatha, wo zwischen den vielfachen Überbauungen mit Altären und Marmorfußböden immer noch der natürliche Fels zu sehen ist, auf dem einst das Kreuz Christi gestanden haben soll. Der linke, größere und prächtigere Teil dieser Kapelle gehört den Griechisch-Orthodoxen; der rechte Teil dagegen wird vom Franziskanerorden verwaltet.

Nach einer Weile des Wartens erschien Pater Alexander, der nun das Abendgebet leiten sollte. Pater Alexander Wienogradsky ist ein Unikum. In seiner Familiengeschichte finden sich ukrainische Juden, die einst Opfer der *Shoah* wurden, ebenso wie russisch-orthodoxe und deutsche Vorfahren. Er spricht mindestens ein Dutzend Sprachen mehr oder weniger fließend und wurde vom Patriarchat eingesetzt, sich um jene zahlreichen Neueinwanderer aus den Ländern der ehemaligen Sowjetunion zu kümmern, die eigentlich eher orthodoxe Christen als Juden sind. Auch zu gemeinsamen Veranstaltungen mit Christen anderer Konfessionen schickt ihn das Patriarchat gerne vor, doch hinter vorgehaltener Hand stellen seine Amtsbrüder zuweilen die Frage, ob er überhaupt zur richtigen Denomination gehöre: Er sei möglicherweise russisch-orthodox, vielleicht sogar jüdisch, aber niemals griechisch-orthodox. Egal – er war jedenfalls für dieses Abendgebet verantwortlich.

„Herzlich willkommen", rief er mit seiner wohlklingenden, sonoren Stimme. „Herzlich willkommen allen, die hier mitbeten – und allen Zuschauern." Abt Benedikt und ich sahen uns fragend an, aber Pater Alexander fuhr bereits fort: „Dies ist ein griechisch-orthodoxes Gebet. Hier beten orthodoxe Christen. Alle anderen, die nicht orthodox sind, sind als Zuschauer herzlich willkommen. Und unterstehen Sie sich", hier wurde seine Stimme laut, „unterstehen Sie sich, etwa still im Herzen ein Gebet mitzusprechen. Das wäre Betrug. Aber manchmal" – jetzt nahm seine Stimme einen süßlichen Klang an – „manchmal kommt der Heilige Geist auch zu Zuschauern über das Auge."

Dieser letzte Satz war nun wirklich tröstlich, und Benedikt und ich entschlossen uns, zu bleiben. Das Gebet nahm seinen Lauf – in griechischer Sprache – die Wechselgesänge der Mönche waren wunderschön, und vielleicht ist der Heilige Geist ja wirklich über das Auge zu uns gekommen.

Ein Jahr später, 2009, wurde die Gebetswoche wieder von den Griechen in der Golgathakapelle eröffnet, und wieder gingen Abt Benedikt und ich gemeinsam zu der Veranstaltung. Schlimmer als im Vorjahr – so dachten wir – könne es ja nicht kommen. Doch es kam schlimmer. Diesmal trat nicht der zuständige Priester als erstes vor die ökumenische Gemeinde, sondern zwei der „Prügelmönche" des Griechisch-Orthodoxen Patriarchats.

Ich habe sie immer im Scherz so genannt: die Mönche mit Türsteherqualitäten, die sowohl im griechisch-orthodoxen wie auch im armenischen Patriarchat oder im Franziskanerorden anzutreffen sind. Diese

Mönche haben den Auftrag, eifersüchtig über die Einhaltung des „Status Quo" aus dem neunzehnten Jahrhundert zu wachen. Eigentlich sind sie nicht typisch für das Miteinander der christlichen Konfessionen in Jerusalem, denn den meisten Christen, die sich gegenseitig mit hohem Respekt begegnen und auch quer durch die Konfessionen durch Heiraten miteinander verbunden sind, ist es nur peinlich, wenn diese Mönche in der Geburtskirche zu Bethlehem oder der Jerusalemer Grabeskirche wieder einmal aneinander geraten sind. Unvergessen ist der Moment, an dem ein armenischer Mönch beim Weihnachtsputz in Bethlehem seine Leiter auf griechischem Geburtskirchenboden aufstellen musste, um eine armenische Lampe zu putzen – woraufhin ihm die Leiter von aufgebrachten Griechen unter den Füßen weggezogen wurde und die Situation in eine Massenschlägerei ausuferte. Ebenso unvergessen ist das Osterfest 2006, zu dem der damals neue und daher noch ganz unkonventionelle franziskanische Kustos (also der Leiter des Franziskanerordens in Jerusalem) den Griechisch-Orthodoxen zugestanden hatte, zu einer Zeit, die laut *Status Quo* eigentlich für die Franziskaner reserviert ist, eine Prozession durch die Grabeskirche zu unternehmen. Dass die Franziskaner angesichts ihrer eigenen Großzügigkeit sich die Freiheit genommen hatten, in einer offenen Tür stehend das Treiben der Griechen zu beobachten, irritierte letztere ungemein. „*Shut the door!!*", so hallte der Schrei des damaligen griechischen Patriarchen Irenäus durch die heiligen Gemäuer, wobei ihm die Patriarchenkrone auf dem schweißnassen Kopf in Schräglage rutschte und das Signal für eine allgemeine Prügelei gegeben war.

Die schönste Schlägerei zwischen den Mönchen der unterschiedlichen Konfessionen ergab sich jedoch ein paar Jahre später, als eine Meinungsverschiedenheit darüber, wie viele griechische Mönche befugt seien, zu einem bestimmten Zeitpunkt als Wachen vor dem Heiligen Grab zu stehen, in einen allgemeinen Tumult ausartete, in dessen Verlauf ein junger armenischer Priesteramtsanwärter auf einen der gewaltigen Leuchter vor dem Grab Jesu kletterte und sich dann, Superman gleich, mit wehenden liturgischen Gewändern aus der Höhe auf seine griechischen Kontrahenten stürzte. Diese Szene wurde von einem Gottesdienstbesucher übrigens auf einem Video festgehalten, welches bei *Youtube* mittlerweile unzählige Male aufgerufen worden ist.

Wie auch immer – jedenfalls erschienen zu jenem besagten Gebet für die Einheit der Christen im Jahr 2009 zunächst zwei dieser griechisch-orthodoxen Türstehermönche. Schubsend und drängelnd bahnten sie sich ihren Weg durch die versammelte ökumenische Gemeinde und riefen dabei in rudimentärem Englisch mit hartem griechischen Akzent ihr Anliegen in die Menge: „Dies ist ein orthodoxer Ort. Alle, die nicht orthodox sind, fordern wir auf, den Platz zu räumen! Geht doch rüber auf die katholische Seite!" Wieder schenkten Abt Benedikt und ich, die wir auch diesmal nebeneinander standen, uns gegenseitig einen ähnlich irritierten Blick wie im Vorjahr. Ich war mir sicher, dass ich mit dieser Aufforderung nicht gemeint sein könne. Schließlich stand ich hier erkennbar als Amtsperson, mit Lutherrock und Brustkreuz, dazu mit einer offiziellen Einladung des Patriarchats ausgestattet. Doch ich konnte gar nicht so schnell schauen, wie die beiden Mönche links und rechts von mir an meinen Schultern Hand angelegt hatten, um mich in den franziskanischen Teil der Golgathakapelle hinüber zu befördern. Es schien wieder einmal so zu sein, dass sich bei der Einladung zum Gebet die ökumenefreundliche Fraktion des Patriarchats durchgesetzt hatte, bei der Durchführung dann aber im Gegenzug die ökumenekritische Fraktion. Vom franziskanischen Teil der Kapelle aus verfolgten wir einmal mehr als Zuschauer das Gebet.

Auch 2010 erschienen wir wieder zu dieser Veranstaltung – nicht aus masochistischer Veranlagung, sondern um die ökumenefreundliche Fraktion im Patriarchat zu stärken. Und es passierte – gar nichts. Weder der Priester noch die Mönche wandten sich mit irgendwelchen Vorwarnungen an die versammelte Gemeinde. Die Menschen jedweder Konfession standen überall – im orthodoxen wie im franziskanischen Teil der Kapelle, und das Gebet ging einfach los. Ohne Gruß und in griechischer Sprache, die wahrscheinlich die wenigsten der Anwesenden verstanden – aber alle waren dabei, und zum Schluss wurde sogar noch zu einem kleinen Zusammensein bei einem Stück Schokolade in das Büro des Abtes vom Heiligen Grab eingeladen.

Das Büro des Abtes vom Heiligen Grab liegt in der Grabeskirche gerade unterhalb der Golgathakapelle, neben der Stelle, wo die Gebeine Adams bestattet liegen sollen und wo sich zu Kreuzfahrerzeiten zwei der Könige Jerusalems beisetzen ließen. Neben einem Schreibtisch, ein paar Stühlen und den beeindruckenden Portraits früherer Patriarchen enthält dieser Raum, der normalerweise verschlossen ist, auch die bedeutendste Reliquiensammlung des Nahen Ostens. Die wichtigste Reliquie ist natürlich ein Stück Holz vom wahren Kreuz Christi, welches hier im frühen vierten Jahrhundert von der Kaisermutter Helena aufgefunden wurde. Darum herum gruppieren sich Schädel- und sonstige Knochenfragmente sowie allerlei Gegenstände, die sich einst in den Händen oder anderen

Körperteilen von Heiligen befunden haben sollen, in beeindruckender Zahl.

Natürlich ließen sich die Menschen nicht zweimal bitten, eine solch einzigartige Gelegenheit wahrzunehmen. So strömte die Menge nach dem Gebet neugierig in das Büro. Und mittendrin saß an seinem Schreibtisch, das Gebetbuch in den Händen, der Abt vom Heiligen Grab höchstpersönlich – ein Mann, der, wie gesagt, nicht unbedingt ein Freund der Gemeinschaft mit Christen anderer Konfessionen ist. Und ganz offensichtlich saß er hier auch nur, weil ihm das „von oben" so angeordnet worden war. Er sah nicht auf zu den Menschen, die sich da ungehindert durch die offene Tür in sein Büro ergossen. Er blickte mit starrem Blick nur in sein Brevier und betete. Dabei verkrampften sich die Hände so sehr um das Buch, dass die Knöchel ganz weiß hervorstachen. Ich hatte Mitleid mit ihm. Denn es war ja sein „Wohnzimmer", in das wir Außenstehenden da einfielen. Sein Ort der intimen Zwiesprache mit Gott – stets geordnet nach den strengen Regeln der *Orthodoxia*. Ich hätte mich wie ein Einbrecher gefühlt, wenn ich nicht gewusst hätte, dass es seine Oberen waren, die die Öffnung seines Büros angeordnet hatten. Und Gehorsam ist in der Orthodoxie ein hoher Wert. Doch irgendwann hatte der Abt vom Heiligen Grab genug.

Es gab anschließend noch angeregte Diskussionen um die Frage, ob er gesehen hatte, wer da gerade zur Tür hereinkam, als er genug hatte. Einige meinten: Ja, er hätte es gesehen, und er hätte daher ganz bewusst eine despektierliche Geste in Richtung Tür gemacht. Ich selbst jedoch hatte den Abt schon eine Weile genau beobachtet und meine daher, dass er wirklich ausschließlich in sein Gebetbuch (und nicht zur Tür) geblickt hatte, und seine Geste daher nur ganz allgemein der großen Zahl an Ketzern galt, die da sein Büro enterten.

Jedenfalls hatte er den Arm ausgestreckt und mit der erhobenen Handfläche in Richtung Tür gezeigt. Diese im Westen recht harmlose Geste, die von jedem Verkehrspolizisten gebraucht wird, der die Fahrzeuge an einer Kreuzung zu stoppen hat, wird im Orient jedoch leicht als Beleidigung verstanden. Man zeigt nicht mit seiner Handfläche auf Menschen. Noch schlimmer ist es nur, mit der Fußsohle oder der Unterseite eines Schuhs auf Menschen zu zeigen. Nun also zeigte der Abt mit seiner Handfläche in Richtung Tür – ausgerechnet in dem Moment, als Erzbischof Jules Zerey durch diese Tür den Raum betrat. Erzbischof Jules ist eigentlich ein sehr charmanter, kultivierter und tief religiöser Mann, der zudem ein sehr gepflegtes Französisch spricht. In Jerusalem leitete er damals die melkitische bzw. die griechisch-katholische Kirche. Die griechisch-katholische Kirche ist eine Abspaltung der griechisch-orthodoxen Kirche aus dem 18. Jahrhundert. Damals gab es von Rom aus starke Unionsbestrebungen im Orient. D.h. man bot den orthodoxen und orientalisch-orthodoxen Kirchen an, in Union mit dem Vatikan zu treten, den Papst als Oberhaupt anzuerkennen und dafür im Gegenzug an den eigenen kirchlichen, liturgischen und theologischen Traditionen festhalten zu dürfen. Natürlich liefen durch ein solches Angebot die Kirchen des Ostens nicht mit wehenden Fahnen zum Papst über – wohl aber Teile von ihnen, die heute in Jerusalem etwa die armenisch-katholische, die syrisch-katholische und die griechisch-katholische Kirche bilden. Die letztere, kurzerhand auch die melkitische Kirche genannt, stellt dabei die größte dieser Abspaltungen dar, und sie ist der griechisch-orthodoxen Kirche ein ständiger Dorn im Auge, da man dort in den Melkiten schlicht Abtrünnige sieht.

Unter diesem Vorwurf leidet ein Mensch wie Erzbischof Jules, dem die gute Gemeinschaft aller Konfessionen untereinander ein Herzensanliegen ist, in schlicht unbeschreiblicher Weise. Und nun sah er auch noch die griechisch-orthodoxe Handfläche, die ihm da frech entgegengestreckt wurde. In Sekundenbruchteilen wurde sein Kopf rot, er sprang auf den Schreibtisch zu und wollte den Abt beim Kragen packen. „Warum machst du das?", schrie er dabei. „Warum beleidigst du immer und immer wieder meine Kirche?" Diesmal waren es ein paar Franziskanermönche, die den Erzbischof mit kräftigen Händen in ihre Mitte nahmen, vom Schreibtisch des Abtes wegschleiften und besänftigend auf ihn einredeten.

Im Jahr 2011 konnte ich am Eröffnungsgottesdienst zur Gebetswoche für die Einheit der Christen leider nicht teilnehmen, da ich zur gleichen Zeit für einen Gottesdienst in unserem jordanischen Gemeindeteil verantwortlich war. Ich schickte also meinen Vikar zu der Veranstaltung in die Grabeskirche, der mir anschließend von keinen besonderen Verwicklungen berichten konnte. Und auch im Januar 2012 wurde einfach nur gebetet. Ausschließlich auf Griechisch zwar, aber immerhin. Vielleicht ist es ja tatsächlich so, dass auf Dauer der stete Tropfen den Stein höhlt.

Doch selbst wenn in den Beziehungen zwischen den unterschiedlichen Konfessionen in Jerusalem hier und da Verbesserungen festzustellen sind, so bleiben doch die kirchendiplomatischen Verwicklungen an der Grabesbzw. Auferstehungskirche ein Dauerthema. So traurig dies sein mag: Einmal musste ich dann doch auf meine Zunge beißen, um nicht schallend loszulachen. Über Jahre hinweg waren die öffentlichen Toiletten der Kirche ein ebenso brisantes wie im wahrsten Sinne des Wortes anrüchiges Thema gewesen. Zwischen den unterschiedlichen Status-Quo-Kirchen eine Einigung über das Prozedere für den Einbau neuer Toiletten zu erzielen, war für lange Zeit fast ein Ding der Unmöglichkeit gewesen. Nur nach zähem diplomatischen Ringen (und zunehmender Geruchsbelästigung) lag eine Verhandlungslösung schließlich doch zum Greifen nahe. An einem Nachmittag nach einer der abschließenden Verhandlungsrunden kam Erzbischof Aris aufgebracht bei uns in der Propstei vorbei. Erzbischof Aris Shirvanian ist einer der wichtigsten Vertreter des armenischen Patriarchats in Jerusalem. Ursprünglich vor allem für die Außenbeziehungen seiner Kirche verantwortlich, übernahm er mit der fortschreitenden Altersschwäche des damaligen greisen Patriarchen zunehmend zentrale Leitungsaufgaben im Patriarchat. Dabei gehörte Aris auch selbst nicht mehr zu den Jüngsten. Doch seine hochgewachsene Gestalt und seine natürliche Autorität machten ihn zu einer der beeindruckendsten Figuren in der kirchlichen Szene Jerusalems. Meistens kam er nicht alleine daher, sondern gemeinsam mit Pater Goosan Aljanian, der als Erster Dragomane vor allem für die Protokollfragen des Patriarchats zuständig war, zugleich aber auch die Ausbildung für liturgischen Gesang am armenischen Priesterseminar leitete. Goosan hatte die mitreißende Stimme eines ganzen Engelschores, und mit ihm wie mit Aris verband uns eine ganz besonders enge Freundschaft. So war Goosan als Armenier auch gerne bereit, etwas zu tun, was für einen Priester der griechisch-orthodoxen Kirche wohl ganz und gar unmöglich gewesen wäre: Zu hohen Feiertagen beteiligte sich Goosan hin und wieder aktiv an der Liturgie unserer evangelischen Kirche, indem er das Evangelium oder das Glaubensbekenntnis auf Armenisch sang. So geschah es etwa im Gottesdienst zur Einweihung unseres frisch renovierten Kaisersaals oder auch im Gottesdienst anlässlich meiner Verabschiedung von Jerusalem. Wo Aris und Goosan gemeinsam auftraten, da waren sie durch den hohen und spitzen, schwarzen Kopfputz der Armenier unübersehbar.

An diesem Nachmittag jedoch kam Aris alleine, ohne Goosan. Er ließ sich auf unser Wohnzimmersofa plumpsen, wie manches Mal zuvor, und atmete tief durch. Meine Frau bereitete ihm einen Tee aus frischer Minze zu. So machten wir es immer, wenn Probleme zu bereden waren. Und zum Glück war das Verhältnis zwischen den Armeniern und der evangelischen Propstei so herzlich, dass wir alles offen miteinander besprechen konnten. Wahrscheinlich lag das daran, dass die Armenier das Gefühl hatten, im

Spektrum der Ostkirchen ganz klein zu sein – und wir Evangelischen gehören im Spektrum der in Jerusalem vertretenen Westkirchen sicher ebenfalls zu den Kleinsten. Solch eine ähnliche Gefühligkeit schweißt zusammen. Nach einer Weile hatte sich Erzbischof Aris so weit beruhigt, dass er seine Frustration in Worte zu fassen vermochte: „Jetzt wollen die Kopten auch noch ein eigenes Klo!"

Ich blickte ihn fragend an, und da sprudelte es aus ihm heraus: Dass die Verhandlungen über die Renovierung der Toilettenanlage bereits kurz vor ihrem Abschluss standen, und dass die Kopten nun alles gesprengt hätten mit ihrer Forderung, eine der Toiletten nur für Mitglieder ihrer eigenen Konfession einzurichten. „Zurück auf Los", sagte Aris. „Jetzt können wir mit den Verhandlungen wieder von vorne beginnen."

Aber ganz so schlimm war es dann doch nicht. Wenige Monate später wurde die Toilettenanlage tatsächlich renoviert. Offenbar war ein Kompromiss gefunden worden, mit dem alle leben konnten. Ob eine der Toiletten nun allein für Kopten reserviert war, habe ich nicht mehr herausgefunden.

Israelische Besucher haben mich manchmal mit süffisantem Lächeln gefragt, wie es sich denn mit dem christlichen Anspruch vertrage, die Religion der Liebe zu sein, wenn an der Grabeskirche dauernd zwischen den beteiligten Kirchen gestritten werde. Irgendwann hatte ich meine Antwort auf diese Frage gefunden. „Stellt euch eine Synagoge vor", so sagte ich dann meinen israelischen Bekannten, „die von sechs verschiedenen jüdischen Gruppen gemeinsam betrieben wird. Nehmen wir zum Beispiel die *Bratzlaver*, die *Lubawitzer* (also *Habadniks*), die *Gerer*, die *Beltzer*, die Konservativen und die Reformbewegung. Würde das gut gehen?" – Bei dieser Frage werden meine jüdischen Bekannten oft ganz still, und einige antworten: „Nein, es gäbe ein Hauen und Messerstechen." Insofern sind sich Juden und Christen vielleicht gar nicht so unähnlich.

Dieser Exkurs möge genügen um deutlich zu machen, wie problematisch das Ansinnen des Rates der EKD war, ausgerechnet an einem Ort wie der Grabeskirche eine Morgenandacht zu feiern. „Unmöglich", hatte Pater Athanasius Macora in seiner amerikanisch-direkten Art gesagt. „Schwierig", hatte auf der anderen Seite Erzbischof Aristarchos erklärt – was in der höflich-verklausulierenden Art der Orientalen (niemand würde hier jemals ein direktes, unverblümtes „Nein" aussprechen) auch nichts anderes meint als „unmöglich".

Einige Nächte lang grübelte ich über diesen Auskünften, dann kam mir eine Idee. Vor dem Eingang der Grabeskirche befindet sich der Vorplatz, der ohne Zweifel selbst zum Grabeskirchenareal gehört, und auf den einige Treppenstufen hinunterführen, welche einen wunderbaren Blick auf die Kirche bieten. Wie wäre es denn, so fragte ich mich, wenn wir die Andacht mit dem Rat der EKD nicht in der Kirche, sondern auf eben diesen Treppenstufen halten würden?

Erzbischof Aristarchos zögerte ein wenig und fuhr sich mehrfach mit den Fingern durch den Bart. Dann kam er zu dem Schluss: „Das sollte gehen!" Dem widersprach zwei Stunden später auch Pater Athanasius nicht: Diese Stufen seien im gemeinsamen Besitz aller beteiligen Kirchen und insofern von geringerer Heiligkeit. Daher dürfe dort durchaus auch ein Gebet evangelischer Christen stattfinden.

Ich jubilierte innerlich und funkte dieses Ergebnis alsbald nach Hannover, wo man sich hoch zufrieden mit meinem Verhandlungserfolg zeigte. Doch dieses Hochgefühl hielt nur wenige Tage an, dann meldete sich ein zerknirschter Erzbischof Aristarchos telefonisch bei mir. Ich habe nicht genau verstanden, was er mir da in umständlichen Sätzen zu erklären versuchte – irgendwie klang es, als hätte er nun herausgefunden, dass nur zwei der fünf Stufen den Griechen gehörten, aber drei den Franziskanern, und dass es nicht sein könne, dass die Franziskaner hier den ausländischen Besuchern somit eine größere Gastfreundschaft erwiesen als die Griechen. Kurz: Eine evangelische Andacht könne auch auf den Stufen nicht stattfinden.

„Und nun?", fragte ich Aristarchos. Der Erzbischof zögerte wiederum, dann entgegnete er: „Ihr Evangelischen lest doch die selbe Bibel wie wir Orthodoxen, nicht wahr?" – „Das will ich meinen", antwortete ich. „Wie wäre es dann", fragte Aristarchos, „wenn wir gar nicht mehr von einer Andacht oder einem Gebet sprechen, sondern es einfach nur ‚Bibellesung' nennen? Dafür würde ich euch dann sogar die griechisch-orthodoxe Golgatha-Kapelle zur Verfügung stellen."

Ich war begeistert angesichts dieses bis dahin kaum denkbaren Angebotes: „Ja, so machen wir es!" – Doch nach ein paar Tagen kamen mir die ersten Skrupel. Ich konnte unmöglich ein solches Privatabkommen mit den Griechen schließen, ohne die Franziskaner zumindest zu informieren. Sie würden es sonst als einen Affront auffassen.

Und in der Tat: Pater Athanasius war entgeistert: „Wie, die Griechen erlauben euch wirklich eine evangelische Bibellesung auf Golgatha? Bist du dir da ganz sicher?" Ich nickte. Der sonst so ruhige Franziskanerpater wurde noch aufgeregter: „Das hat es ja seit Beginn des Status Quo noch nie gegeben. Die Griechen meinen wohl, sie könnten hier tun und lassen, was sie wollen.... Weißt du was? Was die können, das können wir erst recht. Wenn ihr bei den Griechen laut aus der Bibel lesen dürft, dann dürft ihr in der katholischen Kapelle neben dem Heiligen Grab eine komplette Andacht feiern – mit Gebet und Segen und allem Drum und Dran!"

Es verschlug mir die Sprache. Was hier geschah, das hatte es in der Geschichte der Grabeskirche noch nicht gegeben. Aber den Griechen konnte ich jetzt auch nicht mehr so einfach absagen. So kamen noch fünf oder sechs weitere Besuche bei Athanasius und Aristarchos hinzu, dann stand das Programm: Gemeinsamer Einzug in die Grabeskirche, Bibellesung auf Golgatha, geführter Gang von Golgatha zur katholischen Kapelle, Gebet, Predigt, Lied, Vaterunser, Segen, weitere Führung durch die Kirche, Abschluss unterhalb von Golgatha, vor dem Büro des Abtes vom Heiligen Grab. Es war phantastisch!

Der Tag der Ratsreise kam, und ein minutiös geplantes Programm spulte sich ab. Am Nachmittag vor der Grabeskirchenandacht brachte ich eine kleine Delegation um den EKD-Ratsvorsitzenden und Auslandsbischof nach Tel Aviv, wo sie von Shimon Peres empfangen wurden. Peres war damals noch nicht Staatspräsident, sondern Minister für die Entwicklung Galiläas und des Negev – was gewiss kein besonders wichtiger Ministerposten war, und dem Amtsinhaber Zeit ließ, sich als Vertreter seiner Regierung um kirchliche Gruppen aus dem Ausland zu kümmern. Der Besuch war gut und anregend, Peres sprach wieder einmal charmant und mitreißend. Während der Rückfahrt im Kleinbus röhrten die Gänge des nicht mehr ganz taufrischen Fahrzeugs auf der steil ansteigenden Straße, und die Stimmung war gut.

Und dann klingelte mein Handy. Erzbischof Aristarchos meldete sich, und er war aufgeregt: „Wenn Sie morgen zur Bibellesung kommen, kommen Sie dann nach Sommerzeit oder nach normaler Zeit?" Ich verstand nicht. „Lieber Erzbischof, am vergangenen Wochenende ist die Uhr auf Sommerzeit umgestellt worden. Natürlich ist das die Zeit, die für uns gilt."

Die Stimme von Erzbischof Aristarchos zitterte, doch sein Deutsch war exzellent wie immer: „Nein, nein, das geht nicht. Sie müssen um eine Stunde verschieben. In der Auferstehungskirche gilt die Sommerzeit nicht. Sonst würden wir mit den Regelungen des *Status Quo* ja ganz durcheinander kommen." Ich war ratlos. „Wo ist das Problem, lieber Erzbischof? Ob wir eine Stunde eher oder später kommen, macht doch keinen großen Unterschied."

Ich spürte, wie mein Gesprächspartner am anderen Ende der Leitung rot im Gesicht wurde: „Doch, doch, macht es! Die Auferstehungskirche ist nämlich nicht nur räumlich aufgeteilt, sondern auch zeitlich. In der Stunde, in der Sie nach Ihrer Zeit Ihre Bibellesung halten wollen, gehört unsere Golgathakapelle den Franziskanern, die dort eine Prozession durchführen dürfen. Und es kann doch nicht sein, dass die Franziskaner Ihnen zweimal Gastfreundschaft bieten! Wenn Sie nicht verschieben können, dann müssen Sie die Bibellesung ausfallen lassen."

Ich ging in den vorderen Teil des Busses, wo die Referentin des Kirchenamtes saß, schilderte ihr das Problem und merkte dabei, dass sie erheblich unter Druck stand. Sie klang unwirsch: „Wir können weder verschieben noch die Andacht ausfallen lassen. Sagen Sie Ihrem Erzbischof einfach, dass der EKD-Ratsvorsitzende persönlich eine Andacht in der Grabeskirche feiern will!"

Angesichts der Lage hätte es wohl nicht viel genützt, ihr zu erklären, dass dies ein relativ uninteressantes Argument gegenüber einem griechisch-orthodoxen Erzbischof in Jerusalem wäre. Dennoch rief ich Aristarchos noch einmal an und machte die Angelegenheit dringend: „Lieber Erzbischof, wir können weder verschieben noch ausfallen lassen. Machen Sie bitte irgendwas, dass wir zur vereinbarten Zeit die Bibellesung haben können. Meine Zukunft als Priester meiner Kirche hängt daran!"

Eine Weile herrschte Schweigen am anderen Ende der Leitung. Dann räusperte sich Aristarchos; seine Stimme klang brüchig: „Also machen Sie um Ihre Uhrzeit in Gottes Namen was sie wollen. Nur müssen Sie dabei wissen, dass wir in genau dieser Stunde nicht die Hausherren in unserer eigenen Kapelle sind. Wir können Sie nicht begrüßen, wir können Sie nicht willkommen heißen. Wahrscheinlich werden Sie nur den Franziskanern begegnen."

Und genau so lief es dann auch am folgenden Tag. Um es klar zu sagen: Es lief wie am Schnürchen – die Bibellesung in der Golgathakapelle (es zog derweil glücklicherweise keine Franziskanerprozession hindurch; die Franziskaner beobachteten nur vom Rande aus das Geschehen), die Führungen, der Abschluss der Andacht in der katholischen Kapelle am Heiligen Grab. Ich durfte predigen. Am heiligsten Ort der Christenheit – wohl als der erste evangelische Pfarrer, dem dieses Privileg zuteilwurde. Nach dem Vaterunser und dem Segen ging es noch hinunter in die Helenakapelle, tief unten im alten Steinbruch unter der Grabeskirche. Dorthin, wo die Mutter des Kaisers Konstantin einst das Kreuz Christi aufgefunden hatte. Meine junge Kollegin, Ulrike Wohlrab, gab eine anrührende Führung. Und dann standen wir wieder unterhalb der Golgathakapelle, neben uns der verschlossene Eingang zum Büro des Abtes vom Heiligen Grab. Gerade wollte ich meinen „Schäfchen" die weiteren Programmpunkte des Tages erklären, da wurde eine Dame aus meiner Delegation (nein, ich werde hier nicht offenbaren, wer es war!) plötzlich unruhig. Durch eine Scheibe in der Tür war erkennbar, dass drinnen der Abt vom Heiligen Grab saß und wieder einmal sein Gebetbuch umklammerte. „Wer ist der Herr dort?", fragte die Dame aus der Delegation laut und vernehmlich. „Will er nicht den Vorsitzenden des Rates der EKD begrüßen?"

Wohl selten habe ich eine Gruppe so eilig aus der Grabeskirche heraus eskortiert...

Die Dame, die so gerne eine Begegnung des Ratsvorsitzenden mit dem Abt vom Heiligen Grab gesehen hätte, war am Ende doch sehr zufrieden. Am letzten Abend der Ratsreise dankte sie meiner Frau und mir sowie unserem Team ausdrücklich für die Programmorganisation. Beim Gehen zwinkert sie mir noch zu: „Passen sie gut auf sich auf. Besonders auf Ihre Gesundheit." Und dabei tippte sie mir leicht auf den Bauch: „Sie sind zu dick."

Auch Vikare, die an der Erlöserkirche für eine begrenzte Zeit Dienst tun, spüren oftmals recht schnell die Fallstricke, welche die Heilige Stadt durchziehen. Wobei ich mit den so genannten „Spezial-", „Sonder-" oder „Pfarrvikaren", die ich in Jerusalem als Mentor begleiten durfte, immer großes Glück hatte: Astrid Prinz, Barthold Haase, Gudrun Schwabe, Martin Brons sowie Johannes und Sandra Herold waren durch die Bank ganz überdurchschnittlich talentierte und engagierte junge Menschen. Gleiches gilt für Annegret Bettex sowie Heidi und Jürgen Pithan, die im jordanischen Teil unserer Gemeinde, in Amman, einen ähnlichen Dienst taten. Der Begriff „Vikar" ist dabei auch deutlich zu niedrig gegriffen. Die besondere ökumenische Situation des Heiligen Landes bringt es mit sich, dass hier niemand ohne Ordination irgendeinen pastoralen Dienst tun darf. So waren es stets hoch qualifizierte Theologinnen und Theologen nach abgeschlossenem Vikariat und Ordination, die zur Vertiefung ihrer ökumenischen Kenntnisse für jeweils ein Jahr zu uns kamen. Und in dem besonders spannenden Jahr 2008/2009 war Gudrun Schwabe bei uns in Jerusalem auf Posten.

Die Einführung eines neuen Lateinischen Patriarchen ist auch in einer Stadt wie Jerusalem kein alltägliches Ereignis. Im Sommer 2008 war es wieder einmal so weit. Bei strahlendem Sonnenschein sollte die Prozession von örtlichem und internationalem Klerus, politischen und religiösen Würdenträgern den frisch gewählten Patriarchen, Seine Seligkeit Fuad Twal, vom Patriarchatsgebäude zur offiziellen Einführung in die Grabeskirche begleiten. Twal stammte aus einer alten christlichen Beduinenfamilie aus dem jordanischen Madaba und war Nachfolger des streitbaren Michel Sabbah, des ersten Palästinensers auf dem Patriarchenthron. Drei Patriarchen gibt es in Jerusalem: den Griechisch-Orthodoxen, den Armenischen und den Lateinischen (also römisch-katholischen) Patriarchen. Dabei genießt der Grieche die Vorrangstellung: Alle anderen Kirchenoberhäupter sind Patriarch, Erzbischof, Bischof oder Propst „in" Jerusalem. Allein der Grieche darf sich als Patriarch „von" Jerusalem bezeichnen. Dies tut jedoch der Feierlichkeit des Einzugs eines neuen Lateinischen Patriarchen „in" Jerusalem keinerlei Abbruch.

Bewusst hatte ich Gudrun eingeladen, mich zu diesem Ereignis zu begleiten. Hunderte von Menschen drängten sich bereits vor dem Patriarchatsgebäude, und unter der strengen, ordnenden Hand einiger Zeremonienmeister nahm der Prozessionszug Gestalt an. Prächtige Gewänder waren da zu sehen, Kopfbedeckungen aller Art, glänzende Orden und anderes Geschmeide. Eine solche Prozession ist stets gestaffelt nach unterschiedlichen Einheiten, wobei die wichtigsten Würdenträger – in diesem Fall der alte und der neue Patriarch mitsamt einiger aus Rom angereister Kardinäle – stets ganz hinten gehen. Schnell hatte ich die Sektion gefunden, in welcher sich der gewöhnliche Klerus der nicht-katholischen Kirchen sammelte. Die Anglikaner waren hier präsent, ein paar griechische und armenische Priester, die Syrer, Kopten, Äthiopier, Melkiten und Protestanten jeglicher Couleur. „Als ordinierte Geistliche hast du hier zu laufen", erklärte ich Gudrun. Die Amtsgeschwister nickten mir freundlich zu, und ich blieb noch ein paar kurze Momente um sicherzugehen, dass Gudrun hier wirklich ihren Platz gefunden hatte. Dann suchte ich den meinen – ein wenig weiter hinten, in der Sektion der Kirchenleitungen der nichtkatholischen Kirchen. Schon bald erblickte ich das leuchtende Violett einer anglikanischen Bischofssoutane und schloss mich hier an.

Die Prozession setzte sich in Bewegung – Sektion für Sektion, wie ein gewaltiger, langer Bandwurm. Bald bog sie um die erste Kurve, hinaus

aus der *Latin Patriarchate Road* nach links auf den *Omar Ibn al-Khattab* Platz, und gut konnte ich jetzt von hinten die Abteilung der nichtkatholischen Kleriker sehen. Und stutzte. Denn Gudrun war nicht mehr da.

Der Prozessionszug bahnte sich seinen Weg durch den engen Davidsbasar und die *Christian Quarter Road*. Hastig räumten auch diejenigen Ladeninhaber, die sich sonst jedem potentiellen Kunden in den Weg stellen, ihre Auslagen beiseite. Denn die meisten Teilnehmer der Prozession waren sich des historisch einzigartigen Momentes bewusst. Vor einem profanen Ständer mit Modeschmuck wären sie gewiss nicht ausgewichen. Als der Zug in die enge St. Helena-Gasse mit ihren Stufen einbog, die zur Grabeskirche hinunterführten, kamen dann auch tatsächlich einige Dornenkronen eines Devotionalienhändlers (also die authentischen Nachbildungen des Originals, welches Jesus einst auf den Kopf trug), buchstäblich unter die Füße, und ein knapp zwei Meter langer Rosenkranz mit grün fluoreszierenden Perlen in Tennisballgröße pendelte unter den Stößen, die er von zahlreichen klerikalen Schultern erhielt, bedenklich an seiner eher fragilen Aufhängung. Was mich aber viel mehr beunruhigte: Von Gudrun war weiterhin nichts zu sehen.

In der Kirche wurde mir ein Platz direkt am Eingang zum Heiligen Grab zugewiesen, wo der Patriarch nun seine erste Messe im neuen Amt zelebrierte. Neben mir saß mein anglikanischer Kollege, vor mir der syrische und der koptische Erzbischof. Die Lateiner genossen es sichtbar, dass der *Status Quo* ihnen zu diesem Anlass die Möglichkeit einräumte, direkt vor der Grabkammer einen Altar aufzubauen, wo sonst nur die Griechen etwas zu suchen hatten. Dichte Wolken kostbarsten Weihrauchs hüllten das Geschehen ein. Es war ein wunderbares Fest.

Erst im Anschluss an die Zeremonie stieß ich im Vorhof der Kirche – also dort, wo der Rat der EKD seine Andacht nicht hatte feiern dürfen – wieder auf Gudrun. Sie wirkte wie jemand, der in den Fahrgeschäften eines Rummelplatzes zu viele Loopings hinter sich gebracht hat.

„Wo warst du denn?", fragte ich sie. „Ich habe dich überhaupt nicht mehr gesehen."

„Ach", erwiderte sie schulterzuckend, „nachdem du weg warst, hat man mich keine zwei Minuten mehr unter den männlichen Klerikern geduldet. Dann kam der Zeremonienmeister und hat mich in die Abteilung der Nonnen gesteckt."

Genaugenommen hatte meine Amtszeit als Propst nicht in Jerusalem begonnen, sondern im Libanon. Noch vor meiner offiziellen Amtseinführung im Mai 2006 fand zum Beginn desselben Monats die „Nahostkonferenz" der EKD-Auslandsgemeinden in Beirut statt, an der ich bereits teilnehmen durfte. Zur EKD-Region „Naher Osten" gehören die deutschsprachigen evangelischen Gemeinden von Zypern bis Teheran, bzw. von Istanbul bis zum Persischen Golf. Diese Nahostkonferenzen waren immer eine großartige Gelegenheit, sich mit den anderen deutschsprachigen Gemeinden der Region zu vernetzen – über alle politischen Grenzen hinweg. Was ich 2006 erstmals in Beirut erleben durfte, fand seine Fortsetzung 2007 in Kairo, 2009 in Teheran, 2010 bei uns in Jerusalem und 2011 in Dubai. Eine Unterbrechung gab es nur im Jahr 2008, als in Berlin die so genannte „Weltpfarrkonferenz" aller EKD-Auslandspfarrer stattfand – ein Veranstaltungsformat, das im Spätsommer 2012 in Wittenberg noch einmal wiederholt werden sollte. Aber da hatte ich bereits anderswo eine neue Aufgabe angetreten.

Ganz nebenbei verinnerlichten wir durch die Reisen zu den Nahost-Konferenzen, wie einfach sich auch die scheinbar unüberwindlichen Grenzen im Nahen Osten überschreiten lassen – so dass wir schließlich auch privat recht häufig Länder besuchten, die sich formell noch immer im Kriegszustand mit Israel befinden. Offiziell ist es jemandem, der sich schon einmal im „besetzten Palästina" oder in dem „zionistischen Gebilde" aufgehalten hat, strikt verboten, in den Libanon, nach Syrien oder gar in den Iran einzureisen. Streng werden die Pässe bei der jeweiligen Einreise kontrolliert, und selbst ein Stempel Jordaniens oder Ägyptens – beides arabische Länder, die mit Israel einen Friedensvertrag abgeschlossen haben – wird, sofern er den Namen bestimmter Grenzübergänge trägt, zum Ausschlusskriterium: weist er in diesem Fall doch darauf hin, dass man einmal von verbotenem Territorium aus in die arabische Welt eingereist ist.

Meine erste Reise quer durch den Nahen Osten hatte ich im Sommer 1989 unternommen, nach meinem damaligen Studienjahr in Jerusalem. Damals gab es noch keinen Friedensvertrag zwischen Israel und Jordanien, und das Überqueren der Allenby-Brücke zwischen dem Westjordanland und Jordanien war nur mit einer nicht leicht zu erhaltenden Ausnahmegenehmigung möglich. Ich hatte daher eine Schiffspassage von Haifa zum ägyptischen Hafen von Port Said gebucht: als Deckpassagier auf einem Kreuzfahrtschiff. Lange zuvor hatte ich mir bereits in Deutschland ein ägyptisches Visum in meinen „sauberen" Zweitpass stempeln lassen. Den Pass mit den israelischen Stempeln, den ich noch von der Ausreisekontrolle in der Hand hielt, nahm mir eine freundliche Mitarbeiterin der Reederei gleich beim Besteigen des Schiffes ab. „Als Sicherheit für die Nacht", wie sie sagte. Da ich diesen Pass während der weiteren Reise ohnehin nicht mehr zu gebrauchen gedachte, gab ich ihn ohne weiteres Nachdenken aus der Hand. Am anderen Morgen wollte ich mir von den ägyptischen Beamten einen „sauberen" Einreisestempel in meinen Pass mit dem ägyptischen Visum geben lassen, um so eine plausible Einreise in die arabische Welt vorweisen zu können, wie sie auch direkt von Europa aus möglich gewesen wäre. Von Ägypten aus sollte es dann mit dem Schiff über das Rote Meer nach Jordanien gehen, und von dort über Syrien, die Türkei und den Balkan zurück nach Deutschland.

Doch wie sehr erschrak ich, als ich erfuhr, dass die nette Purserin des Schiffes die am Abend zuvor eingesammelten Pässe bereits an die ägyptischen Einreisebehörden weitergereicht hatten, die ungeachtet des fehlenden ägyptischen Visums bereits ihren Einreisestempel in meinen Pass mit all den israelischen Verzierungen gedrückt hatten. Zwar zeigt sich an der Problemlosigkeit dieses Vorgangs, wie stabil der Frieden zwischen Israel und Ägypten 1989 war. Ich brauchte jedoch unbedingt einen ägyptischen Einreisestempel in meinen „sauberen" Pass, mit dem ich dann weiterzureisen gedachte. Es war kein ganz einfaches Unternehmen, einem ägyptischen Grenzbeamten mein Anliegen plausibel zu machen – ihm also zu erklären, warum in aller Welt ich über zwei Pässe verfüge und weshalb ein Einreisestempel in dem einen Pass nicht ebenso gut ist wie in dem anderen. Wahrscheinlich hätte ich ihm gleich ein kleines „Bakschisch" zustecken sollen, denn diese traditionelle Form, das bürokratische Räderwerk in Ägypten zu schmieren, verfügt immer noch über die stärkste Überzeugungskraft. Angesichts meiner diesbezüglichen Begriffsstutzigkeit wurde ich an den nächsthöheren Offizier verwiesen, bei dem ich an dieser Zahlung auch nicht vorbei kam. Nur hatte sie jetzt um einiges höher auszufallen als das bei seinem Untergebenen notwendig gewesen wäre.

In den Jahren darauf vereinfachte sich das Reisen im Nahen Osten deutlich: Seit 1994 verfügt Israel auch mit Jordanien über einen ebenso kalten wie effizienten Frieden, wie bereits seit 1977 mit Ägypten. Man kann täglich von Tel Aviv nach Amman fliegen, wo die Maschinen im Normalfall am internationalen Flughafen *Queen Alia* landen – genauso wie auch die anderen Fluggesellschaften aus aller Welt. Hier kann man dann die Pässe (und damit die Identitäten) wechseln.

So flog ich also des Öfteren mit *Royal Jordanian* von Tel Aviv über Amman nach Beirut. Vom Libanon wiederum gelangt man binnen kürzester Zeit mit dem Taxi nach Syrien – was jedoch nach dem Ausbruch des syrischen Bürgerkrieges im Jahr 2011 lange Zeit nicht angeraten war. Und wenn man von Israel aus in den Iran fliegen möchte, dann ist das mit *Turkish Airlines* über Istanbul in ganz ähnlicher Weise möglich. Man muss nur so tun, als wäre man da, wo man gerade herkommt, niemals gewesen.

Einen besonderen Fall im reichlich verworrenen geopolitischen Spiel des Nahen Ostens stellen die Golanhöhen dar. Im Sechstagekrieg 1967 sowie im Yom-Kippur-Krieg 1973 hatte Israel den größten Teil dieses Hochplateaus besetzt und schließlich 1980 annektiert. Hier werden bis heute die einstigen syrischen Militärstellungen gezeigt, von denen vor 1967 die israelischen Ortschaften unten am See Genezareth immer wieder unter Beschuss genommen wurden. Neben den alten drusischen Dörfern, deren Einwohner geteilter Ansicht sind, ob sie sich nun eher zu Syrien oder zu Israel zählen (wobei sie nach Ausbruch des Syrienkrieges im Jahr 2011 wohl allesamt froh waren, sich auf der deutlich ruhigeren Seite der Grenze zu befinden), entstanden in den vergangenen Jahrzehnten einige israelische Ortschaften – zumeist neben den Ruinen antiker jüdischer Ansiedlungen – und es wird von israelischen Winzern ein ganz vorzüglicher Wein angebaut, welcher mittlerweile Weltklasseniveau erreicht.

Um die verfeindeten Seiten zu trennen, hatten die Vereinten Nationen 1974 auf dem Golan eine Pufferzone eingerichtet, die offiziell von UN-Soldaten kontrolliert wird (welche freilich während des jüngsten Krieges im September 2014 evakuiert wurden und erst im August 2018 zurückkehrten) und ansonsten demilitarisiert ist. Unter bestimmten Bedingungen allerdings dürfen Zivilisten, auch Ausländer, von Syrien aus dieses Gebiet betreten. Als Familie hatten wir im Spätsommer 2010 – auf dem üblichen Weg inklusive Passwechsel von Tel Aviv über Amman, Beirut und Damaskus – genau dies vor. Zunächst waren dazu auf dem syrischen Innenministerium in Damaskus die entsprechende Sondergenehmigung einzuholen – nach Beantwortung der üblichen Frage, ob man jemals das „besetzte Palästina" beziehungsweise das „zionistische Gebilde" betreten habe oder solches zu tun gedenke. Nein, natürlich nicht. Hätten die Beamten allerdings genauer in ihre Akten geschaut, dann wären sie bei der Gelegenheit womöglich auch darauf gestoßen, dass sie mich bereits im Sommer 1989 einmal beschattet hatten. Das waren noch die Zeiten von „Vater Assad" als syrischem Staatspräsidenten, und die politische Atmosphäre in seinem Herrschaftsbereich war der eines Ostblockstaates nicht unähnlich. Auf meiner damaligen Nahost-Reise – die mich zu jenem Zeitpunkt von Ägypten über Jordanien nach Syrien geführt hatte – war es mir irgendwann aufgefallen, dass bei jeder Busfahrt innerhalb des Assad-Reiches derselbe junge Mann im grauen Anzug jeweils zwei Reihen hinter mir saß. Konnte das ein Zufall sein? Irgendwann war ich mit ihm ins Gespräch gekommen, unweit des historischen Ruinenhügels bzw. Tells von Ugarit. Die archäologischen Ausgrabungen dort hatte ich besichtigen wollen und mich an der nächstgelegenen Kreuzung vom Busfahrer absetzen lassen. Nur: Die nächstgelegene Kreuzung lag nicht unbedingt nah zum Tell. Vielmehr war es ein ziemlich weiter Weg, den zu laufen ich mich anschickte. Wie zufällig war auch mein bis dahin recht unauffälliger Begleiter im grauen Anzug mit ausgestiegen, und zu zweit auf der Landstraße ließ sich ein Gespräch nun nicht mehr vermeiden. Ein Medizinstudent aus Damaskus sei er, und zufällig habe ihn sein Weg nun in diese Gegend geführt. Ach, den Tell von Ugarit – bzw. *Ras Shamra*, wie der Ort auf Arabisch heißt – wolle ich besichtigen? Das treffe sich gut, denn dies sei auch sein Ziel. Archäologie habe ihn schon immer interessiert, und im Übrigen könne man sich ja eines der zahlreich vorbeifahrenden Taxis anhalten. Das sei doch bequemer als den langen Weg in der Mittagshitze zu Fuß zu laufen. Um es kurz zu machen: Ich hatte auf der Fortbewegung zu Fuß bestanden und dem armen Kerl damit einen wohl ziemlich anstrengenden Arbeitstag bereitet.

Die Beamten hatten allerdings nicht genauer nachgeschaut, und so ging es nach dem Besuch auf dem hohen Ministerium ohne weitere Verzögerung auf den Ausfallstraßen von Damaskus in Richtung Südwesten, bis zu dem syrischen Kontrollposten vor der Einfahrt in das von der UN kontrollierte Gebiet der Golanhöhen. Ein Aufpasser stieg zu; einige ältere drusische Männer, die unweit des Postens in einem traditionellen Holzofen ihr dünnes Fladenbrot buken, winkten uns freundlich zu, und schon waren wir in der Pufferzone.

Quneitra heißt der größte Ort dieses Landstrichs – eine im Krieg von 1973 fast vollständig zerstörte Kleinstadt. Dass sie 37 Jahre später noch immer zerstört dalag, dazu gab es – wie immer im Nahen Osten – mindestens zwei gegensätzliche Erklärungen. Die Israelis hatten die Stadt im Verlauf der Kriegshandlungen zunächst erobert. Im Zuge der Truppenentflechtung unter Aufsicht der Vereinten Nationen mussten sie sich schließlich jedoch wieder daraus zurückziehen. Bei diesem Rückzug – so die syrische Version – hätten die israelischen Truppen die Stadt in einer Weise zerlegt und bis zum letzten Stück Metall geplündert, dass sie am Ende nur verbrannte Erde zurückließen. Irrtum, so sagen die Verfechter der israelischen Version. Die Zerstörungen seien allein Folge der Kampfhandlungen gewesen. Und im Übrigen hätten die Syrer die Stadt ja nach dem Krieg wieder aufbauen können, statt die Ruinen als Propagandakulisse in der Landschaft stehen zu lassen und die Bevölkerung in die benachbarte Retortenstadt *Neu-Quneitra* (bzw. *Baath City*, benannt nach der in Syrien herrschenden Partei) zwangsumzusiedeln. Während des 2011 ausgebrochenen Krieges wurde der Landstrich übrigens wieder zur (diesmal: innersyrischen) Konfliktzone, und die längste Zeit war die Gegend „Rebellenland". Erst am 22. Juli 2018 endete genau hier die letzte Präsenz von Rebellen im Südwesten Syriens, und die Assad-Truppen rückten mit russischer und iranischer Unterstützung bis an die israelischen Grenzanlagen vor.

Im Zentrum der Ruinenstadt befand sich das alte Krankenhaus von Quneitra: Ein von Kugeln durchsiebter, leerer Betonblock, der offenbar zum Pflichtprogramm eines jeden Besuches in diesem Ort gehört. „Seht ihr", so erklärte uns unser Aufpasser auf dem Dach des Gebäudes, von wo der Blick weit ins Land geht, „die Juden schrecken nicht einmal davor zurück, im Krieg ein Krankenhaus zu beschießen." – „Weil sich die Araber ständig über alle UN-Konventionen hinwegsetzen und wehrlose Patienten als ‚menschliche Schutzschilde' missbrauchen, wenn sich ihre schwer bewaffneten Kämpfer mal wieder in einer medizinischen Einrichtung verschanzen", so entgegneten uns unsere israelischen Freunde, denen wir wenig später von diesem Besuch im „Feindesland" erzählten. Und im Übrigen hätten die Syrer das Gebäude weitestgehend selbst so zugerichtet. – Es fällt auf, dass während der Kampfhandlungen im Gazastreifen in späteren Jahren von beiden Seiten ganz ähnliche Argumentationsmuster zu hören waren.

Unterhalb des Krankenhausgebäudes standen noch eine Häuserzeile, sowie jenseits davon die christliche Kathedrale und die Moschee des Ortes – allesamt leere, ausgeräumte Betonskelette. In der Kathedrale stimmte ich ein *Kyrie Eleison* an. Jonathan stimmte mit ein und übernahm – als trainierter Pastorensohn – im Wechselgesang den Part der Gemeinde. Der Aufpasser schmunzelte und ließ uns gewähren. Unterhalb von Kathedrale und Moschee waren alle Gebäude gesprengt. Die Fußböden der einzelnen Etagen lagen aufeinander wie Bierdeckel in einem eingestürzten Kartenhaus. Und schließlich standen wir am letzten Checkpoint vor der so genannten *Alpha-Linie*. Hier geht es nicht weiter.

Die *Alpha-Linie* bezeichnet die westliche Grenze der demilitarisierten UN-Zone auf dem Golan. Gleich dahinter stehen die Israelis. Unglaublich nah sieht das alles aus – und übrigens genauso wie in dem Film „Die syrische Braut", welcher in einzigartig anrührender Weise das Drama einer drusischen Eheschließung über diese Grenze hinweg beschreibt. Eine schmale Piste führt von dem Schlagbaum, vor dem wir nun standen, zu dem israelischen Checkpoint. „*Welcome to Israel*" war da weithin sichtbar auf dem Dach des Gebäudes zu lesen. Wer hier wohl solchermaßen willkommen geheißen wird? Nur das Personal der UN und des Roten Kreuzes (die beide zwischen dem syrischen Schlagbaum und dem israelischen Posten noch jeweils einen eigenen Checkpoint unterhielten) sowie einzelne „humanitäre Fälle" (wie etwa die besagte „syrische Braut") durften diese Grenze überqueren. Das Rote Kreuz war hier sogar für die jährlichen Apfeltransporte zuständig: Die drusischen Obstbauern im heute israelisch kontrollierten Bereich des Golan hatten sich durch die Grenze, die hier in Folge der Kriege von 1967 und 1973 entstanden war, nicht davon abhalten lassen, ihre Produkte auch weiterhin in Syrien zu vermarkten. Das Rote Kreuz kümmerte sich darum, die Ware über die Grenze zu bringen.

Die Golan-Höhen sind übrigens wegen ihres relativ kühlen und regenreichen Klimas der einzige Ort in der ganzen Region, an dem solch exotische Früchte wie Äpfel gedeihen. Daher haben sich dort nach der Eroberung etliche jüdische Obstbauern mehr oder weniger schiedlich-friedlich neben ihren drusischen Kollegen niedergelassen, um von hier den israelischen Markt mit ihren begehrten Produkten zu beliefern. In unserem israelischen Freundeskreis wurde manchmal gescherzt: Wenn es nicht um strategische Tiefe, Trinkwasserquellen und eine sichere Grenze ginge, dann wären allein der Wein und die Äpfel Grund genug für die israelische Regierung, den Golan niemals an Syrien zurückzugeben. Aber im Ernst: Wer den Golan (der, ebenso wie Ostjerusalem, aber anders als das Westjordanland und der Gazastreifen, 1980 offiziell von Israel annektiert wurde), als „besetztes Gebiet" in eine Reihe mit dem Westjordanland stellt, der hat einen wesentlichen Unterschied nicht begriffen: Das Westjordanland und Gaza sind die einzigen Gebiete, in denen ein palästinensischer Staat entstehen und die Palästinenser somit endlich zur Selbstbestimmung gelangen können. Es gibt da gar keine andere Möglichkeit. Die Golanhöhen hingegen waren nur ein winziger Zipfel Syriens, der von der syrischen Armee zudem permanent missbraucht worden war, um die israelischen Ortschaften unten im Tal am See Genezareth zu beschießen und ihre Einwohner zu terrorisieren. Erst seit der Golan von Israel besetzt wurde, herrscht an dieser Grenze Frieden. Der syrische Anspruch auf den jetzt israelischen Teil der Golanhöhen ist heutzutage wohl ebenso wenig plausibel wie ein Anspruch Deutschlands auf Königsberg.

Ob der israelische Soldat, der da nicht weit von uns an seinem Checkpoint Dienst tat, sich wohl ähnliche Gedanken machte? Ein einsames, weißes UN-Fahrzeug fertigte er ab, für das sich kurz darauf auch auf unserer Seite der syrische Schlagbaum hob. Dann herrschte wieder Stille, und außer dem Zirpen der Grillen hörten wir, dass aus dem Radio des Israelis ein Lied des populären Sängers Arik Einstein erklang. Einige Fetzen davon trug der Sommerwind zu uns herüber: *„Zemer nugeh"* – „Eine traurige Melodie": *„Dieses Land ist groß / und darin gibt es viele Wege. / Wir treffen uns für einen Moment / und trennen uns für immer. / Ein Mensch bittet, / doch seine Füße werden schwach. / Er wird nie finden können, / was er verloren hat."* – Auf der Seite der Grenze, auf der wir uns nun befanden, hätten wir nicht erkennen lassen dürfen, dass wir die hebräischen Verse verstanden.

Hinter dem israelischen Posten waren, malerisch am Hang gelegen, die Drusendörfer *Majd-al-Shams* und *Mas'adeh* auszumachen. Wie oft hatten wir die auf der israelischen Seite besucht? In Majd-al-Shams gibt es ein kleines Restaurant, welches ganz ausgezeichneten *Hummus* macht. Die drusischen Einwohner dieser Orte genießen in Israel volle bürgerliche Rechte – selbst diejenigen, die sich entschlossen hatten, ihre syrische Staatsbürgerschaft zu behalten.

Aber auch die Symbole des modernen Israel waren von unserer Position aus gut zu erkennen: So etwa die Windräder, die hier unablässig elektrischen Strom produzierten, oder die Anlagen der hoch gelegenen militärischen Abhörstation, unter der wir manches Mal geparkt hatten, um von dort einen Blick über die Grenze auf das zerstörte Quneitra – und damit auf unseren jetzigen Standort – zu werfen. Die Kathedrale und die Moschee sind auch von israelischer Seite aus gut erkennbar: fast ebenso gut wie die israelischen Abhöranlagen nun von syrischer Seite aus. Irgendwo da drüben waren dann auch die Einstiege in die herrlichen Wadis, die von den Israelis als Wander- und Naherholungsgebiete genutzt werden: eine bizarre, zerklüftete Landschaft inmitten üppig grüner Natur. An einigen Stellen – wie etwa im *Wadi Yehudiyya* – muss der Wanderer von meterhohen Felsen in herrlich kaltes Wasser springen und ebenso breite wie tiefe Becken im Gestein schließlich schwimmend durchqueren, um seinen Weg fortsetzen zu können. An anderen Stellen – wie zum Beispiel in den Wadis *Devorah* und *Jalaboun* – ist es möglich, mitten in der Hitze des Sommers unter Wasserfällen, die teilweise Dutzende Meter hoch sind, eine kristallklare Massagedusche zu nehmen. All dies nun: so nah, und doch so fern... Was wäre, wenn wir das „*Welcome to Israel*" jetzt wörtlich nehmen und einfach losrennen würden, auf den israelischen Posten zu? Eine formidable Abkürzung auf dem Weg nach Hause wäre das – und angesichts des formal nie beendeten Kriegszustands an diesem Ort eine ziemlich dumme Idee.

Kurz ist der Weg zurück nach Jerusalem ohnehin – aus dem Libanon ebenso wie aus Syrien. In diese Richtung ließ sich die Strecke – zumindest bis zum Ausbruch des jüngsten Krieges in Syrien – nämlich auch ohne Nutzung des Flugzeugs bewältigen. Aus der libanesischen *Beka'a*-Ebene in die syrische Hauptstadt Damaskus bringt einen das Linientaxi in kürzester Zeit. Und einmal hatten wir vormittags von Damaskus aus ein Taxi nach Jordanien genommen; vereinbartes Ziel war Amman. Als wir in den Außenbezirken der jordanischen Hauptstadt eintrafen, war jedoch gerade erst die Mittagszeit angebrochen, so dass wir für einen Moment überlegten, unseren syrischen Fahrer zu bitten, uns gleich zum jordanisch-israelischen Grenzübergang an der Allenby-Brücke zu bringen. Dem armen Kerl hatten wir jedoch bereits einiges Kopfzerbrechen bereitet, als wir nach Passieren der syrischen Ausreisekontrolle unsere Pässe wieder im Koffer verstaut hatten, um daraus unsere leuchtend roten Dienstpässe ans Tageslicht zu befördern, mit denen wir dann nach Jordanien eingereist waren. Zwar wäre das visatechnisch nicht notwendig gewesen. Da die Dienstpässe jedoch (anders als „normale" Reisepässe) eine gebührenfreie Einreise nach Jordanien – welches zu meinem offiziellen Dienstbereich gehörte – ermöglichen, und da sich die jordanischen Behörden an den darin befindlichen zahlreichen israelischen Stempeln auch nicht stören, hatten wir diesen Weg gewählt. All die Seiten voller hebräischsprachiger Stempel, in denen der jordanische Grenzbeamte geblättert hatte, waren aber auch dem aufmerksamen Blick des syrischen Taxifahrers nicht entgangen, der für den Rest der Reise dann eigenartig schweigsam war. Wir entschieden uns also, ihm den Anblick unserer Ausreise nach Israel zu ersparen. Zu sehr hätte ihn sonst wahrscheinlich das schlechte Gewissen geplagt, in seinem Wagen womöglich zionistische Spione transportiert zu haben. Die Nostalgie jener hochbetagten

Araber aus der einstigen Oberschicht, die wehmütig davon erzählen, wie ihre Eltern vormals in Damaskus frühstückten, um dann am selben Tag in Amman (oder Beirut) zu Mittag und schließlich in Jerusalem zu Abend zu essen – diese Nostalgie ist uns seitdem angesichts der für diese Menschen heute weitestgehend geschlossenen Grenzen nicht mehr ganz unverständlich.

Die Nahost-Konferenz in Beirut Anfang Mai 2006 war für mich die erste Gelegenheit, mich ein wenig mit der Situation im Libanon vertraut zu machen. Es waren Boom-Zeiten: Allenthalben wurde gebaut, auch wenn die Narben des Bürgerkrieges von 1975 bis 1990 noch immer unübersehbar waren. Vor allem die zahlreichen jungen Saudis fielen im Straßenbild auf, die hier im liberalen Klima der Levante ihren Sommerurlaub verbrachten und in den durchgestylten Einkaufszentren mit vollen Händen ihr Geld ausgaben. Unsere kirchlichen Partner vor Ort blickten gedämpft-optimistisch und dabei durchaus hoffnungsvoll in die Zukunft.

Als dann im Sommer der „Zweite Libanonkrieg" zwischen der Hizbollah-Miliz und Israel ausbrach, da war ich froh, dies alles so kurz zuvor gesehen zu haben. Denn was dieser Krieg mit sich brachte, war eine Herausforderung – für uns in Israel, aber noch viel mehr für unsere Pastorenkollegen in der libanesischen Hauptstadt Beirut. Begonnen hatte es mit einer Entführung zweier israelischer Soldaten aus dem Gebiet, welches die Libanesen als *Sheba-Farmen* (nach dem nahegelegenen libanesischen Dorf *Sheba*) und die Israelis als *Har Dov*, als „Bärenberg", bezeichnen. Um einen schmalen Streifen von wenigen Quadratkilometern gibt es in dieser Grenzregion zwischen Israel, dem Libanon und Syrien einen Streit, bei dem jegliche Vernunft schon lange auf der Strecke geblieben ist. Im Mai des Jahres 2000 hatte sich Israel unter heftigem Beschuss durch die Hizbollah aus der so genannten „Sicherheitszone" im Südlibanon zurückgezogen, die es bis dahin fast ein Vierteljahrhundert besetzt gehalten hatte. Sofort entbrannte eine heftige Auseinandersetzung zwischen den beiden Staaten über den eigentlichen Verlauf der internationalen Grenze. Ich erinnere mich noch gut an einen Besuch in dieser Gegend im Sommer 2000. An einigen Orten lagen sich Israelis und Hizbollah-Kämpfer nur durch einige Sandsäcke voneinander getrennt so nah in ihren Stellungen gegenüber, dass einer lediglich die Hand hätte ausstrecken müssen, um den Feind am Uniformzipfel zu berühren. Die Situation hätte jederzeit wieder eskalieren können.

So intervenierten die Vereinten Nationen, indem sie auf der Grundlage historischer Landkarten aus der Mandatszeit die so genannten *„Blaue Linie"* zogen und als internationale Grenze festlegten. Sie ist bis heute durch blaue Tonnen in regelmäßigen Abständen markiert. Der Streit um den schmalen (vor 1967 ursprünglich syrischen) Streifen der Sheba-Farmen konnte dadurch jedoch nicht gelöst werden, und so kam es zu jener Entführung. Schon bald begannen die Israelis mit Militärschlägen zur Befreiung ihrer Soldaten. Wesentliche Teile der libanesischen Infrastruktur wurden bombardiert, Brücken und Ölterminals zerstört. In der Folge geriet der Norden Israels in einen wahren Raketenhagel, und die israelische Armee schickte ihre Bodentruppen auf breiter Front wieder in den Libanon. Ungefähr einen Monat dauerte der Krieg. Und schon in den ersten Tagen stand bei mir in Jerusalem das Telefon nicht mehr still. Es waren aufgeregte Eltern, die aus Deutschland anriefen, weil ihre Kinder keine Anstalten machten, das Kriegsgebiet zu verlassen.

Freilich hielten sich diese Kinder nicht aus Spaß am Abenteuer im Kriegsgebiet auf. Junge Freiwilligendienstleistende waren das, die irgendwo im Norden Israels ihre Einsatzorte hatten. Israel und Palästina sind in dieser Hinsicht wohl eine maximal „bepartnerte" Gegend. Kirchliche und karitative Institutionen, internationale Kulturinstitute, politische Stiftungen, sowie Einrichtung der Entwicklungshilfe, Konfliktbewältigung, Lobby-, Menschenrechts-, Versöhnungs- und Friedensarbeit aus der ganzen Welt bzw. zumindest mit internationaler Unterstützung sind hier aktiv. Und sie alle tun einen erheblichen Teil ihrer Arbeit mit kostengünstigen „Volontären", Freiwilligendienstleistenden, FSJlern, Absolventen von Programmen wie „Weltwärts" und „Kulturweit", Praktikanten, unbezahlten Friedensfachkräften usw.... Längst sind die klassischen Einsatzstellen von Freiwilligen nicht mehr nur die israelischen Kibbuzim; vielmehr setzen auch renommierte Institutionen im Gesundheits-, Kunst- und Kulturbereich auf das Engagement solch hoch motivierter (und ihren Aufenthalt in der Regel mindestens teilweise selbst finanzierender) junger Leute. Etwa 800 davon standen Jahr für Jahr im E-Mail-Verteiler der Erlöserkirche – wobei man sich nicht einbilden darf, dass damit auch nur annähernd alle erfasst wären.

Vielen Organisationen war klar, welch eine Ressource in diesen Freiwilligen lag: Einmal nach Deutschland zurückgekehrt, konnten sie zuhause das enorme Pfund in die Waagschale werfen, selbst raus gegangen zu sein, selbst für ein Jahr in Israel oder Palästina gelebt, Menschen begleitet und sich dieser spannungsreichen Region ausgesetzt zu haben.

Sie verfügten im Ringen Israels und Palästinas um die Sympathie der Weltöffentlichkeit über unabweisbare Kompetenz. Und viele setzten diese Kompetenz zu Hause gerne ein, warben mit jeweils vergleichbarer Verve für die eine oder für die andere Sicht der Dinge; *„Advocacy-Arbeit"* nennt sich das auf Neudeutsch.

Ich habe in all den Jahren viele Volos der unterschiedlichsten Einrichtungen besucht. Bei der „Aktion Sühnezeichen Friedensdienste" entstand aus dieser Beziehung auch ein sehr enger Kontakt zu den teilweise hoch betagten Jüdinnen und Juden, die in Deutschland die Shoah überlebt hatten, und die nun von diesen Freiwilligen betreut wurden. Einmal haben wir in der Erlöserkirche gemeinsam einen Gottesdienst zum *Yom Ha-Shoah*, dem Holocaust-Gedenktag, gefeiert. Marianne Karmon, die in Berlin geborene und einst über Schweden nach Israel geflohene Ehrenvorsitzende der Aktion Sühnezeichen, die 2011 ihren 90. Geburtstag feierte, kam dazu noch ein wohl letztes Mal all die Treppen der Altstadt hinunter. Die Anstrengung, die sie das kostete, war eine besondere Auszeichnung für uns. Als es nach dem Gottesdienst zurückgehen sollte, wollten ihre schmerzenden Knie sie einfach nicht mehr tragen. Wir setzten sie auf einen Stuhl, den drei Volos und ich jeweils an den Ecken hochhoben – und so trugen wir Marianne wie einen Schatz zurück zum Jaffa-Tor. Ich sah dabei gewiss nicht aus wie ein „Kirchenoberhaupt", aber noch nie hat mir ein Träger-Dienst so viel Freude bereitet. Und Marianne hat über die Aktion gelacht wie ein junges Mädchen.

Das eine oder andere Mal besuchten wir mit Gemeindegruppen auch die Freiwilligen des „Ökumenischen Begleitprogramms in Palästina und Israel", die in dem palästinensischen Dorf *Yanoun* östlich von Nablus eingesetzt waren. Dort hatten die Bewohner der jüdischen Siedlungen auf den umliegenden Hügeln die Bevölkerung bereits einmal aus ihren Gehöften vertrieben: Zu aggressiv waren die „Wanderungen" der *Hilltop-Youth* durch die palästinensischen Dörfer, als dass das jemand auf Dauer gut aushalten könnte. Manches Mal waren die jugendlichen Siedler in die Zisterne von Yanoun gestiegen, um in diesem einzigen Trinkwasserspeicher des Ortes zu baden, und mindestens einmal hatten mehrere von ihnen auch in ihn hinein uriniert. Die freiwilligen, internationalen Begleiter waren jetzt dort, um durch ihre Präsenz zu verhindern, dass so etwas noch einmal geschah.

Ihre Präsenz in Yanoun hatte durchaus etwas bewirkt; die Übergriffe der Siedlerjugend waren erkennbar zurückgegangen. Für meine Ge-

70

meindegruppen war es immer wieder erhellend, bei ihren Besuchen den israelisch-palästinensischen Konflikt hier wie unter einem Brennglas zu erleben. Wer in regelmäßigen Abständen kam, konnte das Wachsen der Siedlungen auf den Hügeln sehen. Und wer das Glück hatte, von der palästinensischen Dorfbevölkerung mit selbst gebackenem Brot, selbstgemachtem Käse, Oliven und wildem *Zatar* bewirtet zu werden, der erahnte, welch eine Tradition hier langsam verloren ging.

Und nun gab es auch einige Volontäre in Nordisrael. Gleich nach Ausbruch des Krieges im Sommer 2006 hatte ihnen die deutsche Botschaft in Tel Aviv das unmissverständliche Signal gegeben, dass sie das Land doch bitteschön verlassen – oder zumindest für einige Zeit im sicheren Landesinneren oder dem Süden Quartier nehmen möchten. Ein Teil von ihnen hatte der Aufforderung Folge geleistet. Ein junger Mann, der für einen Einsatz im christlichen Kibbuz *Nes Ammim* vorgesehen gewesen war, war ohne weitere Umwege an die Erlöserkirche umgeleitet worden, wo er sich alsbald pudelwohl fühlte. Aber einige gab es, die rund heraus erklärten: Nein, unsere israelischen Partner können auch nicht so einfach abhauen – also bleiben wir in Krisenzeiten an ihrer Seite. Solche nicht ganz ungefährliche Kompromisslosigkeit mag ein Privileg der Jugend sein – jedenfalls dauerte es nicht lange, bis der erste Anruf einer aufgebrachten Mutter bei mir einging: Ich sei als Propst doch so etwas wie der Pfarrer ihres Kindes; da möge ich mit der Autorität meines Amtes dem Sprössling bitte „Beine machen", so schnell wie möglich aus der Gefahrenzone nach Deutschland zurückzukehren. Ich erklärte ihr in aller Ruhe, dass ich zwar in der Tat der für diesen Fall zuständige Pfarrer sei, dass ihr Kind jedoch kein Kind mehr sei, sondern ein erwachsener Mensch, der selbst entscheiden müsse, welche Risiken er im Leben auf sich zu nehmen bereit sei. Die arme Frau war verzweifelt, und ich überlegte, wie ich helfen könnte. „Hören Sie", sagte ich, „ich kann Ihr Kind zwar nicht nach Hause schicken. Aber ich werde alle deutschen Volontäre, die in Nordisrael geblieben sind, besuchen. Und ich werde jedem anbieten, mit ihm gemeinsam zu überlegen, was nun die richtigen Schritte sind."

Ich war zwar erst seit zwei Monaten im Land. Doch dass die Kirche zu den Menschen zu kommen hat, die eine Krise durchleben, ist wohl selbstverständlicher Reflex eines jeden Pfarrers. Und das hier war eine Krise. Meine Familie war jedoch wenig angetan von der Zusage, die ich da gegeben hatte. „Setzt du dich nicht selbst dem Risiko aus, von einer Rakete getroffen zu werden?", fragte meine Frau. Der damals fünfjährige

Jonathan blickte mich mit großen Augen an. In seinem Zimmer standen einige kleine Spielzeugfiguren aus Plastik. „Nun", sagte ich, „ich stelle es mir so vor, wie wenn wir einen dieser Plastik-Schlümpfe in das große Kirchenschiff der Erlöserkirche stellen und dann von außen blind einen Kugelschreiber in das Gebäude werfen würden. Wie groß wäre das Risiko, dass der Kuli ausgerechnet den Schlumpf trifft?

Dieser Vergleich beruhigte die Familie ein wenig, und am Ende waren es drei jeweils ganztägige Besuchstouren, die ich während des einmonatigen Krieges in den Norden unternommen hatte. Natürlich habe ich für mich den Schlumpf-Vergleich weitergesponnen: Stünde die ganze Kirche voller Plastikfiguren, dann würden wohl selbstverständlich einige davon vom Kugelschreiber getroffen werden. Der Preis, den Israel und der Libanon für diesen Krieg zahlten, war hoch. Am Ende waren es Dutzende von Toten in Israel und Hunderte im Libanon. Vor allem im Libanon waren zudem Milliardenschäden entstanden.

Als ich zum ersten Mal in die Gefahrenzone hineinfuhr, hielt ich kurz am Straßenrand und schraubte den Stander an meinen Dienstwagen. Durch den *Status Quo* aus dem 19. Jahrhundert verfügen die Jerusalemer Kirchen über einige quasi-diplomatische Privilegien – unter anderem das Recht, den fahrbaren Untersatz des Kirchenoberhauptes mit solchen Hoheitszeichen zu schmücken. Ich habe den Stander der evangelischen Kirche – das violette Kreuz auf weißem Grund – selten gebraucht; eigentlich nur zu Besuchen bei Botschaften und Regierungsstellen. Aber jetzt kam mir das archaische Gefühl, als hätte dieses Symbol auch eine gewisse „apotropäische" Funktion: als könne es den Einschlag von Raketen abwenden.

An einer Ampel in Akko hielt ein junger Israeli in seinem Wagen neben mir und kurbelte die Scheibe herunter. „Was ist denn das für eine Fahne?", fragte er neugierig. „Die Flagge der Färöer-Inseln", antwortete ich. Es war mir unangenehm, mitten im Krieg als Kirchenfürst mit solchen Statussymbolen zu protzen.

Im Kibbuz Nes Ammim saßen wir bei kühlem Saft und Wasser im Bunker. Draußen waren an einem schwarzen Brett etliche Solidaritätsbekundungen aus aller Welt zu lesen, sowie ein Hinweis, man möge doch die beiden kibbuzeigenen Fahrzeuge stets getrennt voneinander parken. Wenn dann nämlich das eine von einer Rakete getroffen werde, dann habe man immer noch das andere. Risikostreuung nennt man das wohl.

Nes Ammim ist ein einzigartiges christlich-jüdisches Versöhnungsprojekt, welches in den Jahrzehnten nach dem Zweiten Weltkrieg von

Christen aus den Niederlanden, der Schweiz und Deutschland gegründet worden war. „Der einzige christliche Kibbuz in Israel", sagen die Mitglieder der europäischen Trägervereine stolz. Mit Kibbuzromantik ist es allerdings auch hier längst vorbei. Wie die meisten Kibbuzim in Israel steckte auch Nes Ammim in einem tiefgreifenden Strukturwandel und war gezwungen, sich praktisch neu zu erfinden. Die berühmte Rosenzucht hatte schon Jahre zuvor aufgegeben werden müssen, als die Globalisierung unschlagbar billige Blumen aus Lateinamerika auf die Weltmärkte spülte. Auch Menschen, die inhaltlich nichts mit der Arbeit von Nes Ammim zu tun haben, waren seitdem in etliche der kleinen Wohnhäuschen eingezogen.

Dennoch war der „Geist von Nes Ammim" allenthalben spürbar – in den Bildungsprogrammen etwa, die zur Einübung in den christlich-jüdischen Dialog dienten, oder im Gästehaus, welches für Reisende aus aller Welt eine offene Tür nach Israel bot. In jenen Tagen stand das Gästehaus mit seinem schönen Pool freilich leer; die Touristen hatten damit begonnen, einen weiten Bogen um den Nahen Osten zu machen.

Während der Gespräche im Bunker von Nes Ammim schlug keine Rakete in unmittelbarer Nähe ein. Das pausenlose Brummen der Motoren von Aufklärungsflugzeugen, Drohnen und Kampfjets, die genau über uns hinweg in den Libanon flogen, sorgte dennoch für eine bedrückende Atmosphäre. Es waren wichtige Gespräche mit den jungen und nicht mehr ganz so jungen Leuten; Gespräche, bei denen es ums „Eingemachte" ging: Wem gilt meine Solidarität zuerst? Meiner Familie zuhause? Der Kibbuz-Gemeinschaft? Den israelischen Freunden hier? Und was bedeutet mir das Leiden der Menschen auf der anderen Seite der Grenze? Kann ich mit mehreren Interessengruppen zugleich empathisch sein? Ich musste an meinen Kollegen in Beirut denken, der zur gleichen Zeit die Evakuierungsmaßnahmen der dortigen deutschen Botschaft koordinierte, um Tausende von Menschen vor den israelischen Bombardements in Sicherheit zu bringen.

Natürlich lagen aber auch auf unserer Seite die Nerven blank. „Jeder von uns kann jederzeit abreisen", warf ein junger Mann mit angespannter Stimme in die Runde. „Wir zwingen niemanden, hier zu bleiben. Und wir würden jemandem, der sich entscheidet, sich selbst in Sicherheit zu bringen, auch nicht vorwerfen, dass er ein... (das folgende Adjektiv war wohl mit Bedacht so undeutlich gemurmelt, dass ich es nicht verstand) ...Verräter ist." Einige der Anwesenden schienen bei diesen Worten innerlich ein wenig zusammenzuzucken, und ich bot nachdrücklich an,

73

dass, wer immer das Bedürfnis nach etwas Ruhe habe, in der Propstei und in unserem Gästehaus in Jerusalem jederzeit willkommen sei. Obwohl Jerusalem nicht in der Reichweite der Hisbollah-Raketen lag, hatten fast sämtliche Touristen ihre geplanten Aufenthalte storniert. Auch unser Gästehaus stand folglich ebenso leer wie das von Nes Ammim und konnte für „Kriegsflüchtlinge" sinnvoll genutzt werden.

„Noch nicht heute", wurde mir gesagt. „Morgen vielleicht." Einige gaben sich betont gelöst, lachten laut. Anderen standen mittlerweile die Tränen in den Augen. Sieben Raketenalarme in einer Nacht hatten ihre Spuren hinterlassen. Ich staunte, wie sachlich und reflektiert die meisten letztlich mit dieser Situation umgingen. Und nach einigen Tagen kamen sie dann doch – zögerlich erst, dann aber doch von den zermürbten Nerven angetrieben: Die jungen Volontäre, die eine oder zwei Nächte bei uns verbrachten, um sich ohne Luftalarme wieder einmal so richtig auszuschlafen – und dann doch wieder zu den Gefährten ins Kriegsgebiet zurückzukehren.

Eine andere Gruppe nahm mein Angebot beherzter an: Irgendwann klingelte das Telefon. Günter Zenner war am Apparat. Günter stammt aus dem Saarland, ist mit einer israelischen Frau verheiratet und lebt bereits seit Jahrzehnten im Lande. Er ist ein fröhlicher Mensch, der das Herz, welches in seinem wohlbeleibten Körper schlägt, stets am rechten Fleck trägt. In seinen letzten Berufsjahren wurde er Verwalter an der Dormitio-Abtei in Jerusalem. Bis dahin jedoch war er jahrelang Manager des „Dorfes der Hoffnung", bzw. *Kfar Tikva* in Nordisrael gewesen – einem Projekt für Menschen mit geistigen Behinderungen. Und in dieser Funktion rief er an. „Uwe", so fragte er mich direkt und ohne Umschweife, „ich habe gehört, dass es in deinem Gästehaus Platz für Leute gibt, die vom Krieg die Schnauze voll haben." – „Ja, das stimmt", entgegnete ich. „Würdest du auch viele Leute aufnehmen?" Natürlich. So viel, wie im Gästehaus Platz ist. Und so zog das ganze „Dorf der Hoffnung" für einige Zeit nach Jerusalem um. Jüdische Israelis mit diversen geistigen Behinderungen fanden sich nun plötzlich in einem christlichen Haus mit ausschließlich arabischem Personal. Zaghaft wurden da einige ganz unerwartete Freundschaften geschlossen. Und Christen in Deutschland übernahmen die Unterbringungskosten. Vergelte es ihnen Gott!

Einige Tage später fuhr ich nach Afula, eine Stadt, in deren Nähe das *Beit Uri* befindet. Afula ist ein kleines, graues und ziemlich langweiliges Städtchen im Norden Israels. Von der libanesischen Grenze liegt es deutlich weiter entfernt als die anderen Orte, in die mich meine Besuche führten. Auch das Beit Uri ist eine Einrichtung für Menschen mit Behinderungen, und hier versehen immer einige Freiwilligendienstleistende der „Aktion Sühnezeichen" ihren Dienst. Einer von ihnen hatte sich entschlossen, entgegen alle Empfehlungen seinen Posten während der Kriegswochen nicht zu verlassen. Eigentlich hatte man das Beit Uri aber auch für einen relativ sicheren Ort gehalten. In der Reichweite der *Katjuscha*-Raketen, welche von der Hizbollah gemeinhin verschossen wurden, lag er praktisch nicht mehr. Dennoch war es in diesen Tagen in einem angrenzenden Feld zu einer enormen Explosion gekommen: Eine Rakete des Typs *Grad* mit deutlich größerer Reichweite war hier eingeschlagen – und fortan wusste man, dass die libanesischen Kämpfer nicht nur über *Katjuschas* verfügten.

Das Gelände von Beit Uri vermittelte einen gespenstischen Eindruck. Unübersehbar waren an mehreren Stellen Wälle aus Sandsäcken aufgeschichtet. Die Fensteröffnungen der Gebäude waren entweder mit Brettern verrammelt oder ebenfalls mit Sandsäcken abgedichtet. In den Räumen herrschte Dunkelheit, soweit nicht schon am helllichten Tage die Neonröhren eingeschaltet waren.

Den Termin hatte ich über das Büro der „Aktion Sühnezeichen" in Jerusalem vereinbart – doch der Empfang vor Ort war eher kühl. „Was wollen Sie hier überhaupt?", herrschte mich der junge Volontär an. „Ich habe nicht nach der Kirche gerufen. Wir haben noch nicht vor zu sterben." Freundlich versuchte ich ihm zu erklären, dass die Reduktion der Funktion eines Pfarrers auf das Erteilen der Sterbesakramente zwar ein beliebtes Stilmittel in Hollywood-Filmen und schlechten Romanen sei, dass Kirche sich in der Realität jedoch bewährt habe als Wegbegleiterin in den unterschiedlichsten Lebenslagen. „Da kann ich drauf verzichten", entgegnete der junge Mann. „Ich bin nämlich Atheist." Ob er damit gerechnet hatte, dass ich mich nun verletzt abwende? Ich gab mich ungerührt: „Das ist mir momentan ziemlich egal. Die Raketen unterscheiden auch nicht, ob sie Juden, Christen, Muslime, Drusen oder Atheisten treffen. Aber vielleicht können sich Juden, Christen, Muslime, Drusen und Atheisten gegenseitig ein wenig Kraft geben, das hier auszuhalten. Und nun zeig mir bitte, wozu die ganzen Sandsackbarrikaden hier gut sind."

Hatte ich ein Lächeln auf seinem Gesicht gesehen? Jedenfalls war erkennbar, wie stolz er (zu Recht!) auf die hier geleistete Arbeit war, als er mich über das Gelände führte. Etliche der Bewohner hatten so starke Behinderungen, dass sie es nicht geschafft hätten, innerhalb der kurzen Vorwarnzeiten bei einem Raketenangriff den sicheren Schutzraum zu erreichen. Also war kurzerhand das gesamte Gelände in einen improvisierten Schutzraum verwandelt worden. Die Sandsäcke und Bretterverschläge in den Fensteröffnungen sollten verhindern, dass bei einem Raketeneinschlag in der Nähe die Scheiben in die Häuser gedrückt wurden. Zusätzlich aufgeschichtete Sandsäcke sollten darüber hinaus denjenigen Deckung bieten, die gerade draußen unterwegs waren. Bei einem direkten Treffer würden sie zwar nichts nützen – statistisch gesehen sei der so erreichte Schutz bei Einschlägen in der Nachbarschaft aber doch recht gut. Und über die Grad-Rakete, die auf dem Feld nebenan eingeschlagen sei, spreche man im Übrigen nicht öffentlich. Man wolle den Hizbollah-Kämpfern ja keine Hinweise geben, wie gut oder schlecht sie gezielt hatten.

Nach einem improvisierten Imbiss verabschiedete ich mich. Ich war ein wenig unsicher: Zum Abschluss der Begegnung ein Gebet zu sprechen, wie ich es sonst gerne tue – das wäre in diesem Fall wohl ein wenig unpassend gewesen. „Ich denke an euch", sagte ich zum Abschied. „Sie wollen sagen, dass Sie für uns beten?", fragte der junge Volontär. „So ungefähr", antwortete ich. Diesmal mussten wir beide lächeln.

Meinen ersten „richtigen" Raketenalarm erlebte ich, als ich von Norden kommend in die Großstadt Haifa hineinfuhr. Die Schnellstraße führt hier ein gutes Stück durch eine Industriebrache hindurch, im Radio hatte ich einen Country-Sender eingestellt. Und plötzlich erklangen die Sirenen. Wo sollte ich hier Schutz finden? Maximal eine Minute Vorwarnzeit gebe es bis zum Einschlag einer Katjuscha-Rakete, so wurde immer wieder gesagt. Dass man in einem Fall wie diesen anhalten und sich am Straßenrand flach auf den Boden legen solle, erfuhr ich erst später. Also fuhr ich weiter. Kurz darauf schlug in wenigen hundert Metern Entfernung die Rakete ein. Zuerst ein Blitz, fast zeitgleich die Explosion, und dann eine Druckwelle, die sich anfühlte wie eine plötzliche Sturmbö auf einer hohen Autobahnbrücke: Ich verriss das Steuer leicht nach links. Wie gut, dass es keinen Gegenverkehr gab. Das war nun also der Kugelschreiber in der Kirche. Der Plastik-Schlumpf war noch weit genug davon entfernt gewesen.

Die Straßen von Haifa – einer Stadt mit immerhin dreihunderttausend Einwohnern – lagen wie ausgestorben da. Ein Großteil der Bevölkerung hatte mittlerweile sicherere Orte im Zentrum oder im Süden des Landes aufgesucht. Und die, die geblieben waren, hielten sich vermutlich größtenteils in der Nähe der Schutzräume in ihren Häusern auf. Nur auf den großen Kreuzungen stand jeweils ein Polizeiwagen mit eingeschaltetem

Blaulicht. Die geradezu unwirkliche Situation verleitete dazu, zu schnell zu fahren – so, als könne man den Raketen dadurch entkommen.

In einem Stadtviertel am Hang des Carmel-Gebirges wohnte eine Familie, die zu unserer Gemeinde gehörte. Als ich vor dem Haus hielt, erklangen schon wieder die Sirenen. Schnell lief ich in das Gebäude. Die Bewohner hatten sich im Treppenhaus versammelt. Nach Ansicht des israelischen „Heimatfront-Kommandos" ist das ein relativ sicherer Ort im Haus, weit von Außenwänden und Fenstern entfernt. Diesmal waren die Raketeneinschläge nur ganz leise zu hören, aus weiter Ferne. Der Familie, die ich besuchte, stand der Schlafmangel in die Gesichter geschrieben. Zu oft hatten sie in der Nacht wohl ins Treppenhaus laufen müssen. Und doch hatte sich die Mutter Zeit genommen, eine Kirschtorte zu backen und Kaffee für den Pfarrer zu kochen. „Sie kommen wirklich zu uns, hier her, in dieser Situation?", hatte sie mich noch kurz zuvor am Handy gefragt. Nun – wenn von der Kirche niemand zu Menschen in Not käme, wer sollte dann überhaupt kommen? Ihr Ehemann war christlicher Araber. Raketen interessieren sich in der Tat nicht für solch subtile Unterscheidungen – und diesmal sprach ich beim Abschied wieder ein Gebet.

Wenige Kilometer südlich von Haifa lenkte ich mein Auto nach rechts, direkt an den Strand des Mittelmeeres. Hier konnten die Raketen der Hizbollah mich nicht mehr erreichen. Ich schraubte den Stander vom Auto und ließ mich in den Sand fallen. Das Rauschen des Meeres hatte etwas beruhigend Konstantes – etwas, das trotz aller Spannungen zwischen den Menschen immer gleich bleibt. Ich spürte das Salz auf meinen Lippen und merkte, dass mich die zurückliegenden Stunden mehr belastet hatten als ich hatte wahrhaben wollen. „Der Schlumpf hat das Kirchenschiff verlassen", sagte ich meiner Familie am Handy.

Am späten Abend war ich bereits wieder in Jerusalem. Hier fand der Jerusalemer Kultursommer mit seinen Konzerten und Kulturveranstaltungen statt – wie jedes Jahr. Die Stadtverwaltung hatte dazu auch all die Menschen aus dem Norden eingeladen, die sich hier in Sicherheit gebracht hatten. Ihnen zur Ehre hatte sich die Kulturabteilung der Stadt etwas Besonderes ausgedacht: ein großes, farbenfrohes Feuerwerk. Als die ersten Böller gezündet wurden, zuckte ich innerlich zusammen. Doch das war wohl meine deutsche Gefühligkeit. – Ich hatte nicht den Eindruck, dass meine israelischen Bekannten darin irgendein Problem sahen.

Der Libanonkrieg endete, ohne dass einige wesentliche Ziele des israelischen Militärs erreicht worden waren. Zwar flogen in der Folgezeit lange keine Raketen mehr auf Israel. Doch vor ihren Anhängern präsentierte sich die Hizbollah-Miliz, wie schon nach dem israelischen Abzug im Jahr 2000, als eine Organisation, die den Israelis die Stirn geboten und sie aus dem Libanon zurückgedrängt habe – und begann sogleich mit der Wiederbewaffnung. Und was noch schwerer wog: Die entführten israelischen Soldaten hatten nicht befreit werden können. Erst viel später stellte sich heraus, dass sie offenbar bereits bei ihrer Entführung ums Leben gekommen waren. Im Sommer 2008 kam es zu einem makabren Gefangenenaustausch. Zwei Särge wurden auf der libanesischen Seite der Grenze an die internationalen Vermittler übergeben, die diese dann nach Israel brachten. Im Gegenzug entließ Israel vier libanesische Kriegsgefangene, sowie den verurteilten Terroristen Samir Kuntar, der 1979 an der Spitze eines palästinensischen Terrorkommandos in Nahariya fünf Israelis ermordet hatte – darunter ein vierjähriges Mädchen. Ihm hatte er damals Augenzeugenberichten zufolge mit einem Gewehrkolben den Schädel eingeschlagen. Für die meisten Israelis ist die Erinnerung an diese Ereignisse noch immer traumatisch. Im Libanon dagegen wurde Kuntar nach seiner Entlassung ein begeisterter Empfang bereitet; selbst offizielle Stellen präsentierten ihn als Helden. Am 19. Dezember 2015 wurde Kuntar bei einem Luftangriff in der Nähe von Damaskus getötet. Die offiziellen israelischen Stellen hüllten sich in vielsagendes Schweigen.

Nach dem Gefangenenaustausch vom Sommer 2008 beschäftigte der Fall eines anderenorts entführten israelischen Soldaten die Öffentlichkeit immer mehr: Der Korporal Gilad Shalit war im Juni 2006 von militanten Palästinensern in den Gazastreifen verschleppt worden. Bis zu seiner Freilassung (und damit einhergehenden Beförderung zum Hauptfeldwebel der Reserve) vergingen fünf Jahre – fast die gesamte Zeit, in der ich in Jerusalem Dienst tun durfte. Die Mahnwache für Gilad Shalit vor der Residenz des israelischen Ministerpräsidenten war uns ein gewohnter, täglicher Anblick. 1027 palästinensische Häftlinge, die für den Tod von etwa 600 Menschen mitverantwortlich waren, mussten die israelischen Behörden schließlich freilassen, um Gilad Shalit lebendig in Freiheit begrüßen zu dürfen. Das Scheitern der militärischen Option war in diesem Moment offensichtlich: Parallel zum Libanonkrieg von 2006 war die israelische Armee nämlich auch in den Gazastreifen einmarschiert, um Shalit zu befreien. Einen zweiten Versuch stellte der Gaza-Krieg vom Dezember 2008 bis zum Januar 2009 dar. Beide Male war der israelischen

Intervention ein andauernder Beschuss mit Raketen aus dem Gazastreifen vorausgegangen, der die israelische Bevölkerung in den Grenzgebieten in Angst und Schrecken versetzt hatte. Und beide Male versuchte die israelische Armee nicht nur, die Waffenarsenale in Gaza zu zerstören, sondern auch den verschleppten Kameraden zu finden. Beide Versuche waren erfolglos geblieben – obwohl das israelische Militär nicht gerade zimperlich vorgegangen war. Am Ende war vor allem viel neuer Hass entstanden – und israelische Militäroperationen im Gazastreifen wurden fast zur Routine: Zu den nächsten Gazakriegen kam es 2012 und 2014. Beide Male ging es dem israelischen Militär darum, die terroristische Infrastruktur der dort regierenden Hamas zu zerstören. Und manche israelische Kommentatoren schreckten vor dem Zynismus nicht zurück, solche Maßnahmen mit einem regelmäßigen „Rasenmähen" zu vergleichen. Vor einem solchen Hintergrund war die nächste Eskalation im Frühjahr 2018 wohl vorhersehbar: Anlässlich des 70. Jahrestages der israelischen Staatsgründung, die von Palästinensern als *Nakba* oder „Katastrophe" bezeichnet wird, hatte die Führung des Gazastreifens zu einem „Marsch der Rückkehr" aufgerufen: Neben Demonstrationen am Grenzzaun kam es zu Durchbruchsversuchen und dem Einsatz von Brandsätzen, die mit Hilfe von Drachen auf israelisches Gebiet transportiert wurden. Die israelische Seite antwortete mit den ihr zur Verfügung stehenden militärischen Mitteln; wieder einmal kam es zu zahlreichen Toten.

Oft werden die Palästinenser (in Anlehnung an ein Diktum des von 1966 bis 1974 amtierenden israelischen Außenministers Abba Eban) als „Weltmeister der verpassten Chancen" bezeichnet. Während die Israelis bei jeder sich ihnen bietenden, noch so winzigen Möglichkeit beherzt zugegriffen hatten, um den eigenen Staat aufzubauen und zu konsolidieren, hat man immer wieder das Gefühl, dass den Palästinensern bei zahllosen Verhandlungsrunden immer wieder die eigenen Prinzipien im Wege standen. Doch was gestern aus palästinensischer Sicht noch als prinzipiell inakzeptabel erschien, erwies sich zumeist schon wenig später als Gelegenheit, die sich fortan nie wieder bieten sollte. Beispielhaft seien nur der UN-Teilungsplan von 1947, die bereits Ende der Siebziger und Anfang der Achtzigerjahre diskutierten Autonomievorschläge und schließlich die von Ministerpräsident Ehud Barak in Camp David und Taba unterbreiteten Angebote genannt. Gewiss waren solche Angebote – das sei den Kritikern dieser Argumentation zugestanden – für die palästinensische Seite zumeist bei weitem nicht so „großzügig", wie sie von den Israelis nach außen verkauft wurden. Dennoch lässt sich wohl sagen, dass die israelische Seite in ihrer Geschichte selbst erheblich geringere Chancen ergriffen hatte, um darauf jeweils in der Folgezeit aufzubauen und schließlich viel mehr zu erreichen.

Was jedoch den Umgang mit den Gazastreifen angeht, gebührt der Meistertitel im Wettbewerb der verpassten Chancen allerdings unzweifelhaft den Israelis, die hier konsequent jede Möglichkeit, mehr Ruhe und Sicherheit zu gewinnen, haben verstreichen lassen. Beispielhaft zeigt sich dies am israelischen Rückzug aus diesem Gebiet an der Mittelmeerküste im Sommer 2005. Jahrelanger Raketenbeschuss war dem vorausgegangen; ein normales Leben war in den israelischen Siedlungen im Gazastreifen ebenso wie in den israelischen Orten an der Grenze zu dieser Region kaum noch möglich. In dieser Situation entschied sich der damalige Premierminister Ariel Sharon, die Siedlungen im Gazastreifen zu räumen. Einen „Partner für den Frieden" habe er auf palästinensischer Seite nicht mehr, stellte Sharon kategorisch fest. Und wahrscheinlich machte ihm vor allem auch der demografische Faktor einer immer stärker wachsenden arabischen Bevölkerung Sorgen, die er auf keinen Fall mehr als Teil des von Israel kontrollierten Gebietes sehen wollte. So kam es zum unilateralen Abzug. Etwa 7500 israelische Siedler mussten ihre 21 Siedlungen verlassen. Teilweise kam es bei zwangsweisen Räumungen zu dramatischen und hoch emotionalen Szenen. Die Siedlungen wurden zum allergrößten Teil abgerissen. Viele der ausgewiesenen Siedler hatten im israelischen Kerngebiet auch Jahre später noch keine permanenten Wohnungen gefunden. Der Preis, den die Israelis für diese Räumung zahlten, war hoch.

Für die extremistische Hamas war dieser Rückzug ein Triumph. „Vier Jahre Kampf sind besser als zehn Jahre Verhandlungen", war fortan auf vielen Häuserwänden in Gaza zu lesen. Solche Graffitis spielten an auf den Beginn der Zweiten Intifada im Jahr 2001 sowie auf die Ausrufung der palästinensischen Autonomie 1994. Für die Hamas-Anhänger war es ganz offensichtlich, dass allein der gewaltsame Aufstand, die Intifada, etwas bewegt hatte – nicht jedoch die Gespräche zwischen den beiden Konfliktparteien, die bislang über die „Interimslösung" der palästinensischen Autonomie nicht wesentlich hinausgeführt hatten. In der Tat stand der frisch zum palästinensischen Präsidenten gewählte Mahmoud Abbas angesichts der Entwicklungen im Gazastreifen völlig im Abseits – mit ihm, der auch den Kampfnamen *Abu Mazen* trug, hatte über den israelischen Abzug niemand verhandelt. Erst im Januar 2005 war er nach dem Tode Yasser Arafats an die bescheidene Macht des palästinensischen

Präsidentenamtes gelangt. Und man mag sich fragen: Wie hätten Abbas und mit ihm die verhandlungsbereiten Kräfte im palästinensischen Spektrum in der Folgezeit dagestanden, wenn die israelische Seite die Chance dieses „Personalwechsels" beherzt ergriffen hätte? Wenn die Israelis in diesem Moment zu Verhandlungen auf Abu Mazen zugegangen wären – und der dann den Abzug der Siedler und der Armee aus Gaza als seinen Verhandlungserfolg hätte präsentieren können?

Der Preis für die Israelis wäre wohl nicht höher gewesen als derjenige, den sie ohnehin bezahlt haben. Aber es spricht viel für die Annahme, dass sie für diesen Preis ein erhebliches Maß an Sicherheit und Frieden hätten gewinnen können, wenn nur die Gelegenheit zu einer Stärkung der verhandlungsbereiten Palästinenser ergriffen worden wäre.

Im Juni 2007 putschten die Milizen der islamistischen *Hamas*-Bewegung ihre Gegenspieler von der *Fatah* aus dem Gazastreifen hinaus. Erst drei Monate zuvor hatten sich die Kontrahenten zusammengerauft gehabt, und, als Konsequenz hoher Wahlergebnisse der Hamas im vorangegangenen Jahr, die zu einem Patt zwischen den beiden Blöcken geführt hatten, eine „Regierung der Nationalen Einheit" gebildet. Dies war nun vorbei. Die Fatah-Dienststellen in Gaza gerieten unter Beschuss, das Haus von Mahmoud Abbas ebenso wie das seines Vorgängers Yasser Arafat wurde geplündert – dabei verschwand ganz nebenbei auch die Friedensnobelpreismedaille Arafats von 1994.

Die Kämpfe in Gaza dauerten vom 12. bis zum 15. Juni 2007 an. Dann waren die Fatah-Angehörigen aus dem Gazastreifen vertrieben. Am 16. Juni reagierte Palästinenserpräsident Abbas im Westjordanland mit der Verkündung eines Dekrets, auf dessen Basis er gleich am folgenden Tag in Ramallah eine Notstandsregierung vereidigte, in welcher die Hamas selbstverständlich keinen Platz mehr hatte. Die Palästinensergebiete waren damit geteilt in ein „*Hamastan*" und ein „*Fatahstan*".

In eine etwas heikle Situation kam ich nun dadurch, dass ich bereits lange Zeit zuvor für eben jenen Samstag, den 16. Juni, ein Treffen des Frauenkreises unserer Gemeinde in der Stadt Nablus, nördlich von Ramallah und mitten im palästinensischen Westjordanland, vereinbart hatte. Ein kleiner Kreis von Frauen war das – ganz überwiegend deutsche oder österreichische Ehefrauen von Palästinensern. Nur zum Teil waren sie offiziell überhaupt noch Christinnen; etliche von ihnen waren – zumindest formell – zum Islam konvertiert. Doch zum evangelischen Frauenkreis kamen sie alle weiterhin – oder wieder: spätestens nach dem Tod des Ehemannes, mit den Töchtern (die zumeist noch ganz passabel Deutsch sprachen), oder hin und wieder gar mit einem Enkelkind (welches dann in der Regel freilich nichts anderes mehr als Arabisch sprach). Spätestens seit den Jahren der Zweiten Intifada war der Kreis sehr klein geworden: Wer noch einen deutschen Pass – und damit die Möglichkeit, Palästina zu verlassen – hatte, blieb in der Regel nicht länger im Land. Nur: Längst nicht jede gebürtige Deutsche verfügte noch über die deutsche Staatsangehörigkeit. Wer diese einmal offiziell abgegeben und dabei schriftlich bestätigt hat, diesen Schritt bei vollem Wissen und Gewissen zu unternehmen, der hat keine Chance, jemals wieder ein Deutscher zu werden. Da war beispielsweise die ältere Dame, die sich in den 1960er Jahren in den palästinensischen Studenten an ihrer damaligen Universität in Westdeutschland verliebt hatte. Sie war ihm ins Westjordanland – welches damals noch jordanisch war – gefolgt, hatte ihn geheiratet, die jordanische Staatsangehörigkeit angenommen und die deutsche aufgegeben. Im Jahr 1967 jedoch besetzten die Israelis das Westjordanland, und 1988 gab Jordanien offiziell seine Ansprüche auf dieses Territorium auf. Ein jordanischer Pass war damit für seine Einwohner plötzlich nicht mehr viel wert. Wie jede Palästinenserin musste die Dame nun den schwierigen Antragsweg gehen, wenn sie einmal Jerusalem besuchen wollte. Und ebenfalls wie jede Palästinenserin aus dem Westjordanland durfte sie den Flughafen in Tel Aviv nicht mehr benutzen, sondern musste für jede Auslandsreise den mühseligen Umweg über Amman auf sich nehmen.

Ein anderes Mitglied unseres Frauenkreises stammte aus der ehemaligen DDR, wo sie – wohl vor mehr als fünfzig Jahren – einen palästinensischen Fernfahrer mit jordanischer Staatsangehörigkeit kennengelernt hatte. Die Dame konnte aufregende Geschichten erzählen, wie sie im Lastwagen ihres zukünftigen Ehemannes aus dem sozialistischen Teil Deutschlands herausgeschmuggelt worden war. Auch sie war jordanische Palästinenserin geworden. Leider währte das Glück nicht lange: Ihr Mann heiratete eine Zweitfrau, häusliche Gewalt prägte fortan ihren Alltag. Als ihr Mann verstarb, war sie erleichtert – obwohl sie keinen Anteil vom Erbe erhielt und weiter in einfachsten Verhältnissen lebte. Ihre Erinnerungen hat sie aufgeschrieben und der Bibliothek der Erlöserkirche in Jerusalem vermacht.

Hinreißend waren auch die Geschichten jener Frau, die vor mehr als einem halben Jahrhundert in eine damals wohlhabende palästinensische Bauernfamilie geheiratet hatte. Von Landpartien mit der Großfamilie konnte sie erzählen, von der Arbeit in den Bananenplantagen bei Jericho. Als wir sie im Sommer 2010 zum letzten Mal in ihrem schönen, alten Stadthaus in Nablus besuchten, da war sie schon schwer krank. Bald darauf verstarb sie. Doch über ihren Tod wurde ich erst viel später informiert. Obwohl sie bis zu unserem letzten Besuch eine derjenigen geblieben war, die niemals formal zum Islam übergetreten waren, hatte man sie nach muslimischem Ritual auf einem islamischen Friedhof beigesetzt.

Diese Frauen hatten allesamt bewegende Lebensgeschichten hinter sich. Ganz unterschiedlich war jedoch ihr jeweiliger Umgang damit. Während ich einige der Damen nie anders als verbittert (und dabei mit moralisierendem Unterton ständig finanzielle Unterstützung von der Kirche einfordernd) kennenlernte, konnten andere, die es im Leben nicht weniger schwer getroffen hatten, voller Dankbarkeit sagen: „Das war ein reiches Leben."

Alles wurde in den vergangenen Jahren unternommen, um solchen Menschen ihre deutsche Staatsbürgerschaft wiederzubeschaffen. Doch selbst Appelle an den Bundespräsidenten halfen nichts: Eine einmal aufgegebene deutsche Staatsbürgerschaft ist für immer verwirkt. So konnte die deutsche Botschaft in Tel Aviv – und später dann das deutsche Vertretungsbüro in Ramallah – nicht viel mehr tun, als den ehemaligen Staatsbürgerinnen jeweils zum Weihnachtsfest einen Präsentkorb zu schicken. Als Kirche haben wir uns stets bemüht, einmal im Jahr die israelischen Passierscheine und den Transport zu organisieren für einen Besuch beim Weihnachtsbasar der Erlöserkirche in Jerusalem. Und selbstverständlich waren die regelmäßigen Besuche in Nablus (die ich im Rückblick eigentlich viel zu selten unternommen habe) immer sehr wichtig. Wie an jenem Samstag, dem 16. Juni 2007.

Eigentlich hatten wir mit den Damen des Jerusalemer Frauenkreises gemeinsam zum Frauenkreis nach Nablus fahren wollen. Beide Frauenkreise zusammen genommen ergäben nämlich eine erkleckliche Anzahl an Teilnehmerinnen, und der Kleinbus unserer Gemeinde war für den Anlass bereits reserviert. Doch dann brachen am 12. Juni in Gaza die Kämpfe aus, und die ersten Frauen aus Jerusalem riefen mich an, um mir zu erklären, dass wir die Reise besser absagen sollten: „Wir würden ohnehin nicht durchkommen. Die Israelis werden das Westjordanland abriegeln."

Ich rief eine unserer Frauen in Nablus an, um zu fragen, ob wir das Treffen vielleicht verschieben können. Die Antwort werde ich nicht vergessen. „Och, Herr Propst, wir warten schon so lange auf Sie. Lässt uns denn jetzt sogar die Kirche im Stich?" Das Argument verfehlte seine Wirkung natürlich nicht. „Wir fahren – trotz allem!", sagte ich.

Am 13. Juni war bereits absehbar, dass die Fatah im Gazastreifen in Auflösung begriffen war und die Hamas bei diesem Putsch triumphieren würde. Auch die hartgesottensten Jerusalemer Frauen sprangen nun ab, und ich stornierte die Reservierung des Gemeindebusses. „Dann fahren wir zwei eben alleine mit deinem Dienstwagen", sagte mir meine Frau, die in solchen Angelegenheiten stets überaus gelassen und pragmatisch ist.

Am 14. Juni telefonierte ich mit dem deutschen Vertretungsbüro in Ramallah. „Es ist gut möglich, dass auch hier im Westjordanland Kämpfe zwischen der Hamas und der Fatah ausbrechen werden. Sagen Sie Ihren Besuch in Nablus besser ab. Wahrscheinlich würden die Israelis Sie ohnehin nicht durchlassen." Doch meine Gewährsfrau in Nablus sah das anders: „Es ist doch noch ruhig hier. Acht Frauen haben ihr Kommen bereits zugesagt."

Am 15. Juni hatte die Hamas den Gazastreifen unter Kontrolle. „Im Westjordanland herrscht jetzt eine extrem angespannte Ruhe", sagte der leitende Beamte des Vertretungsbüros in Ramallah. „Es lässt sich absolut nicht vorhersagen, was hier jetzt passieren wird. Vielleicht wird die Hamas auch hier den Putsch versuchen. Oder die Fatah versucht umgekehrt, sich mit Gewalt der Hamas zu entledigen. Fahren Sie besser nicht."

„Gibt es ein Reiseverbot?", fragte ich. „Nein, das nicht", sagte der Beamte. „Gut", entgegnete ich. Dann werde ich morgen bis zum israelischen *Huwwara*-Checkpoint unmittelbar vor Nablus fahren. Von dort rufe ich Sie noch einmal an. Sollten bis dahin Unruhen auf der anderen Seite ausgebrochen sein, verspreche ich Ihnen, sofort umzukehren. Sollte es jedoch weiterhin ruhig sein, so werden wir versuchen, in die Stadt hineinzugelangen."

Am 16. Juni fuhren wir in aller Frühe, noch im Morgengrauen. Es waren tatsächlich nur meine Frau und ich. Wir fröstelten. „Ihr werdet schon bald wieder hier sein. Die Israelis werden euch nicht passieren lassen", sagte die Buchhalterin unserer Kirche, die ebenfalls mit einem Palästinenser verheiratet ist. Auf den gut ausgebauten Umgehungsstraßen, die im Verlauf des Oslo-Prozesses für die israelischen Siedler angelegt worden waren, fuhren wir zügig durch das nördliche Westjordanland. Es war vielleicht etwas mehr Militär unterwegs als sonst – besonders auffällig war das jedoch nicht. Wir waren gelassen und malten uns aus, wie das Treffen wohl verlaufen würde.

Eine gute Stunde später standen wir vor dem berüchtigten *Huwwara*-Checkpoint. Es herrschte nur wenig Betrieb; Fahrzeuge mit palästinensischen Kennzeichen durften offenbar nicht passieren. Wie vereinbart rief ich noch einmal in Ramallah im Vertretungsbüro an. „Sie sollten nicht fahren", sagte mein Gewährsmann. „Da braut sich etwas zusammen." „Gibt es schon Unruhen?", fragte ich. „Nein, bislang noch nicht." – „Dann fahren wir, wie vereinbart!"

Ruhig steuerte ich unser Fahrzeug durch die Sperranlagen des Kontrollpunktes. Nicht zu schnell und nicht zu langsam. So, als wäre es das Selbstverständlichste der Welt, hier jetzt durchzufahren. Die jungen Soldaten reagierten überhaupt nicht. Niemand gab uns das Signal anzuhalten. Keine Fragen, keine Kontrolle. So etwas hatte ich an dieser Stelle bis dahin noch nicht erlebt. Vielleicht hatten sie mich für irgend einen „Offiziellen", einen Friedensvermittler der Vereinten Nationen zum Beispiel, gehalten – nicht damit rechnend, dass irgendwer sonst es in Erwägung ziehen könnte, ausgerechnet an diesem Tag nach Nablus zu fahren. Vielleicht hatten sie aber auch einfach nur geträumt, die Soldaten.

Das Treffen des Frauenkreises fand in einem geräumigen Privathaus statt. Die Gespräche waren herzlich, konzentriert und intensiv, und es war gut, dass meine Frau dabei war. Für einen männlichen Pfarrer alleine sind solche Besuche in einem muslimischen Umfeld absolutes Tabu. Am unkompliziertesten ist es, wenn sich Männer nur mit Männern treffen, in der Regel im großen Salon eines Hauses – oder Frauen nur mit Frauen, normalerweise in der Küche. Doch als Ehepaar ging es auch; der (muslimische) Hausherr hatte seinen Salon zur Verfügung gestellt und setzte sich sogar eine Weile dazu – ein Ausdruck von großer Liberalität in der ansonsten so konservativen Stadt Nablus.

Um Glaubensfragen ging es in den Gesprächen ebenso wie um Fragen der Kindererziehung. Ganz nebenbei wurde in der Küche gewerkelt (selbstverständlich seien wir zum Mittagessen eingeladen), Kinder und Enkelkinder kamen und gingen, um den Besuch aus Jerusalem zu bestaunen, und kurz vor der Mittagszeit verabschiedete sich der Hausherr und erklärte, er wolle nur eben zur Bäckerei fahren, um frisches Brot zum Mittagessen zu kaufen. Als er nach zwanzig Minuten nicht zurück war, schauten die ersten beunruhigt aus dem Fenster. Nach einer halben Stunde kam der Anruf: Er könne jetzt die Bäckerei nicht verlassen, denn draußen werde scharf geschossen.

So wurde das Essen schon mal aufgetragen, auch ohne frisches Brot. Der Ehemann kam dann doch wenige Minuten später mit seinen Einkäufen, denn die Schießereien hatten sich von der Umgebung der Bäckerei, die nicht weit entfernt vom *Balata*-Flüchtlingslager am östlichen Stadtrand lag, ein wenig wegverlagert. Und bald konnten wir auch selbst hören, wo die Kämpfe nun stattfanden. Während zum dampfenden Fleisch mit herrlichem Gemüse nunmehr frisches Brot nachgelegt wurde, ertönte eine Gewehrsalve in unmittelbarer Nähe. Ganz offenbar wurde am Rathaus geschossen, welches nur einen Häuserblock entfernt lag. Nach zwei weiteren Gewehrsalven entschlossen sich die Frauen, das Essen in den Innenhof des Hauses zu verlegen, wo man vor Querschlägern geschützt sei. Hier wurden auch in aller Ruhe die Gespräche über die Themen des Vormittags fortgesetzt. Für einen Moment fragte ich mich, ob ich jetzt vielleicht das deutsche Vertretungsbüro in Ramallah informieren müsste. Doch schnell stellte ich fest, dass mein israelisches Handy im Talkessel von Nablus keinen Empfang hatte. Ganz offenbar gab es zwischen den israelischen und palästinensischen Telefongesellschaften keine Roaming-Abkommen.

Bald informierte uns der Hausherr, dass Milizen der Fatah offensichtlich damit beschäftigt seien, die Hamas-Stadtabgeordneten mit Waffengewalt aus dem Rathaus zu vertreiben. So entschieden wir uns, das Haus bis zum Ende der Kämpfe nicht zu verlassen. Es wurde das längste Frauenkreistreffen, welches ich je geleitet habe. Erst gegen Abend waren keine Schießereien mehr zu hören, und nach einem herzlichen Abschied machten wir uns auf den Heimweg. Einige Straßenecken waren übersät mit Trümmern und Scherben. Hier und da waren aus Hamas-Büros ganze Büroeinrichtungen auf die Straße geworfen und in Brand gesteckt worden. Auf einem zertrümmerten Computer war noch ein halb zerrissener Aufkleber erkennbar: „*Donated by the European Union*".

Die Straßen bis zum Checkpoint waren menschenleer. Nur in einer Seitengasse zeigte sich plötzlich ein Grüppchen schwer bewaffneter junger Männer. Wir wussten nicht, ob das Hamas-Kämpfer auf dem Rückzug waren, oder Fatah-Milizionäre auf der Jagd nach den letzten Angehörigen der Hamas. Ich entschloss mich, Gas zu geben, um möglichst schnell zum israelischen Checkpoint zu gelangen.

Der junge israelische Soldat am Checkpoint empfing uns mit großen Augen: „Wo kommt ihr denn her?!" – „Aus Nablus." – „Und was habt ihr dort an einem solchen Tag gemacht?" – „In der Bibel gelesen und gebetet." – Er schüttelte den Kopf angesichts von uns zwei komischen Heiligen: „Das wird euch die Haut gerettet haben. Fahrt in Frieden!"

Und das taten wir dann auch.

In Nablus begegnete uns irgendwann auch Amina. In Wirklichkeit trug sie natürlich einen anderen Namen – aber auch in Wirklichkeit war sie ein kleines palästinensisches Mädchen mit großen, braunen Augen. Ihre langen, schwarzen Haare trug sie meistens zu Zöpfen gebunden. Eine der Damen aus unserem Frauenkreis war ihre Großmutter – doch Deutschland war ein fernes, unbekanntes Land für das Kind. Und Amina hatte eine seltene Krankheit, die dazu führte, dass eines ihrer Beine langsam von unten her abstarb. Die palästinensischen Ärzte in Nablus hatten schon alles Erdenkliche getan, doch nun waren sie mit ihrem Latein am Ende.

Zum Glück funktionierte die Zusammenarbeit zwischen den palästinensischen und den israelischen Gesundheitsbehörden trotz des politischen Konfliktes recht effizient. Und so kam irgendwann der Moment, dass Amina zur Amputation ihres Beines in das berühmte israelische *Hadassah*-Krankenhaus in Jerusalem überwiesen wurde. Als Pfarrer besuchte ich sie dort, und es war bewegend zu sehen, wie hier schwer kranke jüdische und arabische Kinder nebeneinander in einem großen Krankensaal gepflegt wurden – von christlichem, jüdischem und muslimischem Pflegepersonal. Da, wo schweres menschliches Leid in ein Menschenleben einbricht, da wird aller politische Streit plötzlich ganz irrelevant. Amina lag in ihrem Bett und klagte leise vor sich hin: „Mein Bein, wo ist mein Bein?" Hilflos saß ihr Onkel an ihrer Seite und wusste nicht, wie er das Kind trösten sollte. Zudem würde keine offizielle Stelle eine Prothese bezahlen. Das palästinensische Gesundheitssystem übernahm stets nur die Kosten für das Allernotwendigste. Es war dann mehrfach unsere Gemeinde, die hier einsprang, um mit Spendengeldern von Freundinnen und Freunden aus ganz Deutschland die erste Prothese zu finanzieren – und auch noch die Nachfolge-Prothesen, die immer dann notwendig wurden, wenn das Kind wieder ein Stück gewachsen war. Es war beeindruckend zu sehen, wie viele Menschen in solchen Fällen zu helfen bereit waren.

Es ist eigenartig zu sehen, mit welcher Selbstverständlichkeit ein Kind das höchst unnormale System von Checkpoints und Abriegelungen als völlig normale Randerscheinung in sein Leben zu integrieren in der Lage ist. Irgendwann – es war wohl in der Vorweihnachtszeit – hatten wir an einer Straßensperre mal wieder etwas länger diskutieren müssen, bevor uns die Soldaten passieren ließen. Als wir weiterfuhren, sang Jonathan auf dem Kindersitz hinter uns ein Weihnachtslied: *Jingle Bells*. Doch nach einer

Weile stellten wir fest, dass es nur die Melodie von *Jingle Bells* war, nach der Jonathan da sang. Den Text dazu hatte er neu erfunden: „*I went through checkpoint A, / but not through checkpoint B, / there was a soldier with a gun / from the IDF-army...*"

Mit der Begrifflichkeit kannte er sich offenbar aus. *IDF* steht für *Israel Defense Forces*, also die „Israelischen Verteidigungskräfte", beziehungsweise die israelische Armee. Auch zum Waffenexperten wurde Jonathan erschreckender Weise bereits im Alter von sechs oder sieben Jahren. Während ich in diesem Alter stolz die Automarken vor unserem Haus auseinanderzuhalten vermochte und meinen Eltern erklärte, was die Unterschiede zwischen einem Opel und einem VW sind, gelang es unserem Sohn nunmehr, die unterschiedlichen Soldaten und Polizisten an ihren Waffen auseinanderzuhalten.

Die „grüne Polizei" der Palästinensischen Autonomiebehörde ist – im Unterschied zur „blauen Polizei" – im Grunde eine militärische Organisation. Sie tragen Uniformen wie Soldaten, Waffen wie Soldaten und treten auf wie Soldaten. Da den Palästinensern in den Oslo-Abkommen (also jenen Verträgen von 1993-1995, die einmal auf eine Friedenslösung zwischen Israelis und Palästinensern hinführen sollten) jedoch lediglich Polizeikräfte zugestanden wurden, nicht jedoch ein Militär, fallen alle offiziellen palästinensischen Sicherheitskräfte, egal welcher Art, bis heute unter die Kategorie „Polizei". Man könnte die palästinensische „grüne Polizei" vom Äußeren also leicht mit dem israelischen Militär verwechseln. Nicht so unser Jonathan. Wie ein ausgebuffter Kriegsreporter kann er uns erklären: „Der Uniformierte da hinten trägt eine AK47 (also eine Kalaschnikow) – das ist ein Palästinenser." Oder: „Hier kontrollieren israelische Soldaten. Sie tragen alle eine M16." – In der Tat ist die letztgenannte Waffe im israelischen Militär viel verbreiteter als die legendäre *Uzi*. Das habe ich von meinem Sohn gelernt. Und als ich für einen Lichtbildervortrag einmal nach dem Foto einer bewaffneten jungen Frau aus Israel suchte und dabei vor mich hinmurmelte: „Wo war noch das Bild von dem Mädchen mit der Kalaschnikow?" – da musste ich mich von Jonathan korrigieren lassen, der mir kopfschüttelnd erklärte: „Aber Papa – das war doch keine Kalaschnikow, sondern eine M4."

Er war nicht immer so abgebrüht – und einmal kamen wir alle ins Schwitzen. Wir hatten uns von Kholoud Daybes Abu-Dayyeh, der damaligen palästinensischen Tourismusministerin (und späteren Botschafterin in Deutschland), zum internationalen palästinensischen Tourismusfestival nach *Sebastiya* einladen lassen. Sebastiya ist das alte biblische Samaria, die Hauptstadt des israelischen Nordreiches, in der vor etwa 2900 Jahren Könige wie Jerobeam, Omri und Ahab residierten. Die Stadt hat daher für die jüdische Geschichte eine nicht zu bestreitende Bedeutung. Nun liegen jedoch die zu einem großen Teil von Archäologen zu Tage beförderten Ruinen dieses Ortes nur wenige Kilometer nördlich von Nablus im palästinensischen Westjordanland. Ein palästinensisches Dorf, welches bis heute den Namen *Sebastiya* trägt, ragt teilweise in das archäologische Areal hinein. Nachdem Israel dieses Gebiet 1967 im Sechstagekrieg erobert hatte, wurde nur zehn Jahre später direkt nebenan die israelische Siedlung *Shavei Shomron* („Rückkehrer nach Samaria") gegründet; der Ruinenhügel wurde ein israelischer Nationalpark.

Die Oslo-Abkommen in den Neunzigerjahren hatten das Westjordanland in so genannte A-, B- und C-Zonen eingeteilt, wobei die Palästinenser die *A-Zonen* alleine kontrollierten, die *B-Zonen* unter gemeinsamer Kontrolle standen (die Israelis waren hier für die Sicherheit und die Palästinenser für alles Zivile zuständig) und die *C-Zonen* ausschließlich von den Israelis kontrolliert wurden. Auch in der Folge dieser Verträge wurde Sebastiya in israelischen Karten weiter als Nationalpark geführt und zählte zur israelisch kontrollierten *Zone C* des Westjordanlandes. Allerdings hatte die israelische Nationalparkverwaltung ihre Präsenz hier längst weitestgehend aufgegeben. Faktisch lief der wenige Tourismus zu den Ruinen nunmehr weitestgehend über das palästinensische Dorf Sebastiya. Nur hin und wieder, wenn internationale Unterstützer der Siedlerbewegung in Shavei Shomron zu Gast waren, wurde der Hügel zeitweilig von israelischen Sicherheitskräften „zurückerobert". Die meiste Zeit jedoch wurden palästinensische Aktivitäten in den Ruinen von israelischer Seite nicht gestört. Und so war es der Ministerin auch manches Mal möglich, hier das internationale palästinensische Tourismusfestival auszurichten, welches sich dann nicht nur über die Ruinen erstreckte, sondern über das gesamte palästinensische Dorf, in dem halb verfallene palästinensische Villen und Bauernhäuser von einer italienischen Organisation liebevoll wieder hergerichtet wurden.

So feierten wir im Sommer 2008 mit den palästinensischen Dorfbewohnern, den Vertretern der Palästinenserbehörde und internationaler Organisationen ausgelassen die Renaissance des palästinensischen Tourismus. Wir besichtigten Ausstellungen, kauften Produkte aus traditioneller Herstellung, lauschten den Reden der Offiziellen, nahmen an Führungen teil und genossen die folkloristischen *Dabke*-Tänze, die dem Publikum dargeboten wurden. Nur war uns irgendwie entgangen, dass sich die meisten Gäste aus Jerusalem schon frühzeitig wieder auf den Heimweg gemacht hatten. Als wir deutlich nach Einbruch der Dunkelheit endlich auch aufbrachen, bemerkten wir ziemlich bald den Grund: Mitten auf der Hauptstraße 60, unmittelbar neben der Siedlung Shavei Shomron, war das Tor eines Checkpoints, den wir auf der Hinfahrt nicht einmal bemerkt hatten, nunmehr geschlossen.

Langsam fuhr ich an das Tor heran. Heftig gestikulierend trat uns ein israelischer Soldat entgegen: *„Go away, go away!",* versuchte er uns auf Englisch zu kommandieren. Ich öffnete das Fenster des Wagens und fragte höflich auf Hebräisch nach dem Grund der Straßensperrung. Dieser Checkpoint sei abends immer ab sechs Uhr geschlossen, entgegnete er. Das sei mir nicht klar gewesen, antwortete ich; es gebe ja auch kein Schild, welches uns bei der Hinfahrt über diese Regelung hätte informieren können. Doch er ließ sich nicht erweichen: Wir hätten sofort umzukehren. Noch einmal machte ich einen Versuch: Ob er nicht ausnahmsweise das Tor für uns öffnen könne. Wir hätten doch nur einen Familienausflug gemacht und müssten dringend zurück nach Hause, nach Jerusalem. Der Soldat blieb hart: Das sei unser Problem, und nun sollten wir endlich umkehren und uns einen anderen Weg suchen. „Die Araber kennen ja auch alle möglichen anderen Wege."

So ungefähr war mir klar, wie ich nun wohl würde fahren müssen: Wieder ein Stück nach Norden, dann auf einer eher ländlichen Piste über Dörfer wie *Bayt Umrin* und *Asirah ash-Shamaliyah* nach Nablus hinein, durch die Stadt hindurch und zum Huwwara-Checkpoint nach Süden wieder heraus. Also wendete ich mein Fahrzeug. Nur: Es war jetzt in der Tat finstere Nacht, die Wege waren nicht beleuchtet, Wegweiser gab es in dieser Gegend ohnehin nicht, und teilweise war die Straße wirklich unglaublich eng und voller Schlaglöcher – mit einem tiefen Graben zur Linken und einer Felswand zur Rechten. Ich hatte Angst vor einem Unfall, und mir war nicht klar, was dieses Manöver überhaupt sollte: Diesseits wie jenseits des Checkpoints lebten ausschließlich Palästinenser, und die größtenteils von einer Mauer umschlossene Siedlung Shavei Shomron, die sich daneben befand, hatte Zugänge von der einen wie von der anderen Seite. Wir hätten also auch durch die Siedlung fahren können, wenn deren Tore nicht ebenfalls geschlossen gewesen wären.

Erst langsam ging mir im Gespräch mit meiner Frau auf, dass dieser Checkpoint vom israelischen Militär möglicherweise zur Kontrolle der eigenen Siedler eingerichtet worden war. Erst knappe drei Jahre zuvor hatte das israelische Militär gleichzeitig mit dem Rückzug aus Gaza auch die Siedlungen *Homesh*, *Sa Nur*, *Ganim* und *Qaddim* im nördlichen Westjordanland evakuiert – und immer wieder hatten jüdische Siedler seitdem versucht, an diese Orte zurückzukehren, die genau in der Gegend lagen, durch die wir nun fuhren. Eine solche Rückkehr war gewiss nicht im Interesse des Militärs.

Aber ich war kein Siedler, und ich hatte keine Lust, meine Familie in dieser Einöde in Gefahr zu bringen. Also wendete ich den Wagen abermals, und eine halbe Stunde später näherten wir uns wieder dem gelben Stahltor bei Shavei Shomron. Der Soldat sah uns schon von weitem kommen und trat uns abermals entgegen: „Ich habe euch doch vorhin schon gesagt, dass ihr umkehren sollt!" Langsam fuhr ich noch dichter an das Tor heran. Mit deutlich vernehmbaren Klicken entsicherte der Soldat sein Gewehr. Ich stoppte den Wagen und stieg aus. Der Soldat richtete seine Waffe auf mich. Ich erhob die Hände und trat weiter auf ihn zu, bis ich so nah vor ihm stand, dass ich mit ihm reden konnte ohne schreien zu müssen. „Kehr endlich um!", zischte er mich an. „Das ist ein Befehl!"

„Nein", entgegnete ich. „Genau dies werde ich nicht tun. Ihr Israelis behauptet doch immer, dass es im palästinensischen Gebiet gefährlich sei. Ihr sagt ständig, dass man da entführt werden könne wie Gilad Shalit. Und ihr habt recht: Es ist hier wirklich gefährlich. Ich könnte im Dunkeln einen Unfall bauen und meine ganze Familie umbringen. Ich werde daher nicht umkehren. Entweder öffnest du jetzt das Tor und lässt mich auf die israelische Seite zurückkehren, oder wir werden genau hier die Nacht verbringen: mitten auf der Straße vor eurem blöden Tor. Und dann musst du die ganze Nacht lang das Weinen unseres kleinen Kindes aushalten."

Zum Glück und wie um die Ernsthaftigkeit dieser Ankündigung zu illustrieren, begann Jonathan genau in diesem Moment heftig zu nörgeln. Der junge Soldat schluckte, dann kramte er umständlich einen großen Schlüsselbund aus der Tasche: „Also gut: Fahrt – und macht einen solchen Fehler nie wieder!" Ich ließ die erhobenen Hände sinken und dankte ihm herzlich, während er das Tor aufschloss. Wir hatten den Checkpoint gerade passiert, als plötzlich ein Militärjeep mit aufgeblendeten Strahlern aus einem Feld seitlich der Straße erschien. „*Nahag*!", wurde uns aus den Lautsprechern des Jeeps hinterhergerufen. Ich entschloss mich, als Ausländer nicht verstanden zu haben, dass damit ich als „Fahrer" unseres Wagens gemeint war und beeilte mich, möglichst rasch die Gegend zu verlassen.

Eine Weile schwiegen wir auf dem Rückweg. Meine Frau war die erste, die das Wort wieder ergriff, und ihre Stimme klang rau: „Hast du die beiden palästinensischen Jungen gesehen?" – „Nein, welche Jungen?" – „Bestimmt hast du sie gesehen: die beiden, die da am Checkpoint vor der Betonmauer kauerten." – „Nein, ich habe sie nicht gesehen!" Schweigend fuhren wir weiter, und erst langsam setzte sich in meinem Kopf das Bild zusammen, welches ich dort am Checkpoint wohl völlig ausgeblendet hatte. Es stimmte: Zwei Jungen hatten da gekauert, in einer vermutlich höchst unbequemen Hockstellung, die Hände hinter dem Kopf verschränkt. Wahrscheinlich waren sie von den Soldaten festgenommen worden, als sie ebenfalls versucht hatten, illegal durch die Straßensperre zu gelangen. Vielleicht hatten sie ja etwas gegen die Siedler hier im Schilde geführt. Viel wahrscheinlicher aber hatten sie auch einfach nur nach Hause gewollt, wie wir. Und nun mussten sie zur Strafe da hocken, in dieser unsäglichen Position. Wie war es möglich, dass ich mit unserem eigenen Anliegen so beschäftigt gewesen war, dass ich die Gegenwart dieser Jungen, nur wenige Meter neben mir, völlig ausgeblendet hatte? Und zwar so effizient, dass ich zunächst hätte beschwören können, es hätte sie gar nicht gegeben? – Die Frage ließ mich nicht mehr los.

Nach dem Hamas-Putsch im Gazastreifen war Palästinenserpräsident Abbas im Westjordanland politisch deutlich angeschlagen. Fortan regierte er seinen Teil der Palästinensergebiete ohne wirkliche demokratische Legitimierung, und es war längst nicht ausgemacht, dass er sich anschließend noch so lange an der Macht halten würde.

Spürbar wurde dies bereits im Fastenmonat Ramadan des Jahres 2007, wenige Wochen nach dem Putsch. Der Ramadan ist in den mehrheitlich muslimisch geprägten Regionen stets eine besondere Zeit: Nach dem täglichen Fasten wird abends und nachts zumeist umso ausgelassener gefeiert. Und es ist eine gute Tradition, dass wichtige gesellschaftliche Institutionen jeweils an einem der Ramadan-Abende ihre geschäftlichen und politischen Partner, potentielle Unterstützer, Vertreter aus Religion, Gesellschaft und befreundeten Organisationen, sowie einfach Menschen, denen sie etwas Gutes tun möchten, zum *Iftar*, dem allabendlichen Fastenbrechen, einladen. So tat es auch der Palästinenserpräsident, und wenige Tage vor dem Ereignis fand ich eine Einladung in die *Mukata*, den Präsidentensitz von Ramallah, in meinem Postfach.

Am Vormittag des Tages, an dem das Fastenbrechen stattfinden sollte, erhielt ich noch einen Anruf aus der Mukata – ob ich denn tatsächlich kommen und vielleicht noch „ein paar meiner Priester mitbringen" würde.

Ja, selbstverständlich. Aber ein solcher Anruf war höchst ungewöhnlich. Noch ungewöhnlicher war, dass mich auch Vertreter von Nachbarkirchen ansprachen: Ich möge doch bitteschön auf alle Fälle zum *Iftar* des Präsidenten kommen, und möglichst noch die anderen Pfarrer meiner Kirche mitbringen.

Die Mukata war jahrelang eine einzige große Baustelle. Im Jahr 2002 war sie von den Israelis im Rahmen ihrer damaligen Militäraktion zum größten Teil zerschossen worden. Die Bilder des belagerten Präsidenten Arafat, des Vorgängers von Abbas, gingen um die Welt. Zwei Jahre später stand das schäbige Bürogebäude mit der grauen Häuserbrücke, welches nach den Kämpfen von 2002 stehen geblieben war, noch einmal im Mittelpunkt der Tumulte um das Begräbnis des Palästinenserführers. Bis heute ist nicht geklärt, ob er Aids hatte, mit radioaktivem Polonium vergiftet wurde oder eines natürlichen Todes starb. Als ich im November 2012 wieder einmal den Ort besuchte, war er mit blauen Planen vor den Blicken der Öffentlichkeit geschützt. Man hatte den hier beigesetzten Leichnam Arafats exhumiert, um ihn von internationalen Experten untersuchen und die Todesursache feststellen zu lassen. Erst ein weiteres Jahr später veröffentlichten die schweizerischen, französischen und russischen Beteiligten höchst widersprüchliche Ergebnisse der Untersuchung, und die Legenden sprießen bis heute weiter.

Das Gebäude mit der Häuserbrücke aus den Nachrichtenbildern von 2002 und 2004 steht noch heute. Darin wird unter anderem das Büro Arafats gezeigt, welches so aussieht, als hätte er es gerade verlassen. Selbst die allgegenwärtige Kleenex-Packung steht noch immer auf dem Tisch. Der Altbau wirkt jedoch mittlerweile wie ein Spielzeughäuschen zwischen den nagelneuen Regierungs- und Verwaltungsgebäuden, dem Arafat-Mausoleum, der Moschee mit ihrem futuristischen Minarett (ein Laserpointer auf der Spitze soll nach Jerusalem ausgerichtet sein) und den repräsentativen Gartenanlagen, die hier im Laufe der Jahre mit internationaler Hilfe um die beeindruckenden architektonischen Ausdrücke von Staatsmacht herum entstanden sind. Heute ist das Gelände vollständig bebaut – selbst wenn es an manchen Stellen stets ein wenig unfertig aussieht. Im November 2016 entstand hier auch ein Arafat-Museum, von dem das alte Büro des Palästinenserpräsidenten ein Teil wurde. Und weil es eng geworden ist auf dem Gelände, wurde ein imposantes Gästehaus des Präsidenten, in welchem Staatsbesucher aus der ganzen Welt logieren sollen, etwas außerhalb errichtet – auf einer Hügelkuppe mit hübschem

Panoramablick am nördlichen Ortsausgang von Ramallah, unweit des „Sternbergs" der Herrnhuter Brüdergemeinde.

Auch der Versammlungssaal der Mukata, in den wir im Ramadan 2007 geleitet wurden, war kurz zuvor neu errichtet worden. Das Mobiliar und die Atmosphäre des Raumes waren gediegen, und doch war die Spannung mit den Händen zu greifen. Der Saal war leer, sehr leer. Als Kirchenvertreter saßen wir gemeinsam an einem Tisch; einige der Bischöfe hatten tatsächlich auch rangniedere Priester und Mönche mitgebracht. An anderen Tischen saßen Politiker der *Fatah*-Partei; einige Gesichter kannte man aus den Medien. Seltsamerweise waren die Vertreter von Friedens- und Menschenrechtsgruppen, von Wirtschaft, Kultur und Medien, die sich sonst bei jedem Empfang blicken ließen, nur ausgesprochen schwach vertreten. Auch der muslimische Klerus hatte sich auffallend rar gemacht. Gleich mehrere Tische waren von hochrangigen Offizieren der palästinensischen Sicherheitskräfte besetzt, die offenbar hierher abkommandiert waren. Wenige Minuten vor dem Kanonenschuss, der das offizielle Ende des Fastens verkündet, war der Saal noch immer zur Hälfte leer. Die Beamten vom Protokoll wurden nervös, einige Uniformierte liefen hektisch nach draußen. Kurz darauf öffneten sich die Türen noch einmal. Eine geschlossene Polizeieinheit rückte ein und nahm an den leeren Tischen Platz. Jetzt sah es einigermaßen voll aus!

Sollte der leere Saal ein Sinnbild gewesen sein für die sprichwörtlichen Ratten, die das sinkende Schiff verlassen? Hatte Präsident Abbas nur noch so wenig Rückhalt unter den maßgeblichen Kräften seiner Gesellschaft?

Das Catering wurde vom feinsten Restaurant Ramallahs übernommen und schmeckte vorzüglich. Überhaupt kann man die zahlreichen Restaurants der Luxusklasse in der palästinensischen Verwaltungshauptstadt nur empfehlen. Bald war der besagte Kanonenschuss zu vernehmen, worauf das Fasten zunächst mit dem traditionellen Verzehr einer Dattel gebrochen wurde, und dankbar wurde von den muslimischen Gästen in großen Schlucken das gereichte Wasser getrunken. Sodann wurde das Menü aufgetragen. Es gab eine Kombination von europäischen und nahöstlichen Speisen und schließlich eine Auswahl köstlicher Desserts. Ein muslimischer Würdenträger hielt eine Rede über die Befreiung Palästinas, und der Lateinische Patriarch beschwor die Einheit von Christen und Muslimen. Auch der Palästinenserpräsident gab sich in seiner Rede kämpferisch. Er wirkte mit seinen schlohweißen Haaren schon damals sehr alt. Dennoch hielt er sich anschließend viel länger an der Macht, als man ihm zu jenem Zeitpunkt zugetraut hatte. Seine Einladungen zum Fastenbrechen wurden bald wieder begehrte Papiere – und mich rief fortan niemand mehr an, um mir zu sagen, dass ich mit meiner gesamten Pfarrerschaft zu der Veranstaltung erscheinen solle.

3   Ein Altar und Goethe ziehen um

Ein zweiter Standort unserer evangelischen Arbeit in Jerusalem neben dem Muristan war die *Kaiserin Auguste Victoria-Stiftung* auf dem Ölberg. Der wuchtige Turm der Himmelfahrtkirche an diesem höchsten Punkt der Stadt war weithin sichtbar – bei klarem Wetter gar bis Jordanien. Zu Ostern 2010 hatte sich hier das deutsche Fernsehen in Jerusalem angekündigt. Der ZDF-Fernsehgottesdienst sollte live von diesem Ort übertragen werden. Das passte gut – feierten wir doch in jenem Jahr das hundertjährige Jubiläum dieser Einrichtung. Wochen zuvor wurden mein junger Kollege und ich zu einem Kameratraining nach Deutschland eingeladen, übten uns immer wieder darin, unsere Werbe-Aufsager frei in die Kameras zu sprechen und dabei möglichst sympathisch rüberzukommen. Eine gefühlte Ewigkeit arbeiteten wir am „Drehbuch" des Gottesdienstes, richteten Arbeitsgruppen für Liturgie, Textteile und Musik ein. Die Korrespondenz mit den Fernsehgottesdienst-Verantwortlichen in Deutschland füllte bald ganze Aktenordner. Dann waren sie da: die Techniker, Kameraleute, Regie- und Produktionsverantwortlichen des ZDF.

Begeistert setzte die Technik unsere Himmelfahrtkirche ins rechte Licht. Die goldenen Mosaiken, die einst auf Bitten der Kaiserin Auguste Victoria (in Berlin wurde sie wohl „die Kirchen-Juste" genannt) von reichen deutschen Kaufleuten und Adeligen gestiftet worden waren, erstrahlten wie noch nie zuvor. Das himmlische Jerusalem oben an der hohen Decke, die Inschriften, ganz vorne die Antlitze der Apostel Petrus und Paulus – „Sankt Paulus", der biblische Bezugspunkt Martin Luthers schlechthin, im Stil des „Junker Jörg" von der Wartburg; Petrus, nach katholischen Verständnis erster Bischof von Rom, in der Mosaikunterschrift ohne das auch ihm zukommende „Sankt": subtile Sticheleien aus einem lange zurückliegenden konfessionellen Zeitalter. Die Farben in diesem hundertjährigen, wilhelminischen Bau waren in ihrer Opulenz geeignet, den Betrachter trunken zu machen.

Und in diesen Gewölben sollten nun die Kulturen, die die Arbeit dieser Kirche bis heute geprägt hatten, auch musikalisch eine einzigartige Verbindung eingehen. Klaus Schulten, ein begnadeter Musiker (der später auch zu unserer Verabschiedung spielte), saß an der Orgel. Unsere Organistin Elke hatte darüber hinaus einen wunderbaren Projektchor aufgebaut. Und die arabischen Klänge – herrliche Gesänge aus der Tradition des arabischen Christentums – sollten vom Chor der *Talitha-Kumi*-Schule in *Beit Jala* dargeboten werden. Talitha Kumi, eine deutsche Gründung in der Trägerschaft des Berliner Missionswerks, war in demselben Zeitalter entstanden wie die Stiftung der Kaiserin Auguste Victoria. Heute liegt die Schule im palästinensischen Beit Jala.

„Wird der Chor auch garantiert die Passierscheine erhalten, um bei uns im Gottesdienst singen zu dürfen?", fragte ich unseren Kontaktmann im israelischen Innenministerium. „Aber sicher", war die Antwort. „Talitha Kumi ist doch eine christliche Schule, und zu Ostern bekommen alle Christen aus dem Westjordanland Passierscheine für Jerusalem." – „Auch die muslimischen Chormitglieder?", hakte ich nach. – „Wenn sie in einem christlichen Chor singen: selbstverständlich!"

Das galt natürlich noch nicht für die Gottesdienstproben, denn an den Probentagen galten die österlichen Passierscheine „selbstverständlich" noch nicht. Das Fernsehteam begann, nervös zu werden. Ich beruhigte die Fernsehleute. Der Chor hatte auch in Beit Jala gute Probenbedingungen.

Doch wenige Tage vor dem Gottesdienst braute sich Unglück zusammen. „Wir bekommen die Permits nicht", sagte mit ein aufgeregter Schulleiter am Telefon. „Wir haben es tagelang probiert. Sind immer wieder vertröstet worden. Doch Gush Etzion hat uns bis heute warten lassen – und nun tun so, als wüssten sie von nichts." *Gush Etzion*, das war der israelische Siedlungsblock im Westjordanland südlich von Bethlehem und Beth Jala. Dort war auch die „Zivilverwaltung" der Israelis für das südliche Westjordanland angesiedelt. Eigentlich war dieser Begriff eine Verniedlichung, arbeiteten doch in dieser Behörde ganz überwiegend israelische Soldaten, also gerade keine Zivilisten. Und da nicht nur das christliche Osterfest vor der Tür stand, sondern auch das jüdische *Pessach*-Fest, konnte ich mir vorstellen, dass diese Soldaten kein besonders großes Interesse haben würden, vor den Feiertagen noch irgendwelche Sonderschichten einzulegen. Rasches Handeln war also angesagt. „OK", sagte ich dem Schulleiter, „bewahrt bitte die Ruhe. Ich fahre nach Gush Etzion und hole eure Permits."

Ohne irgendwelche Kontrollen fuhr ich in die israelische Siedlung hinein, doch das Tor der Zivilverwaltung war bereits geschlossen. Kein Klingelknopf, kein Mensch zu sehen, nur ein hohes Metallgittertor zwischen Betonbarrieren. Hinter dem verschlossenen Tor war eine Art

Durchgang erkennbar, ein Drehkreuz, welches die palästinensischen Bittsteller wohl zu normalen Tagen passieren mussten, um einen Passierschein, eine Geburtsurkunde, eine Identitätskarte oder anderes zu beantragen. Aber heute war da niemand. Die Feiertage standen vor der Tür. Und doch: Irgendwo war bestimmt eine Kamera. Ich war hier bestimmt nicht unbeobachtet. „Hallo, ist da jemand?" – Keine Reaktion. Ich rief noch zwei-, dreimal, dann setze ich mich, an das Tor gelehnt, in die Sonne. Und irgendwann kam tatsächlich ein junger Soldat über den Hof getrottet. „Was willst du?" – „Ich möchte die Passierscheine abholen, die man uns zugesagt hat." – „Heute gibt es keine Passierscheine. Komm nach den Feiertagen wieder." – „Aber genau zu den Feiertagen brauche ich die Passierscheine. Es geht um einen Gottesdienst." – „Warum bist du nicht eher gekommen?" – „Weil die Passierscheine bislang noch nicht fertig waren."

Der junge Mann kratzte sich am Kopf, dann zog er einen schmutzigen Zettelblock aus seiner Uniformtasche und machte sich daran, umständlich und mit vielen Seufzern zu notieren, wer denn da für wen überhaupt Passierscheine beantragt hatte. Dann verschwand er. Und ward nicht mehr gesehen.

Ich setzte mich wieder auf den Boden, lehnte mich an das Tor, zog ein Buch aus meiner Tasche und begann, mir die Zeit mit Lesen zu vertreiben. Nach einer Weile tauchte ein weiterer Soldat hinter dem Tor auf. *„Go away, go away"*, rief er mir mit einem harten Akzent zu und wedelte mit dem Handrücken. Wie es denn um meine Passierscheine stehe, fragte ich höflich auf Hebräisch zurück. Die seien nicht hier, war die Antwort. Nun, dann würde ich nicht eher gehen als bis ich wüsste, wo sie denn seien, entgegnete ich ruhig. Immerhin beginne ja bald der Feiertag, und ich könne gerne vor diesem Tor sitzen bleiben und die Wachhabenden beschäftigen. Dabei schlug ich mein Buch wieder auf. Der Soldat wurde ungeduldig: Ich könne die Scheine in *Beit El* abholen, wenn ich wolle.

Ich schluckte. *Beit El* (oder eingedeutscht: Bethel), das war die militärische Zivilverwaltung der Israelis für das nördliche Westjordanland, nördlich von Ramallah gelegen. Also ziemlich weit weg von hier. „Warum?", fragte ich zurück. „Beit El ist doch für den Norden der ‚Gebiete' zuständig – und ihr für den Süden. Warum sollte Beit Jala also nicht euer Zuständigkeitsbereich sein?" – *„Kacha seh"*, war die lapidare Antwort. „So ist das eben. Die Feiertage stehen vor der Tür."

Mit unterdrückter Anspannung stieg ich wieder in mein Auto. Gerade hatte ich den Motor angelassen, da klingelte mein Handy. Die Dame, die bei der Evangelischen Kirche in Deutschland (EKD) für solche Fernsehgottesdienste verantwortlich war, befand sich am anderen Ende der Leitung. Wo ich denn bliebe, fragte sie, die Proben für den Fernsehgottesdienst seien in vollem Gang. Ich würde dort gebraucht. Und überhaupt: Was sei jetzt mit den Passierscheinen für den Chor?

Das sei eine längere Geschichte, erklärte ich. Aber ich würde gleich noch einmal durch Jerusalem fahren. Da könne sie gerne zusteigen und mich auf meiner Jagt nach den Passierscheinen begleiten. Gesagt, getan. Eine knappe Stunde später näherten wir uns dem Gelände der Zivilverwaltung in Beit El. Die Feiertage, die mit dem Sonnenuntergang beginnen, waren jetzt schon extrem nah, und spontan kam mir der Gedanke, dass es in diesem Fall vielleicht nützlich sein könnte, den Kirchenstander ans Auto zu schrauben. In der Tat beeindruckte das Fähnchen den Wachposten am Tor. Es war sichtbar, dass er darüber grübelte, zu welchem Staat denn das violette Kreuz auf weißem Grund gehören möge. Aber offenbar wollte er uns seine Unwissenheit nicht eingestehen. „Diplomaten?", fragte er. „Diplomaten!", antwortete ich. „Ich möchte gerne mit dem diensthabenden Offizier sprechen." – „Im Büro dort hinten."

Das Großraumbüro schien vollkommen verlassen zu sein. Über den Reihen von leeren Schreibtischen brummte lediglich ein einzelner Ventilator. Der Saal wirkte düster. Doch dann sah ich die Bewegung an einem Schreibtisch in der hintersten Ecke. „Bist du der diensthabende Offizier?", rief ich. „Sieht wohl so aus", war die lapidare Antwort. „Obwohl ich eigentlich lieber zu Pessach zu Hause wäre."

Ich zog meiner Begleiterin und mir zwei Stühle heran und setzte mich, um unser Anliegen zu erläutern. „Ich kann nicht feststellen, ob eure Passierscheine da sind", winkte der Soldat ab. „Mein Computer ist aus."

An der Wand hingen einige bunte Kinderzeichnungen. Menschen auf einer grünen Wiese, Bäume, Schiffe auf dem Meer. „Von deinen Kindern?", fragte ich. „Von meinem Sohn", entgegnete der Soldat, und zum ersten Mal sah ich ein Lächeln auf seinem Gesicht. „Ich habe auch einen Sohn, der ist neun und malt auch solch coole Bilder", sagte ich, noch immer die Kunstwerke betrachtend. „Mein Sohn Benny ist ebenfalls neun", freute sich der Soldat, mit erkennbarem Vaterstolz in der Stimme. „Und wie heißt dein Sohn?", fragte er. – „Jonathan." – „Ein schöner hebräischer Name."

Das Eis schien zu brechen. „Wie heißt du?", fragte ich ihn. „Yaniv. Und du?" – „Uwe." – „Ouäh?" – „Nein, Uwe. *Alef, Waw, Beth, Heh*." Ich wusste, dass ein Name, der in der lateinischen Schrift mit einem Vokal beginnt, mit einem Vokal endet, und dann als einzigen Konsonanten einen Buchstaben in der Mitte hat, der auf Hebräisch ebenfalls dazu dienen kann, einen Vokal anzuzeigen (wobei Vokale in der Regel nicht geschrieben werden, aber bei einer solch seltenen Buchstabenkombination eben doch), extrem schwer in diese andere Sprachwelt vermittelbar ist. Doch wenn ich ein weiches B statt eines W in der Mitte einsetzte und das W stattdessen nutzte, aus dem ersten Buchstaben einen Vokal zu machen, dann war dies ebenfalls eine Quelle von Missverständnissen. Ich hatte dieses Spiel bereits oft gespielt. Er lächelte, als ob er verstanden hätte: „*Obah*!" – „Nein, Uwe heiße ich. Wie *Ruwen* ohne *Resch* und ohne *Nun*." – „*Ruwen*! Dann sag doch gleich, dass du so heißt!" – „Gerne. Manche israelische Freunde nennen mich so."

Das stimmte seit 1989 in der Tat. In der Nacht des *Schawu'ot*-Festes, in der traditionell bis zum Morgengrauen die Tora studiert wird, war ich damals mit einem jüdischen Freund von Synagoge zu Synagoge gezogen, um den Vorträgen der Rabbiner zuzuhören. Es war eine der bezauberndsten Nächte meines damaligen Studienjahrs in Jerusalem gewesen. Natürlich trägt in der Synagoge jeder Mann eine Kopfbedeckung. Und irgendwann hatte ich auch auf den kurzen Wegen zwischen den Synagogen die Kippa kurzerhand nicht mehr abgesetzt. Wenn wir dann Bekannte meines Freundes auf der Straße trafen und ich mich als „Uwe" vorstellte, hörten sie oftmals gleich „Ruwen". Und so war ich für einige Stunden als Israeli quasi adoptiert. Heute kommen mir Christen (oft sind es Pastoren, die eine Reisegruppe leiten), welche aus Solidarität mit Israel heraus bei ihren Streifzügen durch Jerusalem eine Kippa auf dem Kopf tragen, eher skurril vor. Vor allem dann, wenn sie es darauf anlegen, in dieser Aufmachung mal von einem echten Araber angefeindet zu werden – um anschließend sagen zu können, sie hätten das Leiden der Juden geteilt. Aber damals ergab es sich in dieser Nacht einfach ganz selbstverständlich. Und am nächsten Tag habe ich die Kippa wieder in die Schublade gelegt und nur zu Synagogenbesuchen herausgezogen. Denn ich wollte mich nicht dauerhaft als etwas ausgeben, was ich nicht bin.

Doch nun also wieder: Ruwen. Aber damit nicht genug. Yaniv interessierte sich natürlich auch für meine Begleiterin. Dass sie für das Fernsehen arbeite, machte sie erst recht interessant. Und in Berlin war Yaniv auch schon einmal gewesen: „Eine herrliche Stadt. So viel Freiheit. Nette Menschen. Phantastische Schweinebratwurst. Und rauschende Partys." Von der Hauptstadt der Judenvernichtung war nicht die Rede.

Meine Begleiterin buchstabierte ihren Namen gleich: Elke. Yaniv lächelte: „Ah, *Alki*. Ein wunderbarer Name!" Sie lächelte ebenso charmant wie kühl zurück: „Ja, ganz wunderbar. Aber bist du jetzt so nett und schaltest deinen Computer an um nachzuschauen, ob die Passierscheine da sind?"

Bald hielt ich 21 frisch ausgedruckte Passierscheine in der Hand. Aber irgendetwas stimmte nicht. Mir schien, es hätten 22 sein müssen. Irritiert fragte ich nach. „Stell nicht so viele Fragen, Ruwen", entgegnete der Soldat wieder etwas kurzsilbig. „Freu dich an den Scheinen, die du hast. 21 Stimmen dürften zum Singen ausreichen."

Die Fahrt, abermals über Jerusalem vom nördlichen ins südliche Westjordanland, war lang. Als wir mit den Passierscheinen in der Hand stolz wieder im Talitha Kumi eintrafen, war es bereits Nachmittag. Aber der Chor probte noch immer für den Gottesdienst – das war bis auf den Schulhof hinaus zu hören. Bald hatten uns die ersten Kinder entdeckt. „*Brobst* Uwe ist da", schallte es auf Arabisch über den Schulhof. „Er hat die Passierscheine!"

Erwartungsvoll blickten uns die Gesichter der dreizehn- bis achtzehnjährigen Jungen und Mädchen im Musiksaal an. „Haben Sie wirklich alle 22 Scheine?" – „Nun... fast. Es sind 21." Ein etwa fünfzehnjähriges, schlankes Mädchen mit langen schwarzen Haaren und ebenso dunklen Augen schluchzte laut. „Ich wusste es. Ich werde nie einen Passierschein bekommen!"

Die Lehrerin nahm mich auf die Seite. „Ihr Vater hat als Jugendlicher während der Ersten Intifada vor zwanzig Jahren mal einen Brandsatz auf einen israelischen Jeep geworfen. Seitdem steht die ganze Familie auf der schwarzen Liste." Das Mädchen ließ seinen Tränen freien Lauf. „Ich werde versuchen, auch für sie noch einen Passierschein zu bekommen", versprach ich. Als wir wieder im Auto saßen, rief ich den deutschen Botschafter an. Um es kurz zu machen: Trotz des anbrechenden Feiertags gelang es ihm noch vor dem Abend, über einen hochrangigen politischen Kontakt auch diesen Passierschein noch herbeizuzaubern.

Aber zunächst einmal war ich mit einem neuen Problem konfrontiert. Das Telefonat mit dem Botschafter war gerade beendet, und wir hatten Beit Jala noch nicht verlassen, da klingelte mein Handy abermals. Es war noch einmal die Musiklehrerin von Talitha Kumi: „Wie sollen wir denn überhaupt nach Jerusalem reinkommen?" Ich verstand die Frage nicht: „Wo ist das Problem? Ihr lasst euch von eurem Jerusalemer Bus abholen, zeigt die Passierscheine am Checkpoint und kommt einfach." – „Aber der

Checkpoint 300 ist zu. Christen bekommen zwar Passierscheine, weil Ostern ist – doch die Checkpoints, die von Palästinensern benutzt werden dürfen, werden geschlossen, weil zugleich einer der höchsten Feiertage der Pessach-Woche ist." Die *Birkat ha-Cohanim*, ging es mir durch den Kopf. In der Tat wurden an dem Tag des Pessach-Festes, an welchem der Priestersegen an der Klagemauer gesprochen wurde und Jerusalem voll mit jüdischen Besuchern war, die Checkpoints für Palästinenser zuweilen kurzerhand geschlossen. Jetzt galt diese Regelung offenbar auch schon für den Vortag der Pessachwoche, an welchem in den jüdischen Familien der *Sederabend* gefeiert wurde.

Wenn man Bethlehem oder Beit Jala in Richtung Jerusalem verlassen wollte, gab es zwei Hauptwege nach draußen: den Gilo-Checkpoint auf der großen Umgehungsstraße, der jedoch nur von Israelis und Ausländern benutzt werden durfte, und den berüchtigten „Checkpoint 300" in der Nähe des Rachelsgrabes, der theoretisch jedem zur Verfügung stand. Ich war bereits auf dem Weg zum Gilo-Checkpoint (Gilo ist ein jüdischer Vorort von Jerusalem im besetzten Westjordanland; in dem hebräischen Namen mit hartem G spiegelt sich noch das palästinensische Beit Jala), doch wendete ich nun das Auto in Richtung Checkpoint 300 in Bethlehem, um zu sehen, was da los war. In der Tat: Das große Stahltor in der an dieser Stelle acht Meter hohen Betonmauer war geschlossen. Das Areal schien vollkommen verwaist. Aber irgendwer musste hinter den verspiegelten Panzerglasscheiben des Wachturms sitzen, ging es mir durch den Kopf. Ich stieg aus und winkte angestrengt in Richtung dieser Person, die ich nicht sehen konnte. Irgendwann ging das Fenster auf, und ein Soldat winkte zurück. Dann wurde das Fenster wieder geschlossen. Hier konnte nicht einmal ein Propstauto mit Stander und weißem Kennzeichen passieren.

Während wir abermals unterwegs zum Gilo-Checkpoint waren, rief ich unseren Kontaktmann aus dem Innenministerium an. Wir bräuchten unbedingt noch eine weitere Ausnahmegenehmigung, damit ein Bus voller palästinensischer Jugendlicher den Gilo-Checkpoint passieren könne. Mein Kontaktmann war genervt. Was mir einfalle – schließlich habe der Feiertag praktisch schon begonnen. Ich könne nicht erwarten, dass er jetzt noch irgendetwas für uns tue. Ich stoppte am Straßenrand und versuchte möglichst ruhig zu sprechen: „Dieser Fernsehgottesdienst hat mehrere Millionen Zuschauer in Deutschland. Wenn dieser Bus nicht durchgelassen wird, dann werde ich live vor den Kameras einem Millionenpublikum erklären, dass in diesem Gottesdienst keine Musik zu hören sein wird, weil die israelischen Behörden zweiundzwanzig Kindern und Jugendlichen verboten haben, am Osterfest zum Singen nach Jerusalem zu kommen." Er schluckte: „Ich tue was ich kann."

Erst gegen Abend kamen wir wieder in der Himmelfahrtkirche an. Das deutsche Fernsehteam war entrüstet: „Ja, wo habt ihr denn die ganze Zeit gesteckt? Wir brauchen euch doch hier! Und jetzt sagt nicht, ihr hättet den ganzen Tag damit verbracht, um irgendwo irgendwelche Papiere abzuholen!"

Ein paarmal wurde noch geprobt, dann passte es, und der Gottesdienst gelang: Die Eingangsliturgie meines jungen Kollegen war wunderbar; andere Mitglieder unseres Teams gaben Pilgerinnen und Pilgern unterschiedlicher Jahrhunderte im Gottesdienst eine Stimme, meine Predigt fügte sich sekundengenau dazwischen. Klaus Schulten bearbeitete die Orgel, dass es eine Wucht war. Der Projektchor sang herzerfrischend – und vor allem: Alle 22 Sängerinnen und Sänger des Talitha-Kumi-Chores waren rechtzeitig zum Gottesdienst eingetroffen. Die arabischen Gesänge waren fröhlich und beschwingt. Es war das Zeichen einer ganz wunderbaren Gemeinschaft unter dem Wort Gottes.

Spätestens nachdem ich den Schlusssegen gesprochen hatte, waren alle von dieser Beschwingtheit der arabischen Kinder angesteckt. Denn was für die Fernsehzuschauer nicht zu sehen war: Der Gottesdienst ging für uns Jerusalemer noch weiter. Eine Abendmahlsfeier hatte die Redaktion nicht im Fernsehgottesdienst haben wollen. Das sei für die Zuschauer nicht interessant und müsse ja leider ohnehin bei jedem katholischen Gottesdienst übertragen werden. Daher bitte nicht auch noch dann, wenn eine evangelische Gemeinde dran sei. Doch wir feiern den Gottesdienst in Jerusalem nie ohne Abendmahl. Soviel Sinnlichkeit, soviel Greifbarkeit des Wortes Gottes muss schon sein. Also machten wir, als die Kameras aus waren, einfach weiter: „Christi Leib, für dich gegeben – Christi Blut, für dich vergossen." Im Anschluss an die Fernsehübertragung erreichten mich einige Mails aus Deutschland: Die Leichtigkeit des Gottesdienstes sei mitreißend gewesen. In dieser Begegnung mit Gott sei der israelisch-palästinensische Konflikt für einen Moment überwunden gewesen. Nun, die Autoren solcher Mails wussten ja nichts von den Gottesdienstvorbereitungen...

Am selben Ort, an dem wir zu Ostern den Fernsehgottesdienst gefeiert hatten, luden wir am 28. November 2010 – es war der Erste Advent – zu einem internationalen akademischen Symposium unter dem Titel *„Schneller – ein lebendiges Erbe im Nahen Osten"* ein. Ich hatte eine bunte Mischung an israelischen, palästinensischen und internationalen Referenten gewinnen können. Unter den Palästinensern, die zugesagt hatten, befanden sich sogar einige, zu anderen Gelegenheiten einen gemeinsamen Auftritt mit israelischen Kolleginnen und Kollegen abgelehnt hätten. Sie verfolgten den Ansatz einer „Nicht-Normalisierung" mit Israel – was bedeutete: keine gemeinsamen Veranstaltungen, so lange die Besatzung nicht beendet sei. Aber jetzt hatten sie eingewilligt, dabei zu sein. Denn der Anlass der von uns geplanten Veranstaltung war ein ganz und gar spektakulärer: Es ging uns sozusagen um den akademischen Rahmen einer Altarweihe. Eigentlich sind Altarweihen in der evangelischen Kirche keine besonders häufig geübte Praxis. Aber die einzigartige Situation rechtfertigte eine Ausnahme. Wir hatten uns vorgenommen, an diesem Tag in der Himmelfahrtkirche einen historischen Altar wieder in Gebrauch zu nehmen, den wir unter abenteuerlichen Umständen aus den Gebäuden des ehemaligen *Syrischen Waisenhauses* der Familie Schneller in Jerusalem geborgen hatten.

Diese Entwicklungen hatten mehr als ein Jahr zuvor, im Oktober 2009, ihren Lauf genommen. Die israelische Armee war kurz zuvor aus dem so genannten *Schneller Camp* in Jerusalem ausgezogen. Gil Gordon, ein mit uns befreundeter Architekt und Stadtplaner, hatte daraufhin Vertreter unserer evangelischen Kirche zu einer Besichtigung des Geländes eingeladen, welches ein wichtiger Teil unserer Geschichte im Heiligen Land ist. Diese Verbindung geht zurück bis in das Jahr 1860 – oder genaugenommen sogar 1856. Damals war der schwäbische Pädagoge Johann Ludwig Schneller von einem Missionswerk aus der Schweiz in den Nahen Osten entsandt worden. Im syrischen Teil des Osmanischen Reiches – genauer: im schon damals kriegsgeschüttelten Libanongebirge – hatte er eine Gruppe von Waisenkindern um sich gesammelt, die ihre Eltern in den damaligen Unruhen verloren hatten. Er brachte sie an einen sicheren Ort – in die Stadt Jerusalem – wo er mit ihnen das nach der Herkunft der Kinder benannte *Syrische Waisenhaus* gründete.

Über die Jahre hinweg wurde dieses Waisenhaus zur größten diakonischen Einrichtung des Nahen Ostens. Es entstanden Schulgebäude, Internatseinrichtungen für Jungen und schließlich auch für Mädchen, berufsbildende Werkstätten, Lehrlingsheime und schließlich durch das großzügige Vermächtnis eines Gönners aus Deutschland gar ein Blindenheim. Johann Ludwig Schneller hatte eine Vision, die er einmal in die Worte fasste: „*Dass sie in Ehren ihr eigen Brot essen.*"

Damit hatte er genau das beschrieben, was gerade nicht selbstverständlich war: Ein junger Mensch, der nicht über die Protektion durch ein starkes Familienoberhaupt verfügte, hatte damals (und teilweise gilt dies im Nahen Osten bis heute) keine Chance, jemals einen ehrbaren Beruf zu erlernen. Insbesondere Waisenkindern war somit eine Zukunft als Bettler quasi vorherbestimmt.

Ebenso galt dies für all diejenigen, die von ihren Eltern verschämt versteckt wurden, weil sie ein Leiden hatten, welches als Strafe Gottes für irgendeine in der Familie begangene Sünde betrachtet wurde: eine körperliche Behinderung etwa, besonders Blindheit. Gerade in ländlichen Gegenden des Nahen Ostens gelten solche gesellschaftliche Konventionen bis heute: „Meister, wer hat gesündigt, dieser oder seine Eltern, dass er blind geboren ist?", so wird Jesus im Johannesevangelium angesichts eines Blinden gefragt. Die Sorge, dass sie von den Nachbarn selbst als „Sünder" und damit als Urheber der Behinderung identifiziert werden, führt manche Eltern dazu, ihre behinderten Kinder im Keller oder im Hühnerstall aufwachsen zu lassen.

Neben dem Grundsatz, junge Menschen vom Rande der Gesellschaft zu einem selbstbestimmten, „ehrbaren" Leben zu befähigen, galt für Schneller noch ein zweites Axiom: Von Anfang an wurden am Syrischen Waisenhaus nicht nur christliche Kinder aufgenommen, sondern auch Muslime, Drusen und Juden. Heute wird diese Arbeit fortgesetzt an den Schneller-Schulen im Libanon und in Jordanien – doch davon später.

Der Altar, von dem hier die Rede sein soll, war offenbar in der Kapelle des Syrischen Waisenhauses errichtet worden, nachdem diese in der Folge eines großen Brandes, welcher das Hauptgebäude im Jahr 1910 fast völlig zerstört hatte, wieder hergestellt worden war. Nur dreißig Jahre lang hatte er dort seinen Zweck erfüllt. Das Verhältnis der Schnellerschen Einrichtungen zum Nationalsozialismus ist eine höchst ambivalente Angelegenheit. Während immerhin Ludwig Schneller, der Vorsitzende des Trägervereins in Köln und Sohn des Anstaltsgründers, der „Bekennenden Kirche" nahestand und damit zu den Gegnern Hitlers zählte, wurden die wohl meisten der deutschen Mitarbeiter in Palästina recht bald Mitglieder der „NSDAP-Ortsgruppe Jerusalem". Ab 1939 befand sich Deutschland im Krieg mit Großbritannien, welches die Mandatsmacht in Palästina war. 1940 wurden die Palästina-Deutschen von den Briten interniert; die meisten Schneller-Mitarbeiter verschlug es letztlich in ein Internierungslager im fernen Australien. Schon bald richteten die Engländer im Syrischen Waisenhaus eine Kaserne ein. Nur einige arabische Ortskräfte, vor allem technisches Personal wie etwa im anstaltseigenen Elektrizitätswerk, hielten noch für eine ganze Weile die Stellung.

Als das Britische Mandat im Mai 1948 endete und die Engländer das Land verließen, wurde die Kaserne praktisch nahtlos von den Truppen des neu gegründeten Staates Israel übernommen. Fortan war das *Schneller-Camp* ein israelisches Armeelager. Im Jahr 1953 wurde dem Lutherischen Weltbund durch Vermittlung des Schweizer Konsuls in Jerusalem erlaubt, die bewegliche Habe aus dem „Schneller Camp" an sich zu nehmen. So wurden Glocken, Kirchenfenster, Bänke und Dutzende von Säcken und Kisten mit Büchern auf Lastwagen der Vereinten Nationen verladen und auf die Kaiserin Auguste Victoria-Stiftung im Ostteil der Stadt verbracht. Ein Großteil der schriftlichen Erinnerungsstücke wurde bei einem Wassereinbruch in den Gebäuden auf dem Ölberg irreparabel beschädigt, der Rest wurde schließlich nach Stuttgart in das Landeskirchliche Archiv geschickt. Die größeren Einrichtungsstücke fanden ihren Weg an die 1959 neu gegründete Theodor-Schneller-Schule im jordanischen Amman. Dort sind die Kirchenfenster bis heute zu bewundern, und dort läuten bis heute die Glocken des Syrischen Waisenhauses.

Anschließend war die Beziehung zwischen den historischen Gebäuden und ihren einstigen Eigentümern endgültig durchtrennt. Das Immobilienvermögen wurde Teil der so genannten „Wiedergutmachungsleistungen" in Höhe von insgesamt 3,45 Milliarden DM, welche die deutsche Bundesregierung in der Folge der Luxemburger Abkommen an Israel zu erbringen hatte. Der Begriff war bereits damals umstritten. Als hätte man nach dem Massenmord am jüdischen Volk irgendetwas wieder „gut" machen können. Die kirchlichen Träger solcher Einrichtungen, die an den Staat Israel gingen – das Syrische Waisenhaus war nicht die einzige – wurden von der Bundesregierung mit einer Entschädigungssumme von 3,85 Millionen DM abgefunden, womit sie ihre Arbeit im Nahen Osten anderenorts wieder aufnehmen konnten.

In den folgenden Jahrzehnten fanden sich dann all die angehenden jungen israelischen Soldaten im so genannten „Schneller-Camp" ein, die hier für den Militärdienst gemustert wurden oder sonstige Angelegenheiten mit den zuständigen Stellen der Armee zu regeln hatten. Wichtige Institutionen des Militärs hatten hier fortan ihren Sitz, unter anderem der Truppenarzt, von dem sich die jungen Wehrpflichtigen ihre Krankschreibungen abzuholen hatten. Für die Öffentlichkeit war das Gelände freilich nicht zugänglich. Doch irgendwann wurde dieses Armeelager mitten in der Stadt, umgeben von Stadtteilen mit einer fast ausschließlich ultraorthodoxen jüdischen Bewohnerschaft, für seinen Zweck zu eng. Jenseits der Stadtgrenzen wurden neue Kasernen gebaut, und 2009 war die Armee schließlich ganz aus dem Syrischen Waisenhaus ausgezogen.

Gil Gordons Einladung in diesem Jahr klang begeistert und begeisternd: Als Stadtplaner habe er in einem zähen Ringen dafür gesorgt, dass acht der dreizehn historischen Gebäude nunmehr unter Denkmalschutz gestellt worden seien. Nur die jüngsten Gebäude (wie das Mädcheninternat von 1936) oder ganz in sich zusammengestürzte Bauten (wie die Dampfziegelei mit ihrem markanten, stählernen Schornstein) würden wohl abgerissen werden. Ansonsten würden auf dem ganzen Gelände Wohnungen, Synagogen, Kindergärten und andere kommunale Einrichtungen für *Charedim* – also ultraorthodoxen Juden – entstehen. Bevor es mit den Bauarbeiten losgehe, gebe es einen kleinen Zeitkorridor, in welchem er die geschätzten Vertreter der evangelischen Kirche gerne einmal über das Gelände führen werde.

Und so fanden wir uns an jenem sonnigen Oktobertag 2009 vor den Toren des Syrischen Waisenhauses ein: Vertreter des Kirchengemeinderates der deutschsprachigen evangelischen Gemeinde, der Pfarrer der amerikanischen Lutheraner, Propst und Propstfrau. Gil Gordon war hochgewachsen und von kräftiger, muskulöser Statur. Seine grauen Haare rahmten ein sonnengebräuntes Gesicht, auf dem stets ein herzliches Lachen lag. Er öffnete uns die Pforte zu einer verwunschenen Welt.

Gemeinsam streiften wir mit unserem Fremdenführer durch eine Geisterstadt, wie sie gerade nach jahrzehntelangem militärischem Gebrauch hinterlassen worden war. Die Bausubstanz des Hauptgebäudes, des Direktorenhauses und des Lehrlingswohnheims war ausgesprochen solide, einige bunte Glasfenster waren auch noch da, schmiedeeiserne Geländer und ein Kanaldeckel mit dem Logo einer Firma von der Calwer Straße in Stuttgart.

Aber überall lag Schutt herum, stellenweise knietief. Unter dem Turm des Hauptgebäudes, in welchem einst die Glocken hingen, hatte das Militär eine Synagoge eingerichtet gehabt. Eine Nische für den Tora-Schrein war in der Wand noch sichtbar: „*Ki mi-Zion tejzeh Tora*" – „Denn aus Zion wird Tora hervorgehen." Manche junge Soldatinnen und Soldaten hatten sich dort, wo einmal ihre Betten standen – und zuvor die Betten der Schnellerschen Waisenkinder – mit Edding-Stiften an den Wänden verewigt. Ein Schlafsaal war stark baufällig; ein Schild warnte vor dem Betreten und den Gefahren in Folge eines Erdbebenschadens.

Unübersehbar war dennoch der Charme der ganzen Anlage, die an ein Dorf im Grünen, mit fest gegründeten schwäbischen Bauernhäusern, erinnerte. Eben dieses Grün war bereits dabei, Besitz von der gesamten Anlage zu ergreifen. Es wuchs aus den Schuttbergen der ehemaligen Dampfziegelei, es wuchs aus den Fußbodenplatten des Innenhofes, es überwucherte das Hauptportal mit der deutschen Inschrift „*Herr Jesu, lieber Heiland, erbarme dich unser.*"

Am erschreckendsten war der Blick in die ehemalige Kapelle der Einrichtung. Die schweren, geschnitzten Holztüren des Saals hingen verwittert und schief in ihren Angeln. Das Dach war bereits zu großen Teilen eingestürzt. Unter den Dachsparren hatte sich auf dem Boden der Taubendreck bereits zu beeindruckenden Gebirgsformationen aufgetürmt, Schutt und Gerümpel lagen hier teilweise meterhoch. In den letzten Jahren des „Schneller-Camps", nachdem das Dach eingestürzt war, hatte man den Saal offenbar als Mülldeponie genutzt. Auch die vorherige Nutzung war noch erkennbar: Aus dem Müll lugten zwei Basketballkörbe heraus; das Metallgerüst zur Befestigung des einen davon war abgeknickt. Eine Turnhalle der Soldaten war das wohl mal gewesen. Vom ursprünglichen, gottesdienstlichen Gebrauch des Raumes war nichts mehr zu erkennen. Abgesehen vielleicht von der hölzernen Empore im hinteren Bereich. Doch die ließ sich nicht mehr betreten; die Treppe dorthin war eingestürzt. Meinen Kollegen und mir kamen die Tränen. Schnell verließen wir den Saal.

Draußen erklärte uns Gil Gordon anhand großer Karten, wie hier einst alles entstanden war und was in Zukunft daraus werden solle. Ich konnte kaum zuhören. Schweigend saßen meine Frau und ich anschließend im Auto, während mir wieder und wieder die Bilder des Gesehenen durch den Kopf zogen. Der Schutt und Müll in der Kapelle. Taubendreck, Stücke von Beton und Mörtel, Plastik, Metall, eine Ecke von irgendwelchem Holz. In meinen Gedanken stockte ich, versuchte das Bild im Kopf heranzuzoomen: Ja, eine Ecke von irgendwelchem Holz. Wie hatte sie noch gleich ausgesehen? War es nicht irgendwie gewesen, als würde diese Ecke, die da aus dem Unrat herausragte, so gar nicht dorthin passen? Weil sie viel zu gut gezimmert war? Warum nur war mir das nicht gleich aufgefallen? Warum erst jetzt, hinterher? Oder bildete ich mir vielleicht etwas ein? Wollte sich da plötzlich eine Chimäre in meiner Erinnerung einnisten?

Schnell hatte ich Gil Gordons Nummer gewählt. „Gil, bist du noch im Syrischen Waisenhaus?" Nein, erklärte er, er sei bereits auf dem Weg nach Hause. Ob ich denn vielleicht etwas vergessen hätte.

„So ähnlich... Gil, mir ist hinterher aufgefallen, dass da in der ehemaligen Kapelle oder Turnhalle eine gut gezimmerte Holzkiste stand. Mitten im Müll. Die müssen wir unbedingt öffnen und nachschauen, was da drin ist!"

„Du wirst irgendwelchen Bauschutt gesehen haben."

„Und wenn es kein Bauschutt ist, sondern irgendetwas aus der Geschichte des Syrischen Waisenhauses?"

Er schien mich für verrückt zu halten. „Was sollte denn da noch sein? Eure Leute haben doch 1953 alles mitgenommen. Sogar die Kirchenfenster sind in Jordanien!"

„Und wenn es etwas ist, das sie damals in der kurzen Zeit, die man ihnen eingeräumt hatte, nicht mitnehmen konnten? Vielleicht, weil es zu schwer war? Vielleicht ein Steinsockel vom Altar?"

Gil schwieg für einen Moment. Er schien nachzudenken. „Nun gut, ich werde noch einmal nachschauen. Aber nicht jetzt. Morgen vielleicht. Oder übermorgen."

Es dauerte tatsächlich noch zwei lange Tage, bis sich Gil abermals am Telefon meldete. Er klang aufgeregt. „Uwe, ich habe eine Überraschung für dich!"

„Hast du die Kiste geöffnet?"

Er schien am anderen Ende der Leitung wie ein Kind vor Aufregung kichernd von einem Fuß auf den anderen zu treten: „Ja."

„Und, war da der Sockel vom Altar drunter?"

„Nein. Mehr als das. Unter der Holzkiste befindet sich der komplette Altar."

Und dann berichtete er mir, was er gesehen hatte: Einen Altar aus dem berühmten, leuchtenden Jerusalemer Stein. Mit den Resten eines herrlichen Mosaiks darauf, in Dunkelblau und Gold. Wahrscheinlich ein Kreuz. Und dann habe er die Kiste schnell wieder verschlossen. Man sollte niemanden auf dumme Gedanken bringen. Weder Plünderer, noch die Jerusalemer Stadtverwaltung.

„Den Altar möchte ich zurückhaben", erklärte ich mit fester Stimme.

„Was willst du?" – Gil schien entgeistert.

„Schau, ihr Israelis habt das ganze Syrische Waisenhaus bekommen. Es gehört euch, das stellt keiner in Frage. Eine christliche Kirche wird es in dem Gebäude wohl nie wieder geben. Aber ein solcher Altar hat nur einen einzigen Zweck: Dass er für christliche Gottesdienste gebraucht wird. Dass an ihm das Abendmahl gefeiert wird. Wäre er nicht zu schwer gewesen, dann hätte man ihn wahrscheinlich wohl bereits im Jahr 1953 mitgenommen. Bitte hilf uns, dass wir ihn zurückbekommen. Wir könnten ihn in einer unserer Kirchen aufstellen."

Eine Weile schwieg Gil. Doch er schien Gefallen an der Vorstellung zu finden: „Dann müssten wir den Altar in einer Nacht- und Nebel-Aktion aus dem Gebäude schaffen. Die Stadt Jerusalem würde uns das offiziell niemals genehmigen."

„Gil, ich bin Ausländer und will hier nicht gegen die Gesetze eures Landes verstoßen. Ich würde gerne erst einmal mit Jackie Avrahamy ganz inoffiziell und vertraulich darüber sprechen, wie wir die Sache am geschicktesten einfädeln."

Jackie Avrahamy, der Berater des Bürgermeisters für christliche Angelegenheiten, war ein herzensguter Mensch – doch eine Schwäche hatte er: Wenn sein Herz voll war, dann ging ihm zuweilen der Mund über. Bald nachdem ich ihn auf die Angelegenheit angesprochen hatte, wusste auch die Denkmalschutzabteilung im Rathaus Bescheid. Und Gil wurde unmissverständlich bedeutet, dass wir einen offiziellen Antrag auf die Herausgabe von Staatseigentum zu stellen hätten, wenn wir den Altar haben wollten.

Noch während die Antragsstellung lief, hatte Gil einige Felduntersuchungen vorgenommen, ein Team von Projektmanager, ausführendem Architekten und Baufirma zusammengestellt und eine Projektbeschreibung verfasst. Ich runzelte mit dem Blick auf seine umfangreichen Aktivitäten die Stirn. Es schien, als müsse ich mal wieder Spenden sammeln. Also begann ich – wie schon so oft – Briefe an potente Spender zu schreiben und das eine oder andere Telefonat zu tätigen. Die Geschichte vom Altar in der Kiste war gut. Und es war ein Altar in der Sehnsuchtsstadt Jerusalem! Bald gab es auf dem Konto unserer Gemeinde nicht unerhebliche Spendeneingänge.

Doch dann trat Ela auf den Plan. Ela war vom städtischen Denkmalschutz, und offenbar war mit ihr nicht gut Kirschen essen. Sie hatte sich vor Ort selbst ein Bild von der Lage machen wollen. Gil hatte, wie er sagte, eine Charmeoffensive versucht – und war kläglich gescheitert.

„Und morgen kommt sie wieder ins Syrische Waisenhaus", erklärte Gil eines Tages mit schmerzverzerrtem Gesicht. „Um zu überprüfen, ob wir auch wirklich nicht am Altar Hand anlegen!"

„Was ist sie denn für ein Mensch?", fragte ich.

„Russin", entgegnete Gil. „Die ganz harte Sorte."

„Religiös?"

„Quatsch, welche russischen Juden sind denn schon religiös? Die meisten essen gerne mal ein Schweineschnitzel."

„Meinst du, es würde helfen, wenn ich mal mit ihr spreche?"

„Vielleicht. Gut möglich, dass so ein Bischof wie du sie beeindruckt. Die russischen Juden sind ja alle halbe Christen."

Am anderen Tag überlegte ich, wie ich mich kleiden sollte. Mittlerweile hatte ich da meine Strategien entwickelt. Nationalreligiösen Juden sollte man besser nicht in der Kleidung christlicher Kleriker gegenübertreten. In denen sahen viele von ihnen nämlich so etwas wie ihre natürlichen Gegner. Gänzlich säkulare Juden hingegen ließen sich oftmals durch ein Collarhemd oder gar durch ein dickes Brustkreuz beeindrucken. Für sie war dies zuweilen ungefähr so prickelnd-exotisch wie die Safranrobe eines buddhistischen Mönches im hintersten Burma. Ich zog mir also ein klerikales Hemd an. Auf das Brustkreuz allerdings verzichtete ich dann doch.

Schon das Hemd war zu viel. Das merkte ich sofort, als ich Ela auf der angehenden Baustelle die Hand zum Gruß entgegenstreckte. Die Szene war surreal. Hinter ihr erblickte ich zum ersten Mal unseren Altar in seiner ganzen Pracht. Durch die hohen Fensteröffnungen des Saales, in denen sich einmal die Glasmalereien befunden hatten, welche heute die Kapelle der Theodor-Schneller-Schule in Jordanien zieren, fielen die Strahlen der Jerusalemer Sonne herein. Sie brachen sich im dichten Staub, welcher in der Luft zu tanzen schien. Man hatte den Altar freigelegt. Nicht nur die Holzkiste war entfernt, sondern auch der Schutt der Jahrzehnte war beiseitegeschoben, und man sah jetzt, dass der Altar auf einem Sockel stand, zu dem drei Stufen hinaufführten. Er leuchtete nicht nur – er strahlte im Sonnenlicht. Und dieses Licht wurde vielfach reflektiert von den goldenen und azurblauen Mosaiksteinchen an der Frontseite des Altars, die wohl tatsächlich mal ein Kreuz gebildet hatten. Doch vor diesem Wunder stand Ela – eine kleine, burschikose Gestalt mit strähnigen Haaren, im langen Rock der Religiösen. Und sie wollte mir augenscheinlich die Hand nicht reichen. Ich griff ins Leere und fühlte mich wie ein dummer Junge – ungefähr so, als ob ich versucht hätte, einer frommen, verschleierten Muslima die Hand zu reichen.

„Hattest du nicht gesagt, sie wäre völlig unreligiös?", fragte ich Gil später. „Ich hatte wohl nicht genau genug hingeschaut", gab er zerknirscht zu. „Wahrscheinlich ist sie eine *Ba'alat Teshuva*." Eine Neureligiöse also.

Wörtlich übersetzt: „Eine, die die Umkehr vollzogen hat." Vielleicht hatte sie ihren jüdischen Glauben erst nach der Einwanderung aus Russland entdeckt – dann aber richtig. Mich erinnerten solche Menschen immer wieder an diejenigen Christen, welche sich als „Wiedergeborene" bezeichneten. In allen Religionen gab es sie: die Rigorosen, die sich gerade erst bekehrt hatten und fortan mit großem Elan gegen alles ankämpften, was sie an ihre eigene, im Rückblick als ausschweifend wahrgenommene, Vergangenheit erinnerte. Und so jemand würde einem Heiden und offenkundigen Götzendiener wie mir natürlich niemals die Hand reichen.

Sie kommunizierte mit mir vielmehr im Kommandoton: „Dieses denkmalgeschützte Objekt ist an Ort und Stelle zu konservieren. *In situ*." Sie beherrschte also nicht nur Russisch und Hebräisch, sondern kannte auch die einschlägigen lateinischen Begriffe.

„Aber in einer Kirche könnten wir den Altar viel besser schützen..."

„*In situ!*"

Gil und ich versuchten ihr auseinanderzusetzen, dass die Stadt Jerusalem dieses Objekt schon längst *in situ* hätte konservieren können – wenn sie denn gewollt hätte. Stattdessen befand es sich in einem jahrzehntelang sträflich vernachlässigten, historischen Gebäude, unter einem eingestürzten, offenen Dach und inmitten von Schuttbergen.

„*In situ!*"

Und wie könne man die Sicherheit dieses Gegenstandes an einem solchen Ort überhaupt garantieren, der doch einmal ultraorthodoxe Juden beherbergen werde, welche über die Präsenz christlicher Kultgegenstände – noch dazu mit einem dicken Kreuz darauf – gewiss nicht erfreut wären.

„*In situ!*"

Dies war der Moment, an dem es Zeit war, Naomi Tsur kennenzulernen. Jackie Avrahamy hatte uns den Kontakt zu ihr vermittelt. Als Vizebürgermeisterin stand sie derjenigen Abteilung im Rathaus vor, zu der auch das Referat für Denkmalsschutz gehörte. Eigentlich war sie ein bunter Vogel in der Stadtverwaltung. Sie hatte britische Wurzeln, sprach ein aristokratisches Englisch und stammte aus der israelischen Naturschutzbewegung. Hier schlug auch ihr Herz: Ein nachhaltiger, „grüner" Tourismus und die Lösung der zahlreichen Müll- und Abwasserprobleme waren die zentralen Themen der hochgewachsenen Mittsechzigerin, aus deren kastanienbraun gefärbten Haaren stets eine graue Strähne als Markenzeichen keck herauslugte.

Als unabhängige Kandidatin hatte sie der Bürgermeister in sein Stadtparlament geholt – und als ihr gegen Ende der Legislaturperiode allzu schmerzhaft deutlich wurde, wie oft sie als „grünes Feigenblatt" einer Politik hatte herhalten müssen, die sie nicht mehr unterstützen mochte, da trat sie im Oktober 2013 mit einer eigenen ökologisch-feministischen Liste zur Neuwahl an. Und scheiterte grandios. Vielleicht wäre Jerusalem ja reif gewesen für eine ökologische Partei. Vielleicht auch für eine Partei, die auf fünf weibliche Kandidatinnen nur einen männlichen Kandidaten aufbieten konnte oder wollte. Aber beides zusammen – das war für die eher konservativen Jerusalemer dann doch zu viel.

Jetzt allerdings, im Oktober 2009, da war sie erst seit einem guten Jahr im Amt und entdeckte staunend den weiten Horizont der unterschiedlichen Referate ihrer Abteilung. Dass sie einmal mit einem christlichen Kirchenvertreter aus Deutschland zu tun haben würde, der um Herausgabe eines historischen Altars bat, damit hatte sie wohl vorher niemals gerechnet.

„*In situ*? In einem Raum, der mal unsere *Charedim* beherbergen soll? Ein christlicher Altar mit einem Kreuz drauf? Das gäbe doch einen Bildersturm!", stellte sie resolut fest. Sie hatte das Problem also rasch erfasst. Und dennoch zeigte sich ebenso rasch, wie begrenzt die Weisungsbefugnis einer Vizebürgermeisterin gegenüber den ihr zugeordneten Referaten ist, wenn es um die Auslegung eines Gesetzes geht. Es dauerte nahezu zwei Wochen, bis Naomi uns grünes Licht geben konnte: „Ela hat nachgegeben. Bitte holt den Altar so schnell wie möglich aus dem Gebäude."

Mittlerweile hatte Gil mit seinem Team herausgefunden, dass es nötig sein würde, den Altar in seine vier einzelnen Steinplatten zu zerlegen und diese mittels eines Kranes aus einem Fenster der ehemaligen Kapelle zu liften. Denn diese befand sich im Obergeschoss des ehemaligen Syrischen Waisenhauses – und die baufälligen Treppen hätten einen Transport nach unten nicht erlaubt. „Und wisst ihr schon, wo ihr den Altar anschließend aufstellen wollt?", fragte er mich, während ich vor Ort den Stand der Arbeiten begutachtete.

„In die Erlöserkirche passt er nicht", erklärte ich, während ich mir den Bauarbeiterhelm auf dem Kopf zurechtschob. Es war heiß; die Kombination von Baustellenstaub und Schweiß juckte ein wenig. Aber wieder einmal sah ich, wie wunderschön der Altar war. Die Arbeiter hatten mittlerweile versucht, die Rückseite des Altars freizulegen – und dabei festgestellt, dass das gute Stück in die Wand dahinter eingelassen war.

112

„Es wäre wohl zu schwer, ihn die Treppen der Altstadt hinunter zu transportieren. Außerdem passt das Mosaik nicht zu dem schlichten Inneren, welches die Erlöserkirche seit ihrer letzten Restaurierung von 1970 hat. Aber wir renovieren ja gerade auch unser Gästehaus und richten dort in einem Gewölbe eine Kapelle ein. Vielleicht..."

„Vergiss es", erklärte Gil. „In einem solch engen unterirdischen Gewölbe käme der Altar nie zur Geltung. Außerdem wäre das Transportproblem fast das Gleiche wie zur Erlöserkirche."

„Dann bleibt uns nur die Auguste Victoria. Sie ist voll von Mosaiken aus derselben Zeit. Im rechten Seitenschiff der Himmelfahrtkirche dort oben steht unter einem König-David-Relief das Taufbecken. Im linken Seitenschiff gibt es ein Moses-Relief, unter dem noch gar nichts steht. Man könnte hier eine Andachtsecke mit dem Altar einrichten, für kleinere Pilgergruppen..."

„Sag mal", schmunzelte Gil, „in evangelischen Kirchen habt ihr normalerweise keine Seitenaltäre, nicht wahr?" – „Es gibt immer ein erstes Mal!", lachte ich. Und dann verfinsterte sich Gils Gesicht.

Sie stand breitbeinig im Eingang der verwüsteten Kapelle. Zum knöchellangen Jeansrock trug sie klobige, rosafarbene Turnschuhe. Ihre Haare hingen ihr schweißnass in die Stirn. *Ha-Ela ha-sot*, wie mich Gil mit zusammengepressten Lippen aufmerksam machte. „Diese Ela!"

Und „diese Ela" stapfte nach vorne wie ein General auf dem Schlachtfeld. „Soso, wie ich sehe, ist der Altar also in die Wand eingelassen", erklärte sie. „Und wenn ihr ihn da rausschlagt, wird vermutlich das ganze Gebäude einstürzen!"

„Ich denke nicht, dass dies eine tragende Wand ist", entgegnete Gil. „Soso, du denkst nicht? Siehst du denn nicht wie baufällig hier alles ist? In welcher Lotterie hast du deine Zulassung als Architekt denn gewonnen? Im Namen des Denkmalschutzamtes der Stadt Jerusalem ordne ich hiermit offiziell die sofortige Einstellung aller Arbeiten an! Ich kann nicht zulassen, dass ihr wegen der Sonderwünsche von ein paar dahergelaufenen Christen hier jüdisches Nationaleigentum zerstört!" Triumphierend reckte Ela ihr Doppelkinn in die Luft und stapfte davon. Wie begossene Pudel blieben wir zurück.

Natürlich fand Gil mit seinem Team recht schnell heraus, dass in die Wand über dem Altar ein solider Steinbogen eingelassen war. Also ganz egal, ob dies eine tragende Wand war oder nicht – dieser Bogen erfüllte offenbar den einzigen Zweck, ein Entfernen des Altars darunter ohne Schaden zu ermöglichen. Dies schrieb Gil auch in einer umfangreichen

Expertise an die Stadtverwaltung. Der Bescheid, den wir als Antwort bekamen, war ernüchternd: Wenn wir bereit seien, eine Kaution von genau drei Millionen Dollar bei der Stadt Jerusalem zu hinterlegen – als Sicherheit für den Fall, dass wir ein historisches Gebäude zum Einsturz brächten und dieses wieder neu errichtet werden müsste – dann, ja dann dürften wir gerne versuchen, den Altar aus dieser Wand herauszuziehen. Dieses Schreiben war der Anlass meines nächsten Treffens mit Naomi Tsur.

Es wurden noch einige Treffen mehr, und dann war es vorerst wieder einmal geschafft: Gemeinsam hatten wir die Kautionsleistung von drei Millionen auf dreitausend Dollar heruntergehandelt. Als ich nachhakte, auf wessen Namen wir diesen Scheck denn nun auszustellen hätten – im Nahen Osten wurde fast immer mit Schecks gearbeitet, selten nur mit Überweisungen – fand sich jedoch niemand, der sich für die Entgegennahme dieses wohl nur schwer verbuchbaren Betrages zuständig sah.

Also schritten wir zur Tat. Als ausführenden Architekten hatte Gil einen graumelierten Herrn namens Ilan Kariv gefunden – eine Koryphäe seines Faches. Und der Bauunternehmer des Projektes sollte Zohar Sela sein. Zohar Sela hatte Berühmtheit mit der Durchführung des „Mamilla Projektes" erlangt. Dieses Stadtviertel – heute eine Flaniermeile mit schicken Läden und Cafés – lag vor den Toren der Jerusalemer Altstadt. Ganze historische Gebäude waren hier Stein für Stein auseinandergenommen und ein paar Meter versetzt wieder aufgebaut worden. Als Erinnerung an dieses Projekt hat man bei einigen Gebäuden die von Zohar Sela vergebenen Nummerierungen auf den Steinen stehen gelassen. Ein *Sela* ist übrigens ein größerer Stein oder Fels. *Nomen est Omen.*

Dieses illustre Team leitete nun also vor Ort die Gruppe von Bauarbeitern an, die die Wand hinter dem Altar aufstemmten, damit den besagten Steinbogen freilegten, und die vier Steinplatten des Altars darunter auseinandernahmen. Der Altar stand auf einem dreistufigen Podest. Die oberste Stufe wurde ebenfalls zerlegt, um als neuer Altarsockel im Seitenschiff der Himmelfahrtkirche auf der Auguste Victoria zu dienen. Anschließend wurden alle Teile in sorgfältig angepasste Holzverschläge verpackt, um sie so abtransportieren zu können. Und dann kam Ela. Wieder einmal.

„Was ist das?", fragte sie zornig, auf die Stelle zeigend, wo sich einmal die oberste Podeststufe und der Altar befunden hatten. Nach dem Entfernen dieser Elemente blickte man hier nunmehr auf ein etwa drei bis vier Quadratmeter großes Stück nackten Zementfußbodens. „Das ist nichts", antwortete Gil treuherzig. „Ich werde dir sagen, was das ist", erklärte Ela mit der Miene einer Oberlehrerin, die einen Schüler beim Abschreiben erwischt hat. „Dies ist ein desaströses Loch in einem historisch einzigartigen Fußboden, welcher ansonsten durchgehend mit sehr speziellen, rötlich getönten europäischen Steinplatten aus dem Jahr 1910 der zivilen Zeitrechnung gepflastert ist. Ich verlange von euch, dass ihr dieses Loch wieder schließt. Mit Steinplatten genau derselben Fertigungsart wie die Platten, welche diese Stelle umgeben.

„Ela, das ist denkmalpflegerischer Unsinn", rief Gil, der nunmehr die Geduld zu verlieren schien. „Damit würden wir so tun, als hätte an dieser Stelle nie ein Objekt gestanden. Am besten pflastern wir die Stelle mit auffallend hellem Jerusalemstein und bringen darauf eine Plakette an, dass hier mal der Altar der Kapelle stand. Das wäre professionell sinnvoll und historisch redlich!"

„Belehre du mich nicht, was professioneller Sinn oder Unsinn ist", unterbrach ihn Ela. „Du hast dein Berufsethos als jüdischer Architekt doch schon längst fortgeschleudert, als du dich mit diesen Christen verbrüdert hast. Ich verlange von dir, dass du es mit den Steinplatten genauso machst, wie von mir angeordnet. Und solange dies nicht geschehen ist, konfisziere ich hiermit die Einzelteile eures Altars und erlaube keinen Abtransport!"

Wieder einmal schlichen wir uns frustriert vom Gelände. In der folgenden Nacht machte ich mich im Internet über steinerne Fußbodenplatten aus dem frühen zwanzigsten Jahrhundert kundig und stöberte sogar einen auf Restaurierungsarbeiten spezialisierten Steinmetz in Deutschland auf, der exakte Repliken dieser Platten hätte anfertigen können. Es hätte einige Zehntausend Euro gekostet – den aufwendigen Transport nicht mitgerechnet. Also war es an der Zeit, wieder einmal das Gespräch mit Naomi Tsur zu suchen. Das hebräische Wort *Tsur* bedeutet übrigens ebenfalls „Felsen".

„Uwe, bei allem Verständnis für euer Anliegen: Ich kann doch nicht dauernd in die Angelegenheiten unserer Denkmalschutzabteilung eingreifen. Ich gerate hier zunehmend in Verdacht, bestimmte Antragsteller zu begünstigen, indem ich mich als Vorgesetzte in ein Fachgebiet einmische, von dem ich eigentlich keine Ahnung habe. Israel ist ein Rechtsstaat; für alles gibt es einen offiziellen Amtsweg. Eigentlich geht es gar nicht, die Dinge so auf dem Wege persönlicher Beziehungen zu klären." Naomi blickte mich sorgenvoll an, doch so einfach wollte ich mich nicht abspeisen lassen. „Naomi, bitte kümmere dich noch ein einziges Mal um diese Sache. Du weißt doch, dass Ela Unrecht hat. Und wir sind doch so nah am Ziel. Eine einzige, letzte Anstrengung noch, und der Altar steht auf der Auguste Victoria!" Einen Moment überlegte die Vizebürgermeisterin. Dann seufzte sie: „Also gut. Schickt übermorgen Nachmittag euren Kran auf das Schneller-Gelände. Ich werde Ela derweil anderswo beschäftigt halten."

Und so kam es. Langsam fuhr der Kranwagen an die Fassade des ehemaligen Syrischen Waisenhauses heran. Ebenso langsam bugsierte er seinen Ausleger durch das Fenster im Obergeschoss. Ilan Kariv und Zohar Sela befestigten persönlich ein Altarteil nach dem anderen am Haken des Krans und halfen, dass sie ohne Kollision mit dem Fensterrahmen vorsichtig nach draußen gezogen wurden. Unten standen Gil und ich sowie Anja, unsere Verwaltungsleiterin, und beaufsichtigten die Prozedur.

Im Seitenschiff der Himmelfahrtkirche stand bereits seit einigen Tagen ein Styropormodell des Altars, welches Gil dort aufgebaut hatte, um einen Eindruck von der Raumwirkung des guten Stücks zu vermitteln. Schnell war dieses Modell beiseite geräumt, und Zohars Arbeiter begannen, den Sockel und die vier Steinplatten zusammenzusetzen. Ein griechisch-orthodoxer und ein muslimischer Arbeiter fügen unter Aufsicht und Verantwortung eines Juden die Teile eines evangelischen Altars zusammen, ging es mir durch den Kopf. Wenn dies kein Zeichen dafür war, dass das Reich Gottes nahe ist!

Als das Werk fertig war, standen wir gemeinsam – auch die Kollegen vom Ölberg waren dabei – für eine Weile staunend vor dem Ergebnis monatelanger zäher Arbeit. Es sah so aus, als hätte der Altar schon immer dort unter dem Relief von Mose mit den zehn Geboten gestanden, so gut fügte er sich in den Kirchenraum. Mein Kollege Michel Wohlrab unternahm es fortan, sich um die Restaurierung der Mosaiken auf dem Altar zu kümmern. Das Kreuz darauf sei einst leuchtend rot gewesen, erklärten die herbeigerufenen Experten nach einigen Untersuchungen. Es wurde durch die Restauration wieder leuchtend rot. Nicht verwischt wurden bei alledem die zahlreichen Abdrücke von Fußbällen auf dem hellen Stein. Offenbar hatte der Altar in der Zeit, als die Kapelle zur Turnhalle umfunktioniert worden war, er jedoch noch nicht in seiner Holzkiste verpackt war, als Fußballtor gedient.

Das Loch in der Fußbodenpflasterung des ehemaligen Syrischen Waisenhauses hat Gil hat dann tatsächlich mit Platten aus schönem Jerusalemstein schließen lassen. Und „diese Ela" hat sich fortan nie wieder gemeldet. Später, als Naomi Tsurs Amtszeit als Vizebürgermeisterin zu

Ende ging, erklärte sie mir einmal im Vertrauen, unsere Altarversetzung sei das befriedigendste Projekt gewesen, welches sie in ihren Jahren im Rathaus begleitet habe. Kaum ein anderes Projekt sei zu einem solch runden Abschluss gebracht worden.

Und nun also: das Symposium zu unserer „Altarweihe". Langsam trudelten die Ehrengäste zum Schneller-Symposium auf der Auguste Victoria ein: die Repräsentanten der Bahá'í-Community, der stellvertretende Leiter des deutschen Vertretungsbüros in den palästinensischen Gebieten, Pater Goosan von den Armeniern, ein anglikanischer Canon, Vertreter der EKD, des Schneller-Vereins, des Johanniterordens und des Lutherischen Weltbundes – und natürlich Naomi Tsur, unsere Vizebürgermeisterin, die angesichts des Erfolges über das ganze Gesicht strahlte. Die Stuhlreihen im Kaisersaal hatten sich bereits gut gefüllt: Historiker saßen da, Kenner des deutschen Beitrags zum Aufbau des Heiligen Landes, interessierte Pilger, die gerade in der Heiligen Stadt unterwegs waren, und natürlich ganz viele Gemeindeglieder. Der Saal war gut gefüllt, und es gab viele Hände zu schütteln.

Gemeinsam mit Michael Wohlrab, unserem für den Ölberg zuständigen Pfarrer, trat ich ans Rednerpult, um die illustre Gästeschar im Namen der Kaiserin Auguste Victoria-Stiftung zu begrüßen. Es folgte ein weiteres Grußwort von der EKD und eines vom Evangelischen Verein für die Schneller-Schulen. Und dann stand auch schon der erste Hauptvortrag auf dem Programm: „Deutschland und Jerusalem im 19. Jahrhundert" lautete das Thema von Haim Goren. Haim ist einer der wichtigsten Historiker und Kenner der deutschen Geschichte in Israel – einer der Schüler des legendären Alex Carmel von der Universität Haifa. Carmel hatte die Forschung über den Deutschen Kulturbeitrag im Heiligen Land überhaupt erst hoffähig gemacht, nachdem sich solche Fragestellungen in der Folge der Shoah naturgemäß lange verboten hatten. Und Haim wirkte heute als Geschichtsprofessor an einem naturwissenschaftlich ausgerichteten College im Norden Israels.

Es war ein Jammer, dass ich gleich nach den ersten Sätzen seines Vortrags eilig aufbrechen musste. Denn eine zusätzliche Schwierigkeit hatte sich für jenen 28. November ergeben: Der damalige Bundespräsident Christian Wulff war zu Gast in Jerusalem, und die deutsche Botschaft hatte sehr darauf gedrungen, dass ich das Staatsoberhaupt gemeinsam mit meinen katholischen Kollegen an der Dormitio-Abtei zu einem ökumenischen „Adventssingen" empfange. Ein Ortswechsel an die Auguste

Victoria-Stiftung sei leider nicht möglich. Und so eilte ich also mit wehendem Lutherrock die Treppen der Auguste Victoria hinunter, zu meinem weißen Audi, den der gute Yacoub mit einer Hochglanzpolitur und angeschraubtem Stander herausgeputzt hatte, so gut es für das verschrammte Schätzchen eben noch ging. Yacoub riss auch bereits die Beifahrertür auf (an ein standesgemäßes Fahren auf der Rückbank hatte ich mich nie gewöhnt, da es in einer Stadt wie Jerusalem vorne doch stets so viel mehr zu sehen gab), dann ging es in wilder Fahrt – soweit das bei dem Verkehr möglich war – durch die Stadt, bis zum Fuß des Zionsberges. Ich sprang aus dem Wagen und eilte die Treppen hinauf. Langsamer, ermahnte ich mich selbst. Ein Kleriker im Nahen Osten rennt normalerweise nicht – er schreitet. Wenn er nicht das Gesicht verlieren will.

Politische Töne hatte es auf der Präsidentenveranstaltung nicht geben sollen. Nach dem Abt als Hausherrn und dem Bundespräsidenten selbst (dessen bleibender Nachlass wohl in der unzweideutigen Feststellung besteht, dass der Islam zu Deutschland gehört) richtete ich einige Worte an die Festversammlung. In der Synchronizität der Ereignisse schritten derweil auch die Festvorträge auf der Auguste Victoria voran. Nach dem Vortrag von Haim Goren verpasste ich Nazmi Al-Jubehs palästinensische Perspektive auf das deutsche evangelische Erbe in Jerusalem. Nazmi Al-Jubeh ist Historiker der palästinensischen *Bir-Zeit*-Universität bei Ramallah. Seine Doktorarbeit hat er einst in Tübingen geschrieben, und nun war er einer der herausragenden Köpfe in der palästinensischen Akademikerszene. Wie gerne hätte ich gehört, was er zu sagen hatte! Ebenso wie die dann folgenden Ausführungen von Eyal Jakob Eisler über die Geschichte des Syrischen Waisenhauses, von Gil Gordon über das Verhältnis zwischen Schneller und den Juden im Osmanischen Reich, oder auch den sehr familienbiografisch gehaltenen Vortrag von Pfarrer Mitri Raheb über die Bedeutung der Schnellerschen Einrichtungen für Christen. Erst zur abschließenden Podiumsdiskussion mit allen Hauptreferenten traf ich ein wenig abgehetzt wieder auf dem Ölberg ein. Dazu schrieb uns Bruder Matthias von der Jesusbruderschaft in Latrun gerade ins Stammbuch: „Zum Abschluss gab es noch eine Tischrunde mit allen Rednern. Da saßen sie friedlich zusammen: drei Juden und drei Araber und ein Deutscher – bewegend!"

Von der Dormitio hatte ich jetzt Abt Benedikt mitgebracht, der sich gleich nach der Verabschiedung des Bundespräsidenten gemeinsam mit mir auf den Weg gemacht hatte. Trotz aller Eile waren wir recht gelassen, denn wir wussten, dass wir das Staatsoberhaupt am folgenden Tag noch einmal treffen würden: zu einem vertraulichen Abendessen im kleinen Kreis, mit nur sechs Kirchenvertretern, im King David Hotel.

„Heute seid ihr wie die Armenier", sagte mir später George Hintilian, der armenische Historiker, der zusammen mit Pater Goosan zu unserer Veranstaltung auf den Ölberg gekommen war. George – oder Kevork, wie er sich auf Armenisch gerne nannte – gehörte quasi zum Inventar Jerusalems. Keiner kannte die hintersten Winkel der Altstadt so genau wie er; niemand wusste die Hinterlassenschaften ihrer Herrscher und Bewohner vergangener Jahrhunderte so zuverlässig zu lokalisieren – und kein anderer hatte sich so intensiv mit der Geschichte der Armenier dieser Stadt beschäftigt. Zu seinem schütteren Haar trug er bereits beim ersten Anflug der Novemberkühle eine Pelzmütze auf dem Kopf.

„Heute seid ihr wie die Armenier", teilte er mir also trocken mit. Und wartete, wie ich reagieren würde. Ich machte keinen Hehl daraus, dass ich ihn nicht verstand. Er schüttelte ein wenig ungeduldig den Kopf, als hätte er einen etwas begriffsstutzigen Schüler vor sich. „Wie die Armenier hattet auch ihr alles verloren. Nun habt ihr ein kleines Stück davon zurückbekommen und sollt euch nun so sehr darüber freuen, dass ihr gleich ein großes Fest ausrichtet." Ich nickte, obwohl ich immer noch nicht ganz verstand. Das einstige Königreich Armenien = das Syrische Waisenhaus? Die moderne Republik Armenien = der Schneller-Altar? Sollte das die Vergleichsebene sein? Jetzt merkte ich doch, wie George ein Schmunzeln unterdrückte. Es machte ihm sichtbar Freude, mich zu verwirren.

Als eines Tages die hebräische Tageszeitung *Haaretz* über unsere Altar-Versetzung aus dem Syrischen Waisenhaus berichtet hatte, wurde ich abends auf einem Empfang von Professor Ury Eppstein angesprochen. Eppstein stammt ursprünglich aus dem Saarland. Als Zehnjähriger war er mit der Familie 1935 nach Palästina geflohen. Klassische Musik war stets seine große Leidenschaft. So wurde er Musikprofessor in Jerusalem und heiratete eine Japanerin, die diese Leidenschaft mit ihm teilte. Unsere Konzerte an der Erlöserkirche besuchte das Ehepaar regelmäßig.

Doch nun hatte er ein spezielles Anliegen: „Dr. Gräbe, Sie haben da ein paar interessante Geschichten mit dem ehemaligen Syrischen Waisenhaus am Laufen. Das war wohl einmal die größte diakonische Einrichtung des Nahen Ostens." – „Ja, Professor Eppstein. Das stimmt. Tausende von Waisenkindern haben dort zwischen 1860 und 1940 eine gute Schul- und Berufsausbildung erhalten. Dann kamen die Engländer und haben dort eine Kaserne eingerichtet. Und die wurde schließlich 1948 von der israelischen Armee übernommen."

Eppstein war eher klein von Statur, hatte schlohweiße Haare und trug eine dünnrandige Brille. Sein altmodisches Deutsch klang stets ein wenig verklausuliert: „Das ist mir nicht ganz unbekannt. Was mir hingegen neu ist, ist die Tatsache, dass das Syrische Waisenhaus auch heute noch einen Rechtsnachfolger hat." – „Ja, in der Tat. Die Familie Schneller, die das Waisenhaus aufgebaut hatte, hat später in Jordanien und dem Libanon ihre Arbeit mit Waisen und benachteiligten Kindern fortgesetzt. Dort gibt es bis heute Schneller-Schulen. Und auch den Evangelischen Verein für die Schneller-Schulen, der diese Arbeit finanziell unterstützt, gibt es heute noch in Deutschland." – „Und Sie haben als Propst mit dieser Arbeit zu tun?" – „Nun, die Theodor-Schneller-Schule in Jordanien besuche ich regelmäßig. Ich bin ja auch so etwas wie der Seelsorger für die jungen deutschen Freiwilligen dort."

Eppstein zögerte ein wenig, dann kam er zur Sache: „Propst Gräbe, ich glaube, ich habe da etwas bei mir zu Hause, das Ihnen gehört." – „Was mag das sein?" – „Alte, bibliophile Bücher aus der Schnellerschen Schulbibliothek des Syrischen Waisenhauses. Kommen Sie einfach bei mir vorbei, Holen Sie sie ab und nehmen Sie sie das nächste Mal mit zur Schneller-Schule in Jordanien."

Im Laufe der folgenden Tage setzte sich langsam das vollständige Bild zusammen: Als die Engländer im Mai 1948 aus Palästina abzogen und der Staat Israel gegründet wurde, da versuchte die junge israelische Armee, binnen kürzester Zeit so viele britische Armeeeinrichtungen wie möglich unter ihre Kontrolle zu bekommen. Auch in die Kaserne im ehemaligen Syrischen Waisenhaus zog gleich in den ersten Tagen eine Einheit des israelischen Militärs ein. Und zu dieser Einheit gehörte der junge Ury Eppstein, der damals als Soldat im israelischen Unabhängigkeitskrieg kämpfte. Durch die Eile war wohl ein heilloses Durcheinander entstanden: Bücherregale, welche die Engländer bis dahin nicht angerührt hatten, waren umgestoßen worden, und auf dem Boden lagen die deutschen Klassiker, über die nun schwere Militärstiefel hinwegtrampelten. In jenen Tagen sammelte Eppstein ein, was er in seiner Tasche tragen konnte, um es in sichere Verwahrung zu nehmen: Eine Schiller-Werksausgabe, einige Relieflandkarten, die im Syrischen Waisenhaus speziell für blinde Schüler geprägt worden waren, und allen voran: Eine vollständige, bibliophile Goethe-Ausgabe „letzter Hand" von 1827 – eine Erstausgabe also, die Johann Wolfgang von Goethe noch selbst Korrektur gelesen hatte: sechzig Bände, erschienen bei Cotta in Stuttgart und Tübingen „unter des durchlauchtigsten Deutschen Bundes schützenden Privilegien". Später war es Eyal Jakob Eisler, der so engagierte Historiker der deutschen evangelischen Arbeit im Heiligen Land, der uns die ganze Geschichte dieser Werkausgabe erklären konnte: Ein ebenso reicher wie unglücklicher deutscher Adeliger, der gegen Ende des neunzehnten Jahrhunderts kinderlos verstorben war, hatte seinen ganzen Besitz dem Syrischen Waisenhaus vermacht. Das Geldvermögen wurde genutzt, um dem Waisenhaus ein Blindenheim hinzuzufügen. Und die gut sortierte Bibliothek des Adligen wurde kurzerhand zur Schnellerschen Schulbibliothek, auf die Ury Eppstein im Mai 1948 gestoßen war.

Nach einigen Tagen besuchten meine Frau und ich zum ersten Mal das Ehepaar Eppstein im Jerusalemer Stadtviertel Katamon. Es war eine kleine Wohnung, die von einem Konzertflügel zum guten Teil gefüllt war. Filigrane japanische Zeichnungen an den Wänden und all die Erinnerungsstücke, die man in den Haushalten alter jüdischer Intellektueller aus Deutschland finden konnte, waren in diesen vier Wänden eine charmante Symbiose eingegangen. Vor allem gab es viele Bücher. Und da stand er, der Goethe. Alle sechzig Bände, elfenbeinfarbige Buchrücken, erstklassige Erhaltung. Alle trugen sie die „Ex libris"-Eintragung des Adeligen von 1848 sowie den Inventarstempel des Syrischen Waisenhauses mit dem Schneller-Lamm in der Mitte. „Nehmen Sie die Bücher mit", sagte Eppstein. „Ich habe sie 1948 nur in Verwahrung genommen, um sie eines Tages ihren rechtmäßigen Eigentümern zurückzugeben." – „Nein, lieber Professor", entgegnete ich. „So einfach geht das nicht. Die Bücher nehme ich nur mit Ihnen zusammen nach Jordanien. Und dann übergeben Sie sie selbst an der Schneller-Schule. Und wir machen daraus eine wunderbare israelisch-arabisch-deutsche Begegnung." – „Da muss ich meine Bedenken anmelden, verehrter Dr. Gräbe. Ich war in meinem Leben noch nie in einem arabischen Land. Ich habe jetzt die Mitte Achtzig überschritten, und überhaupt wäre es viel zu gefährlich für einen Israeli."

Ich gab ihm Zeit. Viel Zeit. Zunächst nahm ich nur einige Blinden-Landkarten und Fotos aus dem Syrischen Waisenhaus mit, die im Schneller-Archiv in Stuttgart schließlich ihren Platz fanden. Die Bücher blieben bei Eppstein. Bis er mir eines Tages mitteilte, dass er sich unter Umständen doch eine Reise nach Jordanien vorstellen könnte. An jenem Tag holten meine Frau und ich die Goethe-Ausgabe und eine Schiller-Ausgabe aus Eppsteins Wohnung ab. Meine Frau hatte sich inzwischen auch ein wenig mit Frau Eppstein angefreundet. „Unter Asiatinnen", wie sie sagten.

Doch die Bedingungen für eine Reise eines Israelis nach Jordanien wurden schlechter. Anfang 2011 nahmen die Ereignisse ihren Lauf, die man für eine Weile als „arabischen Frühling" bezeichnen sollte. Von Tunesien über Libyen und Ägypten breitete sich die Bewegung aus, die schon bald immer mehr außer Kontrolle geriet und sich zunehmend auch in Ausbrüchen von Gewalt manifestierte. In Ägypten wurde die israelische Botschaft von einem wütenden Mob überfallen und geplündert. Die israelischen Diplomaten konnten sich nur mit Mühe im letzten Moment retten. So brachten wir die Bücher zunächst an die Erlöserkirche, wo wir offiziell zu einem „Abschied von Goethe" einluden: Bekannte Journalisten lasen vor einem zahlreichen Publikum ihre Lieblingsstücke aus den Klassikerbänden vor.

Ein Abschied zieht jedoch notwendig auch irgendwann eine Abreise nach sich. Es wurde immer deutlicher, dass sich die Gefahrenlage für Israelis in arabischen Ländern so rasch nicht bessern würde, das Ehepaar Eppstein hatte trotz Allem immer mehr Mut gefasst – und im Herbst 2011 war es soweit. Die Bücher fuhren vorweg im Diplomatenfahrzeug der Leiterin einer deutschen Entwicklungshilfeorganisation, welche durch ihren Status und die amtliche Genehmigung, im eigenen Auto die Grenze zu überqueren, vor allzu eindringlichen Nachfragen des israelischen Zolls geschützt war.

Als die Nachricht eintraf, dass Goethe und Schiller gut in Jordanien eingetroffen seien, folgte eine illustre Gesellschaft im Kleinbus der Kirchengemeinde: Mittlerweile war auch ein Filmemacherpaar aus Deutschland auf die Geschichte aufmerksam geworden und hatte mich gebeten, uns auf dieser Reise mit der Kamera begleiten zu dürfen. Zur nahe gelegenen Allenby-Brücke (bzw. „König-Hussein-Brücke") konnten wir mit Professor Eppstein nicht fahren, denn dort ist der Grenzübertritt für Israelis untersagt. Also lenkte unsere Verwaltungsleiterin den Bus gen Norden, zum „Jordan River Crossing" bei Beit Shean – bzw. zur „Sheikh-Hussein-Brücke". Die Ausreise aus Israel verlief problemlos, und der Brücken-Shuttle brachte uns auf die jordanische Seite.

Hier zeigte sich das Grenzpersonal einigermaßen überfordert mit unserer bunten Gruppe, die in so gar keine Kategorie passte. Ein israelischer Pass, ein japanischer, zwei „normale" deutsche Pässe und ein deutscher Dienstpass: Zwei, die am Visaschalter noch mit einem Visum für Jordanien ausgestattet werden mussten, zwei, die sich bereits eines in

Deutschland besorgt hatten, und einer, der visafrei einreisen durfte. Die jungen Grenzbeamten blätterten in den Pässen hin und her – und her und hin. Vorwärts, rückwärts – so, wie sie es immer machen, wenn sie nicht wissen, was in einem solchen Fall zu tun ist, aber dies nicht zugeben mögen. Irgendwann stand einer auf, trug den Stapel Pässe in ein verräuchertes Büro, aus dem dann ein hoher Vorgesetzter heraustrat um uns misstrauisch in Augenschein zu nehmen und abermals die Pässe einige Male von hinten nach vorne und von vorne nach hinten durchzublättern. Nach einigen aufgeregten Telefonaten erschien schließlich ein beeindruckend uniformierter Beamter von kräftiger Statur mit gewirbeltem Schnurrbart und zahlreichen Abzeichen auf Brust und Schulterklappen. Mit dem ganzen Stapel unserer Pässe schlug er ein paarmal laut auf den Tisch, dann wies er einen Untergebenen an, uns die Einreisestempel in die Papiere zu drücken: „*Welcome to Jordan!*" Wenig später saßen wir in zwei Taxis in Richtung Amman.

In der Schneller-Schule am nordöstlichen Stadtrand der jordanischen Hauptstadt wurde dem Ehepaar Eppstein ein Empfang für Ehrengäste bereitet. Das Gelände war gefegt und herausgeputzt, es gab ein Fest mit traditionellen *Dabke*-Tänzen und der offiziellen Übergabe der Bücher in das Eigentum des Evangelischen Vereins für die Schneller-Schulen. Dazu war auch eigens eine Delegation aus Stuttgart angereist. Abends saßen wir mit dem jordanischen Schulleiter und dem Ehepaar Eppstein zusammen. Nachdem Ury Eppstein die Geschichte der Emigration seiner Familie aus dem Saarland erzählt hatte, fragte er den Schulleiter: „Und wo sind Sie geboren? Hier in Amman?" – „Nein", antwortete dieser. „Ich bin ein Flüchtlingskind aus Jaffa. Meine Familie wurde 1948 von den zionistischen Milizen vertrieben." Das war nicht aggressiv gesagt und es schwang auch kein Vorwurf in diesem Satz mit. Aber Eppstein fühlte sich getroffen: „Wissen Sie eigentlich, wie viele Juden damals aus den arabischen Ländern fliehen mussten? Wissen sie, wie viel Hab und Gut diese arabischen Juden dabei zurücklassen mussten?", rief er. Oft habe ich es erlebt, dass Israelis versuchen, sich zu rechtfertigen, obwohl sie eigentlich persönlich gar nicht angegriffen wurden. Der Schulleiter, Ghazi Musharbash, blieb ruhig und vertiefte die Frage nicht weiter. Er selbst war erst drei Jahre alt gewesen, als der Soldat Ury Eppstein die Bücher in Gewahrsam genommen hatte. Und jetzt war es die gemeinsame Liebe zur deutschen Sprache, die die beiden miteinander verband. Flink flogen ihre Finger über die Zeilen in den alten Büchern, und geradezu spielerisch warfen sie nun einander die schönsten Zitate zu.

Am anderen Tag mietete ich ein Auto und fuhr mit den beiden Eppsteins nach Petra. In der bezaubernden nabatäischen Ruinenstadt heuerte ich einen Kutscher an, der die beiden alten Menschen in seinem Pferdewagen über das Gelände fuhr. Es war berührend zu erleben, wie sie bei ihrem ersten – und wahrscheinlich auch letzten – Besuch in der arabischen Welt ihr eigenes Wunderland entdeckten. Erst hinterher ging mir auf, wie viele Schutzengel wir in jenen Tagen wohl tatsächlich gehabt hatten. Im selben Monat nahm auch ein bekannter israelischer Traumapsychologe an einer wissenschaftlichen Konferenz der Jordanischen Universität in Amman teil. Als sich herumsprach, dass da ein jüdischer Israeli auf dem Podium stand, rottete sich auf dem Campus ein Mob zusammen, bereit, mit Gewalt auf den Wissenschaftler loszugehen. Die jordanische Polizei konnte ihn im letzten Moment aus einem Hinterausgang lotsen und auf direktem Wege zur Grenze eskortieren. Solche Erfahrungen blieben uns zum Glück erspart.

II BEGEGNUNGEN

1 Am Tisch des Propstes

„Wie viele Millionen Euro habt ihr denn der Palästinenserbehörde dieses Jahr schon in ihren korrupten Rachen geworfen?" Für einen Moment erstarrten wir ebenso wie einige der Gäste an unserem Tisch angesichts dieses mehr als undiplomatischen Affronts. Angesprochen war Götz Lingenthal, der damalige Leiter des Vertretungsbüros der Bundesrepublik Deutschland in Ramallah. Ich hatte ihn gerade der Ehefrau des israelischen Diplomaten vorgestellt, der seinen Staat in exotischen Ländern vertreten hatte und nun für einige Jahre zum Dienst in der Heimat eingesetzt war. Sie alle waren unsere Freunde. Ebenso wie Owen Hoskin, der neuseeländische Direktor der anglikanischen internationalen Schule in Jerusalem, Naomi Tsur, die grüne Vizebürgermeisterin der Stadt mit ihrem blinden Mann Chaim, der das Klassikprogramm des israelischen Rundfunks betreute, und Ibrahim „Barhum" Azar, der arabische lutherische Gemeindepfarrer (und seit 2018 Bischof) von Jerusalem, welcher mit seiner Frau Nahla gekommen war. Sie alle saßen um unseren großen Esstisch in der Propstei, Nilar hatte gut gekocht – eine Kombination aus deutschen, burmesischen, israelischen und palästinensischen Gerichten – und während sich unsere israelischen Freunde am libanesischen Arak erfreuten, bedachte Nahla Azar das deutsche Kirschwasser aus dem Schwarzwald mit einem der Sätze, die sie in charmant-fließendem, geradezu musikalischem Deutsch formulieren konnte: „Schmeckt gut!"

Wir hatten manches Mal solch bunte Gesellschaften an unserem Esstisch. Am herrlichsten war das Fest zu meinem 43. Geburtstag im Jahr 2008, als sich unter dem lauen Jerusalemer Nachthimmel jüdische, muslimische und christliche Freunde auf unserer Dachterrasse mischten und die Atmosphäre so gelöst war, als sei gerade der Frieden ausgebrochen. Nie werde ich das Gespräch vergessen, welches ich an diesem Abend mit Ali Qleibo, dem muslimischen Künstler und Anthropologen von der Al-Quds-Universität, und unserem jüdischen Freund Johanan Flusser führen durfte. Um das Wesen des Menschseins ging es, und Ali gelang es dabei, einen mystischen Faden der Gott-Mensch-Begegnungen von der Himmelsreise des Propheten Mohammad bis in die Gegenwart zu ziehen. Jerusalem, Mekka und Medina wurden dabei zu einem Kräftedreieck, welches uns plötzlich alle miteinander geistig beherbergte. Manchen Tag hatte Nilar für solche Ereignisse in der Küche verbracht – und manchen

Graben zwischen Menschen hatte sie mit ihren Kochkünsten überwunden.

Doch diesmal schien alles schief zu gehen. Die israelische Diplomatenfrau wollte so gar nicht diplomatisch sein und war offenbar drauf und dran, sich auf den armen Götz Lingenthal einzuschießen. Ihrem Mann war das sichtlich unangenehm; er wandte sich zu seinem Gesprächspartner auf der anderen Seite des Tisches, so, als hätte er mit dem Affront seiner Frau nichts zu tun. Natürlich: Die Diplomatenfrau stand eher rechts im israelischen politischen Spektrum, das hatte sie nie verheimlicht. Aber an elementare Regeln der Höflichkeit hätte sie sich durchaus halten können.

Götz Lingenthal war ein drahtiger Mittfünfziger mit grauem Haar. Nie habe ich erlebt, dass er bei seinem manchmal frustrierenden Tagesgeschäft die Contenance verloren hätte – so auch dieses Mal nicht. Er erklärte in aller Ruhe, wie die finanziellen Förderungsmechanismen der EU für die Palästinenserbehörde funktionierten, dass es früher dabei durchaus einzelne Unregelmäßigkeiten gegeben habe, dass mittlerweile jedoch zahlreiche Kontrollsysteme eingeführt worden seien, die einen Missbrauch ganz und gar ausschlossen.

Doch die Frau unseres israelischen Diplomatenfreundes war schon längst beim nächsten Thema angelangt und echauffierte sich über die Indoktrination und die paramilitärische Erziehung von palästinensischen Kindern durch die Hamas im Gazastreifen. So etwas gab es, unbestritten. Doch was hatte der gute Götz Lingenthal damit zu tun?

Dass es dann dennoch ein wunderschöner Abend wurde, lag vielleicht daran, dass Naomi Tsur von ihren Umweltschutzprojekten in der Jerusalemer Stadtverwaltung erzählte. Oder ihr Mann Chaim von seinen Entdeckungen im Bereich der klassischen Musik. Oder weil Barhum Azar die eine oder andere Anekdote aus seiner Ausbildungszeit in Deutschland zum Gespräch beisteuerte und Owen Hoskin die komischsten neuseeländischen Sprichwörter zum Besten gab. Oder es lag einfach am guten Kirschwasser und am Arak und daran, dass Nilar hinreißend gekocht hatte.

Nicht immer war es so, dass die eher zionistischen Positionen von unseren jüdischen Freunden eingenommen wurden und die Kritik an Israel von der palästinensischen Seite kam. Zuweilen war es gerade umgekehrt. Ich erinnere mich gut an das entgeisterte Gesicht unserer jungen jüdisch-israelischen Freundin, die seit Jahren in der Friedensbewegung engagiert war. Sie halte es in der Jerusalemer Altstadt kaum noch aus, so erklärte sie, da sie sich hier auf Schritt und Tritt als Besatzerin fühle und sich gegenüber den einheimischen Palästinensern für ihr eigenes Volk schäme. Dabei sah sie meinen arabischen Bekannten eindringlich an, mit dem wir beim Bier zusammen saßen. Offenkundig erwartete sie ein Wort der Zustimmung. Nun, entgegnete er bedächtig, da solle sie sich nicht allzu viele Sorgen machen. Als arabischer Staatsbürger lebe er nämlich gerne unter solchen Besatzern. Er stehe einer Anwaltskanzlei in der quirligen *Ben-Yehuda*-Fußgängerzone im Westen Jerusalems vor und berate zahlreiche israelische Firmen wie auch Regierungsstellen in juristischen Fragen. Da er ganz nebenbei ein Christ sei, wisse er, dass ihm in der Mehrzahl der arabischen Staaten eine solche Laufbahn, die ihm im jüdischen Staat offen gestanden habe, verschlossen geblieben wäre.

Freilich war das nur ein Teil der Wahrheit. Natürlich sind israelische Araber in vielen Berufen benachteiligt, da die meisten von ihnen keinen Militärdienst leisten. Während jeder jüdische Israeli – egal ob Mann oder Frau – grundsätzlich verpflichtet ist, zur Armee zu gehen (ausgenommen, mit Einschränkungen, sind nur ultraorthodoxe Frauen und Talmud-Studenten), ist der Dienst an der Waffe z.B. für die arabischen Christen in Israel freiwillig. Einige von ihnen ergreifen diese Möglichkeit, und besonders herausragende Fälle finden immer wieder auch ein breites Forum in der Presse. Dazu gehört die junge arabische Christin, die es in einer Kampfeinheit zu Rang und Namen gebracht hat, ebenso wie die christlichen Piloten in der israelischen Luftwaffe. Seit einigen Jahren macht sich auch Pater Gabriel Naddaf, ein aus Nazareth stammender griechisch-orthodoxer Priester, für den Armeedienst seiner jungen Gemeindeglieder stark. Er ist eine recht umstrittene Persönlichkeit und gehört zu denen, die die einheimischen Christen Israels als „Aramäer" verstehen wollen – nicht als Araber oder gar als Palästinenser, sondern vielmehr als eigene Nationalität neben Juden und Arabern. Die Anerkennung dieser Nationalität durch den Staat Israel erfolgte im Jahr 2014 – und bewusst wollen diejenigen, die sich zu dieser Gruppe zählen, in Israel den Armeedienst leisten, um sich als fester Bestandteil von Staat und Gesellschaft zu positionieren. Ein eigenes „Rekrutierungsforum" hat Naddaf dazu ins Leben gerufen.

Die Hoffnung seiner Parteigänger ist, dass die Christen auf diese Weise eine ähnliche gesellschaftliche Partizipation erreichen könnten wie die ebenfalls arabischen Drusen, die gleich nach 1948 für sich die Wahl getroffen haben, ganz auf der Seite Israels zu stehen. Diejenigen Christen, die für die israelische Armee optieren, müssen jedoch mit erheblichen Anfeindungen aus ihrer Gesellschaft rechnen; ein Sohn von Naddaf wurde einmal krankenhausreif geschlagen. Freilich stellt für jeden potentiellen

Kandidaten der Gedanke, an einem Checkpoint oder gar im Kriegsfall den eigenen Familienangehörigen im Westjordanland mit der Waffe gegenüber zu stehen, eine Anfechtung dar. So bleibt die Mehrheit der arabischen Christen in Israel mit dem Makel versehen, keinen Militärdienst geleistet zu haben, was bei der Arbeitsplatzsuche in vielen Fällen negative Konsequenzen hat.

Etliche israelische Araber – Christen wie auch Muslime – haben es trotz dieses Hindernisses geschafft: Bedeutende Mediziner wie der Leiter der Notfallabteilung des Hadassah-Krankenhauses in Jerusalem und Juristen wie jener Richter, der den ehemaligen israelischen Staatspräsidenten Moshe Katzav wegen sexueller Übergriffe zu sieben Jahren Haft verurteilte, sind Araber. Unser juristischer Freund gehörte zu dieser Kategorie. Und er fühlte sich offenkundig wohl dabei – zum Entsetzen unserer israelischen Friedensfreundin.

Auch an den Tischen von Freunden und Bekannten aus unserer Gemeinde kam es zuweilen zu faszinierenden Begegnungen. Einmal waren meine Frau und ich bei der Familie des Korrespondenten einer überregionalen Zeitung eingeladen. Und das war in der Tat ein echtes Nahost-Dialogtreffen, in welchem die Gastgeber unter Beweis stellten, wie eng ihre Beziehungen zu den unterschiedlichsten Seiten im Land waren. Zu den Gästen gehörten außer uns Anwar Darkazally vom *Negotiations-Affairs-Department* der Palästinensischen Befreiungsorganisation PLO (später war er im Auftrag der Vereinten Nationen zunächst im Libanon und dann in Libyen stationiert), der mit seiner bildhübschen, jungen Frau gekommen war, sowie eine ebenfalls renommierte deutsche Journalistenkollegin und der legendäre Fotograf David Rubinger.

Lange hatten die Darkazallys im Exil gelebt. Jedenfalls war das junge palästinensische Paar sehr britisch – was den englischen Akzent ebenso wie die Art des Diskutierens angeht. Mit dem gebürtigen Wiener Juden David Rubinger verstanden sie sich vorzüglich. Rubinger war der langjährige Fotograf des Time-Life Magazins, der in einzigartiger Weise die Entstehung des Staats Israel mit seiner Kamera begleitet hatte. Noch bis ins hohe Alter hinein hing stets eine *Leica* an der Schulter des 1924 Geborenen. Sein wohl berühmtestes Foto zeigt die ergriffenen Gesichter von drei israelischen Soldaten nach der Eroberung der Klagemauer im Sechstagekrieg 1967. Einer der jungen Soldaten hat den Helm abgenommen, alle blicken sie auf die Jahrtausende alten Steine, als könnten sie es nicht glauben. Das Bild wurde zur Ikone und ging um die Welt. „Ein besonders gutes Foto war das nicht", sagte Rubinger. Und in diesem *understatement* war er dann fast so britisch wie die Darkazallys. Ansonsten mischte sich viel Traurigkeit in seinen Wiener Charme. Seine Ehefrau, mit der er viele Jahrzehnte des Lebensweges geteilt hatte, war im Jahr 2000 verstorben. Die Lebensgefährtin, die er danach gefunden hatte, wurde 2004 in ihrem Haus ermordet. David Rubinger fotografierte weiter.

Ein regelmäßiger Anlaufpunkt für ihn wie für viele österreichischstämmige Israelis war das *Österreichische Hospiz* im muslimischen Viertel der Jerusalemer Altstadt. Hier fanden diese oft ganz rührenden Menschen bei Apfelstrudel und klassischer Musik einen Teil der Welt wieder, die sie einst so brutal verloren hatten. Ganz besonders bemühte sich der umtriebige Rektor dieses Hauses, der katholische Pfarrer Markus Bugnyar, mit viel Einfühlungsvermögen um die ehemaligen österreichischen Juden. Leicht war diese Aufgabe für ihn nicht – und zwar nicht allein wegen seines hohen Anspruchs, dabei zugleich die Balance zu wahren gegenüber dem kulturellen Austausch, den er mit Vertretern der palästinensischen Gesellschaft organisierte. Vielmehr zeigte sich in solchen Begegnungen auch immer wieder, wie wenig die Auseinandersetzung mit der *Shoah* in weiten Teilen der österreichischen Gesellschaft verankert ist. Ein hochrangiger österreichischer Politiker war es, der hier während eines kulturellen Abends ans Mikrofon trat und die „ehemaligen jüdischen Mitbürger" grüßte, „die einst unser schönes Österreich verlassen mussten, weil sie sich entschieden hatten, treu an ihrem mosaischen Glauben festzuhalten." – Hätte sich ein deutscher Politiker vergleichbaren Kalibers eine solche Unsäglichkeit geleistet, so wäre er wohl (zumindest vor 2016 noch) unter Schimpf und Schande aus dem Amt gejagt worden. Der Politiker, der hier gesprochen hatte, wurde dagegen mit höflichem Applaus bedacht. Und die alten Juden aus Österreich wie David Rubinger bemühten sich redlich, ihr stoischstes Gesicht aufzusetzen.

Über Rubinger lernten wir im Österreichischen Hospiz auch seinen ehemals österreichischen Landsmann und Journalistenkollegen Ari Rath kennen. Ari Rath verkörpert in einzigartiger Weise die Pionierzeit der jungen israelischen Demokratie. Mit einem Kindertransport war er als Vierzehnjähriger im Jahr 1938 nach Palästina gekommen. In den Siebzigerjahren, als die *Jerusalem Post* noch als eine linksliberale, weltoffene Zeitung galt, war er Chefredakteur und schließlich Herausgeber dieses Blattes. Heute vertritt „die Post", wie sie im Volksmund schlicht genannt wird, eine eher rechtslastige, nationalreligiöse ideologische Richtung –

was Ari Rath, der einst zum engen Kreis um David Ben Gurion gehörte, sehr traurig machte. Manches Mal saß der hochgewachsene alte Herr mit seinen exzellenten Umgangsformen bei uns zu Hause am Tisch und erzählte von der Aufbruchsstimmung und den intellektuellen Debatten unter den Vertretern der politischen Klasse, die einst so typisch für den jüdischen Staat waren. Auch dies: eine verlorene Welt. Ari Rath verstarb im Januar 2017; David Rubinger nur knappe zwei Monate später, im März desselben Jahres.

2   Ein Papst, Politiker und Präsidenten

Natürlich kamen nicht alle Besucherinnen und Besucher an den Esstisch unserer Wohnung. Mit den meisten hatte ich Begegnungen im Refektorium der Propstei. Oder sie besuchten nur eine der Kirchen Jerusalems, und die Vertreter der anderen Kirchen wurden dazu eingeladen. Im Mai 2009 hatte sich Papst Benedikt XVI zum Besuch angesagt. Bereits lange im Vorfeld setzte in Jerusalem ein emsiges Getriebe innerhalb der christlichen Gemeinschaft wie auch zwischen den Kirchen und den staatlichen Stellen ein. Wen würde der Papst besuchen? Wo würde er sich sehen lassen – und mit wem?

Schon bald wurde deutlich: Von den Kirchen Jerusalems würde Papst Benedikt nur die drei traditionellen Patriarchate besuchen: Das Griechisch-Orthodoxe, das Armenisch-Apostolische und natürlich das Lateinische Patriarchat. Damit hatte er drei Kirchenfamilien abgedeckt: die Orthodoxen, die Altorientalisch-Orthodoxen und die Katholiken. Was aber war mit der vierten Kirchenfamilie Jerusalems, den Protestanten? Die Erlöserkirche war immerhin eine der bedeutendsten Kirchen der Altstadt, und zudem strategisch günstig zwischen Griechischem und Armenischem Patriarchat gelegen. Ich fasste mir also ein Herz und schrieb einen Brief an den Papst, in welchem ich ihn einlud, auch unsere Kirche zu besuchen. Dabei griff ich auf ein beeindruckendes Stück Literatur zurück: Der große deutsche Ökumeniker Edmund Schlink, der auch als evangelischer Beobachter am Zweiten Vatikanischen Konzil teilgenommen hatte, hatte 1975 unter dem Pseudonym „Sebastian Knecht" ein Büchlein mit dem Titel „Die Vision des Papstes" veröffentlicht. Darin beschreibt er die Eindrücke eines fiktiven Papstes, der nach einer gesundheitlichen Krise inkognito als einfacher Pilger nach Jerusalem reist. Gegen Ende seiner Reise tritt dieser Pilger eher unvermittelt in unsere evangelische Erlöserkirche, wo gerade ein Abendmahlsgottesdienst stattfindet. An der Kleidung des Pfarrers erkennt er, dass es keine katholische Messe ist, wie er – aufgrund unserer bis heute recht hohen Liturgie – zunächst gemeint hatte. Und trotzdem hört er das „Kommt, denn es ist alles bereit..." als persönliche Einladung Christi auch an sich selbst:

„Als die Letzten, im Hintergrund der Kirche Stehenden zum Altar vortraten, schloss er sich ihnen an. Er war gewiss, dass ihm dieselben Gaben gereicht wurden, die er in der Heiligen Messe der katholischen Kirche zu empfangen pflegte und die er gestern in der Heiligen Liturgie der orthodoxen Kirche empfangen hatte. Er ging wieder in den Hintergrund der Kirche zurück und wurde von einer Freude überwältigt, die ihm größer erschien, als dass sein Herz sie fassen könnte. Es kam ihm vor, als sei er nun erst ganz in die gewaltige Bewegung des in das All wachsenden Christusleibes hineingenommen."

In meinem Brief fragte ich Papst Benedikt, ob es nicht an der Zeit sei, einen ersten Schritt auf diese „Vision des Papstes" zuzumachen. Es müsse ja nicht gleich eine Teilnahme am Abendmahl sein. Ein kleines Gebet für die Einheit der Christen, fünf Minuten nur, gesprochen in der Evangelischen Erlöserkirche, auf dem Weg vom Orthodoxen zum Armenischen Patriarchat, wären bereits ein wunderbares Zeichen.

Die Antwort aus dem Vatikanischen Staatssekretariat ließ nicht lange auf sich warten: Seine Heiligkeit danke mir für mein freundliches Schreiben, man habe meinen Vorschlag in die Überlegungen zur Reiseplanung einbezogen, aber leider sei ein Besuch der Erlöserkirche „aufgrund des dichten Programmes" nicht möglich. Immerhin wurde uns der geistliche Beistand des Papstes zugesprochen: „Papst Benedikt erbittet Ihnen und Ihrer Gemeinde von Herzen Gottes beständigen Schutz und seinen reichen Segen."

Auf Schlinks „Vision des Papstes" ging das Staatssekretariat nicht ein. In Rom wehte schon seit langem nicht mehr der Geist der ökumenischen Aufbrüche, wie er die Jahre unmittelbar nach dem Zweiten Vaticanum geprägt hatte. Wahrscheinlich hatte Schlinks Buch dort niemand gelesen. Diese Lücke füllte jedoch fast zeitgleich der damalige päpstliche Nuntius und Apostolische Delegat in Jerusalem, Erzbischof Antonio Franco. Offenbar hatte er eine Kopie meines Briefes erhalten und schickte mir nun seinerseits eine Antwort. Ich mochte den Nuntius. „Täuschen Sie sich nicht in ihm", hatte mir der deutsche Botschafter Harald Kindermann irgendwann einmal gesagt. „Dieser Nuntius ist ein campanischer Bauernjunge. Hinter der harmlosen Fassade verbirgt sich eine Bauernschläue, die ihn zum ausgebufften Diplomaten macht."

So war es wohl auch. Eine erste diplomatische Krise hatte er gemeistert, als die israelische Gedenkstätte *Yad Vashem* im Jahr 2007 Papst Pius XII in eine große Nähe zum nationalsozialistischen Völkermord rückte, während der Vatikan sich gleichzeitig anschickte, diesen Papst selig zu sprechen. Mit großer Beharrlichkeit gelang es dem Nuntius schließlich, dass die betreffende Inschrift in Yad Vashem im Jahr 2012 geändert und die Rolle des Vatikan gegenüber den Juden darin differenzierter dargestellt wurde.

Jahrelang trieb Antonio Franco zudem die Verhandlungen über ein umfassendes Abkommen auf der Basis von Paragraph 10 des bereits 1993 geschlossenen Grundlagenvertrages zwischen Israel und dem Vatikan voran, welches die rechtliche Stellung der katholischen Kirche und ihrer Besitztümer im Land erstmals eindeutig definiert hätte. Die Wirkung dieses Abkommens wäre jedoch weit über die katholische Kirche hinaus gegangen: Bislang hatte der Staat Israel steuerliche und andere zivilrechtliche Vergünstigungen nicht allein den zehn von ihm offiziell anerkannten Kirchen (darunter der katholischen) zugestanden, sondern darüber hinaus auch einer gewissen Anzahl an Kirchen, die de facto wie anerkannte Kirchen behandelt wurden (darunter die deutschsprachige evangelische Präsenz in Jerusalem). Nun jedoch wurde im Laufe der Verhandlungen von israelischer Seite mehrfach inoffiziell signalisiert, dass solche Privilegien analog derer, die nun mit dem Vatikan ausgehandelt wurden, zukünftig womöglich nur noch „anerkannten Kirchen" zukommen sollten – diesen aber in einer juristisch umfassend gesicherten Weise, die es zuvor nicht gegeben hatte, und die somit außerordentlich attraktiv war. Erstmals seit vielen Jahrzehnten deutete sich damit auch wieder die Möglichkeit einer Anerkennung weiterer Kirchen (über die Registrierung als „religiöse Institution" hinaus) durch den Staat Israel an. Hiermit stellte sich für einen Moment auch den Stiftungen der EKD in Jerusalem die Frage, ob eine solche Anerkennung für sie im Bereich des Möglichen liegt – oder ob die steuerlichen Vergünstigungen in Zukunft nur noch durch Vermittlung anderer Kirchen, von denen einige jetzt mit starker internationaler Unterstützung nach offizieller israelischer Anerkennung drängten, würden in Anspruch genommen werden können. Abgeschlossen wurden die Verhandlungen über das „umfassende Abkommen" in der Amtszeit von Erzbischof Antonio Franco als päpstlicher Nuntius freilich nicht. Aufgrund einer Intervention von Interessenvertretern aus der Arabischen Liga, die sich nicht damit abfinden mochten, welche Anerkennung vor allem auch der Staat Israel und seine Gesetze durch eine Vertragsunterzeichnung gewonnen hätten, wurde die ganze Angelegenheit für Jahre auf Eis gelegt. Ende 2012 trat der Nuntius seinen wohlverdienten Ruhestand an.

Anders als das vatikanische Staatssekretariat hatte Erzbischof Franco offenbar Schlink gelesen. So schrieb er mir: „Persönlich teile ich Ihren tiefen Wunsch, die Vision von Professor Schlink während des Besuches von Papst Benedikt wahr werden zu lassen. Allerdings bin ich vom Staatssekretariat des Heiligen Stuhls angewiesen worden, Ihnen für Ihre freundliche Einladung zu danken und Sie zugleich darüber zu informieren, dass diese leider nicht angenommen werden konnte."

Er wusste also genau zu unterscheiden zwischen seiner eigenen ökumenischen Sehnsucht und den Weisungen des Heiligen Stuhls, die er als loyaler Diener seiner Kirche weiterzugeben hatte. Zum Schluss stellte er mir eine Begegnung mit dem Papst an einem anderen Ort als der Erlöserkirche in Aussicht und zitierte dabei den Wunsch Jesu aus dem Johannesevangelium, der zu den Hoch-Zeiten der ökumenischen Bewegung ein zentrales Paradigma war: „*Ut omnes unum sint*" – „dass alle eins seien." Trotz der Absage war dieses Schreiben wohltuend.

Für den 15. Mai 2009 hielt ich schließlich zwei Einladungen in der Hand: Um 09:15 Uhr sollte ich zu den Kirchenoberhäuptern gehören, die den Papst im Griechischen Patriarchat begrüßten, und um 11:15 sollte ich an einem ebensolchen Empfang im Armenischen Patriarchat teilnehmen. Auf der Einladungskarte der Griechen wurde höflich darauf hingewiesen, dass man bis spätestens 07:00 seinen Platz eingenommen haben möge, während die Armenier auf ihrer Karte erklärten, dass hier der Einlass nur bis 09:00 Uhr möglich sein werde. Wie das alles logistisch funktionieren sollte, war mir schleierhaft. Doch schickte ich mich am Freitag, dem 15. Mai, bereits um 06:00 Uhr morgens an, mich auf den unter normalen Bedingungen nur fünfminütigen Weg zum Griechischen Patriarchat zu machen.

„Pass auf, die Straße unten ist ein Heerlager", rief mir meine Frau noch zu. Ich hätte wohl auf sie hören sollen. Denn als ich mit Schwung das Hauptportal der Propstei zum Muristan öffnete, um nach draußen zu treten, gellte mir ein Schrei entgegen: „Drinnen bleiben! Tür schließen!" Ich war so perplex, dass ich dem Befehl zunächst hastig Folge leistete. Drinnen atmete ich tief durch und schüttelte den Kopf. Dann öffnete ich die Tür abermals, wenn auch nur einen Spalt weit. Die Straße war blau und grau und schwarz von Polizeiuniformen: reguläre Einheiten, Grenzschutz und Sondereinheiten. Ein kleiner Tisch zur Ausgabe von Wasser und Frühstückspaketen stand auch da, ebenso ein Sanitätsposten. Eine solche Okkupation unserer Privatstraße ohne Rücksprache mit uns war eigentlich ein Affront. Ich erinnerte mich gut an die Verhandlungen der vergangenen Wochen: Ob sie zum Papstbesuch einen Scharfschützen auf unserem Kirchturm postieren dürften, hatte mich die Polizei gefragt. Das hatte ich abgelehnt. Ein Polizist in Zivil, ohne Waffe, nur mit Fernglas und Funkgerät ausgerüstet, dürfe auf dem Kirchturm Position beziehen – das war schließlich der Kompromiss gewesen, den wir nach endlosen Gesprächen per Handschlag besiegelt hatten. Doch der Mann war bis zu diesem Moment nicht aufgekreuzt, und er würde auch im Laufe des Tages nicht aufkreuzen. Stattdessen ein Polizeihauptquartier unmittelbar vor unserer Tür.

„Ich habe dir doch gesagt, dass du die Tür zumachen sollst!", rief mir ein Polizist zu. „Stehen wir unter Ausgangssperre?", fragte ich. „Dazu darf ich nichts sagen", entgegnete der Polizist. Ich bat ihn darum, mit einem höheren Offizier sprechen zu dürfen. In der Tat stand dann bald ein Uniformierter mit beeindruckenden Schulterklappen vor der Tür, der sich mein Anliegen anhörte: Ich wollte doch einfach nur zum Empfang des Papstes gehen, zu dem ich offiziell eingeladen war.

Der Offizier studierte meine Einladungskarte. Ja, die sei wohl tatsächlich gültig, stellte er fest. Aber alle Besucher des Papstempfanges müssten die Altstadt durch das Jaffa-Tor betreten, so sei es vorgeschrieben. Ich könne aber nicht durch das Jaffa-Tor in die Altstadt kommen, so entgegnete ich, weil ich ja bereits in der Altstadt sei, wo ich nun einmal über einen festen Wohnsitz verfügte. Das klang offenbar logisch, denn der Uniformierte winkte zwei Kollegen herbei, um sich mit ihnen zu beraten. Dabei wurde meine Einladungskarte abermals ausgiebig studiert. Die Möglichkeit, dass ich zunächst die Altstadt zu verlassen hätte, um dann durch das Jaffa-Tor wieder hinein zu gelangen, wurde rasch verworfen. Doch schließlich gab es eine Lösung: Ich dürfe zum Papstbesuch gehen, so wurde mir bedeutet, aber nur mit Polizeieskorte. Und so kam es, dass ich alleine mit drei bewaffneten Polizisten den Muristan überquerte, dann durch den Avtimios-Markt zur Christian Quarter Road ging, und von dort schließlich zum Griechisch-Orthodoxen Patriarchat. Es war noch so früh am Morgen, lange vor der regulären Zeit, zu der die Läden normalerweise öffneten – so dass mir gar nicht auffiel, wie leer die Stadt war.

Die Einlassprozedur ins Patriarchat war mehr als aufwendig; die Polizei hatte im Innenhof des einen der beiden Hauptgebäude umfangreiche

Kontrollinstallationen aufgebaut. Erst nachdem die Besucher diese durchlaufen hatten, durften sie das zweite Gebäude auf der anderen Seite der Straße betreten, in welchem sich die Empfangssäle des Patriarchen befanden. Es hatten sich schon zahlreiche Besucher aus Kirche und Politik eingefunden – von der Palästinenserbehörde ebenso wie von den offiziellen israelischen Stellen. Bald traf auch mein Kollege vom Ölberg ein. Wir begrüßten uns herzlich, und auch er hatte einige Geschichten über die Sicherheitskontrollen zu berichten, bevor er in einer der Stuhlreihen Platz nahm. Uns Kirchenoberhäuptern wurden die barocken, goldlackierten Sessel mit den ausladenden, roten Samtkissen zugewiesen, auf denen wir jedes Jahr auch zu den Oster- und Weihnachtsbesuchten Platz nahmen.

Doch es war noch lange vor der Zeit des Eintreffens Seiner Heiligkeit, und irgendwann spürte ich ein menschliches Bedürfnis. Ich weiß, wo im griechisch-orthodoxen Patriarchat die Toiletten sind, und so machte ich mich, ohne weiter nachzufragen, auf den Weg dorthin.

„*What do you want here?!*" Ich erschrak. In der Toilette stand am offenen Fenster ein schwarz uniformierter Mann mit verspiegelter Sonnenbrille und Gewehr im Anschlag. Mich beeindruckte vor allem das Zielfernrohr auf der Waffe. Offenbar war der griechisch-orthodoxe Patriarch mit der Erlaubnis zum Postieren von Scharfschützen weniger zimperlich umgegangen als ich. Und, nun ja, was will man schon auf einem Klo? Immerhin verstand der Mann mein Anliegen, und ich durfte mein Geschäft verrichten. Zwanzig Minuten vor dem Eintreffen des Papstes saß ich wieder auf meinem Barocksessel, den ich nun auch tunlichst nicht mehr verließ.

Der Papst erschien mit großem Gefolge. Zu seiner Linken betrat Kardinal Bertone den Saal, der damals noch mächtige Staatssekretär, zu seiner Rechten der deutsche Kardinal Walter Kasper, Präsident des Päpstlichen Rates zur Förderung der Einheit der Christen, dicht gefolgt von Monsignore Gänswein, dem Privatsekretär des Papstes, der vier Jahre später, beim Rücktritt von Papst Benedikt, Tränen der Trauer vergoss. Umgeben war diese Gruppe von zahlreichen Würdenträgern in schwarzen und violetten Gewändern, zum großen Teil ausgestattet mit beeindruckenden Brustkreuzen. Es erschien wie ein Wunder, dass sich für jeden noch ein Stuhl fand. Damit war der Audienzsaal des Griechisch-Orthodoxen Patriarchen aber auch bis zum letzten Quadratzentimeter gefüllt; man hätte die Luft schneiden können. Es gab die üblichen Reden – vom Patriarchen, vom Papst und weiteren Würdenträgern – die

die ökumenische Einheit aller Christen beschworen. Es wurden wertvolle Geschenke zwischen Papst und Patriarchen ausgetauscht, und dann wurden die Jerusalemer Kirchenoberhäupter aus den beiden ersten Reihen aufgefordert, der Reihe nach vorzutreten um jeweils einige persönliche Worte mit dem Papst zu wechseln.

Joseph Ratzinger alias Papst Benedikt war viel kleiner als ich erwartet hatte. Er wirkte müde und genauso zerbrechlich wie auf den Bildern im Fernsehen und in den Zeitungen. Eine Weile hatte ich überlegt, wie ich ihn begrüßen sollte. Meine anglikanischen und orthodoxen Amtsbrüder küssten ihm den Fischerring, wie gute Katholiken. Dies war ja in Jerusalem keine ungewöhnliche Begrüßungsform für ein Kirchenoberhaupt, und hin und wieder hatte ich selbst die Irritation bei palästinensischen Christen erlebt, als diese irgendeinen pröpstlichen Ring an meiner Hand küssen wollten, den ich gar nicht trug. Aber dennoch – ich wäre mir bei dieser Geste dem Papst gegenüber unbeholfen vorgekommen. Es wäre nicht authentisch gewesen. Also beließ ich es bei einem Händedruck. Für ihn schien das in Ordnung zu sein – auch wenn sich seine Hand weich und kraftlos anfühlte.

Nachdem ich mich vorgestellt und den Papst in Jerusalem willkommen geheißen hatte, überreichte ich ihm ein kleines Päckchen: Eine CD mit dem Titel „Mit Bach durch das Kirchenjahr" – Orgelmusik aus der Erlöserkirche, eingespielt von unserer langjährigen Organistin Elisabeth Roloff. „Eure Heiligkeit, da es Ihnen Ihr enger Reiseplan leider nicht erlaubt hat, unsere evangelische Kirche zu besuchen, habe ich Ihnen zumindest ein paar akustische Eindrücke aus unserer Liturgie mitgebracht", erklärte ich. Schneller als der Papst sich das Päckchen anschauen konnte, griff Monsignore Gänswein es von hinten und ließ es in einer großen Tasche verschwinden. Doch über das müde Gesicht von Papst Benedikt huschte ein Lächeln: „Sie sind also der Jünger von Professor Schlink. Ich habe ihn am Rande des Zweiten Vatikanischen Konzils manches Mal getroffen. Er war ein guter, weiser Mann. Doch in seinem Verständnis der Kirche gibt es Unschärfen. Bis zur Vollendung seiner Vision ist es noch ein langer Weg... Ein Weg, der viel Disziplin und unendlich viele Gebete braucht. Sie sollten sich Ihre Kräfte sorgfältig einteilen..."

Er hatte meinen Brief also tatsächlich gelesen! Das freute mich. Er stellte mir noch manche Frage zu meiner Kirche und unserem Dienst in Jerusalem, die ich gerne beantwortete. Manches andere habe ich nicht verstanden. Er sprach unendlich leise, mein Gehör ist schlecht, und es herrschte lautes Gemurmel im Saal. Einen Papst fragt man wohl auch

nicht einfach: „Wie bitte? Könnten Sie das bitte nochmal wiederholen?" –
Immerhin: Einige Tage später erhielt ich abermals einen Brief des vatikanischen Staatssekretariats. Seine Heiligkeit habe sich über die Mu-
sik-CD doch sehr gefreut und danke mir herzlich.

Bald nach dem Gruppenfoto bliesen die Zeremonienmeister zum
Aufbruch. Die vatikanische Delegation eilte zu ihrer Fahrzeugkolonne,
die durch das Neue Tor hindurch in die engen Altstadtgassen beim griechisch-orthodoxen Patriarchat gelotst worden war. Nun ging es zurück,
um die Altstadtmauer herum und zum Zionstor wieder hinein, zum sich
anschließenden Empfang im armenischen Patriarchat. Gemeinsam mit
einer kleineren Gruppe weiterer Kleriker, die ebenfalls zu beiden Empfängen eingeladen waren, musste ich nun den direkten Weg zu Fuß durch
die Altstadt nehmen. Diesmal war von Anfang an für eine Polizeieskorte
gesorgt. Saliba Saliba, unser Verbindungsoffizier bei der Polizei, ging
stolz vorweg.

Im Ostteil Jerusalems (wie auch in den arabischen Ortschaften Israels)
gab es viele hochrangige arabische Offiziere in der israelischen Polizei,
die auf diese Weise auch ihre Beziehungen zu den Religionsgemeinschaften zu pflegen versuchte. Saliba Saliba war einer von ihnen: Als
Verbindungsoffizier zu den christlichen Kirchen hatte er den Rang eines
„*Rav Pakad*" – also in etwa eines Polizeihauptkommissars – inne. Und das
gleich zweimal in seinem Namen vorhandene Kreuz (arabisch: „*Salib*")
ließ keinen Zweifel daran, dass es sich bei ihm um einen Christen handelte. Die meisten arabischen Offiziere in der israelischen Polizei sind
entweder Drusen oder Christen. Aber auch einige Muslime finden sich
unter ihnen – jedenfalls deutlich mehr als in der israelischen Armee.
Saliba befand sich zu dieser Zeit bereits in seinem letzten Amtsjahr.
Nachdem er einige Monate später mit einer bewegenden Zeremonie vom
Polizeipräsidenten in den Ruhestand verabschiedet worden war, folgte
ihm Johnny Kassabre in diesem Amt – ein Christ wie sein Vorgänger.

Während ich nun mit Saliba und seinen Kollegen durch die Altstadt
lief, fiel mir in der Tat auf, dass die Gassen immer noch so leer waren wie
am frühen Morgen. Kein einziger Laden war geöffnet, kein einziger
Händler, kein einziger Tourist war zu sehen. Offenbar hatten die Israelis
zum Papstbesuch die gesamte Altstadt zu einer „sterilen Zone" gemacht.
Der Weg durch die sonst so belebten Viertel, noch dazu mit bewaffneter
Eskorte, war gespenstisch. Natürlich würde der Papst selbst von solchen
Sicherheitsmaßnahmen nicht viel zu sehen bekommen.

Als wir bei den Armeniern eintrafen, war von der vatikanischen

Fahrzeugkolonne noch nichts zu sehen. Der Audienzsaal des armenischen Patriarchen war bereits gut gefüllt. Während wir zu den vorderen Sitzreihen geleitet wurden, nahm ich in der Schar der Gäste auch meine Frau wahr. Erzbischof Aris hatte ihr eine hochoffizielle Einladung verschafft. Gut so – schließlich ist sie der katholische Teil unserer Familie! Vorne saß bereits der greise Patriarch, Torkom Manoogian, scheinbar teilnahmslos auf einem Sessel. Ich hatte ihn zu Beginn meiner Amtszeit noch als einen charmanten und klugen Redner kennen gelernt. Es schmerzte, in den folgenden Jahren seinen körperlichen Verfall in aller Öffentlichkeit zu erleben. Bei den letzten beiden Osterfeiern seines Lebens musste er sich von einem seiner Erzbischöfe vertreten lassen. Im Jahr 2012 verstarb der Dreiundneunzigjährige schließlich. Doch jetzt, zum Papstbesuch, hatte man ihn, da er nicht mehr gehen konnte, einfach vorne in seinem Audienzsaal in einen Sessel gesetzt. Und da saß er – die einst hochgewachsene Gestalt ein wenig in sich verkrümmt – und wirkte ohne einen Gesprächspartner ein wenig verloren.

Die päpstliche Delegation traf ein, und abermals begann das Ritual von Reden und Responsen, ähnlich wie kurz zuvor bei den Griechen. An Stelle des Patriarchen sprach Erzbischof Aris. Gleich nach den Reden brach die vatikanische Delegation ein weiteres Mal eilig auf. Sie hatte sich bereits dem Ausgang genähert, als einer aus der Gruppe stehen blieb und sich noch einmal umdrehte: Kardinal Kasper hatte als einziger bemerkt, dass der greise Patriarch noch immer alleine vorne auf seinem Sessel saß, während sich die Aufmerksamkeit aller Anwesenden ganz auf den Papst konzentrierte. Und dann tat Kardinal Kasper etwas, das mich beeindruckte: Er kehrte um. Er ging noch einmal nach vorne in den Saal und kniete vor dem Patriarchen nieder, um in sein Gesicht blicken zu können. Das hatte während des gesamten Empfanges niemand getan. Dort auf dem Boden umfasste er die Hand des Patriarchen und redete ihm leise zu. Und jetzt bewegten sich auch die Lippen des greisen Torkom. Für einen Moment waren die beiden ganz in ein Gespräch versunken, wobei sich ihre Gesichter fast berührten. Die Züge von Kardinal Kasper strahlten Güte und Freundlichkeit aus. Doch schon bald stand Monsignore Gänswein hinter ihm, legte ihm die Hand auf die Schulter und gemahnte zum Aufbruch. An diese Szene habe ich mich im Sommer 2014 wieder erinnert, als der neue Papst Franziskus im Angelusgebet ein Buch Kardinal Kaspers zitierte, welcher in diesem Jahr sein silbernes Bischofsjubiläum feierte. Der Kardinal, so Papst Franziskus, habe stets eine „Theologie auf den Knien" betrieben. Wie Recht er hatte!

Zwei israelische Staatspräsidenten, drei deutsche Bundespräsidenten, wohl um die achtzig Bundestagsabgeordnete aus zwei Legislaturperioden, Ministerpräsidenten, Bischöfe, Erzbischöfe sowie Vertreter aus Gesellschaft und Kultur durfte ich als Jerusalemer Propst begrüßen. Zweimal traf ich auch die Bundeskanzlerin; beide Male am Palmsonntag. Beim zweiten dieser Besuche, im März 2008, traf Angela Merkel sogar mit dem gesamten Bundeskabinett ein, zur ersten deutsch-israelischen Regierungskonsultation. Unter einem wolkenlosen Himmel stand ich zum Empfang am roten Teppich auf dem Rollfeld des Flughafens von Tel Aviv. In solchen traditionellen Begrüßungszeremonien gibt sich der jüdische Staat gerne multireligiös und multikulturell. Gleich neben der Ministerriege stehen hier die Oberrabbiner, sodann einige muslimische Würdenträger, die Drusen, Bahá'í und Samaritaner, und schließlich die Repräsentanten der christlichen Kirchen – von den Orthodoxen über die Altorientalen und Katholiken bis hin zu den Protestanten. Ich war also einer der „Letzten unter den Brüdern", wie es einer meiner Vorgänger einmal treffend gesagt hatte. Der Regierungsjet landete, und die Kanzlerin schritt mit dem israelischen Ministerpräsidenten den roten Teppich ab. Ich grüßte sie freundlich, in dem Wissen, dass ich ihr in ein paar Stunden bereits wieder in einem vertraulicheren Rahmen begegnen sollte.

Für das Zusammentreffen der Kanzlerin mit deutschen Kirchenvertretern war die Dormitio-Abtei ausgewählt worden. Abt Benedikt gab sich als ebenso strahlender wie charmanter Gastgeber. Lächelnd erklärte er der Bundeskanzlerin, dass er und sein evangelischer Amtsbruder sie jetzt in die Mitte nehmen würden. „So viel geistlicher Beistand gefällt mir", erwiderte Frau Merkel, bevor wir uns zu dritt auf einen Rundgang durch die Abteikirche und hinunter in die Krypta, zur Skulptur der Entschlafung Mariens, machten. Eine kleine Kapelle findet sich dort; Kerzen brannten zu beiden Seiten der liegenden Marienfigur. Die Kanzlerin trug einen schwarzen Hosenanzug, der so ganz zu unserer klerikalen Amtskleidung passte. Gemeinsam tauchten wir in die Dunkelheit des Ortes ein, die Fotografen und Sicherheitsleute hielten sich diskret auf Distanz. Es wirkte natürlich und passend, als der Abt anbot, ein Gebet für den Frieden in Jerusalem und in der Welt zu sprechen. Merkel, die Pastorentochter, stimmte spürbar ergriffen in das Amen mit ein.

Oben, in einem kleinen, repräsentativen Raum der Abtei, warteten bereits unsere Amtsgeschwister, die an der Gesprächsrunde teilnehmen sollten: Schwester Xaveria, die Oberin des Ordens der Borromäerinnen in Jerusalem, Schwester Hildegard Enzenshofer von den Salvatorianerinnen in *Emmaus-Qubeibe*, und Professor Vieweger, der Leiter des Deutschen Evangelischen Instituts für Altertumswissenschaft des Heiligen Landes, komplettierten nun unseren Kreis. Die Regie im Hintergrund hatte längst eine unscheinbare und eher grau wirkende Persönlichkeit übernommen, die man jedoch keinesfalls unterschätzen sollte: Beate Baumann, die Büroleiterin, rechte Hand und wohl engste Vertraute der Bundeskanzlerin, dirigierte mit leiser Stimme, wer wo zu sitzen hatte. Es bestand kein Zweifel: Die Dame mit der Mädchenfrisur wie aus den Achtzigerjahren war eine Autorität. Ihre Gesichtsfarbe zeugte vom wenigen Schlaf arbeitsreicher Nächte – nicht unähnlich ihrer Chefin. Und doch zeigte sie eine ungeheure Präsenz, an der niemand vorbei kam. Die Kanzlerin wolle mit den Kirchenvertretern ein ganz und gar vertrauliches Gespräch führen, erklärte Beate Baumann bestimmt – und wies dem gesamten politischen Tross eine Reihe von Sitzplätzen zu, von denen sich keiner näher als vier Meter am Geschehen befand. Selbst ausgewachsene Minister und Staatssekretäre leisteten dieser Regie Folge. „Einen faszinierenden Beruf haben Sie", raunte ich der Büroleiterin zu. „Das selbe Kompliment könnte ich Ihnen auch machen", entgegnete sie mit allenfalls dem Anflug eines kecken Lächelns.

Die Kanzlerin erwies sich vor allem als eine extrem konzentrierte Zuhörerin und aufmerksame Rückfragerin. Wie genau die Christen vom israelisch-palästinensischen Konflikt betroffen seien, fragte sie. Schwester Hildegard erläuterte anhand einiger selbst erlebter Begebenheiten, wie schwierig es ist, zwischen ihrem Kloster im Westjordanland und Jerusalem hin und her zu gelangen. Emmaus-Qubeibe – einer der Orte, die für sich in Anspruch nehmen, das historische Emmaus zu sein – liegt hinter den verschachtelten Zäunen und Mauern der Sperranlage in der Gegend von *Beit Iksa*, *Ramot* und einigen Vororten von Ramallah. Die Schnellstraße 443 schlängelt sich, beidseitig von Mauern eingefasst, durch diese Gegend, und eine Entfernung von einem halben Kilometer Luftlinie kann hier leicht zu einem Weg von über zwanzig Kilometern mit der Passage von mehreren Checkpoints werden. Die Pilgerinnen und Pilger, die einen solchen Weg auf sich nähmen, seien rar geworden, erklärte Schwester Hildegard.

Schwester Xaveria stand 2008 als damals Achtzigjährige bereits kurz vor ihrer Ablösung als Oberin. Aber mit ihren funkelnden Augen war die lebhafte und freundliche kleine Frau voller Energie und warf immer wieder das Schicksal der arabischen Waisenkinder in die Runde, die ihr anvertraut waren. „Frau Baumann, haben wir für sowas nicht einen

Sonderfonds?", raunte die Kanzlerin irgendwann ihrer rechten Hand zu. Frau Baumann nickte, und Schwester Xaveria konnte sich bald darauf an einer hilfreichen finanziellen Zuwendung für ihre Waisenkinder erfreuen.

Aber auch an anderen Stellen hakte die Kanzlerin nach, wieder und wieder, bis sie meinte, für sich eine akzeptable Antwort gefunden zu haben. Über den Dialog sprachen wir beispielsweise, über Begegnungen und gemeinsame Projekte von Juden, Christen und Muslimen, die wohl nur in Israel in solcher Dichte möglich sind. Wie aus solchen Initiativen ein breiteres und politisch nutzbares Klima des Vertrauens entstehen könne, wollte Merkel wissen. Eine halbe Stunde war für das Gespräch vorgesehen, und nach fünfunddreißig Minuten begann Frau Baumann, Zeichen zu geben, dass es doch Zeit zum Aufbruch sei. Ihre Chefin ließ sich davon nicht beirren. Die Begegnung dauerte am Ende deutlich länger als eine Stunde.

Eine weitere Stunde später sprach die Kanzlerin dann im selben schwarzen Hosenanzug vor der Knesset, dem israelischen Parlament. Hier fielen auch die später immer wieder zitierten Sätze von der „Staatsräson": *„Jede Bundesregierung und jeder Bundeskanzler vor mir waren der besonderen historischen Verantwortung Deutschlands für die Sicherheit Israels verpflichtet. Diese historische Verantwortung Deutschlands ist Teil der Staatsräson meines Landes. Das heißt, die Sicherheit Israels ist für mich als deutsche Bundeskanzlerin niemals verhandelbar. "*

So hatten wir das freilich kurz vorher in der Dormitio-Abtei nicht besprochen. Dennoch: Der Satz blieb interpretationsoffen. Was heißt „Staatsräson"? Bundespräsident Gauck formulierte es bei seinem Israel-besuch drei Jahre später im Garten der Residenz von Präsident Peres ein wenig anders: Die Sicherheit und das Existenzrecht Israels seien für die deutsche Politik „bestimmend", erklärte das deutsche Staatsoberhaupt da. „Bestimmend" – jedoch nicht „Staatsräson". Aber hatte sich der Präsident in seiner Wortwahl tatsächlich von der Kanzlerin abgegrenzt, und war er dabei wirklich so viel diplomatischer gewesen als sie? Ich glaube das nicht. In beiden Fällen ging es um eine mögliche Bedrohung Israels durch eine iranische Atombombe. Und in diesem Zusammenhang muss man wohl auch auf die folgenden zwei Sätze aus der Rede der Kanzlerin hören, die in den Medien deutlich seltener zitiert wurden: *„Deutschland setzt gemeinsam mit seinen Partnern auf eine diplomatische Lösung. Die Bundesregierung wird sich dabei, wenn der Iran nicht einlenkt, weiter entschieden für Sanktionen einsetzen. "*

An einem der Abende des Kanzlerinnenbesuches gab es einen Empfang in einem Nobelhotel in Tel Aviv. Fast das gesamte Bundeskabinett, das zur Regierungskonsultation angereist war, traf sich dort mit der israelischen Elite. Das Buffet war extrem gut, und der Repräsentant einer deutschen Brauerei bot an der Bar frisch gezapftes Bier an. Nach den offiziellen Reden war Angela Merkel umringt von Menschen, die mit ihr sprechen wollten. Nur kurz trat ich zusammen mit meiner Frau an die Kanzlerin heran, um ihr noch einmal die Hand zu schütteln. Anschließend beobachteten wir die Szene ein wenig aus der Ferne, von der Bar aus. Auch der damalige Außenminister Frank-Walter Steinmeier fiel mir dabei plötzlich ins Auge. Während die Menschentraube um die Bundeskanzlerin nicht kleiner werden wollte, stand der Außenminister fast völlig alleine da und hielt sich, wie ich, an einem Glas Bier fest.

Ich ging zu ihm und stellte mich vor. Im Smalltalk kreisten wir eine Weile um das Spannungsfeld von Politik und Religion in Israel und Palästina, dann stellte ich ihm ein Projekt vor, welches unser Jerusalemer Team seit einer Weile beschäftigte. Wir hatten uns vorgenommen, durch die Restaurierung eines historischen Saals auf dem Ölberg (neben der Himmelfahrtkirche, wo wir zwei Jahre später unseren Altar aufgestellt hatten) einen Ort internationaler, interkultureller und interreligiöser Begegnungen zu schaffen. In der Tat verfügten die Immobilien der Kaiserin Auguste Victoria-Stiftung auf dem Ölberg über so viel ungenutztes Potential. Sowohl Israelis als auch Palästinenser kamen gerne auf das Areal, betrachteten es jeweils als Teil „ihrer" Stadt. Und obwohl in Ostjerusalem gelegen, war das Grundstück in den Waffenstillstandsabkommen von 1949 doch nicht unter die Kontrolle der jordanischen Armee gestellt worden. Vielmehr stellte es in den Jahren der Teilung der Stadt bis 1967 den jordanischen Teil der „demilitarisierten Skopusbergenklave" dar, deren israelischer Teil die Hebräische Universität war. Auf solchermaßen „neutralen Grund" wäre es doch möglich, Menschen zusammenzubringen: Juden, Christen und Muslime; Israelis, Palästinenser und Zugereiste von außen. Man müsste jenen Saal nur schön wieder herrichten, um hier ein anregendes Ambiente für Ausstellungen, Konzerte, Konferenzen und multikulturelle Feste zu schaffen.

„Ich bin von Herzen ein Christenmensch", erklärte der Mann mit der markanten Brille und dem schlohweißen Haar, „und persönlich will ich alles tun, um zu unterstützen, dass Christen hier im Nahen Osten einen wesentlichen Beitrag zur Zivilgesellschaft leisten können." Bingo. Die erste Hürde war genommen. Fortan war das Vertretungsbüro der Bundesrepublik Deutschland in Ramallah, entsprechend den Vorgaben des Auswärtigen Amtes, einer der wesentlichen Förderer dieses Vorhabens. Als wir ein halbes Jahr später auch einen wichtigen privaten Mäzen für dieses Anliegen gewinnen konnten, gab es kein Zurück mehr.

Frank-Walter Steinmeier hielt uns jedenfalls fortan die Treue, auch in der Legislaturperiode von Ende 2009 bis 2013, als er kein Ministeramt bekleidete. Im Februar 2010 erschien er mit Frau und Tochter zu einem ganz privaten Besuch an der Erlöserkirche. Die Familie besichtigte unseren mittelalterlichen Kreuzgang und ließ sich auf dem Kirchturm von uns das Stadtpanorama erklären. Dann verharrten die Steinmeiers lange im Kirchenschiff selbst, und der Familienvater bat mich, ein Gebet für den Frieden zu sprechen. Erst später habe ich verstanden, dass sich der ehemalige und zukünftige Außenminister sowie spätere Bundespräsident zu jener Zeit darauf vorbereitete, seiner kranken Frau eine Niere zu spenden. Steinmeier war im besten Sinne das, was man auch auf Hebräisch mit dem deutschen Lehnwort „*Mensch*" bezeichnete – ein Begriff, der über das Jiddische in die moderne Version der biblischen Sprache eingewandert ist. Ein *Mensch*, ganz unprätentiös, der mit oder ohne Ministeramt auch einfach mal im Café an der Auguste Victoria saß und mit den anderen Gästen über Gott und die Welt plauderte – und den ich 2015 ganz unkompliziert um die Unterstützung der deutschen Botschaft in Beirut bei unserer Arbeit mit syrischen Flüchtlingen im Libanon bitten konnte.

Bei jenem Kanzlerinnenempfang in dem Hotel in Tel Aviv im Jahr 2008 war Steinmeier eben derjenige, der es am längsten beim Bier aushielt und sich Zeit nahm für jedes Gesprächsanliegen, das an ihn herangetragen wurde. Gemeinsam verließen wir als Letzte den Saal, und auf diesen Kontakt konnte ich fortan bauen.

Es war eine höchst beschwingte Veranstaltung, als Shimon Peres am 15. Juli 2007 in der Knesset als neunter Staatspräsident Israels vereidigt wurde. Zusammen mit allen anderen Ehrengästen hatte ich mich am Nachmittag auf dem Vorplatz des Parlamentes eingefunden, wo Peres zunächst die Ehrengarde abschreiten sollte. Die Musik, die sich der damals bereits fast Vierundachtzigjährige zu diesem Anlass ausgesucht hatte, war hinreißend. Von israelischer Folklore bis hin zu flottem Jazz. – Man hätte tanzen mögen.

Ein Wind der Erleichterung schien dann auch beim Fortgang der Zeremonie im Plenarsaal über die Köpfe der Anwesenden zu wehen. Zusammen mit anderen Kirchenoberhäuptern hatte man mir einen Platz auf einer der Ehrentribünen zugewiesen – nur wenige Meter vom Rednerpult und nicht hinter dem Panzerglas verborgen, welches die Haupt-Besuchertribüne von den Parlamentariern trennte. Man sitzt hier dicht beieinander, selbst an weniger feierlichen Tagen: Äußerst bescheidene Maße hat der fensterlose Plenarsaal mit der markanten Stirnwand aus leuchtendem Jerusalemer Stein. Wer hier als Abgeordneter einen Aktenordner vor sich aufschlagen möchte, kommt sich dabei leicht mit seinem Sitznachbarn ins Gehege.

Dalia Itzik, Parlamentssprecherin und seit dem unrühmlichen Abtritt von Moshe Katzav amtierende Staatspräsidentin, zeigte sich bei der Vereidigung humorvoll und charmant. Es war zu spüren, dass hier nach Jahren der Skandale und der Stagnation ein neues Blatt aufgeschlagen werden sollte.

Und dann hielt Shimon Peres seine Einführungsrede. Immer wieder war er in der Vergangenheit als „*Loser*", als Verlierer, bezeichnet worden, weil er angeblich keine einzige Wahl aus eigener Kraft heraus gewonnen hatte. Doch dieses Mal hatte der Friedensnobelpreisträger bei seiner Wahl ein Traumergebnis erzielt. Er ging kurz auf seine Biografie ein: Auf seine polnische Herkunft, die Auswanderung seiner Familie nach Palästina nur fünf Jahre vor dem deutschen Überfall auf Polen. Und dann sprach er über die Schwerpunkte, die er in seiner vor ihm liegenden Amtszeit setzen wollte. In Israel wolle er vor allem den Negev, Galiläa und das „Tal des Friedens" weiter entwickeln. Die Nennung der ersten beiden Regionen war verständlich – war Peres doch zuvor Minister für die Entwicklung Galiläas und des Negev gewesen. Vor allem stellte er dabei die Notwendigkeit heraus, das gemischtreligiöse Galiläa als Ort des friedlichen Zusammenlebens unterschiedlicher Religionsgemeinschaften zu stärken. Das „Tal des Friedens" jedoch war ein Begriff, der im politischen Diskurs bis dahin keinen Platz gehabt hatte: Peres stellte sich darunter die Grenzregionen zwischen Israel, dem palästinensischen Westjordanland und Jordanien vor. Gemeinsam sollten Israelis, Palästinenser und Jordanier hier neue touristische Projekte, kluge Formen der Wasserverteilung und eine nachhaltige Industrie entwickeln, welche Arbeitsplätze und damit Wohlstand für alle bot. Die Idee eines „ökonomischen Friedens" war dies: Wo alle die Möglichkeit bekämen, am Wohlstand zu partizipieren, da gäbe es keine Notwendigkeit mehr, den jeweils anderen zu verdrängen oder gar zu bekämpfen. Eine ideale Voraussetzung für einen Friedensschluss.

Den Staatspräsidenten traf ich fortan regelmäßig. Als Kirchenvertreter war ich in jedem Jahr zum israelischen Nationalfeiertag in seine Residenz eingeladen, ebenso auch zum regelmäßigen Neujahrsempfang für die Oberhäupter der christlichen Kirchen, zu Empfängen für diverse Staatsoberhäupter und zu manch weiterem Anlass. Natürlich begegnen sich ein Staatsmann wie Peres und ein mehr als vierzig Jahre jüngerer Pfarrer niemals auch nur annähernd auf Augenhöhe. Und doch hatte ich das Gefühl, dass sich da bald ein feiner Faden zwischen uns entspann. Bereits bei seiner Einführung hatte mich Peres wiedererkannt als denjenigen, der wenige Monate zuvor mit der EKD-Ratsdelegation bei ihm war. Meine Glückwünsche beantwortete er mit einem freundlichen Kärtchen, und auch fortan tauschten wir zu hohen Feiertagen Grußkarten aus. Als dann seine Frau Sonja gestorben war, schrieb ich ihm einen Kondolenzbrief, den er in feinsinniger Weise beantwortete. Mit Sonja hatte er Jahrzehnte seines Lebens geteilt – in die Präsidentenresidenz war sie dennoch nicht mit eingezogen. Ihrer Meinung nach wäre es schon längst Zeit gewesen, den Ruhestand anzutreten und einen ruhigen Lebensabend am Mittelmeer zu genießen. Diese eine Wahl ihres Mannes hatte sie nicht unterstützt. Sie blieb also in ihrer Wohnung in Tel Aviv. Und dort starb sie. Ein wenig tragisch war das schon. Ebenso tragisch war es für Peres, dass er seine Friedensvisionen nicht umzusetzen vermochte – und dass er derjenige war, unter dessen Präsidentschaft der Staat Israel Ende 2008 bis Anfang 2009 in einen weiteren Gaza-Krieg zog. In den folgenden Wochen und Monaten wirkte er bei einigen Begegnungen unendlich müde.

Die Präsidentenempfänge folgten in der Regel einem mehr oder weniger festen Ritual: Nationalhymne, Rede des Präsidenten, Rede des Griechisch-Orthodoxen Patriarchen (als des ranghöchsten Kirchenvertreters), vielleicht noch eine Rede des Außenministers und des dienstältesten anwesenden Diplomaten. Dazwischen Musik – bei den Neujahrsempfängen gerne ein christliches (wenn auch möglichst nicht allzu religiöses) Weihnachtslied auf der Harfe, am Nationalfeiertag hingegen lieber eine israelisch-folkloristische Kindertanzgruppe – und anschließend ein leckeres Buffet, welches keine Wünsche offen ließ. Die Beliebtheit der Harfe zu solchen Anlässen ist wahrscheinlich eine Anknüpfung an König David, der in der Bibel als Harfenspieler dargestellt wird – auch wenn das Instrument der biblischen Zeit gänzlich anders ausgesehen haben dürfte als sein heutiges Pendant.

Bis Anfang 2009 war Tzipi Livni die Außenministerin Israels und nahm manches Mal an solchen Empfängen teil. Die hochgewachsene, blonde Dame zeichnet sich bis heute durch eine besonders wechselvolle Karriere in der israelischen Politik aus. Peres und Livni verstanden es, sich in der Öffentlichkeit mit Humor und Eleganz die Bälle zuzuspielen. „Für das neue Jahr wünsche ich dem Staat Israel endlich ein Friedensabkommen mit den Palästinensern", sagte ich den beiden auf einem Neujahrsempfang. „Amen!", riefen sie beide wie im Chor – und mussten lachen, weil die religiöse Bekräftigung des frommen Wunsches eines Pfarrers durch diese beiden säkularen Politiker so sehr wie aus einem Munde kam.

Beim Präsidentenempfang anlässlich des Besuches von Papst Benedikt war der Garten der Residenz besonders gut mit Gästen gefüllt. Shimon Peres suchte sich einen Weg durch die Menge, wobei er zahlreiche Hände schüttelte. Als er mich entdeckte, legte er mir väterlich die Hand auf die Schulter. „Wie gefällt dir der Button?", fragte er. Zunächst wusste ich nicht so recht, was er meinte. Am Eingang hatte man mir einen Pin an den Lutherrock gesteckt, den ich mir noch gar nicht so recht angeschaut hatte. Denn eigentlich war dies ein fester Teil des üblichen Sicherheitsprotokolls bei Empfängen für Staatsoberhäupter: Der angesteckte Pin bedeutete, dass man Zutritt zur Hochsicherheitszone hatte. Meistens war darauf jeweils nur eine bestimmte Kombination von zwei verschiedenen Farben zu sehen. Doch diesmal zeigte der Button einen Hirtenstab und einige angedeutete Schafe. Künstlerisch durchaus geschmackvoll sah das aus. „Wir brauchen in dieser unruhigen Zeit wirklich gute, verantwortungsbewusste Hirten", erklärte mir Peres. „Hirten, die wissen, welch ein gefährliches Werkzeug die Religion sein kann, und die weise mit diesem Werkzeug umgehen." Dann fügte er noch hinzu, dass er das Motiv zum Papstbesuch selbst ausgesucht habe, weil es ihm so gut gefiel.

Obwohl er ein säkularer Mensch war, hatte Präsident Peres also durchaus ein ausgeprägtes religiöses Sensorium. Intensiv verfolgte er zum Beispiel die Arbeit des „Rates der Religionsoberhäupter in Israel", zu dem auch ich gehörte und von dem an anderer Stelle noch ausführlicher die Rede sein soll. *Wie* intensiv er diese Arbeit verfolgte – das wurde mir erst viel später klar.

Der israelische Unabhängigkeitstag oder *Yom Ha-Atzma'ut* fällt in jedem Jahr auf einen anderen Termin im christlichen (bzw. säkularen) Kalender, da er nach dem jüdischen, also mondbasierten, Kalender festgelegt worden ist. Im Jahr 2011 fiel er auf den 10. Mai. Im Garten der Residenz des Staatspräsidenten war ein großes, schattenspendendes Zeltdach aufgestellt worden. Bald nachdem ich meinen Platz in der ersten

Reihe gefunden hatte, betrat Präsident Peres gemeinsam mit dem damaligen Außenminister Avigdor Lieberman das Areal, und alle Anwesenden erhoben sich. Welch ein Kontrast bestand zwischen dem Präsidenten und seinem Außenminister! Während Peres jedem Gast in der ersten Reihe kräftig die Hand drückte, ihm in die Augen schaute und offenbar an wirklich jeden ein paar persönliche Worte zu richten wusste, wirkte Lieberman dabei fahrig und uninteressiert. Seine blassblauen Augen waren wässrig und schweiften in der Gegend umher, statt sein Gegenüber anzuschauen. Und sein Händedruck war schlaff. Liebermann war einst Türsteher in russischen Diskotheken gewesen, bevor er nach Israel emigrierte, hier zunächst im Likud-Block Karriere machte, und schließlich die rechte Partei „Unser Haus Israel" gründete, deren Vorsitzender er war.

Lieberman sprach dieses Mal als Erster. Sein Hebräisch war noch immer von einem harten russischen Akzent geprägt. Und der Inhalt war nicht weniger hart. Gerade war in manchen arabischen Nachbarländern Israels die Dynamik in Gang gekommen, die damals noch als „Arabischer Frühling" oder als „Arabellion" bezeichnet wurde: Allenthalben mussten die Diktatoren fürchten, von den Menschen auf der Straße förmlich in die Wüste geschickt zu werden. Lieberman hatte nun seine eigene Interpretation der Dinge: Diese gegenwärtigen Unruhen in der Region zeigten doch, dass Israel nicht bloß die einzige Demokratie im Nahen Osten sei (was man ja schon immer gesagt habe), sondern auch der einzige Hort der Stabilität. Damit dies so bleibe, müsse Israel auch nach außen Stärke zeigen und sich von seinem Weg nicht abbringen lassen. Nie wieder dürfe das Siedlungsbau-Programm in Judäa und Samaria – mit diesen biblischen Begriffen bezeichnen politisch eher rechts stehende Israelis das Westjordanland – unterbrochen oder gar gestoppt werden. Vielmehr müsse der Staat Israel im ganzen Land Israel „bauen, bauen, bauen". Ein Siedlungsbaumoratorium (welches auf internationale Vermittlung hin von den Israelis bis zum Vorjahr einmal eher halbherzig befolgt worden war) werde es nie wieder geben: „Weder für drei Jahre, noch für drei Monate, noch für drei Stunden."

Einige Vertreter christlich-zionistischer Organisationen spendeten begeisterten Applaus, wir übrigen Kirchenvertreter schauten uns eher betreten gegenseitig an. Eigentlich war diese Aussage des Außenministers ein Affront gegen all das, was die Weltgemeinschaft als gültiges internationales Recht verstand. Und eigentlich hätte man daher an dieser Stelle aufstehen und die Veranstaltung verlassen müssen. Ich blickte zum deutschen Botschafter hinüber, der offenbar meine Gedanken erraten hatte. Mit der Handfläche wies er zum Boden und bedeutete mir damit, die Ruhe zu bewahren und sitzen zu bleiben.

Und das war richtig. Man hätte meinen können, dass sich der Außenminister und sein Präsident bewusst auf ihre Rollen als „*bad guy*" und „*good guy*" verständigt hatten. Präsident Peres trat jetzt nämlich an das Rednerpult und erklärte mit sanfter Stimme, eloquent und diesmal auch nicht mit einem Anflug von Müdigkeit, wie sehr er sich über all die demokratischen Aufbrüche in der arabischen Welt freue. Eine nachhaltige Demokratisierung derer Nachbarländer sei nämlich auch für Israel ein großer Gewinn. Ein wirtschaftlicher und kultureller Austausch zwischen mehreren pulsierenden Demokratien würde zum Nutzen aller sein, und auch den Palästinensern sei daher beim Aufbau ihrer Demokratie nur Glück und Erfolg zu wünschen. Es sei zu hoffen, dass sich auf diesem Weg auch die Lebensverhältnisse in Gaza an die Lebensverhältnisse im Westjordanland angleichen (wo seit einigen Jahren ein wirtschaftliches Wachstum zu verzeichnen war). Dazu sei es freilich notwendig, dass Gaza zu dem (von Präsident Abbas regierten) Westjordanland komme, und nicht umgekehrt das Westjordanland zum Gazastreifen (wo zu jenem Zeitpunkt wieder einmal der Versuch einer Versöhnung zwischen Hamas und Fatah unternommen wurde).

Während sich Lieberman an seinem schriftlichen Konzept geradezu festgeklammert hatte, sprach Peres völlig frei und spürbar von Herzen – wodurch er auch die Herzen der Anwesenden erreichte, die ihm lebhaften Applaus spendeten. Anschließend erfreuten sich alle am guten Buffet, und auch die palästinensischen Kirchenoberhäupter, die zu der Veranstaltung gekommen waren, ließen es sich dabei erkennbar gut gehen.

Ein Jahr später, im Frühjahr 2012, teilte ich Shimon Peres beim Smalltalk an einem ebensolchen Buffet mit, dass ich bald Jerusalem verlassen würde, um nach Deutschland zurückzukehren. Seine Reaktion war denkbar knapp. Noch einmal legte er mir in der vertraut-väterlichen Weise die Hand auf die Schulter und blickte mir in die Augen: „Dann pass nur auf, dass du dein Hebräisch nicht vergisst" – sprach's und wandte sich seinem nächsten Gesprächspartner zu. Geschrieben hat er mir in jenem Frühjahr – vier Jahre vor seinem Tod im Jahr 2016 – aber auch: einen echten Abschiedsbrief, der schöner war als alles, womit ich gerechnet hatte: Von einem „Band echter Freundschaft" sprach er, und davon, dass es mir gelungen sei, dieses zu den unterschiedlichsten Segmenten der israelischen Gesellschaft zu knüpfen. Die Herzlichkeit dieser Zeilen machte mich sprachlos.

Zu den spannenderen Begegnungen im pastoralen Dienst an der Erlöserkirche gehörte auch das, was in unserer Gemeinde regelmäßig zu Weihnachten geschah. Bereits um die Mittagszeit des Heiligen Abends feierte stets die arabische lutherische Gemeinde ihren Heiligabend-Gottesdienst in unserer Kirche. Gleich anschließend, am Nachmittag also, fuhren wir mit unseren Gemeinden nach Bethlehem, wo in der evangelisch-lutherischen Weihnachtskirche ein internationaler Gottesdienst stattfindet. Der arabische Ortspfarrer von Bethlehem, der arabische Bischof, der Pfarrer der amerikanischen Gemeinde von Jerusalem und der Propst gestalten die Liturgie dieses Gottesdienstes am Geburtsort Jesu Christi stets gemeinsam. Mit einer Kerzenprozession geht es anschließend zum internationalen Zentrum von Bethlehem, wo Glühwein und Gebäck gereicht werden. Die Evangelischen sind dabei natürlich nicht die einzigen, die in diesem Moment das Geschehen der Heiligen Nacht an seinem Ursprungsort nachvollziehen. Vielmehr strömen die Menschen zu Zehntausenden über den Checkpoint ins palästinensische Gebiet, und die israelischen Behörden bemühen sich, sich von ihrer Schokoladenseite zu zeigen: Vom südlichen Stadtrand Jerusalems bietet das israelische Tourismusministerium kostenlose Shuttlebusse nach Bethlehem an, und am Checkpoint gibt es Süßigkeiten von der Armee, die man bitteschön unter palästinensischen Kindern als Zeichen des israelischen Friedenswillens verteilen möge.

Nach diesem ersten Teil des Heiligen Abends geht es rasch wieder zurück nach Jerusalem, wo die deutschsprachige evangelische Gemeinde in ihrem großen Bibliothekssaal zu einem festlichen Weihnachtsessen einlädt. Da kommen alle aus der Gemeinde zusammen, die Weihnachten nicht alleine feiern mögen. Es wird gesungen und geschlemmt: Zu Beginn unser Jerusalemjahre hatte unser Verwaltungsleiter einen arabischen Restaurantchef der Altstadt darin trainiert, wie man einen deutschen Sauerbraten mit Rotkohl zubereitet. Es mag verblüffen, dass Rotkohl in der palästinensischen Küche nur als Salat bekannt ist. Das Ergebnis, das entsteht, wenn man dieses Gemüse mit den richtigen Gewürzen kocht, vermochte allerdings auch den einheimischen Gastronomen zu überzeugen!

Irgendwann einmal öffnete ich während des Weihnachtsessens das Fenster der Bibliothek nach draußen – und fragte mich ungläubig, ob mit dem, was ich sah, wirklich wir gemeint waren. Der gesamte Muristan war gedrängt voll mit Menschen. Schulter an Schulter, Brust an Rücken, standen sie, hinein in die Seitenstraßen des Muristan, um den griechisch-orthodoxen Muristanbrunnen herum, den Avtimios-Markt hoch – und gewiss auch noch im Davidsbasar und in der Christian Quarter Road: Säkulare jüdische Israelis, die einmal erleben wollten, wie Christen Weihnachten feiern, und die auf Einlass zur Christmette in unsere Kirche warteten.

Von diesen Israelis waren unsere Weihnachtsgottesdienste stets geprägt. Reisebüros in Haifa hängten bereits im Herbst Werbeplakate aus mit der Einladung: „Erleben Sie Exotik in Jerusalem – feiern Sie Weihnachten in den christlichen Kirchen – wir bieten Ihnen sieben Gottesdienste in einer Nacht!" Solche Reisebüros ließen sich die Touren gut bezahlen – nur sahen wir als Gastgeber freilich nichts von den dadurch erzielten Einnahmen. Die Motivationen der jüdischen Gäste waren ganz unterschiedlich: Einmal erklärte mir ein junger Mann treuherzig: „Früher sind wir nach dem Militärdienst gerne zur buddhistischen Meditation nach Südostasien gereist. Doch leider ist die Welt für Israelis immer gefährlicher geworden. Und dann haben wir entdeckt, dass wir etwas ebenso Exotisches direkt vor unserer Haustür haben: Die christlichen Kirchen in Jerusalem." Mag es also für die einen ein exotisches Erlebnis sein, einmal unter einem beleuchteten Christbaum „Stille Nacht" zu singen, so war es für die anderen der Ausdruck einer echten Sinnsuche. Sie fühlten sich dabei auf eine geistliche Weise angesprochen, die sie in ihren eigenen Synagogen nicht fanden.

Solche jungen Israelis waren es, die am Heiligabend in unsere Christmette kamen. Oder auch in die benachbarte katholische Dormitio, wo sich die Gemeinde dann immer auf die Empore zurückzog, während ein beständig weiter wandernder Strom dieser Israelis das Kirchenschiff in Beschlag nahm. Die Bewegung war verständlich, schließlich wollte man die nächsten sechs der vom Reisebüro versprochenen sieben Gottesdienste ja auch noch erleben.

Einmal irritierte mich ein junger Mann, der es bis in die zweite Reihe der Erlöserkirche geschafft hatte. Er trug eine rote Weihnachtsmann-Zipfelmütze mit grell blinkenden Leuchtdioden an der weißen Krempe. Ich bat ihn im Gottesdienst, das Geblinke auszuschalten. Er war betroffen: Er habe es doch nur gut gemeint und sich an eine christliche Weihnachtstradition anpassen wollen. Auf den Altarstufen streckte sich derweil ein anderer junger Mann aus und legte seinen Kopf in den Schoß seiner Freundin. Die kraulte ihm zärtlich die Rasta-Locken. Ob sich christliche Besuchergruppen in den jüdischen Synagogen Deutschlands immer angemessener verhalten als unsere jüdischen Besucher hier in Jerusalem? Ich habe da meine Zweifel, denn die meisten interkulturellen Grenzverletzungen werden von ihren Verursachern grundsätzlich nicht bemerkt – ganz egal, zu welcher Religion sie gehören.

Die Mitglieder unserer Gemeinde gingen ganz unterschiedlich mit solchen Besuchern um. Im Kirchengemeinderat gab es da im Wesentlichen zwei Fraktionen: Die einen sahen in dem Strom junger Juden zum christlichen Gottesdienst eine Art Vorzeichen der Endzeit – oder doch zumindest eine missionarische Gelegenheit. Sie bemühten sich darum, rechtzeitig vor dem Gottesdienst das detaillierte Programm von mir zu erhalten, um es ins Hebräische zu übersetzen – inklusive theologischer Erläuterungen. Und die andere Fraktion sah in diesen Besuchern eher eine Störung, die man sich vom Leibe zu halten hatte. Meistens kam es so, dass beide Fraktionen sich den Küsterdienst in der Heiligen Nacht aufteilten. Geradezu devot verbeugte sich die eine Dame vor jedem jüdischen Gast: „Herzlich willkommen zur Feier der Geburt deines Erlösers und Messias! Bitteschön, nimm doch ein hebräisches Programm – wir freuen uns, dass du da bist!" – „Und nimm die blöde Weihnachtsmannmütze von deinem Kopf und halt während der Predigt gefälligst den Mund!", ergänzte dann die andere.

In jener Nacht, als ich während des Weihnachtsessens bereits aus dem Fenster der Bibliothek gesehen hatte, dass sich die jüdischen Gottesdienstbesucher bis in die Seitengassen des Muristan stauten, ließ sich kaum noch etwas steuern. Die Damen an der Pforte waren angewiesen, ab einem bestimmten Moment niemanden mehr einzulassen. Das machte die Menschen draußen nervös. Sie wedelten mit ihren Tickets, die sie in den Reisebüros von Haifa und Tel Aviv gekauft hatten: „Wir haben dafür viel Geld bezahlt!" – Nur leider hatten wir mit dem Ausstellen dieser Tickets nichts zu tun gehabt, es war auch nicht mit uns abgesprochen gewesen, sonst hätten wir uns daran gewiss eine goldene Nase verdienen können. Und kurz vor Beginn des Gottesdienstes – ich war bereits vorne in der Kirche und schaute, wie ich durch die Menschenmassen hindurch zumindest jeweils vom Altar zur Kanzel und zurück gelangen konnte – da hörte ich plötzlich durch alle Stimmen hindurch vom Eingang einen Schrei: „Wir fluuuuten!" Die Damen dort im Vorraum hatten die Lage nicht mehr im Griff gehabt und waren nun vom Ansturm der Menschen schlicht überrannt worden. Es ging ein Ruck durch die Menge im Kirchenraum, und diejenigen, die im Seitenschiff ganz vorne gestanden hatten, wurden nun mit der Brust an die Wand der Apsis gedrückt.

Der Gottesdienst nahm seinen Lauf – auf Deutsch, Arabisch, Hebräisch und Englisch. Viele Mitglieder unserer Gemeinde, die in diesen Sprachen zu Hause waren, wirkten in der Liturgie mit. Pfarrer Michael Krupp, ein Urgestein unserer Gemeinde, der seit Jahrzehnten in Israel zu Hause ist, übernahm gerne die hebräischen Parts. „Wenn ich die Augen schloss, hatte ich das Gefühl, da spreche ein alter, aschkenasischer Rabbiner", schrieb eine israelische Besucherin später in ihrem Blog im Internet. Als ich auf Deutsch zu predigen begann, machte sich ein größerer Teil der Besucher auf den Weg zu einem anderen Gottesdienst. Und immer dann, wenn gesungen wurde, konnte man feststellen, wo sich die Christenmenschen im Kirchenraum befanden. Denn nur von dort erklangen jeweils die Gesänge; die jüdischen Besucher kannten unsere Lieder nicht. Doch wenn am Ende „Stille Nacht, Heilige Nacht" in mehreren Sprachen gesungen wurde, dann standen allen die Tränen in den Augen.

Zu meinem vorletzten Weihnachtsfest in Jerusalem hatte sich der Kirchengemeinderat schließlich dazu durchgerungen, den Besucherstrom durch die Vergabe von Einlasskarten ein wenig zu regulieren. Natürlich sollten diese Karten kostenlos sein. Aber bis zu einem bestimmten Zeitpunkt vor dem Weihnachtsfest sollten sie ausschließlich an christliche Pilger und unsere eigenen Gemeindeglieder ausgegeben werden, und erst anschließend an alle anderen. Es war erstaunlich, wie klaglos die jüdischen Interessenten dies hinnahmen. Die Plätze bei ihren eigenen *Yom-Kippur*-Gottesdiensten in den Synagogen wurden ja auch durch Eintrittskarten vergeben – warum also sollte das bei den Christen anders sein. Nur: Dass man diese Tickets zu wirklich keinem Preis käuflich erwerben konnte, das löste Verwunderung aus. Mehr als die Hälfte der Gottesdienstbesucher waren dann immer noch israelische Juden. Aber man konnte das Singen der Christen wieder hören, und alle fanden, dass es so deutlich entspannter als früher war.

Dass es im Anschluss an den Gottesdienst im Kreuzgang kostenlosen Glühwein gab, das versuchten wir zunächst natürlich nur im Kreise unserer Gemeindeglieder zu kommunizieren. Aber die Israelis hatten es selbstverständlich schnell herausgefunden, und abweisen mochten wir niemanden. So war manches Mal der Glühwein schon leer, als sich die Christen einen Weg aus der Kirche heraus in den Kreuzgang gebahnt hatten. Dort sangen wir nach Mitternacht aus vollem Herzen unsere Weihnachtslieder, und ein israelischer Touristenführer erklärte seinem Grüppchen in unserem Refektorium mittels einer umgeschnallten Lautsprecheranlage, was wir Christen zu Weihnachten so tun. Irgendwann blies mein Kollege vom Ölberg, oder auch unser Vikar, und manchmal auch ein junger Freiwilligendienstleistender, zum Aufbruch nach Bethlehem. Dorthin führte jedes Jahr die nächtliche Pilgerwanderung, an der vor allem die Jugend der Gemeinde teilnahm. An der Hauptstraße ging es entlang, die so wenig weihnachtlich war, hinter einem an einem langen Stab vorangetragenen, hölzernen Stern von Bethlehem her. Durch den Checkpoint hindurch bis zum Krippenplatz vor der Geburtskirche, neun Kilometer, um auch dort noch einmal Lieder zu singen und eventuell an einer der letzten Feiern dieser Nacht in der Geburts- oder der angrenzenden Katharinenkirche teilzunehmen.

Währenddessen versuchten wir in Jerusalem Zurückgebliebenen stets, die Kirche nach dem Ansturm wieder für den Weihnachtsmorgen herzurichten, und manches Mal bedienten die Vorsitzende des Kirchengemeinderates und der Propst dabei gemeinsam die Staubsauger – und das waren dann ebenso wundersame wie einzigartige Momente der weihnachtlichen Kommunikation.

Gerade rechtzeitig zum Hauptgottesdienst um halb elf am Weihnachtsmorgen waren die jungen Leute aus Bethlehem meistens zu Fuß wieder zurück. Und so wurde dann noch einmal Gottesdienst gefeiert, bevor bei uns Christen alles im mittäglichen Tiefschlaf der Erschöpfung versank. Ein paar junge Eltern, die vielleicht ihr erstes Weihnachtsfest in Jerusalem verbrachten, beschwerten sich normalerweise noch darüber, dass es uns einfach nicht gelingt, ein Krippenspiel für ihre Kinder in den Ablauf des Heiligabends aufzunehmen. Wir seien doch eine deutsche Gemeinde, und in deutschen Gemeinden sei ein Familiengottesdienst mit Krippenspiel doch üblich. Und der eine oder andere Israeli beklagte sich bei mir, dass der Pilgerweg an Weihnachten ausgerechnet nach Bethlehem führt, in das palästinensisch verwaltete A-Gebiet, welches sie doch nicht betreten dürfen. Ob wir uns denn gar nicht darüber bewusst seien, dass ausgerechnet wir als Deutsche mit der Wahl eines solchen Ortes Juden von unserer Veranstaltung ausschließen. Einer formulierte es mal ganz unmissverständlich: Diese Veranstaltung, zu der man nach dem Gottesdienst aufbreche, sei also *judenrein*.

Ansonsten ging der israelische Alltag am ersten Weihnachtstag ganz normal seinen Gang – ein Tag der Arbeitswoche, wie alle anderen Arbeitstage auch. Nur wir Christen schliefen nach dem Hauptgottesdienst zumeist den Schlaf der Gerechten – in einem Land, in dem man nur an den wenigen Orten, an denen die christliche Minderheit lebt, überhaupt etwas von Weihnachten sieht und spürt. Denn eine Beschallung mit Weihnachtsliedern in den Kaufhäusern ist nicht-existent, und Weihnachtsbeleuchtung in den Straßen sieht man nicht. Ein Hotel, welches für seine christlichen Gäste eine Weihnachtsfeier veranstalten würde, würde es riskieren, das Zertifikat des Rabbinats nicht mehr zu erhalten, welches bestätigt, dass das Essen aus der Hotelküche koscher ist. Und das wäre, wenn der Hotelier auch auf seine jüdischen Gäste angewiesen ist, ein kaum tragbares wirtschaftliches Risiko.

Nein, ein „besinnliches Weihnachten" gibt es im Heiligen Land so gut wie gar nicht. Während auf der israelischen Seite Weihnachten praktisch ausfällt (und die interessierten jüdischen Israelis daher zu uns ins christliche Viertel der Altstadt kommen), ist das Weihnachtsfest an den christlich-arabischen Orten des Landes vor allem laut. Böller werden da gezündet, und Pfadfindergruppen marschieren mit Trommeln und Dudelsäcken – einem Relikt der britischen Mandatszeit. Sie feiern wohl vor allem deswegen so laut, um dieses eine Mal ihre Präsenz zu zeigen: Seht, heißt das, wir mögen zwar immer weniger werden, weniger als zwei Prozent der Bevölkerung, aber wir sind immer noch da. Wir sind nicht zu überhören!

Das eine oder andere Mal gab es während unserer Zeit in Jerusalem dann doch einen Ausbruch aus der weihnachtlichen Routine – zum Beispiel in jenem Jahr, als Benny (der natürlich nicht wirklich so heißt) bei uns an der Erlöserkirche ein Freiwilliges Soziales Jahr leistete, also unser „Volo" war. Benny war im Anschluss an sein Abitur nach Jerusalem gekommen. Seine Zeit auf dem Gymnasium hatte er zwar mit Bravour abgeschlossen – und doch fehlte ihm ab und zu eine gewisse praktische Ader. Benny hatte für die Christnacht die verantwortungsvolle Aufgabe übernommen, der jugendlichen Pilgergruppe nach Bethlehem den hölzernen Stern voranzutragen. Nur: Benny hatte sich nicht rechtzeitig kundig gemacht, wo genau dieser Stern in unserem Fundus verwahrt wird. So kramte er im Anschluss an die Christmette zunehmend nervös in unserer Sakristei, wo er jedoch nur das Vortragekreuz finden konnte, welches normalerweise für die Prozessionen am Gründonnerstag oder am Karfreitag verwendet wird. Nun wird sich Benny gesagt haben: Prozession ist Prozession, irgendetwas wird immer an einem langen Stab vorangetragen, und warum sollte man dann nicht auch in der Christnacht das hölzerne Kreuz verwenden?

Er wird auf dem Weg ein paar blöde Bemerkungen eingesteckt haben, und spätestens auf dem Rückweg war es dann auch einigen anderen in der

Gruppe zu dumm. Die ersten Freiwilligen, die in Jerusalem zu ihrer Unterkunft in Gilo abbogen, boten an, dass das Kreuz erst einmal in ihrer WG untergestellt werden könne. So geschah es dann auch – offenbar zur großen Dankbarkeit Bennys, der, so müde wie er war, auf diese Weise zumindest mit freien Händen zurück in die Altstadt und zur Erlöserkirche laufen konnte. Und dann geschah einige Monate lang – erst einmal gar nichts.

Dass das Vortragekreuz irgendwo in einer Freiwilligen-WG in Gilo stand, jenem jüdischen Vorort Jerusalems auf besetztem palästinensischem Land, war wohl allzu schnell vergessen worden. Es fiel Benny siedend heiß erst wieder ein, als ich in den Tagen vor der Karwoche nach dem Kreuz suchte. Denn für diverse Prozessionen auf dem Weg zur Kreuzigung Christi brauchten wir es tatsächlich. Nachdem er mir ein wenig betreten eröffnet hatte, wo der gesuchte Kultgegenstand vermutlich noch immer seiner Abholung harre, beauftragte ich ihn, schnellstmöglich nach Gilo zu fahren, um wieder zur Erlöserkirche zu bringen, was in die Erlöserkirche gehört. Und Benny trollte sich.

Was dann folgte, hat ein junger Nachwuchsjournalist, der sich einmal zu einer längeren Fortbildung in Jerusalem befand, als eine Episode in seinem anschließend veröffentlichten Buch verarbeitet. Der Journalist tauchte ab und zu im Volontärsprogramm unserer Gemeinde auf, wo er natürlich wahrnahm, was unsere Freiwilligen bewegte. Im Grunde hat er Bennys Geschichte „geklaut", indem er sie in seinem Buch zu seiner eigenen Geschichte erklärt. Es ist ein eigenartiges Buch über die Erlebnisse eines jungen Deutschen in Israel. Über weite Strecken geht es um die erotischen Abenteuer des Protagonisten mit einer jüdischen Israelin. Und insofern ist es kein ungewöhnliches Buch, denn nur wenigen männlichen deutschen Israelbesuchern im paarungsfähigen Alter gelingt es, sich von der selbstbewussten, exotisch-herben Schönheit so vieler junger Israelinnen nicht verzaubern zu lassen. Aber der junge Journalist trägt zu dick auf. Und Bennys Geschichte ist nicht seine.

Denn allein Benny war es, der da schließlich im öffentlichen Bus von Gilo in die Jerusalemer Innenstadt saß. Mit einem Vortragekreuz auf dem Schoß. Benny war groß und blond und schlaksig, und meistens wusste der liebenswerte Junge nicht, wohin mit seinen zu lang geratenen Armen und Beinen. Schon dadurch fiel er im Nahen Osten auf. Mit dem Kreuz wird er erst recht nicht gewusst haben, wohin. Dass er zudem noch in einen falschen Bus gestiegen war, das war freilich die Krönung. Der Bus fuhr nämlich nicht zur Altstadt, sondern endete in *Mea Shearim*, dem Stadtteil der *Charedim*, also der ultraorthodoxen Juden. Und an einer Endstation haben alle Fahrgäste nun einmal auszusteigen.

Es muss an eine Szene aus dem „*Leben des Brian*" von Monty Python erinnert haben, wie Benny da stand, an einer belebten öffentlichen Bushaltestelle, und sich vermutlich an sein Vortragekreuz klammerte, unfähig, in dieser Situation auch nur einen Schritt vor oder zurück zu machen. Es ist hinterher nie ganz klar geworden, wie lange er dort tatsächlich verharrte, nur ängstlich um sich blickend, darauf wartend, dass den ersten Passanten die Ungeheuerlichkeit bewusst wurde. Denn die *Chuzpe*, sich ausgerechnet hier mit einem Kreuz aufzustellen, wäre wohl für alle, die in diesem Viertel lebten, bis dahin unausdenkbar gewesen. Und so wird es tatsächlich ein paar unendlich lange Momente gedauert haben, bis die drei spätpubertierendenden jungen Männer mit ihren Schläfenlocken und dem noch spärlichen Bartwuchs auf Benny losgingen, ihm das Objekt des Anstoßes entwanden und ihm eine gehörige Tracht Prügel verpassten. Das hölzerne Kreuz landete in tausend Stücken auf den Dächern der umliegenden Häuser, während Benny selbst eigentlich ganz froh war, mit einem blauen Auge davongekommen zu sein.

Ich hatte die Polizei nicht mit der Geschichte befassen wollen. Aber mein Verwaltungsleiter beharrte darauf, dass Israel sich offiziell als Rechtsstaat geriere, und dass es in einem Rechtsstaat schließlich erlaubt sein müsse, jederzeit und überall mit einem Kreuz herumzustehen. Zudem hatte der Verwaltungsleiter gerade einen guten Draht zu unserem Verbindungsoffizier bei der israelischen Polizei aufgebaut, dessen Dienste er jetzt einmal in Anspruch nehmen wollte. Saliba Saliba hörte sich die Sache also kommentarlos an. Man spürte, dass er sich nicht ganz sicher war, ob wir ihn vielleicht mit einem Scherz ein wenig austesten wollten. „Mit einem Kreuz an einem mannshohen Stab?", fragte er sehr langsam, um die Sache zu rekapitulieren. Und dann, noch langsamer, jedes einzelne der drei Worte betonend: „In Mea Shearim?" Mit dem sich an diese Fragen anschließenden Schweigen stand der ganze Irrwitz der Situation im Raum. „Das kann man ja niemandem erzählen", erkärte Saliba. „Das *darf* man ja niemandem erzählen." Recht hatte er. Nachdem Abu Adeeb, der Schreiner unseres Vertrauens, noch rechtzeitig vor Gründonnerstag und Karfreitag ein neues Vortragekreuz angefertigt hatte, waren schließlich auch alle Spuren beseitigt, welche die nächtliche Weihnachtswanderung nach Bethlehem hinterlassen hatte.

Ein ganz anderer Ausbruch aus der weihnachtlichen Routine war der Besuch des amerikanischen Botschafters zum Heiligen Abend 2007 – ein Besuch, welcher der üblichen weihnachtlichen Stresssituation noch eine besondere Note gab. Wir kamen gerade aus dem internationalen Gottesdienst in Bethlehem. Mein eben wieder eingeschaltetes Handy zeigte mir, dass unser guter Yacoub bereits dreimal versucht hatte, mich anzurufen. Und schon klingelte es abermals. Die Verbindung war schlecht – wie immer, wenn es im palästinensischen Autonomiegebiet überhaupt eine Verbindung über das israelische Mobilfunknetz gab. Ich verstand, dass es um fünfzehn Personen ging, den amerikanischen Botschafter, Personenschützer und die Möglichkeit einer Sitzplatzreservierung.

Irgendwann hatte ich eine Ecke gefunden, in der der Handyempfang funktionierte. „Wollen Sie mir wirklich sagen, dass der amerikanische Botschafter fünfzehn Plätze in unserem Mitternachtsgottesdienst reservieren will?" – „Ja", entgegnete Yacoub, „mit Familie und Personenschutz will er kommen."

„Das ist völlig unmöglich! Yacoub, Sie wissen, dass wir zu Weihnachten grundsätzlich keine Plätze in der Kirche reservieren. Für niemanden."

„Das habe ich den Leuten von der Botschaft auch gesagt. Aber sie haben nur gelacht und erklärt, es gehe doch um den amerikanischen Botschafter. Die haben mich überhaupt nicht ernst genommen."

Ich wusste zu dem Zeitpunkt noch nicht, dass der damalige amerikanische Botschafter in Israel, Richard Jones, eine besondere Affinität zu Deutschland hatte, ein ganz passables Deutsch sprach und genau deswegen die Christmette der deutschen Gemeinde besuchen wollte. Was ich aber wusste, das war, dass ich auch das Ansinnen deutscher Diplomaten auf reservierte Plätze stets abgelehnt hatte, wann immer es an mich herangetragen wurde. Die Kirche war in der Christnacht einfach viel zu voll, als dass man es den anderen Gottesdienstbesuchern hätte erklären können, warum da einige Plätze freigehalten wurden, während man sich ringsum bereits gegenseitig auf die Füße trat. Und es hätte vermutlich auch einige Kirchenälteste mit Türsteherqualitäten gebraucht, um diese Plätze gegen die hereindrängenden Besuchermassen zu verteidigen. Daher galt stets: Wer zuerst kam, hatte die größten Chancen auf einen Sitzplatz. Und genau dies hatte ich erst vor einigen Tagen dem deutschen Botschafter erklärt, der ebenfalls gerne Sitzplätze reserviert gehabt hätte. Und der hatte es verstanden.

Wie sollte ich es dem deutschen Botschafter also nunmehr erklären, wenn da für seinen amerikanischen Kollegen plötzlich doch Plätze reserviert gewesen wären? Mir kam eine Idee, und ich rief Yacoub noch einmal zurück: „Yacoub, sagen Sie den Amerikanern bitte, dass wir drei Plätze für ihren Botschafter reservieren. Drei, und nicht fünfzehn. Und dann rufen Sie bitte den deutschen Botschafter in Tel Aviv und den ständigen Vertreter der Bundesrepublik Deutschland in Ramallah an, und sagen Sie den beiden, dass aufgrund besonderer Umstände für sie auch jeweils drei Plätze reserviert seien." Dazu gab ich Yacoub die privaten Handynummern der beiden deutschen Diplomaten, denn es war ja bereits Heiligabend. Ich selbst bemühte mich, mit meiner Familie so schnell wie möglich zurück nach Jerusalem zu kommen.

Wir standen bereits in der Fahrzeugschlange am Checkpoint, als sich Yacoub abermals meldete: „Herr Propst, die Amerikaner sind jetzt mit Hunden in der Kirche!" Ich konnte mir sein angewidertes Gesicht gut vorstellen. Die meisten Araber mochten keine Hunde. Und in einem Gotteshaus schon gar nicht. Viel schlimmer aber war es, dass die amerikanischen Sicherheitsleute offenbar die Autorität unseres Küsters, Hausmeisters und *Facility Managers* nicht respektiert hatten. Sie hatten ihn kurzerhand grob beiseitegeschoben, um vor der Botschafter-Visite unsere Kirche mit Sprengstoff-Spürhunden durchsuchen zu lassen. Ich bat Yacoub, die Prozedur geduldig über sich ergehen zu lassen.

Am Ende klappte alles reibungslos. Die deutschen Botschaftersfamilien waren wegen der Störung am Heiligabend nicht einmal böse gewesen, sondern hatten die jeweils drei Plätze in der ersten Reihe dankbar angenommen. Und auch die Amerikaner hatten sich mit ihren drei Plätzen schließlich zufrieden gegeben, auf denen das Botschafterehepaar und seine Tochter dann Platz nahmen. Der Tross des Botschafters hatte irgendwo anders in der Kirche Plätze zum Sitzen oder auch zum Stehen gefunden. Und den meisten Gottesdienstbesuchern war es schlicht entgangen, dass es diesmal besondere Gäste gab. Die grimmig dreinblickenden Sicherheitsleute waren im Schatten der hohen Säulen und Seitenwände der Kirche fast unsichtbar.

Nach dem Gottesdienst zur Christnacht stand ich noch vorne in der Menschenmenge, um zumindest einige Hände zu schütteln. Es wäre nämlich ganz und gar unmöglich gewesen, durch die überfüllten Gänge hindurch das Kirchenportal zu diesem Zweck zu erreichen. Dankbar trat der amerikanische Botschafter mit Ehefrau und Tochter auf mich zu. Es sei ja so schön gewesen. Ob sie vielleicht noch auf einen Glühwein mit zu uns nach oben in die Wohnung kommen wollten, fragte ich die Familie.

Die Zustimmung kam spontan und von Herzen. Auch der deutsche Vertreter bei der Palästinserbehörde willigte mit seiner Familie spontan ein, ebenso Michael Krupp mit seiner Frau Danielle. Nur den amerikanischen Personenschutz machte diese unvorhergesehene Entwicklung nervös. Während einige der Bodyguards die Botschafterfamilie in eine Ecke des Kreuzgangs schoben, wo sie sich gegebenenfalls mit ihren Körpern schützend vor sie stellen konnten, liefen drei andere die Treppen hinauf, um unsere Wohnung zu inspizieren. Ich folgte ihnen eilig. Ob es noch einen weiteren Zugang gebe, fragten sie nach einer Besichtigung von Wohn- und Esszimmer. Nur den Ausgang zur Dachterrasse, hinter dem Schlafzimmer, antwortete ich. „Mögliche Gefahr!", rief einer in sein Mikrofon. „Dachterrasse!" – und schon stapften sie mit ihren Straßenschuhen durch unser Schlafzimmer, und ich musste wohl dankbar sein, dass sie nicht noch auf unsere Betten stiegen.

Rasch versuchte ich unseren damals sechsjährigen Jonathan einzunorden. Einen Botschafter rede man nie mit seinem Namen, sondern immer als „*Mister Ambassador*" an, erklärte ich ihm. Das hatte natürlich zur Folge, dass Jonathan es genauer wissen wollte. „Und wie heißt du richtig, *Mister Ambassador?*", fragte er ihn, als der hohe Gast schließlich in unserer Wohnung stand. „Richard Jones", antwortete der Botschafter. Und mit einem jovialen Augenzwinkern: „Aber meine Freunde nennen mich Dick Jones." Ein Strahlen huschte über das Gesicht unseres Jungen: „Du bist also der Vater von Indiana Jones?"

Bemerkenswert war derweil der Auflauf vor unserer Wohnungstür. Zu den amerikanischen Leibwächtern, die sich hier postiert hatten, hatte sich derweil der palästinensische Hausmeister der benachbarten ehemaligen Martin-Luther-Schule gesellt, der ihnen mit hoch wichtiger Miene (und dem angestrengten Versuch, ebenso grimmig dreinzublicken wie sie) erklärte, dass er in seinem Beruf auch immer wieder Personen schütze. Seinen Bischof zum Beispiel, der sei ja ebenfalls quasi ein Diplomat.

Es wurde noch eine launige Nacht, während unsere jungen Leute bereits unterwegs nach Bethlehem waren. Die Botschaftersgattin fand besonders Gefallen an den selbstgebackenen Weihnachtsplätzchen meiner Frau. Das schmecke ja so typisch deutsch wie auf dem Christkindlmarkt in Nürnberg, erklärte sie. Ob sie vielleicht eine kleine Kostprobe davon für die in Tel Aviv gebliebenen Familienangehörigen mitnehmen dürfe. Nilar erwies sich als großzügige Gastgeberin und packte ihr eine reichliche Portion des Weihnachtsgebäcks ein. Denn über die Kuriositäten einer Jerusalemer Weihnacht wunderten wir uns schon lange nicht mehr.

Die Erlöserkirche – und unten ein Blick vom Kirchturm:

Felsendom in der Lailat al-Qadr („Nacht der Macht")

Zeremonie des Heiligen Feuers (zu Seite 182-187)

Zeremonie des Heiligen Feuers, an der letzten Sperre (zu Seite 182-187)

III VIEL RELIGION – UND PRAKTISCHE OIKODOMÉ

1 Bunt wie ein Regenbogen: Nahöstliche Ökumene

Jerusalem ist eine Stadt, die bis an die Grenzen ihrer Kapazität angefüllt ist mit Religion. Viel Verstörendes, aber auch viel Erbauliches gibt es hier, und manches durften wir als kleine Gemeinschaft dort auch selbst mit aufbauen – im Geistlichen wie im ganz Praktischen aus Stein, Mörtel und Holz. Das Neue Testament nennt einen solchen Aufbau *Oikodomé*, den „Bau des Hauses". Die im eigentlichen Sinne erbaulichsten Erfahrungen aber werden einem geschenkt, ganz unerwartet, unvermittelt und unverdient. Erbauung ist Gnade.

Einen der erbaulichsten Momente in Jerusalem verdanke ich unserem damals gerade fünfjährigen Sohn Jonathan. Schon als wir das allererste Mal gemeinsam in die Stadt hineingefahren waren, hatte Jonathan am Jaffa-Tor mit großen Augen zur Zitatelle, bzw. dem Davidsturm, hinüber geschaut. „Papa, ist das eine echte Ritterburg?", hatte er mich gefragt. „Ja, das ist eine echte Ritterburg!", hatte ich bestätigt. Und damit hatte ich nicht einmal gelogen. Denn von König Herodes über die Römer, Byzantiner, Mamelucken und Kreuzfahrer bis hin zu den Osmanen, Briten und Jordaniern hatte in der Tat jede Herrschermacht in Jerusalem in diesen mächtigen Gemäuern eine Garnison unterhalten, und natürlich waren hier auch Kreuzritter aus und ein gegangen. Erst die Israelis hatten das Gebäude einem zivilen Zweck zugeführt und darin ein Museum eingerichtet.

„Papa, schauen wir uns die Ritterburg mal zusammen von innen an?", fragte mich Jonathan. „Ja, machen wir", antwortete ich. „Aber nicht jetzt. Papa hat so viel Arbeit in seinem neuen Beruf!"

Und so kam Jonathan in unregelmäßigen Abständen fortan immer wieder auf seinen kurzen Beinen in mein Büro gelaufen und stellte die Frage von Mal zu Mal dringlicher: „Papa, wann schauen wir uns endlich zusammen die Ritterburg an?!" Doch mal hatte ich einen Gottesdienst vorzubereiten, mal eine Konferenz zu planen, dann wieder kam ein Minister zu Besuch oder ein Erzbischof. Der Sommer 2006 kam und ging, ebenso der Herbst. Es war ein scheußlicher Wintertag – ein eisiger Wind blies durch die Gassen Jerusalems, der Himmel war schwarz und der Regen strömte – als Jonathan schließlich, ohne anzuklopfen, die Tür zu meinem Büro aufriss. Er trug Gummistiefel und eine Regenjacke: „Papa, entweder schauen wir uns jetzt sofort zusammen die Ritterburg an, oder ich glaube dir nicht mehr, dass du wirklich mein Papa bist!"

Dies war freilich ein Argument, welches jeglichen Widerspruch er-
übrigte. Auch ich schlüpfte in meine wasserfeste Kleidung und zog mit
Jonathan durch den Regen. Ein wenig missmutig, muss ich zugeben.
Denn kaum irgendwo zieht einem die Kälte des Winters so sehr in die
Knochen wie im Nahen Osten, wenn der Wind bläst und das schmutzige
Regenwasser knöcheltief durch enge Gassen strömt, in welchen es keine
Gullys gibt, die einen Abfluss ermöglicht hätten. Mit viel väterlicher
Liebe versuchte ich, Jonathan für die museale Ausstellung zur Stadtge-
schichte Jerusalems zu interessieren, die sich in den Innenräumen der
Zitadelle befindet. Doch mein Sohn war ungeduldig: Nach oben wollte er,
ganz hoch auf den „Söller" der Ritterburg, auf den höchsten Turm der
Zitadelle.

Schließlich fügte ich mich. Und als wir oben auf dem Turm ins Freie
traten, da geschah das Wunder: Mit einem Mal schien der Himmel auf-
zureißen, Sonnenstrahlen brachen durch die Wolkendecke, der Regen ließ
nach. Und plötzlich bildete sich genau über der Jerusalemer Altstadt, von
der goldenen Kuppel des muslimischen Felsendoms, über die Erlöserkirche und die Grabeskirche hinweg, bis hin zur großen Synagoge in der
Weststadt, der wohl wunderschönste, farbkräftigste Regenbogen, den ich
jemals im Leben gesehen habe.

Für einen Moment stand Jonathan und mir vor Staunen der Mund offen. Aber nur für einen Moment. Dann griff ich nach meiner Kamera und
begann, diesen Regenbogen, diese leuchtende Brücke zwischen den
Heiligtümern der drei Religionen, zu fotografieren was das Zeug hielt.
Während ich noch knipste, stemmte Jonathan die Hände in seine Hüften
und grinste über das ganze Gesicht: „Siehst du: Wenn sich ein Papa Zeit
nimmt für seinen Sohn, dann freut sich der liebe Gott und der ganze
Himmel lacht!" – Besser hätte es wohl auch kein Theologe sagen können.
Denn was hier aufleuchtete, das war doch die Bundeszusage Gottes an
Noah und an die ganze Schöpfung: *„Und Gott sprach: Das ist das Zeichen des Bundes, den ich geschlossen habe zwischen mir und euch und
allem lebendigen Getier bei euch auf ewig: Meinen Bogen habe ich in
die Wolken gesetzt; der soll das Zeichen sein des Bundes zwischen mir
und der Erde."* (1 Mose 9, 12-13)

Die arabischen oder palästinensischen Christinnen und Christen sind
zahlenmäßig in Israel und Palästina nur eine Minderheit: knapp zwei
Prozent der Bevölkerung – etwa 160.000 Menschen in Israel und rund

50.000 in Palästina, also dem Westjordanland, Ostjerusalem und dem Gazastreifen.

In Israel wächst die absolute Zahl der Christen langsam, aber stetig. Das heißt: je nach Zählweise kann man auch zu dem Ergebnis kommen, dass sie geradezu rasant am Wachsen sei. In den statistischen Jahrbüchern des Staates Israel zeigt sich zwischen 1985 und 1995 ein enormes Wachstum des christlichen Bevölkerungsanteils von 99.000 auf 162.000 Menschen. Natürlich war das der Zuwanderung vor allem aus den Ländern der ehemaligen Sowjetunion geschuldet. Dann aber hatten die Statistiker offenbar die „Notbremse" gezogen. Denn wie sollte man auch statistisch korrekt mit russischen Familien umgehen, in denen der Vater vielleicht ein Jude ist, die Mutter eine russisch-orthodoxe Christin, und die Kinder gar nicht so genau wissen, wo sie religiös eigentlich stehen? Für kurze Zeit schnellte somit in den statistischen Jahrbüchern die Zahl in der Rubrik „Drusen und andere" nach oben, bis schließlich eine eigene Rubrik für die religiös nicht klassifizierbaren Staatsbürger, die unter den Neueinwanderern so zahlreich vertreten waren, geschaffen wurde. Die Zahl der Christen wurde damit auf etwa 120.000 abgesenkt, ist aber bis 2014 wieder auf 163.000 angewachsen. Daran sieht man, dass die Zahl der Christen in Israel nicht nur durch Zuzug von außen wächst, sondern auch durch natürlichen Zugewinn.

Auch in Palästina zeigt sich ein differenziertes Bild. Groß ist hier die Klage über die enorme Auswanderung von Christinnen und Christen. Und die Beobachtung bestätigt diese Klage: Der christliche Inhaber des Computerladens, der die EDV der Erlöserkirche einmal gewartet hat, lebt mittlerweile in Chile; mein Lieblingsrestaurant hat geschlossen, weil sein Besitzer nach El Salvador gegangen ist, und der junge Theologiestudent, in den seine Kirche so große Hoffnungen gesetzt hatte, ist nach Australien ausgewandert. Das ist verstörend, symbolisiert die Abwanderung gerade der jungen, gebildeten Menschen – und lässt einen ganz emotional nach der Zukunft des Christentums in Palästina fragen. Und dennoch muss man festhalten, dass die absolute Zahl der Christen in Palästina nicht sinkt. Zwar wohnten nach der letzten jordanischen Zählung 1961 noch 45.855 Christen in diesem Gebiet, von denen die Israelis bei ihrer ersten Zählung 1967 nur noch 42.494 vorfanden: Der Sechstagekrieg hatte seine Spuren hinterlassen. Doch bereits 2006 war diese Zahl nach einer palästinensischen Erhebung auf 48.800 angewachsen; 2008 schließlich lebten nach ebenfalls palästinensischen Schätzungen 51.710 Christinnen und Christen im Westjordanland, Ostjerusalem und dem Gazastreifen.

Gewiss haben sich zwischenzeitig die Gewichte verschoben; wahrscheinlich sind Christen tatsächlich in größerem Maße aus Jerusalem abgewandert und ins Umland gezogen. Dennoch ist hier das Christentum auf zahlenmäßig niedrigem Niveau deutlich stabiler als in manchen arabischen Nachbarländern. Was bei einer stagnierenden oder nur leicht wachsenden absoluten Zahl natürlich sinkt, das ist der Prozentsatz der Christen in einer Region, wo sowohl die muslimischen als auch die jüdischen Bevölkerungsteile enorm (und wahrscheinlich mehr als es ökonomisch und ökologisch vernünftig ist) im Wachstum begriffen sind.

Natürlich sind solche Zahlen niemals neutral, sondern werden stets auch zur Bestätigung der unterschiedlichsten politischen Positionen benutzt. Aus israelischen wie aus proisraelischen Kreisen wird immer wieder darauf hingewiesen, dass Israel das einzige Land im Nahen Osten sei, in welchem das Christentum noch wachse – was ein gutes Zeichen für die Demokratie Israels und die Lebensqualität der Christen im jüdischen Staat sei. Die annähernde Stagnation beziehungsweise der deutliche prozentuale Rückgang der christlichen Bevölkerung in den Gebieten unter palästinensischer Kontrolle hingegen sei ein Indikator für die Defizite des dort herrschenden politischen Systems. Dieser Analyse wird aus palästinensischen und propalästinensischen Kreisen vehement widersprochen. Mancher Kolumnist wirft da beispielsweise den Blick auf die christlich-palästinensischen *Communities* etwa in Lateinamerika oder Australien und berechnet, wie stark prozentual das Christentum des gesamten Heiligen Landes – Israels und Palästinas – sein könnte, wenn diese Menschen nicht ausgewandert wären. Diese Auswanderung wird als direkte Konsequenz der erschwerten Lebensumstände in der Folge der israelischen Besatzung interpretiert. Wenn die Auswanderung aus Israel dabei nicht ganz so stark sei wie etwa aus dem Westjordanland, dann liege dies allein daran, dass die Christen in Israel zwar Bürger zweiter Klasse, aber doch nicht vergleichbar stark mit den Maßnahmen des israelischen Besatzungsregimes konfrontiert seien.

Selbstverständlich lässt sich ein komplexes Phänomen wie der prozentuale Rückgang des Christentums im Heiligen Land nicht monokausal erklären. Viele andere Faktoren kommen hinzu: Es ist erstens auch ein demografisches Phänomen. Christlich-palästinensische Frauen bekommen statistisch deutlich weniger Kinder als ihre muslimischen Nachbarn. Es gäbe auch ohne die Auswanderung ohnehin nur einen sehr geringen natürlichen Zuwachs. Und nur dieser natürliche Zuwachs ist es, der durch die Auswanderung zum Teil aufgezehrt wird.

Zweitens handelt es sich bei der Auswanderung nicht unbedingt nur um die Auswanderung einer bestimmten religiösen Gruppe, sondern einfach um die Auswanderung der gut ausgebildeten gesellschaftlichen Mittelschicht, die wirtschaftlich gut vernetzt und auch auf wirtschaftlich gute Vernetzungen angewiesen ist. Diese Mittelschicht – egal ob Christen oder Muslime – wird durch die israelischen Maßnahmen im Westjordanland in besonderer Weise in ihren ökonomischen Entfaltungsmöglichkeiten beschränkt und tendiert aus diesem Grund dazu, nach anderen Möglichkeiten im Ausland Ausschau zu halten. Prozentual machen die Christen einen besonders hohen Anteil dieser Mittelschicht aus – fallen bei der Auswanderung also besonders ins Gewicht.

Hier kommt der dritte Faktor ins Spiel: Das christliche Privatschulsystem in vielen Ländern des Nahen Ostens, dessen Ziel und Zweck es ist, qualifizierte junge Leute zum Aufbau ihres Landes auszubilden, ist letztlich ein zweischneidiges Schwert: Es ist eben *auch* ein Rezept zur Auswanderung, insofern die Abgängerinnen und Abgänger solcher Schulen in der Regel alle Voraussetzungen mitbringen, von europäischen oder amerikanischen Universitäten – und damit letztlich auch vom europäischen oder amerikanischen Arbeitsmarkt – aufgenommen zu werden. Zwar stehen diese Privatschulen nicht nur Christen offen; in der Regel sind sogar mehr als die Hälfte ihrer Schülerinnen und Schüler Muslime. Aber auf die Gesamtbevölkerung gerechnet bedeutet dies, dass fast alle christlichen Kinder solche Privatschulen durchlaufen, jedoch nur ein Bruchteil der muslimischen Kinder.

Als viertes schließlich gibt es bei der Auswanderung womöglich einen gewissen Punkt, an welchem diese eine starke Eigendynamik entwickelt. Es gibt mittlerweile ebenso große wie gut organisierte christlich-palästinensische Communities im Ausland, die eine enorme Sogwirkung auf die Zurückgebliebenen ausüben. In manchem lateinamerikanischen Land ist die Zahl christlicher Palästinenser aus Bethlehem größer als in Bethlehem selbst. Diese Communities bieten einen attraktiven, geschützten Rahmen, um christlich-palästinensische Identität ohne die Einschränkungen des politischen Konfliktes in der Heimat entfalten zu können.

All dies trägt dazu bei, dass die Christen im Heiligen Land (und übrigens auch in zahlreichen anderen Regionen des Nahen Ostens) prozentual immer mehr in die Minderheit geraten. Und doch: Von einer „Minderheit" wollen sie im Blick auf sich selbst eigentlich gar nicht so gerne sprechen. In dieser Hinsicht sind sie sich mit den christlichen „Minderheiten" in ihren nahöstlichen Nachbarländern ganz einig. Über Jahrzehnte hinweg ist mir immer wieder aufgefallen, wie oft da bei ökumenischen Begegnungen der Satz fiel: „Wir sind keine Minderheit, sondern ein politisch gleichberechtigter, aktiver und integraler Bestandteil unserer Gesellschaften." – Ja, aber wo sollte denn hier der Widerspruch liegen zu einer Existenz als zahlenmäßiger Minderheit? In den meisten demokratischen Staaten sind Minderheiten politisch gleichberechtigte, aktive und integrale Bestandteile ihrer jeweiligen Gesellschaften! Erst bei einer Konferenz über die Zukunft der Christen im Nahen Osten, die vom Mittelöstlichen Kirchenrat und dem Weltkirchenrat 2013 in Beirut ausgerichtet wurde, verstand ich plötzlich, worin der Vorbehalt unserer nahöstlichen Geschwister – und nicht nur der palästinensischen! – gegenüber diesem Begriff tatsächlich besteht. Das arabische Wort für „Minderheit", „*aqaliyeh*", hat in den segmentierten Gesellschaften des Nahen Ostens eine äußerst negative Konnotation. Gesellschaftssegmente, die eine „*aqaliyeh*" sind, sind nie nur zahlenmäßig kleiner als die anderen, sondern sie sind auch qualitativ etwas „Geringeres". Sie sind immer darauf angewiesen, dass andere, quantitativ wie qualitativ Stärkere, sich gnädiger Weise für sie stark machen. Von voller gesellschaftlicher Teilhabe kann bei solchen „Minderheiten" keine Rede sein!

Gegen Ende des Jahres 2014 erhielt ich von libanesischen Partnern eine Einladung zu einem Wohltätigkeitsbankett des maronitischen Patriarchen Bishara Rai. Das Essen war phantastisch; die Musik einer christlichen Sängerin, welche die Schönheit der Zedern des Libanon und die Weltoffenheit Beiruts beschwor, war betörend, und der Patriarch hielt eine eindrückliche Rede. Ohne Zweifel: Der ranghöchste christliche Geistliche des Libanon und Oberhaupt der weltweiten maronitischen Gemeinschaft gehörte nicht zu den Scharfmachern. Er sprach mit ruhiger, unideologischer Sachlichkeit von einem Zugehen auf alle Kräfte in der Gesellschaft, von Kompromissfähigkeit und Konsensbereitschaft ohne jegliches Tabu. Angesichts der anhaltenden politischen Krise im Libanon – schon seit Langem gelang es den Parteien nicht einmal, einen Staatspräsidenten zu wählen – waren dies wohltuende Worte.

Was mich besonders freute, war, dass ich an der Seite des Patriarchen jenen Erzbischof traf, der jetzt die „Nummer Zwei" im Patriarchat und rechte Hand des Kirchenoberhauptes war. Zuvor hatte er die maronitische Kirche in Jerusalem geleitet, wo wir eine sehr freundliche Beziehung zueinander gepflegt hatten. Beim Fest des Heiligen Maroun, des Gründungsheiligen der maronitischen Kirche, hatte ich in seiner winzigen Jerusalemer Kathedrale stets die evangelischen Kirchen vertreten, und Nilar hatte sich in dem katholischen Milieu der Maroniten zu Hause gefühlt. Der Erzbischof hatte Jerusalem ein Jahr vor mir verlassen und wusste noch gar nicht, dass ich ebenfalls nicht mehr in der Heiligen Stadt lebte. Herzlich umarmten wir uns und tauschten die Nachrichten der zurückliegenden Zeit aus.

„Ich beglückwünsche dich zu deinem Patriarchen", sagte ich ihm. „Seine Reise nach Israel war sehr mutig." Anlässlich der Reise von Papst Franziskus ins Heilige Land war auch Patriarch Rai als erstes libanesisches Kirchenoberhaupt in Israel gewesen. Diese Reise, bei der der Patriarch den Bischof von Rom an den wichtigsten Stationen begleitet hatte, lag erst wenige Monate zurück. Zuvor hatte es enorme Einschüchterungskampagnen gegen den Patriarchen bis hin zu Anschlagsdrohungen gegeben, um ihn von dieser Reise abzuhalten, doch Rai hatte sich nicht beirren lassen. Natürlich hatte er jegliche Begegnungen mit israelischen Politikern strikt vermieden – zumindest offiziell. Aber allein sein Treffen mit Kirchenvertretern Israels sowie mit ehemaligen Angehörigen der Südlibanesischen Armee, die als Flüchtlinge in Israel lebten, hatten in seiner Heimat einen Sturm der Entrüstung ausgelöst. Dennoch blieb der Patriarch nach seiner Rückkehr unbehelligt, es gab auch keine Anschlagsversuche.

„Das war eine delikate Angelegenheit. Aber wenn man einen für diese Reise des Patriarchen verantwortlich machen kann, dann mich", lächelte mich der Erzbischof verschmitzt an. Ich hatte es geahnt, denn auf den Fernsehbildern war gut erkennbar gewesen, dass er während der Reise als „Einflüsterer" seines Patriarchen agiert und ihn sicher um die Klippen und Fallstricken eines solchen Vorhabens herum navigiert hatte.

Eine solch massive politische Dimension des kirchlichen Amtes bleibt vielfach nicht ohne massive Folgen; die Gründe dafür sind in der Geschichte zu suchen. Mit der Einführung des osmanischen „Millet-Systems" im Nahen Osten, durch welches die anerkannten Religionsgemeinschaften eine hohe zivilrechtliche Autonomie nach innen erhielten, wurden ihre Oberhäupter quasi zu „Ethnarchen" dieser Gemeinschaften: Mit umfangreichen politischen Privilegien ausgestattet waren sie dem jeweiligen Staatsoberhaupt gegenüber auch verantwortlich dafür, dass sich ihre Gemeinschaft loyal zum Staat verhielt. Sie waren in dieser Hinsicht direkte Ansprechpartner des Staatsoberhauptes. Bis heute haben sich im Libanon ebenso wie in Israel oder Jordanien etliche dieser Privilegien erhalten – von den besonderen Identitätskarten und Autokennzeichen bis zum festen Platz bei Veranstaltungen des diplomatischen Corps sowie der rechtlich gesicherten Stellung von Zivilgerichtshöfen in der Trägerschaft der Religionsgemeinschaften. Im jüdischen Staat gilt übrigens Gleiches für die Muslime: Israel ist wohl die einzige Demokratie westlicher Prägung, in der das System von *Scharia*-Gerichtshöfen für den muslimischen Bevölkerungsteil juristisch fest verankert ist.

Jede anerkannte Gemeinschaft, jede *Millet* – oder auf Hebräisch: *eda mukeret* – hat dabei einen festen, ihr zugewiesenen Raum: juristisch und auch ganz praktisch. Wem welcher Raum und welche Zeit zustehen, ist an Heiligen Stätten wie der Grabes- oder Auferstehungskirche beispielsweise durch den *Status Quo* geregelt. Geschimpft wird viel über ein solch starres Regelwerk. Zu unflexibel sei es, und ein echter Bremser für spirituelle Aufbrüche in den Kirchen. Dennoch wurde mir im Laufe meiner Zeit in Jerusalem immer deutlicher, dass eben dieser *Status Quo* die beste aller möglichen schlechten Lösungen war: Er stellte immerhin eine gute Ordnung zur Verfügung, nach der die beteiligten Kirchen miteinander leben konnten, ohne ihr Miteinander immer wieder neu aushandeln zu müssen. Und er war so gut, das heißt: so genau definiert, dass alle Versuche, daran etwas zu manipulieren, in der Regel marginal blieben.

Der so genannte „*konfessionelle Proporz*" im Libanon und der *Status Quo* im Heiligen Land sind dabei durchaus vergleichbar. Im libanesischen „Nationalpakt" war zur Zeit der Staatsgründung festgeschrieben worden, welche staatlichen Ämter in der libanesischen Republik stets an welche Religionsgemeinschaft vergeben werden sollten – ähnlich wie die Kapellen in der Jerusalemer Grabeskirche. Auch dieser Nationalpakt wird seit Jahrzehnten immer wieder in Frage gestellt – vor allem, weil er ohne Zweifel alles andere als demokratisch ist und die in jüngerer Zeit prozentual gewachsenen Gemeinschaften strukturell benachteiligt, insofern er ihnen weniger politische Teilhabe ermöglicht, als es ihrer zahlenmäßigen Größe eigentlich angemessen wäre. Ein verheerender Bürgerkrieg wurde daher von 1975 bis 1990 unter anderem um die politische Teilhabe im Zedernstaat geführt. Am Ende dieses Krieges, als das Land verwüstet und die Menschen erschöpft waren, wurde eben dieser Nationalpakt, der zuvor so vehement bekämpft worden war, mit nur leichten Modifikationen (christliche Amtsinhaber wie der Staatspräsident mussten einen Teil ihrer Machtfülle abgeben) erneut bekräftigt.

Immerhin sind viele Kirchenoberhäupter des Heiligen Landes trotz des politischen Anspruchs an ihr Amt warmherzige, bescheidene und durch und durch geistliche Menschen geblieben. Ich denke da an Jules Zerey, den Erzbischof und Patriarchalvikar der Melkiten, an Anba Abraham, den greisen, fast blinden Erzbischof der Kopten (der schließlich Ende November 2015 verstarb), an Abba Matthias, den Erzbischof der Äthiopier, an Erzbischof Aris von den Armeniern, an die Äbte Benedikt und Gregory von der *Dormitio* oder an den Abt Charles Galichet von der Benediktinerabtei *Sainte-Marie de la Résurrection* in Abu Gosh. Mit letzterem saß ich gerne zusammen, und zuweilen haben wir dann miteinander den hausgemachten Limoncello der Abtei getrunken. Eine echte Freundschaft aber verband mich vor allem mit Abt Benedikt. Oder sollte ich sagen, dass er mir zu so etwas wie einem Beichtvater geworden war? Jedenfalls sind wir das eine oder andere Mal ganz „inkognito" zu zweit ausgegangen, haben gut miteinander gegessen, einander zugehört und anschließend miteinander gebetet.

Natürlich gab es noch sehr viel mehr wunderbare Menschen in den Kirchen Jerusalems. Allein die kleine Auswahl der Genannten zeigt jedoch, wie bunt das christliche Spektrum der Heiligen Stadt ist.

Angesichts von mehr als 50 verschiedenen christlichen Konfessionen in Israel und Palästina haben mich manche unserer Besucherinnen und Besucher gefragt: „Warum schließt ihr Christen in Jerusalem euch nicht einfach zu einer ACK zusammen?" Eine ACK, also „Arbeitsgemeinschaft Christlicher Kirchen", ist in Deutschland ein beliebtes Modell, um Gemeinden der evangelischen Landeskirchen, der Freikirchen, der katholischen Diözesen und zuweilen auch der orthodoxen Kirchen zu einer funktionierenden Zusammenarbeit miteinander zu verbinden. Aber wie sollte das bei der ungeheuren Vielfalt in Israel und Palästina funktionieren?

Natürlich gibt es diverse Gremien, feste oder eher lockere Kreise, in denen sich jeweils einige dieser Kirchen zusammengeschlossen haben. Da ist als erstes die Kerngruppe jener drei Kirchen, die einen Wächterstatus über den Status Quo an den Heiligen Stätten innehaben. Das sind die Griechisch-Orthodoxen, die durch den Franziskanerorden vertretenen Katholiken, sowie die Armenisch-Orthodoxen. Diese Drei fungieren gemeinsam quasi als „Hausherren" der Grabeskirche in Jerusalem oder der Geburtskirche in Bethlehem. Damit sind jedoch nicht alle Kirchen abgedeckt, die am Status Quo teilhaben. Wann immer Absprachen über jede noch so kleine Veränderung an den Heiligen Stätten, jede Renovierung und jede Grundreinigung getroffen werden müssen, dann erweitert sich der Dreier- auf einen Sechserkreis und schließt dann auch die Syrisch-Orthodoxen, die Koptisch-Orthodoxen und die Äthiopisch-Orthodoxen ein.

Der Kreis der von Israel offiziell anerkannten Kirchen umfasst insgesamt zehn Mitglieder: die Griechisch-Orthodoxe, die Armenisch-Orthodoxe, die Syrisch-Orthodoxe, die Römisch-Katholische („Lateinische"), die Griechisch-Katholische („Melkitische"), die Syrisch-Katholische, die Armenisch-Katholische, die Maronitische, die (in Israel gar nicht mehr bestehende) Chaldäische und die Anglikanische (Episkopale) Kirche. Eigentlich gab es bei der Entstehung des Staates Israel neun anerkannte christliche Kirchen innerhalb des Staatsgebietes. Nachdem die israelischen Behörden 1970 die Anglikaner als zehnte anerkannt hatten (sowie parallel auch die Bahá'í als nichtchristliche Religionsgemeinschaft), entwickelte sich unter den übrigen Kirchen ein solch hohes Interesse an einer staatlichen Anerkennung, dass die Israelis diese eben geöffnete Tür offenbar rasch wieder schlossen, um nicht irgendwelche kirchenpolitischen Verwicklungen auszulösen. Aber Israel wäre nicht Israel, wenn für die übrigen Kirchen nicht irgendeine pragmatische Lösung gefunden worden wäre. Es dürfte rund zwanzig Kirchen geben (so ganz genau weiß das niemand, da hierüber nicht offiziell Auskunft gegeben wird), deren Oberhäupter vom israelischen Innenministerium mit den besagten Plastikkarten ausgestattet sind, welche sie als Chefs einer anerkannten Kirche ausweisen und ihnen die entsprechenden Rechte zuerkennen – obwohl einige dieser Kirchen offiziell gar nicht über einen solchen Status verfügen. Dazu gehören unter anderem die Koptisch-Orthodoxe und die Äthiopisch-Orthodoxe Kirche, die palästinensische lutherische Kirche und die deutschsprachige evangelische Kirche, aber auch die wichtigste Baptistenkirche oder die schottischen Presbyterianer.

Ein weiterer Kreis ist eine Gruppe von Kirchen, deren Oberhäupter sich selbstbewusst als die „Heads of Churches" bezeichnen. Eigentlich war dies ursprünglich ein lockerer Kreis, welcher sich seit Januar 1988 (also unmittelbar nach dem Ausbruch der Ersten Intifada im Dezember 1987) in unregelmäßigen Abständen immer wieder zusammengefunden hat, um gemeinsame Erklärungen zu aktuellen Anlässen zu verabschieden. Dieser Mechanismus war also ein Mittel, die Stimme der Christen deutlicher zu Gehör zu bringen. Mal wurden solche Erklärungen von sieben Kirchenoberhäuptern unterzeichnet, mal von sechzehn, mal von einer Anzahl dazwischen. Ungefähr seit dem Beginn der Zweiten Intifada – also etwa seit dem Jahr 2000 oder 2001 – haben sich die tonangebenden Kräfte innerhalb dieses Kreises jedoch darauf verständigt, dass es sich bei ihnen um genau dreizehn Kirchen handele, und dass sie (und nur sie) die „anerkannten Kirchen" des Landes seien. Nun mag es seltsam erscheinen, dass damit der (römisch-katholische) Franziskanerorden, welcher die Heiligen Stätten verwaltet, als eigenständige Kirche neben dem (römisch-katholische) Lateinischen Patriarchat erscheint, oder dass die anglikanische und die palästinensische lutherische Kirche hier für sich in Anspruch nehmen, das gesamte evangelische Spektrum abzudecken. Es ist auch nicht ganz klar, von wem diese dreizehn Kirchen sich zu jenem Zeitpunkt eigentlich als „anerkannt" gesehen haben. Ein ökumenisches Zeichen war es gewiss, dass hier palästinensische Kirchenleitungen (wie die der Lateiner, Anglikaner und Lutheraner) mit nichtpalästinensischen Kirchenleitungen (wie etwa Griechen, Kopten, Äthiopiern, Armeniern und Maroniten) in eine konkrete Zusammenarbeit eingetreten waren. Und womöglich muss man eine nicht ganz plausible Aussage auch einfach nur oft genug wiederholen, bis sie schließlich von einer genügend großen Zahl relevanter Persönlichkeiten geglaubt wird. Irgendwann wurde dieser Kreis jedenfalls vom Weltkirchenrat als „offiziell anerkannte Kirchen" bezeichnet. Schließlich verkündeten im September und im November 2008 zunächst der palästinensische Ministerrat sowie anschließend Palästinenserpräsident Abbas in Ramallah zwei Dekrete, denen zufolge genau diese dreizehn die von der Palästinenserbehörde offiziell anerkannten Kirchen seien.

Ein wenig verzweifelt trug seither der palästinensische Baptistenpfarrer von Bethlehem sein violettes Bischofshemd und beharrte bei allen offiziellen Gelegenheiten darauf, als Bischof doch eine vollwertige Kirche zu vertreten. Es nützte nichts. Die Palästinenserbehörde verweigerte ihm diese Anerkennung. Somit verfügte er beispielsweise auch nicht über die Möglichkeit, in Palästina rechtsgültige Trauungen zu vollziehen. Da seine Gemeinde allein im Gebiet unter Zuständigkeit der Palästinenserbehörde ansässig ist, konnte er auch nicht auf eine entsprechende israelische Genehmigung zurückgreifen. Hier war die Situation des evangelischen Propstes in Jerusalem (zumindest bislang!) deutlich komfortabler, der als *de facto* (wenn auch nicht *de iure*) von Israel anerkanntes Kirchenoberhaupt auch über alle Rechte eines Standesbeamten verfügt.

Ob nun vier, sechs, zehn, dreizehn oder geschätzte zwanzig Kirchen – alle diesen Kreisen ist gemeinsam, dass sie jeweils nur einen kleinen Teil der rund fünfzig Kirchen des Heiligen Landes abdecken. So verwundert es nicht, dass allein die „Evangelische Allianz" in Israel zu ihrem fünfzigjährigen Bestehen im Jahr 2006 – damals noch unter dem Namen *United Christian Council in Israel*"; die Umbenennung erfolgte 2009 – rund dreißig Mitgliedskirchen und -Organisationen vorweisen konnte, darunter zwei baptistische Gemeindeverbände, den israelischen Zweig der Anglikanischen Kirche (mit der Christ Church am Jaffa-Tor und der Anglikanischen Internationalen Schule Jerusalem), Nazarenerkirche, Mennoniten, Pfingstler, sowie dänische, norwegische und finnische Lutheraner.

Das Christentum des Heiligen Landes (oder auch des ganzen Nahen Ostens) ist bunt und vielgestaltig – ungeheuer bunt und vielgestaltig! Diese christliche Minderheit, die so gar keine Minderheit sein will, zeigt sich hier in so vielen Facetten wie wohl sonst nirgendwo auf der Welt. Ähnlich viele Farben hat wohl nur der Regenbogen, zu dem mir Jonathan auf der Zitadelle verholfen hatte. Dass es dabei trotz aller Verschiedenheit und unvermeidbaren Spannungen auch immer wieder zu guten und vertrauensvollen ökumenischen Begegnungen zwischen den christlichen Geschwistern kommt, ist geradezu ein Wunder. Ein Wunder, welches zur Sprache gebracht werden will.

Nach dem Trubel der weihnachtlichen Festtage brach in Jerusalem stets recht bald die „Gebetswoche für die Einheit der Christen" an. Vom Eröffnungsgebet der Griechen in der Golgathakapelle der Grabes- beziehungsweise Auferstehungskirche war bereits die Rede. Die dann folgenden Abendgebete der anderen Kirchen waren in der Regel längst nicht so spektakulär. Die meisten dieser Gebete habe ich geradezu geliebt – nicht trotz, sondern gerade wegen ihrer Sperrigkeit und ihres spröden Charmes.

Die Syrer und die Kopten luden stets gemeinsam in die koptische Antoniuskirche ein. Dies ist die Hauptkirche des koptischen Klosters an der neunten Station der Via Dolorosa; dort, wo der Weg auf das Dach der Grabeskirche führt. Am Rande dieses Weges steht auch die koptische Helenakirche, unter der sich eine riesige und stets gut mit Wasser gefüllte, antike Zisterne befindet. Dicht gedrängt saßen wir in der Antoniuskirche stets in engen Bankreihen, die von drei Seiten auf den Altarraum ausgerichtet waren: in einem engen Karree in der Mitte die Kleriker, links der kleine Kirchenchor – Frauen mit sonoren Stimmen und ein paar Männer, die den Takt mit kleinen, scheppernden Zimbeln vorgaben – dahinter die feiernde, ökumenische Gemeinde. Nach europäischen Maßstäben waren diese Gesänge sicher kein Musikgenuss – und doch ein berührender Klang, der aus den fernen Zeiten der urchristlichen Gemeinde heraufzudringen schien.

Die Äthiopier haben ihre Kathedrale nicht in der Altstadt, sondern im Westen Jerusalems, in einer kleinen Stichstraße, die von der Prophetenstraße abgeht. Dieser Kirchenraum ist mit dicken Teppichen ausgelegt; am Eingang hat man die Schuhe auszuziehen wie beim Eintritt in eine Moschee. Der Gottesdienstraum ist hier ein eigenartiger Rundbau, in dessen Mitte der durch Holzwände und goldglänzende Vorhänge abgetrennte Altar steht. Wir Kleriker durften hier immer auf gepolsterten Stühlen vor dem Durchgang zum Altar sitzen, während die Gemeinde sich hinter uns auf den Teppichen niederließ. Bei einer dieser Andachten ging ein alter äthiopischer Mönch bereits seit einer Weile unruhig im Kirchenraum auf und ab. Als er mich endlich sah, huschte ein Stahlen über sein verwittertes, von einem grauen Bart gesäumtes Gesicht. Zuerst verstand ich nicht, was er mir in gebrochenem Englisch mitteilen wollte. Als er es auf Amharisch versuchte, musste ich mit einem Lächeln meine ganze Kenntnislosigkeit eingestehen. Aber schließlich fanden wir uns auf Hebräisch: Ob ich bereit sei, das Evangelium in deutscher Sprache zu lesen. Zum Glück hatte ich meine Bibel dabei, und gerne willigte ich ein.

Und dann geschah es: Für einen Moment schien die christliche Einheit, für die wir bei solchen Treffen stets in langen Litaneien beteten, plötzlich ganz nah und mit den Händen greifbar zu sein. Da stand ich, der Pfarrer aus Deutschland, die Füße nur in Socken, auf den dicken Teppichen einer äthiopischen Kathedrale in Jerusalem, nur wenige Meter hinter mir das Allerheiligste dieses Gotteshauses, vor mir eine multikonfessionelle und vielsprachige Gemeinde, und las das Evangelium aus meiner Lutherbibel. Ich hätte jubilieren mögen. So mag es wohl sein, wenn ein Gebet plötzlich erhört wird.

Gleich darauf stimmte der Chor der äthiopischen Mönche seinen Gesang an. Knorrige Gestalten waren das, und beim ersten Hinhören erschien der Klang, den sie hervorbrachten, als ein ebenso kehliges wie melodisches Brummen in den unterschiedlichsten Tonarten. Die Luft schien zu vibrieren. Wo hatte ich dergleichen nur bereits gehört? Schlagartig fiel es mir ein: Dieser Mönchsgesang klang ein wenig wie die Didgeridoos, welche von australischen Ureinwohnern geblasen werden. Ein archaischer und zugleich tief spiritueller Klang. Einen ähnlichen Klang habe ich dann noch einmal Jahre später gehört, irgendwo in der

Tiefe Burmas, auf der Ladefläche eines Pickup, auf dem ich mit der katholischen Familie meiner Frau unterwegs war. Als alle gemeinsam ein Rosenkranzgebet anstimmten, um Gott für diese Reise gnädig zu stimmen, da klang dies ganz ähnlich wie diese äthiopischen Mönche – oder eben wie australische Didgeridoos. Vielleicht gibt es ja ein kulturübergreifendes, uraltes Sensorium dafür, welche Tonlagen eine Gottheit wohl ansprechen.

Nach den Andachten bei den Äthiopiern war die versammelte, internationale Gemeinde stets in das Gemeindehaus nebenan eingeladen. Das Wohltuende an den Äthiopiern war dabei das Fehlen jeglichen klerikalen Standesdünkels. Und schnell erklärte sich auch, warum dies so war: In dieser Gemeinde war so viel Not versammelt – geringstbezahlte Gastarbeiter von den Baustellen und Hausmädchen, die von ihren Arbeitgebern allzu oft geschlagen wurden, Flüchtlinge und Menschen, die bei der äthiopisch-jüdischen Einwanderung nach Israel mitgekommen, aber eigentlich eher christlich als jüdisch waren – allesamt Menschen auf der Suche nach etwas Halt. Und die fanden sich dann nach einem solchen Gebet zusammen und schlugen die Trommeln, tanzten, steigerten sich in einen atemberaubenden Rhythmus, während dazwischen kleine Mädchen Gebäck und würzigen äthiopischen Kaffee verteilten.

Die Bitte des Mönches, ich möge doch das Evangelium auf Deutsch lesen, war nicht die einzige Überraschung während solcher Gebetswochen. Immer wieder wurden wir Vertreter der jeweils anderen Kirchen von den jeweiligen Gastgebern spontan gebeten, irgendeinen liturgischen Dienst während des Gebetes zu tun. In der Kirche der Franziskaner bekam ich einmal einen silbernen Kübel mit Weihwasser anvertraut und durfte damit die Gemeinde besprengen. Ich habe es von Herzen getan. Und, ja, ich gestehe: Einige Menschen habe ich dabei mit großem Vergnügen richtig nass gemacht.

In der Jakobus-Kathedrale der Armenier wurden uns Klerikern immer Bänke in einer Ecke des Altarraums zugewiesen. Unglaublich dunkel ist es in dieser Kirche. Fenster gibt es nur wenige, und die sind meist blind und werden verdeckt durch die Unzahl der niemals entzündeten Lampions an der Decke, welche von frommen Pilgern über die Jahrhunderte hinweg gestiftet worden waren. In dieser Dunkelheit wurden stets Kerzen an uns ausgegeben, und mit einem Friedensgruß reichten wir das Licht dann aneinander weiter. Das Schönste war hier stets der Schluss des Gottesdienstes. Wir Kleriker wurden dann gebeten, uns in einer langen Reihe vor der Gemeinde aufzustellen, worauf dann einer nach dem anderen den

Schlusssegen in seiner jeweiligen Sprache spendete. Da segnete der armenische Erzbischof auf Armenisch, der Syrer auf Aramäisch, der Grieche auf Griechisch, der Äthiopier auf *Ge'ez* (welches im Unterschied zum modernen Amharisch die altäthiopische Kirchensprache ist), der Vertreter der katholischen St.-Anna-Kirche auf Französisch, der Presbyterianer auf sehr schottisch eingefärbtem Englisch, der Anglikaner auf Arabisch – und ich eben auf Deutsch. So viel Segen hat da die versammelte ökumenische Gemeinde empfangen!

Ähnlich funktionierte das mit dem Segen auch in der bunt ausgemalten Kathedrale der Melkiten, also der Griechisch-Katholischen. Dort saßen wir Kleriker während der Andacht links und rechts des Altars in einem knarzenden, hölzernen Chorgestühl, und hinter uns sang der Kinderchor bezaubernde Lieder. Am Ende des Gottesdienstes stellten wir uns nicht wie bei den Armeniern in einer langen Reihe nebeneinander auf, sondern traten einer nach dem anderen vor, um den Segen in der jeweils eigenen Sprache zu spenden. Und da auf diese Weise links und rechts viel Platz war, konnten wir dies auch mit einer je eigenen liturgischen Geste versehen. So breitete ich zum Segen die Arme aus und schlug anschließend nach westkirchlicher Weise das Kreuz. Und es war dann gut sichtbar, wie die Gemeinde darauf antwortete, indem die einen das Kreuz nach westkirchlicher Weise schlugen, die anderen hingegen in der ostkirchlichen Form.

Und dann stand in der Mitte auch schon das gesegnete Brot bereit, wunderbar duftendes, mit Rosenwasser gebackenes Weißbrot, welches wir in Form eines Agapemahls an die Gemeinde austeilten. Da wir als getrennte Kirchen die Eucharistie nicht miteinander feiern konnten, war dieses Agapemahl stets ein starkes Zeichen.

Die Gebetswoche war vor allem deswegen stets ein so einzigartiges Erlebnis, weil sie so durch und durch authentisch war. Jede Konfession lud die anderen jeweils zu einer Feier nach der ihr eigenen, traditionellen Liturgie ein. Da wurde nirgendwo ein „Event" gestrickt, sondern schlicht und einfach das gelesen und gesungen, was bereits seit Jahrhunderten in der jeweiligen Kirche durchbetet war. Es tut gut, wenn man sich in einen solch bewährten Ablauf fallen lassen kann, wissend, davon getragen zu werden und nicht ständig neu nachdenken zu müssen über das, was da gerade passiert. Wie sehr unterscheidet sich dies von der Gottesdienstkultur in manchen Bereichen des nordwesteuropäischen Protestantismus! Wer Jerusalem erfahren hat, der weiß, dass die heilige Liturgie stets auch ein Gegenentwurf ist zu der Welt, wie sie ist. Würde diese Welt auch im

Gottesdienst lediglich reproduziert, so verlöre die Liturgie viel von ihrem Sinn.

2   Freude, Leid und Leidenschaft

Nach der Gebetswoche brach als Nächstes die Saison der Nigerianer sowie der Decken- und Kofferläden in Jerusalem an, was hieß, dass die Passionszeit und schließlich die Karwoche nicht mehr fern waren. Karwoche und Osterzeit waren stets ganz besondere ökumenische Ereignisse. Und in der Regel forderten diese Ereignisse von den Teilnehmenden ein nicht unerhebliches Maß an sportlicher Kondition, waren sie doch mit zahlreichen Fußmärschen – also Prozessionen und Pilgerwegen – verbunden.

Spätestens bis zum Beginn der Karwoche waren die Nigerianer aus Jerusalem verschwunden; ihr Platz wurde dann vor allem von Lateinamerikanern, Spaniern, Italienern und Polen eingenommen – und wenn das orthodoxe Osterfest zeitlich in der Nähe des westlichen Osterfestes lag, dann wurden all diese Pilgernationen in ihrer Anzahl noch von den Russen übertroffen.

Die öffentlichen Passionsfeierlichkeiten in Jerusalem beginnen normalerweise mit der Palmsonntagsprozession der Katholiken von *Beit Faji* – dem biblischen Betfage auf dem Ölberg – hinunter nach Jerusalem. Von hier war Jesus den Evangelien zufolge einst auf einem Esel nach Jerusalem eingeritten. Und dieser Weg wird nun Jahr für Jahr auf eine immer ökumenischere Weise nachvollzogen. Ganz ohne Rangeleien um den jeweiligen Status organisieren die Franziskanische Custodie und das Lateinische Patriarchat diese Prozession gemeinsam; Ordensgemeinschaften und Gemeinden aus dem ganzen Land schließen sich an, hinzu kommen zahllose Pilger aus der ganzen Welt – und in letzter Zeit immer größere Gruppen auch aus nichtkatholischen Kirchen. Gerne sind auch wir bei dieser Prozession mitgelaufen, die den Einzug nach Jerusalem mit Palmwedeln und überschäumender Fröhlichkeit feiert.

„*Che allegria quando mi dissero: andiamo alla casa del Signore*", singen italienische Franziskaner zu rhythmischen Gitarrenklängen mit den Worten des 122. Psalms. Zu Deutsch: „Ich freute mich über die, die mir sagten: Lasset uns ziehen zum Hause des Herrn!" Vertreter der Neokatechumenatsbewegung aus Lateinamerika stimmen mit ein. Arabische katholische Pfadfinder halten sich bei den Händen und bilden einen

Kordon um den Lateinischen Patriarchen, den Franziskanischen Kustos und die katholischen Bischöfe. Andere Pfadfindergruppen marschieren musizierend mit Pauken und Dudelsäcken – unzweifelhaft ein Erbe aus der britischen Mandatszeit. Bis zu den Oslo-Abkommen von 1993-1995 war dies die einzige legale Möglichkeit für Palästinenser gewesen, in Uniform und quasi-militärischer Formation aufzutreten. Delegierte von katholischen Gemeinden aus dem Westjordanland – aus Bethlehem, Beit Jala, Beit Sahour, Ramallah, Taybeh und Zebabdeh – tragen Schilder vor sich her, auf denen sie mit nüchternen Kilometerangaben darauf hinweisen, wie nah diese Gemeinden vor den Toren Jerusalems liegen – und ganz praktisch doch so fern hinter der israelischen Sperranlage. „Eine mitreißende Repolitisierung der Prozession", hat das einmal ein deutscher Beobachter genannt. Hinzugekommene evangelische Christen schwenken mit Begeisterung ihre Palmwedel. Und ganz am Ende, wenn alle in den Hof der St- Anna-Kirche am Teich Bethesda eingezogen sind und der Lateinische Patriarch seine Ansprache gehalten hat, dann tanzen Mönche, Nonnen und Pilger miteinander im großen Reigen zu ausgelassen-rhythmischen Kirchenliedern. Der Begriff der „Passion" bekommt hier noch einmal eine völlig neue Bedeutung. Nicht um Leiden geht es dann in erster Linie, sondern um Leidenschaft.

Dies alles mag für einen nordeuropäisch-nüchternen Protestanten ein wenig gewöhnungsbedürftig klingen, aber es gibt wohl niemanden, der sich von der ausgelassenen Stimmung am Ende nicht doch mitreißen ließe. Die drei folgenden Tage – der Montag, Dienstag und Mittwoch der Karwoche – können dann durchaus auch in der Jerusalemer Altstadt still und besinnlich sein. Vorausgesetzt, die Höhepunkte des jüdischen Pessach-Festes fallen nicht auf diese Tage – etwa der Tag der *Birkat ha-Cohanim*, des großen Priestersegens, zu dem dann Tausende Angehörige der Familien Cohen, Katz, Kohn, Kahane, Kagan, Kahn usw. in die Altstadt strömen, um über der versammelten jüdischen Gemeinde an der Klagemauer jenen biblischen Segen zu sprechen, der auch von Christen oft verwendet wird, wenn sie ihre Gottesdienste beschließen. Besonders groß wird der Trubel, wenn dann auch noch ein hohes muslimisches Fest in diese Zeit fällt, was immer einmal passieren kann, da sich der muslimische Mondkalender jedes Jahr ein wenig gegenüber dem christlichen Sonnenkalender (sowie auch dem jüdischen Mondkalender, der anders als der Muslimische mit einem Schaltmonat alle paar Jahre an die Jahreszeit angepasst wird) verschiebt.

179

Am orthodoxen Gründonnerstag beginnt mit den zahlreichen Fußwaschungsgottesdiensten schließlich der Endspurt der Passionsfeierlichkeiten. In diesen liturgischen Feiern wird in Szene gesetzt, wie Jesus dem Johannesevangelium zufolge vor seiner Verurteilung und Kreuzigung die Füße seiner Jünger gewaschen hat. Stets bauen die Griechen dafür eigens ein Podest vor der Grabeskirche auf, wo dann der Patriarch die Füße seiner Bischöfe wäscht. Wir waren jedoch zumeist zeitgleich bei den Armeniern eingeladen, wo angesichts der Krankheit des damaligen Patriarchen in der Regel Erzbischof Nourhan Manoogian – der ewige Gegenspieler von Erzbischof Aris und später selbst Patriarch – diese Aufgabe übernahm. Für uns kirchenleitende Geistliche aus der Ökumene hatten die Gastgeber stets einige Stuhlreihen ganz vorne im Kirchenraum aufgebaut, gegenüber den Plätzen, die für die Delegationen der israelischen Polizei, des Innenministeriums und der armenischen Botschaft vorgesehen waren. Die Jakobus-Kathedrale der Armenier war wohl der einzige Gottesdienstraum in Jerusalem, welchen die Polizisten mit ihren Pistolen im Halfter betreten durften. Von unseren Plätzen aus konnten wir das Geschehen besonders gut beobachten.

Die tiefen, mehrstimmigen Gesänge des armenischen Seminaristenchores unter der Leitung unseres Freundes, Pater Goosan Aljanian, gingen uns bei diesen Feiern stets geradewegs unter die Haut. Eine ganz besondere Rolle kam dem anglikanischen Bischof in dem Gottesdienst zu, durfte er doch das Evangelium lesen – in der Orthodoxie eine ungewöhnlich hohe Auszeichnung für einen nicht-orthodoxen Kleriker. Natürlich hing diese Wertschätzung mit der tragischen Geschichte der Armenier zusammen: Die Engländer und die anglikanische Kirche hatten zu den Wenigen gehört, die während des Völkermordes 1915/1916 für die armenischen Christen eingetreten waren. Die Deutschen hingegen hatten sich, von Ausnahmen wie dem Theologen und Orientalisten Johannes Lepsius einmal abgesehen, an die Seite ihrer türkischen Alliierten – und damit an die Seite der Mörder – gestellt. Dieser Gedanke beschäftigte mich immer wieder, wenn ich der Evangeliumslesung des anglikanischen Bischofs im armenischen Gottesdienst lauschte. Es war ein Wunder, dass wir hier zusammen saßen und diesen Gottesdienst miteinander feierten.

Und dann trat Erzbischof Nourhan nach vorne, ließ sich von einem Diakon eine Schürze umbinden, wusch die Füße seiner Bischöfe und salbte sie anschließend mit kostbarem Chrisam. Nourhan war ein recht korpulenter Mensch, und der Chrisam – anderswo Salböl in einem Kännchen – erinnerte bei den Armeniern stets an ein Stück verzierter

Butter. In Kombination mit der weißen Schürze, die Nourhan zu diesem Ritual trug, entstanden in meinem (und sicher nicht nur in meinem) Kopf zuweilen auch höchst unpassende Assoziationen aus der Gastronomie.

Solche Gedanken verflüchtigten sich jedoch schnell, wenn ich nach dem Fußwaschungsgottesdienst der Armenier – sofern unsere Feste auf denselben Termin fielen – schnellen Schrittes zurück zur Erlöserkirche eilen musste, wo wenig später unser internationaler evangelischer Gründonnerstagsgottesdienst begann. Gemeinsam mit den englischsprachigen, skandinavischen und arabischen Gemeinden feierte unsere Evangelische Gemeinde Deutscher Sprache hier einen Abendmahlsgottesdienst, wobei die Liturgie stets sorgfältig zwischen den einzelnen Sprachgruppen austariert war. Nach dem Gottesdienst ging es dann in einer Prozession zum Ölberg, in den Garten Gethsemane, wo Jesus einst die Nacht vor seiner Gefangennahme verbracht hatte. Der Weg dorthin war ein Weg durch das irdische Jerusalem, so wie es ist: Die schwermütigen Passionslieder unserer arabischen lutherischen Geschwister wechselten sich ab mit dem deutschen „Oh Haupt voll Blut und Wunden" (wo sonst auf der Welt singen evangelische Christen das schon so öffentlich, so inbrünstig, und dann auch noch auf einer Prozession?); muslimische Geschäftsleute in der Altstadt, an deren Läden wir vorbeizogen, drehten in solchen Momenten manchmal die Koransuren lauter, die auf ihren Kassettenrekordern liefen, und orthodoxe jüdische Jungs bedeckten ihre Gesichter mit den Händen, um unser Vortragekreuz nicht sehen zu müssen, wobei sie ganz furchtbar schimpften oder auf den Boden spuckten, während säkulare Israelis uns begeistert fotografierten. Die israelischen Sicherheitskräfte – Polizei und Grenzschutz – schützten die Religionsfreiheit, indem sie sich draußen vor dem Löwentor mit einem Jeep sowie einigen bewaffneten Männern und Frauen an die Spitze des Prozessionszuges setzten. Dieser nahm dann auch prompt die Straßenmitte in Anspruch, vorbei an hupenden Autofahrern, die sich plötzlich von Menschenströmen umspült und in dem ungeahnten Geschehen gefangen sahen, bis wir auf das Gelände der russischen Nonnen an der Maria-Magdalenen-Kirche am Garten Gethsemane einbogen, wo mit Liedern, Gebeten und Lesungen der Abschluss der Prozession gefeiert wurde.

Anschließend hieß es wieder, uns zu beeilen, da sich nun auch die Anglikaner aus ihrer St. Georgs-Kathedrale in der arabischen Neustadt mit einer Prozession auf dem Weg zum Garten Gethsemane befanden. Und es war eine gute Tradition, dass zumindest einige Kleriker der evangelischen Erlöserkirche zu dieser Prozession hinzustießen. Wenn ich schnell war, erreichte ich sie im Stadtteil *Wadi Jooz*, um von dort mit ihnen wieder auf den Ölberg hinaufzuziehen – diesmal auf ein anderes Gelände am Garten Gethsemane, wo abermals jener durchwachten Nacht Jesu gedacht wurde.

Unsereiner durchwachte die Nacht zwar nicht, wobei an besonders viel Schlaf aber auch nicht zu denken war, da am folgenden Tag, dem Karfreitag, bereits um sechs Uhr in der Frühe die gemeinsame anglikanisch-lutherische Prozession durch die Via Dolorosa stattfindet. Dies ist noch eine einigermaßen günstige Zeit, da im Laufe des Tages die Zahl der Prozessionen zu einem Schwall anwächst, der letztlich kein Durchkommen mehr ermöglicht – inklusive der jährlichen, hollywoodreifen Prozession amerikanischer Fundamentalisten, auf der nahezu perfekt kostümierte römische Legionäre und ein Jesus-Schauspieler regelmäßig in Fluten von Theaterblut versinken. Ganz so dramatisch ging es bei unserer Prozession natürlich nicht; vielmehr zogen wir singend, abwechselnd das Kreuz tragend und betend auf der Via Dolorosa von Station zu Station, wobei wir die letzten Stationen, die sich eigentlich innerhalb der Grabeskirche befinden, in und um die Erlöserkirche verlegt hatten. Das macht keinen großen Unterschied, ist doch selbst die eigentliche Via Dolorosa wahrscheinlich nicht wirklich der Weg, den Jesus vor seiner Kreuzigung gezogen ist, wie Archäologen jüngst nachgewiesen haben. Hier kommt es jedoch weniger auf eine historische Wirklichkeit an als vielmehr auf die durchbeteten Orte, an welche die Gläubigen seit Generationen diese Wirklichkeit knüpfen. Und ein solcher Ort war mittlerweile ohne Zweifel auch unsere Erlöserkirche.

Nach einem spartanisch-veganen Passionsfrühstück mit Falafel, Hummus und Oliven, welches den an der Prozession beteiligten Pfarrern und Bischöfen in unserer Gemeindebibliothek gereicht wurde, war es in der Regel schon bald wieder an der Zeit, in der Erlöserkirche den Vormittagsgottesdienst zum Karfreitag zu feiern, sowie nach einer kurzen Mittagspause schließlich den Gottesdienst zur Todesstunde Jesu um drei Uhr nachmittags – was in etwa der biblischen Angabe (Lukas 23, 44) von der „neunten Stunde" des Tages, gezählt vom Sonnenaufgang an, entspricht. Oft war unsere Kirche zu diesen beiden Gottesdiensten bis auf den letzten Platz gefüllt.

Damit war die Passionszeit aber lange noch nicht zu Ende – im Gegenteil, der Höhepunkt kam erst noch! Am orthodoxen Karsamstag – der hin und wieder ja mit dem katholischen und evangelischen Karsamstag zusammenfiel – herrschte in der Altstadt um die Erlöserkirche herum regelmäßig Ausnahmestimmung. Zehntausende orthodoxer Pilger aus der ganzen Welt waren es dann, die sich in Richtung Grabeskirche drängten, um hier an der Zeremonie des Heiligen Feuers teilzunehmen: vor allem Russen, Griechen, Serben, Bulgaren, Rumänen, Palästinenser und Jordanier. Aber auch die Delegationen der Kopten aus Ägypten wuchsen von Jahr zu Jahr – und dies, obwohl der koptische Papst (in Widerspruch zum israelisch-ägyptischen Friedensvertrag von 1979) angeordnet hatte, dass die Gläubigen seiner Kirche Jerusalem nicht besuchen mögen, solange die Stadt unter israelischer Besatzung stehe.

Es war stets eine eigenartige Folge dunkler Glockenschläge, die diesen Tag prägte. Orthodoxe Glocken läuten in der Regel nicht; sie werden einzeln angeschlagen. Und an diesem Tag ist es wohl die größte und tiefste Glocke der Grabeskirche, welche vor allen anderen angeschlagen wird: dröhnend, gewaltig, die ohnehin religiös aufgeladene Luft der Heiligen Stadt in Vibration versetzend, durch einen einzigen Schlag am Morgen, der sich in den folgenden Stunden noch mehrfach wiederholen sollte: mal einzeln, dann auch wieder dreimal hintereinander, oder nur zweimal. Akustische Signale des Mysteriums, welches sich da hinter den Mauern der Grabeskirche anbahnte. Schnell stiegen wir dann immer aus den Betten. Denn unter uns, im Muristan, war zu dieser Zeit bereits ein leises Stimmengewirr zu vernehmen, ein Murmeln, vielsprachig, erwartungsvoll. Noch mehr dunkle Glockenschläge. Das Gemurmel unter uns schwoll an.

Direkt am Ende des Muristan, am Eingang der Erlöserkirche, hatte die israelische Polizei ihre letzte Absperrung aufgebaut. Sie war Teil eines Systems von Checkpoints, welches von Jahr zu Jahr ausgeklügelter wurde. Die ersten Sperren standen irgendwo draußen vor den Altstadtmauern. Die nächsten in den Stadttoren, auf den Hauptpassagen durch den arabischen Basar, an den Abzweigungen zum Heiligen Grab. Und die letzte schließlich genau vor unserer Kirchentür. Das Prinzip bestand darin, die Massen an Pilgern immer nur schubweise vorzulassen und stets nur bis zur jeweils nächsten Sperre, um ein unkontrolliertes Drängeln aller auf einmal zu vermeiden. „Besatzer!", zischte mir ein junger britischer Palästina-Aktivist mit dem Blick auf die jungen israelischen Polizisten zu. „Früher konnten wir alle ungehindert zur Auferstehungskirche gelangen!", ergänzte sein palästinensischer Begleiter. Aber wie wären die „Besatzer" erst kritisiert worden, wenn sie keine Sicherheitsmaßnahmen ergriffen hätten und dann eine Massenpanik ausgebrochen wäre?

Ich konnte mich stets ungehindert durch alle Sperren bewegen. Von einer guten Position vor unserer Kirchenpforte aus konnte ich zudem beobachten, wie die letzte dieser Sperren zwei- oder dreimal pro Stunde jeweils für wenige Minuten geöffnet wurde. Die Pilger, die sich vor den Barrieren gedrängt hatten, rannten dann los; selbst alte Mütterchen entwickelten noch einmal ungeahnte Kräfte, um im Endspurt die Auferstehungskirche zu erreichen. Sobald die Sperre wieder geschlossen war, öffnete sich weiter hinten, an der Abzweigung des Muristan vom Davidsbasar, die vorletzte Barriere; die Pilger von dort rannten dann ebenso wie ihre Kollegen zuvor, und rasch füllte sich wieder der Raum vor der letzten Absperrung.

Je mehr es um die Mittagszeit herum schließlich auf den Moment zuging, an dem sich in der Grabkammer Jesu das Heilige Feuer entzünden sollte, desto ängstlicher, ja: verzweifelter wurde an den letzten Sperren die Stimmung. So mancher Pilger aus Ägypten oder Griechenland fragte sich dann: Sollte ich wirklich mein ganzes Leben auf diese eine Reise in die Heilige Stadt gespart und mich geistlich vorbereitet haben, nur um im entscheidenden Augenblick nicht am Ort des Geschehens zu sein, sondern hinter einer Polizeiabsperrung auf Distanz gehalten zu werden?

In der Tat waren diejenigen, die nicht bis zur Grabeskirche gelangten, deutlich zahlreicher als jene Glücklichen, die es über die Schwelle des Heiligtums geschafft hatten. Und die Unglücklichen, sie drängten dann gegen die Barrieren; Polizisten und Grenzschützer stemmten sich mit aller Körperkraft dagegen, ein Heulen aus tausend Kehlen und Herzen war zu vernehmen, Tränen standen den alten Mütterchen in den Augen, bärtige Dorfpriester aus den Weiten Russlands schickten ihre Gebete zum Himmel. Und wenn dann auch noch die Sonne unbarmherzig auf das Geschehen brannte, dann verließen den einen oder anderen die Kräfte. Ausgezehrte Körper kollabierten; nicht immer erreichten die Sanitäter, die am Muristanbrunnen ihren Standort hatten, durch die Menschenmenge hindurch den Ort des Geschehens – und das eine oder andere Mal war dann meine Frau mit helfenden Krankenschwesterhänden oder einer Flasche Wasser zur Stelle.

Noch einige einzelne, dumpfe Glockenschläge, darauf eine letzte Stille, bis schließlich die kleineren Glocken im Sturm angeschlagen wurden. Ein einziges helles Scheppern und Läuten erfüllte nun die Stadt. Gerade jetzt musste das Wunder geschehen sein; pünktlich zu der vom osmanischen Status Quo vorgegebenen Zeit hatte sich im Heiligen Grab die Flamme entzündet. Und da war sie auch schon, jene Flamme – wie das

sprichwörtliche Lauffeuer weitergereicht von Kerzenbündel zu Kerzenbündel aus immer 33 schlanken, handgezogenen Kerzen reinsten Bie-
nenwachses, nach der Zahl der irdischen Lebensjahre unseres Heilands
und Erlösers. Der Priester der syrisch-orthodoxen Kirche war es, der stets
als Erster mit einem solchen brennenden Bündel in der Hand aus der
Kirche herausgeschossen kam, rennend, rasend, jubilierend, um nur so
schnell wie möglich diesen Schatz in sein Kloster an der übernächsten
Straßenecke und anschließend nach Bethlehem zu bringen.

Andere waren achtsamer. Ihnen streckten sich die unzähligen Arme
der Unglücklichen hinter unserer Absperrung entgegen, in den Händen
ihre fast zerdrückten Kerzenbündel. Auch sie empfingen jetzt das Heilige
Feuer, Freudentränen mischten sich in ihre Tränen des Kummers, und
auch sie gaben die Flamme nun weiter an die hinter dem vorletzten
Checkpoint. Aber da waren die jungen Polizisten bereits dabei, ihre
Sperren so schnell wie möglich abzubauen, um den Rückstrom der Pilger
nicht zu behindern. Kerzenqualm stand über dem Muristan, und einige
füllten die Flamme jetzt in besondere Behältnisse, die ihnen erlauben
sollten, sie zurück in ihre jeweiligen Länder zu tragen.

Nur ein einziges Mal habe ich diesen Moment im Inneren der Grabes-
oder Auferstehungskirche erlebt. In unserem letzten Jerusalemjahr war
das, Karsamstag 2012. Ich hatte mich bis dahin immer ein wenig vor
einem solchen Kirchenbesuch gedrückt: Zu gut war unsere Logenposition
am letzten Checkpoint – zu beängstigend das Gedrängel in der Kirche.
Aber einmal im Leben muss man so etwas wohl gesehen haben. Diesmal
waren es unsere armenischen Freunde, die mich mit einem besonderen
Passierschein ausstatteten, welcher es mir erlaubte, schon vor dem allgemeinen Einlass der Pilger einen besonders guten Stehplatz mit her-
vorragender Sicht innerhalb der Auferstehungskirche einzunehmen.

Die Stimmung in der Kirche war geradezu extatisch aufgeladen.
Mönche, Nonnen und Pilger drängten sich auf engstem Raum; ganze
Gruppen junger palästinensischer Christen zogen mit Fahnen, blumen-
geschmückten Kreuzen und Trommeln ein. Mehrere orthodoxe Männer
ließen sich von anderen auf den Schultern tragen und fungierten als Ein-
peitscher für die arabischen Kirchenlieder, die nun geschmettert wurden.
Da zog er ein, der griechisch-orthodoxe Patriarch Theophilos, bis auf die
leinenen Untergewänder entkleidet und in einem heiligen Zeremoniell
darauf untersucht, dass er nicht etwa Streichhölzer oder ein Feuerzeug in
die Grabkammer schmuggelt. Anschließend dann der Armenier, der sich

als nächster zum Griechen in der Grabkammer aufhalten darf, welche schließlich in einem feierlichen Akt versiegelt wird.

Wieder erfüllten stampfende arabische Kirchenlieder den Raum, und über den unzähligen Köpfen entdeckte ich unsere israelischen Kontaktleute von Polizei und Innenministerium auf einer besonderen Tribüne, welche auf einen ausladenden Türsturz gebaut war. Die Spannung steigerte sich von Minute zu Minute, bis plötzlich ein vielstimmiges Heulen und Jubilieren zu vernehmen war. Jetzt musste es geschehen sein, das Wunder: Der griechisch-orthodoxe Patriarch hat es einmal auf einer Sitzung von Kirchenoberhäuptern beschrieben, wie die Flamme von einer ins Bläuliche gehenden, aber eigentlich nicht beschreibbaren, Farbe sich während seines Gebetes plötzlich auf der Platte des Heiligen Grabes bildet und er sein Kerzenbündel daran entzündet. Und irgendwie hatte ich das Gefühl gehabt, dass er uns dabei zuzwinkert – wobei ich mich natürlich auch geirrt haben kann. Doch jetzt wurde schon eine Hand durch eines der Löcher in der Wand der Grabkammer herausgestreckt; in der Hand das Kerzenbündel mit dem heiligen Feuer. Die Menschen wogten darauf zu; zehn, zwanzig weitere Kerzenbündel wurden in dieses eine gehalten, und noch mehr Kerzenbündel in diese zehn oder zwanzig. Binnen weniger Sekunden stand die Menge in Flammen. Verschämt-protestantisch hatte ich mir nur eine einzige, dünne Kerze aus einem solchen Bündel mitgebracht – keine 33! Doch auch diesen dürren Lichtträger entzündete ich nun an den Kerzen, die mir von einer orthodoxen Nonne gereicht wurden. Es war wie ein loderndes Feuer im ganzen Kirchenschiff, und ich mochte mir gar nicht ausmalen, was geschehen würde, wenn jetzt eine Panik ausbräche.

„Die Überlieferung stimmt!", rief ein alter Mann strahlend. „Die Flamme brennt, aber sie verbrennt nicht!" Dabei hielt er, scheinbar ganz ohne Schmerzen, seine Finger in das Feuer. Als es dann doch nach versengtem Haar roch, bemerkte er, dass ihm dabei – beabsichtigt oder unbeabsichtigt – auch sein langer, grauer Bart in die Flamme geraten war. Dieses Malheur konnte schnell gelöscht werden. Auch die Nonnen neben mir griffen jetzt direkt in das Kerzenlicht hinein – und tatsächlich schien sich niemand die Finger zu verbrennen. Als die Kirche voll von dichtem Qualm war, brach ein Sonnenstrahl durch ein Oberlicht in der Kuppel über der großen Rotunde und zerteilte die schwere Luft.

Während einige israelische Polizisten bereits begannen, mit barschen Anweisungen die Pilger wieder nach draußen zu schicken, drängten sich die Angehörigen der Ortskirchen zur Grabkammer, um sie in feierlicher

Prozession einige Male zu umrunden – zuerst die Griechen, dann die Armenier, die Syrer und die Kopten. Die Prachtgewänder der Bischöfe und Patriarchen waren dabei herrlich anzuschauen. Welch eine Passion – welche Leidenschaft!

Es blieb anschließend nicht viel Zeit zum Schlaf: Bereits gegen vier Uhr am Ostermorgen machten wir uns wieder auf den Weg zum Ölberg. Einige hatten zu dieser nächtlichen Zeit ein Taxi gefunden, andere gingen zu Fuß, wie schon bei den Prozessionen der vorangegangenen Tage. Dort oben, auf dem Gelände der Kaiserin Auguste Victoria-Stiftung, feierten wir dann die Osternacht und die Auferstehung Jesu Christi. Im Stockdunkeln sammelten sich die verschiedensprachigen Gemeinden an unterschiedlichen Stellen: die englisch- und arabischsprachigen Lutheraner hinter dem Krankenhaus, die Deutschen im Garten hinter dem archäologischen Institut. Eines hatten diese Orte miteinander gemein – man konnte es lediglich in der Finsternis noch nicht sehen: Sie genossen einen spektakulären Ausblick nach Osten, über die judäische Wüste und den Jordan hinweg bis zu den Bergen Moabs. Und irgendwo ganz in der Ferne funkelten die Lichter der jordanischen Hauptstadt Amman.

Wir alle rieben uns die müden Augen und versuchten, uns irgendwie wach zu halten, als plötzlich ganz zart und leise ein liturgischer Gesang einsetzte. Bruder Stephan war das, von den Jesusbrüdern aus Latrun, und schon bald stimmten meine Pfarrerskollegen vom Ölberg sowie einige musikbegabte Volontäre, allesamt in weiße Gewänder gekleidet, in das uralte Lied mit ein. Bald verflog auch die akkumulierte Müdigkeit der Gemeinde; gesungen, gebetet wurde, wie es wohl nur in dieser einzigartigen Stadt möglich ist. Kurz darauf flammte ein rötlicher Schein über der Wüste im Osten auf; und weil die Sonnenaufgänge in diesen Breitengraden kurz und schnell sind, weil nicht viel Zeit zwischen der ersten Dämmerung und dem Sonnenaufgang vergeht, deswegen zeigte sich schon kurz darauf der Rand der orange glühenden Sonnenscheibe über dem Horizont. Und genau davor zeichnete sich als eine schwarze, gezackte Linie ganz in der Ferne die Silhouette der Hochhäuser West-Ammans ab. Nur selten konnte man einzelne Gebäude der jordanischen Hauptstadt von hier so gut erkennen. Jetzt wurde auch die große Osterkerze nach vorne getragen, und alle Anwesenden entzündeten daran die kleinen Kerzen, welche sie zuvor erhalten hatten. *„Christ ist erstanden / von der Marter alle. / Des wolln wir alle froh sein, / Christ will unser Trost sein. / Halleluja"*, so erscholl nun der alte Choral über die Weite der rot, orange, violett und weiß erstrahlenden Wüste. An diesem Ort wurde verstehbar, warum fast alle Kirchen der Welt nach Osten ausgerichtet sind – dem Ort des Sonnenaufgangs, in welchem das Wunder der Auferstehung transparent wurde.

Nach einem ersten Osterfrühstück, welches hier von dem Ehrenamtlichencafé unserer Pilger- und Touristenseelsorge vorbereitet wurde, ging es dann abermals nach unten, in die Altstadt, zur Erlöserkirche – diesmal mit der brennenden Osterkerze (wobei ich zugeben muss, dass der Wind sie mir das eine oder andere Mal doch wieder ausgeblasen hat und ich aus diesem Grund stets eine Schachtel Streichhölzer in der Tasche trug). Am Eingang der Kirche trafen wir Liturgen uns wieder, während sich die Gemeinde schon drinnen zum Hauptgottesdienst des Ostermorgens versammelt hatte. Und dann durfte ich das ganze Volumen meiner Stimme einsetzen und in den Kirchenraum hineinrufen: „Der Herr ist auferstanden!", worauf die versammelte Gemeinde antwortete: „Er ist wahrhaftig auferstanden!" Das Ganze erfolgte dreimal, bevor ich die Kerze auf ihren Leuchter vor dem Altar stellte und die Orgel zu brausen anfing: „Christ ist erstanden!" – wieder und wieder das große Oster-Halleluja. Spätestens als ich zur Predigt auf die Kanzel stieg, war der letzte Rest an Müdigkeit überwunden. Die Predigt zur Auferstehung – sie war die wohl wichtigste Predigt im Jahr. Nur die anschließende Feier des Heiligen Abendmahls war noch wichtiger und noch feierlicher. Nach dem Gottesdienst ein zweites Osterfrühstück, von Ehrenamtlichen liebevoll zubereitet. Am Nachmittag ein wenig Schlaf vielleicht – bevor es dann am folgenden Tag nach Emmaus ging.

Zum Ostermontag gehört traditionell das Evangelium von den Emmausjüngern – jenen zwei Männern, die dem Evangelisten Lukas zufolge am Tage nach dem Ostermorgen von Jerusalem nach Emmaus wanderten, wobei sich der auferstandene Christus zu ihnen gesellte, ihnen die Schrift auslegte und mit ihnen das Brot brach. Nun gibt es heute gleich mehrere Orte, die für sich in Anspruch nehmen, das biblische Emmaus zu sein. Für uns war stets Emmaus-Qubeibe das Ziel, wenn wir uns an diesem Tag auf die Wanderung nach Emmaus machten. Wir – das war eine immer wieder buntgemischte Truppe von Menschen unter der Leitung des Franziskanermönches Pater Gregor. Gregor lebte schon seit vielen Jahren in Jerusalem, war von asketischer Gestalt, und in seinen offenen Mönchssandalen wanderte er mit einer Zähigkeit, Kondition und Trittsicherheit durch das unwegsamste Gelände, welche einer Bergziege alle Ehre gemacht hätten. Wenn es heiß wurde, band er sich zur Franziskanerkutte ein Palästinensertuch um den Kopf. Unter seiner Führung zogen wir durch den hektischen Westteil Jerusalems, der an diesem für Juden ganz normalen Arbeitstag so gar nichts von der Auferstehung verspüren ließ, bogen hinter einer Tankstelle an der Ausfallstraße nach Tel Aviv rechts in ein Tal ab, wanderten unter lauschigem Grün durch die Ruinen des ehemaligen palästinensischen *Dorfes Lifta*, dessen Bewohner 1948 im Krieg geflohen waren, ließen die schattige Quelle des Dorfes, in der zumeist orthodoxe Juden badeten, links liegen, liefen irgendwann querfeldein durch das Wadi zwischen der israelischen Siedlung *Ramot* und dem palästinensischen Dorf *Beit Iksa*, vorbei an *Nabi Samuil* – dem Ort des biblischen Propheten Samuel – um schließlich am israelischen Militärcheckpoint von *Ras Biddu* wieder die Straße zu erreichen.

Die jungen Soldaten waren hier zumeist höchst irritiert, tauchten wir doch urplötzlich aus palästinensischem Gebiet auf, wo dies gar nicht vorgesehen war. Hektisch wurde dann meistens mit dem Befehlshaber auf einer entfernt liegenden Militärbasis telefoniert („Ja, mindestens hundert Leute... Wir wissen auch nicht, wie sie hier hergekommen sind, aber sie sagen, sie wollen zum Beten in die palästinensische Stadt weitergehen..."), und mit großer Ratlosigkeit wurde uns dann meistens mitgeteilt, dass dieser Checkpoint nur für Palästinenser aus dem angrenzenden Dorf sei, welches auf drei Seiten von israelisch kontrolliertem Gebiet umgeben ist, und dessen einziger Ausgang durch eben diesen Checkpoint führt. Und außerdem sei es gefährlich, ins nächste Dorf weiterzugehen; dort wohnten schließlich ebenfalls ausschließlich Araber, und man wisse ja nie, was die im Schilde führten. Lachend hatten dann meistens die jungen Frauen in unserer Gruppe bereits die Toilette des Checkpoints besetzt („Wir dürfen doch eben mal?... Es dauert gewiss nicht lang!"), und wenn schließlich auch noch Schwester Hildegard mit ihrem Auto von der anderen Seite erschien, um uns auf den letzten zwei Kilometern zu eskortieren, dann waren zumeist bereits alle Dämme gebrochen: Unsere Pilgerschar strömte durch den Kontrollpunkt, ohne dass die hilflosen Soldaten dem noch etwas entgegenzusetzen vermochten – und zuweilen hatten wir dann auch eine Israelin oder einen Palästinenser in unserer Gruppe, die hier gewiss nicht gemeinsam hätten passieren dürfen.

Das Gelände der Salvatorianerinnen in Emmaus-Qubeibe ist herrlich grün und wunderschön. Unter der Leitung von Schwester Hildegard nehmen die Nonnen hier alte und behinderte Menschen in einem Pflegeheim auf, an welchem unter der Ägide der Universität Bethlehem auch Krankenschwestern ausgebildet werden. Dass Menschen, die wegen ihrer Behinderungen zuvor von den eigenen Familien oft aus Scham weggesperrt worden waren, in Qubeibe aufblühen, ist einerseits den Schwestern zu verdanken – andererseits aber auch den vielen Freiwilligen aus Deutschland und Österreich, die hier mit viel Hingebung und Liebe einen einzigartigen Dienst leisten. An diesem Ort stärkte sich unsere Pilgerschar an Hummus, Falafel, Oliven und Fladenbrot, bevor sich Pater Gregor schließlich das Priestergewand überstreifte und wir miteinander die Heilige Messe nach dem Ritus der Franziskaner feierten.

Manchmal stellte sich nach den zahlreichen kurzen Nächten und täglichen Prozessionen unter vollem Körpereinsatz in der Passions- und Osterzeit geradezu so etwas wie ein Trancezustand ein, in welchem selbst die nur in Jerusalem möglichen „Gleichzeitigkeiten des Ungleichzeitigen" als ganz normal erschienen. Eine solche „Gleichzeitigkeit des Ungleichzeitigen" ergab sich etwa am 6. April 2012: An diesem Tag fielen der christliche Karfreitag (also der Tag der Kreuzigung Christi) und der Vorabend des jüdischen Pessachfestes (also das Gedenken an die Befreiung des Volkes Israel aus der ägyptischen Knechtschaft) zusammen. An die Chronologie des Johannesevangeliums erinnerte das – im Unterschied zur Darstellung der Passionswoche bei den Evangelisten Matthäus, Markus und Lukas, der zufolge Jesus am ersten Tag des Passafestes gekreuzigt wurde. Die „Johannes-Chronologie" sorgt somit für eine äußerst dichte Abfolge der Ereignisse. Nicht nur die Karfreitagsprozession, der Hauptgottesdienst der deutschen Gemeinde und die Andacht zur Todesstunde fanden am Karfreitag in unseren Räumlichkeiten statt, sondern nach einem ausgeklügelten Raumbelegungsplan auch die Gottesdienste der arabischen, der amerikanischen und der kleinen dänischen lutherischen Gemeinde. Eine Weile stand ich in der Mitte des Kreuzgangs. Aus dem Kirchenraum drang der tieftraurige und zugleich wunderschöne Gesang der arabischen Gemeinde „Sie hängten ihn ans Kreuz". Ich mochte die sich darin ausdrückende feierliche Stimmung des Karfreitags. Als ich jedoch einige Stufen nach oben stieg, konnte ich aus der Bibliothek die ekstatischen Gesänge der dänischen Gemeinde vernehmen.

Die Dänen waren eine Gemeinde, deren Gottesdienste vor allem durch die Liebe zum Volk Israel geprägt waren. Und nun feierten sie offenbar einen Pessach-Seder nach jüdischem Vorbild. „*Dayyenu*" erklang es vielstimmig, fröhlich und schmetternd aus der Bibliothek: „*Dayyenu*" – „es wäre uns genug gewesen." Es wäre uns genug gewesen, wenn Gott nur dies oder das für uns getan hätte. Aber er hat eben nicht nur dies oder das getan, sondern uns auch aus der Knechtschaft zur Freiheit geführt. So singen Juden am Vorabend des Pessachfestes, und diese dänischen

Christen taten es ihnen gleich. Meistens ist es für Juden ein großes Ärgernis, wenn Christen Pessach feiern und sich damit eine jüdische Identität aneignen, die nicht die ihre ist. Geradezu als Diebstahl einer zentralen jüdischen Tradition wird dies oftmals verstanden. Und in der Regel ist es so, dass diejenigen Christen, die Israel am meisten lieben, am unverfrorensten einen solchen Diebstahl betreiben.

Irgendwo in der Mitte des Kreuzganges konnte ich den traurigen Karfreitagsgesang und das schmetternde *Dayyenu* des Pessach-Seders gleichermaßen gut hören. So unterschiedlich tickten Christen am selben Ort zur selben Zeit. Ich würde jedenfalls mit Nilar und Jonathan am Abend Rabbi Levi und seine Familie besuchen – jüdische Freunde, mit denen wir dann einen authentischen Pessach-Seder feiern würden, keinen christlichen Abklatsch. Irgendwie würde dies zeitlich noch zwischen die Andacht zur Todesstunde und den Trubel des Karsamstags passen. Gleichzeitigkeiten des Ungleichzeitigen, wie es sie wohl nur in Jerusalem gibt.

3   Trennendes und Verbindendes

Jerusalem ist eine Stadt der Mauern. Dabei soll hier nicht in erster Linie von der historischen Stadtmauer die Rede sein, oder von den israelischen Sperranlagen, die von Jerusalem weit ins Westjordanland hinein mäandrieren. Andere Mauern fallen zunächst weniger ins Auge – und finden schon gar keinen Eingang in Reiseführer oder die Tagespresse. Für das Mit- und Nebeneinander der Menschen in Jerusalem sind sie jedoch womöglich ebenso charakteristisch.

Sichtbar werden solche Mauern beispielsweise in stillen Nächten, wenn das Flugzeug aus Deutschland spät in Tel Aviv gelandet ist, wenn einen der Fahrer des Sammeltaxis vom Flughafen irgendwo am Rande Ostjerusalems hat aussteigen lassen (weil es für das Taxi ja zu „gefährlich" sei, allzu tief in die arabischen Wohnviertel hineinzufahren), und wenn man sich dann alleine zu Fuß mit seinem Koffer auf den Weg zur Altstadt macht.

Einsame Katzen huschen zwischen den Müllcontainern umher; einzelne fromme, jüdische Männer eilen auch um diese Zeit noch von ihren Wohnungen in Mea Shearim durch die arabischen Stadtteile in Richtung Klagemauer. Immer wieder stößt der Fußgänger auf Ecken und Winkel, die in anderen Städten der Welt vielleicht finster dalägen, hier aber mit aggressiven Strahlern hell ausgeleuchtet sind. Und in diesen Lichtkegeln springen sie plötzlich ins Auge: Die Stacheldrähte zwischen einzelnen Privatgrundstücken, die Metallgitterzäune, die Mauern, in deren Kronen Glasscherben einbetoniert sind. Besonders hoch und uneinsehbar sind die Mauern dort, wo ein religiöser Konvent seine Niederlassung hat, ein Kloster, eine fromme Schule. Die blickdichten Metalltore in diesen hohen Mauern sind geschlossen; über dem jeweiligen Klingelknopf schaut mindestens eine Überwachungskamera aus der Wand.

Bewundern ließ sich in Jerusalem aber zuweilen auch, was sich am Wegesrand hinter hohen Mauern befand. Manches Mal war ich der Meinung, einen Weg tausend Mal gegangen zu sein, eine Gegend ganz genau zu kennen. Und dann stand da in einer Mauer plötzlich ein kleines, unscheinbares Eisentor offen, welches sonst verschlossen war. Ich warf einen Blick hindurch oder war keck genug, einfach einzutreten – und stand dann in einer unerwartet grünen Oase, einem Innenhof mit Palmen, Feigenbäumen und Vogelgezwitscher. Damit hatte ich zuvor nie gerechnet gehabt! Ein anderes Mal war ich abends bei den Armeniern eingeladen, zur Einweihung ihrer frisch renovierten *Gulbenkian* Bibliothek, welche die Zeitzeugnisse eines langen armenischen Erbes in Jerusalem verwahrt. Auch auf das Gelände des armenischen Patriarchats führt nur ein einziges Tor. Ich war dort schon manches Mal in der Kathedrale und dem Audienzsaal des Patriarchen gewesen; hatte darüber hinaus an diesem Ort nur das Kloster, Klerikerwohnungen und die Büros des Patriarchats erwartet. Weit gefehlt! Als ich mich nach dem Empfang in der Bibliothek auf der Suche nach dem Ausgang des Quartiers ein wenig verlaufen hatte, erschien es mir plötzlich, als sei ich in ein Dorf irgendwo im fernen Armenien versetzt worden. Vor den Türen der einzelnen Gebäude saßen alte Leute, gebeugt von vielen Lebensjahren, während junge Männer und Frauen fröhlich miteinander schwatzten und die Kinder auf den Gassen Hinke Pinke spielten. Irgendwo sang jemand ein altes Volkslied. Das Tor nach draußen war da schon verschlossen (ich musste den Türsteher-Mönch bitten, es mir wieder aufzuschließen), während sich hier drinnen in der lauen Abendluft das Leben in einer Leichtigkeit entfaltete, die wohl nur möglich war, weil die aufgeladene Atmosphäre Jerusalems außerhalb der Mauern bleiben musste.

Traditionell waren die Wohnquartiere Jerusalems – wie in jeder orientalischen Stadt – jeweils um einen Innenhof herum gebaut, dessen Tore man auch zusperren konnte – wie auch die Tore des Muristan. Auch in solchen geschlossenen Wohnquartieren mit ihren hohen Mauern, ihren

Stahltoren und ihrem Stacheldraht manifestiert sich ganz anschaulich die segmentierte Gesellschaft des Nahen Ostens.

Dass ganze gesellschaftlichen Gruppen im Nahen Osten räumlich relativ getrennt voneinander leben, hat eine lange Tradition. Natürlich sind traditionelle arabische Städte wie Damaskus, Aleppo oder Jerusalem in muslimische, christliche und jüdische Viertel untergliedert, und ebenso selbstverständlich gibt es auf dem Land christliche, sunnitische und schiitische Dörfer, wo die Angehörigen der jeweiligen Gemeinschaften unter sich bleiben. Ein moderner Reflex der christlichen Viertel, welche von der muslimischen Nachbarschaft deutlich getrennt sind, mag der Kirchencompound auf dem *Jabal Ali* in Dubai sein, wo das Herrscherhaus Land zur Verfügung gestellt hat, auf dem alle Konfessionen nebeneinander ihre Gotteshäuser errichtet haben. Oder auch das jordanische Ufer der traditionellen Taufstelle Jesu am Jordan, wo ebenfalls der König Land für die Bauten aller christlichen Kirchen gestiftet hat. Selbst in den westlich geprägten Hauptstädten des Nahen Ostens, wo sich die Bevölkerungsgruppen am ehesten mischen, gibt es zuweilen ein architektonisches Ringen um den Charakter eines Stadtteils. Wie etwa im Stadtzentrum von Beirut, wo die Gemeinde der maronitischen Kathedrale lange damit gehadert hatte, dass Ministerpräsident Hariri gleich nach dem Ende des Bürgerkrieges eine prächtige Moschee direkt neben ihr Gotteshaus hatte bauen lassen – deren Minarette die gedrungenen Kirchtürme bei weitem überragten. Doch im Jahr 2016 hatte sich urplötzlich das Stadtbild an dieser Stelle wieder geändert: Die Christen hatten einen neuen Glockenturm neben ihre Kathedrale gestellt, der zwar einige architektonische Elemente des alten Kirchleins aufnahm, ansonsten aber ein schlanker, hoher Campanile war, welcher mit seinem grell beleuchteten und weithin sichtbaren Kreuz auf der Spitze nun wiederum die muslimischen Minarette überragte. Damit war der christliche Charakter des Viertels wieder hergestellt.

Am ehesten mischen sich die Gesellschaftssegmente in traditionellen Städten auf dem Marktplatz. Hier wird Handel und Wandel zwischen allen Bevölkerungsgruppen getrieben. Was zählt, ist ein gutes Preis-Leistungs-Verhältnis, nicht die Religion. Im 19. Jahrhundert kamen dann noch durch das Engagement der europäischen Kirchen die kirchlichen Schulen und das Gesundheitssystem hinzu, wo Menschen aller Bevölkerungsgruppen Aufnahme fanden. Diese Tradition hat sich dann auch an vergleichbaren Einrichtungen durchgehalten, die überhaupt keine christlichen Wurzeln haben – wie etwa am Hadassah-Krankenhaus in Jerusalem, wo ich einst die kleine Amina aus Nablus besuchte. An dieser Stelle soll allerdings von einem Ort in Jerusalem die Rede sein, der am ehesten in der Tradition des Marktplatzes steht, auf dem sich die Bevölkerungsgruppen mischen: dem Postamt.

Es war ein geschäftiger Tag, an dem die Menschenschlangen in dem kleinen Postamt am Jaffa-Tor sich bis auf die Straße hinaus wanden. Israelis und Palästinenser hatten sich da eingereiht, Juden, Christen und Muslime. Hinter einem griechisch-orthodoxen Mönch mit beeindruckendem Bart stand ein ebenso bärtiger ultraorthodoxer Jude; neben einer arabischen Hausfrau ein junger Soldat mit Gewehr. Vor der israelischen Post waren alle gleich. Oder vielleicht waren einige doch ein wenig gleicher – von denen schob sich nämlich einer mit der typisch israelischen *Chuzpe* direkt nach vorne, streckte neben dem Ersten in der Reihe seine Hand mit ein paar Papieren durch das Schalterfenster, nur eine kurze Frage, natürlich, aber das mit der größten Selbstverständlichkeit.

Hinter dem Schalter saß – zur großen Freude der männlichen Kundschaft – eine junge Araberin namens Abeer. Abeer von der Post war eine atemberaubende orientalische Schönheit in engen Jeans und ebenso engem T-Shirt; mit ihrer wallenden Mähne hatte sie manchem meiner Volontäre bereits den Kopf verdreht. Neben ihrem Job bei der Post kellnerte sie auch noch nebenan in der Armenischen Taverne; ihren schrottreifen japanischen Kleinwagen parkte sie dann auf dem Parkplatz von Christ Church, oft direkt neben den Dienstfahrzeugen von Propst und Bischöfen. Jetzt führte Abeer gerade ein ausgiebiges Telefonat auf dem Handy, während sie nebenbei auch noch das vor ihr stehende Festnetz-Telefon bediente, beim Wechsel der Telefone jeweils zwischen Arabisch und Hebräisch hin und her sprang, die Mietzahlung des vordersten Kunden in der Reihe entgegennahm (es ist ja nicht so, dass auf der israelischen Post nur Briefmarken verkauft würden; ebenso war dies die bevorzugte Stelle zur Einzahlung von Bargeldbeträgen für das Begleichen von Mietrechnungen, Strafzetteln und diversen Steuern), ihren Lidschatten nachzog und sich um die Papiere in der Hand des kahlköpfigen, etwas bulligen Herrn kümmerte, die er ihr neben dem ersten Kunden in der Reihe entgegengestreckt hatte: „Raq Schni'ah“ – „Nur eine Sekunde.“ Israelis – egal ob jüdisch oder arabisch – waren Meister im Multitasking.

Meistens sollte es „tschik-tschak“ gehen, wenn das irgendetwas schnell nebenher erledigt wurde. „Tschik-tschak“ war ein israelisches

Zauberwort: Im Straßenverkehr vermochte so mancher Fahrer, ganz nebenbei, „*tschik-tschak*", ein Telefonat zu erledigen. Das war zwar eigentlich verboten und kostete im Fall des Erwischtwerdens eine Strafe von 500 Schekel – aber was „*tschik-tschak*" getan wurde, zählte ja eigentlich fast nicht. Ich habe schon Kunden auf dem Gemüsemarkt erlebt, die vor mir in der Schlange beim Melonenverkäufer eben „*tschik-tschak*" noch ein Aktienpaket an der Börse orderten. Und manchmal machte mir der Begriff geradezu Angst: Als einmal wieder der Klempner bei uns im Haus war, um eine Rohrleitung zu reparieren, da erklärte auch dieser dynamische junge Mann, er könne den Job eben „*tschik-tschak*" erledigen. Nein, erklärte ich, bitte nicht „*tschik-tschak*", sondern „*kmo sche-zarich*": So, wie es sein muss; wie es Hand und Fuß hat.

Hier auf der Post klappte das Manöver, dessen Zeuge ich wurde, natürlich auch nicht „*tschik-tschak*". Irgendwann begann der griechisch-orthodoxe Mönch sich zu beschweren, dass die Angelegenheit des von-der-Seite-Dränglers doch mehr Zeit in Anspruch nahm als selbst die eine oder andere orientalische Sekunde. Der orthodoxe Jude pflichtete ihm bei – es gebe einfach keine Ordnung mehr im Staate Israel. Die palästinensische Hausfrau murmelte Unverständliches auf Arabisch, womit sie dem Gesagten wohl beipflichten wollte, bis der israelische Soldat durch die Wartehalle rief, ob es da vorne nicht endlich etwas schneller gehe. Der Kahlköpfige versuchte solche Einwürfe zunächst zu ignorieren, dann blickte er sich indigniert um, er habe doch nur eine einzige Frage stellen wollen, das sei ja wohl nicht verboten.

Als ich endlich an der Reihe war, hatte Abeer gerade ihre Telefonate beendet. „Na, mächtig im Stress?", fragte ich sie. Sie schenkte mir ihr bezauberndstes Lächeln: „Ach was, so ist das Leben eben. Wir haben doch keine Wahl! Aber du siehst auch gestresst aus, Propst. Wie wäre es, wenn du heute Abend mit deiner Familie in der Armenischen Taverne vorbeikommen würdest? Mein Chef hat gerade eine Lieferung ganz wunderbaren Wein erhalten!" Ich vertröstete sie auf ein anderes Mal. Immerhin hatte ich meine Post erledigt und dabei ein buntes Menschen-Potpourri erlebt.

Ein Ort, an dem wir Trennendes während unserer Jerusalemjahre besonders schmerzhaft erfahren haben, stand in keiner Beziehung zur Segmentierung der nahöstlichen Gesellschaften. Vielmehr handelt es sich dabei um etwas ganz Innerkirchliches – nämlich die Eucharistiefeier. Wer als evangelischer Partner in einer konfessionsverbindenden Ehe lebt, der kennt das: Zu zweit an der Heiligen Messe teilzunehmen, das selbe Wort zu hören, dieselben Gebete zu sprechen, die selbe Einladung Christi wahrzunehmen: „*Nehmet und esset alle davon: Das ist mein Leib, der für euch hingegeben wird... Nehmet und trinket alle daraus: Das ist der Kelch des neuen und ewigen Bundes, mein Blut, das für euch und für viele vergossen wird...*" – und dann doch zusehen zu müssen, wie „alle" eben nicht tatsächlich „alle" meint; zumindest nicht den evangelischen Partner, der brav in der Bank sitzen zu bleiben hat, während alle anderen, inklusive des katholischen Ehepartners, der Einladung folgen dürfen.

Ja, natürlich: „Lasst uns doch zuerst das miteinander machen, was wir schon jetzt miteinander machen können", haben mir katholische Freunde manchmal gesagt, und so habe ich das auch meinen Gemeindegliedern vermittelt, die von allzu großer ökumenischer Ungeduld geprägt waren: Lasst uns miteinander beten, die Bibel lesen, uns gegenseitig zu Taufpaten unserer Kinder machen. Das ist ja auch gut und richtig. Und genau dies wird noch viel zu wenig getan!

Nur: Irgendwann kommt im ökumenischen Miteinander-Leben der Punkt, wo einer gar nicht mehr darum herum kommt, dass es gar nicht so sehr darum geht, was „wir können" – sondern um das, was der auferstandene Christus kann: nämlich sich selbst schenken, ganz leiblich, sinnlich, real, erfahrbar „*in, mit und unter*" Brot und Wein. „*Esset alle davon... Trinket alle daraus...*" Und was ist, wenn ein solches Geschenk für einen so schwer zu wiegen beginnt, dass darunter die Grenzen zwischen den Kirchen zu bröckeln beginnen?

Ein mehr oder weniger „durchschnittliches" evangelisches Gemeindeglied mag solche Dinge mit einem katholischen Priester seines Vertrauens klären oder sich an einem fremden Ort einfach in eine katholische Eucharistiefeier „einschleichen". Ganz fair ist letzteres genau genommen nicht. Vielmehr ist es eine Art Betrug; das „Einschleichen" wird da leicht zum „Erschleichen" von Gaben, die einer mit mehr Ehrlichkeit nicht gereicht bekommen hätte. Und doch funktioniert es und wird von vielen praktiziert – ganz ohne schlechtes Gewissen. Deutlich schwieriger als für einen eher unauffälligen Christenmenschen ist dies jedoch für einen evangelischen Pfarrer, der von seiner eigenen Gemeinde normalerweise genau beobachtet wird, und dessen Teilnahme an der katholischen Kommunion daher ein erhebliches Maß an Verwirrung stiften dürfte. Und fast völlig unmöglich ist es für einen evangelischen Propst, der an einem der sensibelsten Orte der weltweiten Ökumene die

Evangelische Kirche in Deutschland vertritt.

So war ich immer wieder an liturgischen Feiern unserer katholischen Geschwister im Heiligen Land beteiligt, bei denen ich junge Menschen für einen Dienst mit-eingesegnet, bei der Grundsteinlegung eines Klosters mit-Hand-angelegt, oder das Wort Gottes in seiner verkündigten, geoffenbarten und Schrift gewordenen Gestalt mit-geteilt habe – aber eben nicht in der Gestalt von Fleisch und Blut Christi, wie sie im Sakrament gereicht werden. Und manches Mal, wenn Nilar dann aufstand, um am Altar die Kommunion zu empfangen, standen mir Tränen in den Augen.

Das erzählte ich irgendwann auch den beiden Kardinälen, die mit der katholischen Deutschen Bischofskonferenz zu Gast in Jerusalem waren. Der *Diwan* der Dormitio Abtei war zum Bersten gefüllt; gute und tiefe Gespräche ergaben sich beim Empfang an vielen Stellen im Saal, und bei beiden Kardinälen traf ich auf offene Ohren: Mit Karl Kardinal Lehmann, dem damaligen Vorsitzenden der Deutschen Bischofskonferenz, durfte ich zuerst sprechen. Er war ein kluger Mensch, der bis zu seinem Tod im März 2018 an unendlich vielen ökumenischen Gesprächen beteiligt gewesen war. Und so fing er – ganz der theologische Lehrer – auch gleich an zu dozieren: über die theologischen Lehrgespräche der vergangenen Jahrzehnte, über die gewonnene Einsicht, dass Lehrverurteilungen früherer Jahrhunderte nicht kirchentrennend seien, über die Arbeit an gemeinsamen Liturgien. Und dann kam er zu dem Schluss: „Propst Gräbe, ich verspreche Ihnen, dass Sie noch vor Ihrem Ruhestand die Kommunion mit Ihrer Frau gemeinsam empfangen werden." Joachim Kardinal Meisner hingegen, der als erzkonservativ geltende, damalige Erzbischof von Köln, schaute mich nur kurz mit einem scharfen Blick an, als ich meine Tränen bei katholischen Eucharistiefeiern erwähnte: „Ihre Tränen, junger Bruder, sind die Tränen Christi. Das müssen Sie aushalten!"

Eigenartiger Weise jedoch war es gerade Kardinal Meisner, der angeblich so kalte Dogmatiker, der sich Jahre später, auf seiner folgenden Jerusalemreise, bei meinen früheren Kollegen nach mir erkundigte. Und die berichteten mir dann davon. Wie es mir gehe, habe er wissen wollen; die Begegnung mit mir sei ihm im Gedächtnis geblieben. Doch da hatte mich meine Kirche längst nach Deutschland zurück gerufen; Kardinal Meisner verstarb im Juli 2017.

Ich weiß nicht, was der Kardinal davon gehalten hätte, hätte er erfahren, dass mich meine katholischen Geschwister in Jerusalem am Ende doch noch in ihre eucharistische Gemeinschaft aufgenommen hatten. Zuerst bei den Exerzitien, zu denen ich ins Kloster an den See Genezareth gefahren war. Zehn Tage lang tauchte ich dort ganz in Bibellesung, Gebet und Stille ein. Und für Pater Zacharias, meinen geistlichen Begleiter, wäre es ganz undenkbar gewesen, wenn ich dort nicht an jenem weltweiten Christusleib teilgehabt hätte, der Tag für Tag die Kommunion miteinander feiert. Am Schluss war es dann der Abt selbst, in Jerusalem, der mich zur Eucharistiefeier auf dem Zionsberg einlud. Meine Zeit im Heiligen Land war da praktisch um; die Verantwortung für meine Gemeinde hatte ich bereits in die Hände anderer gelegt, und so konnte ich getrost der Einladung Christi folgen. Als der Abt Nilar und mir nacheinander die eucharistischen Gaben reichte, da hatte ich wieder Tränen in den Augen. Aber diesmal waren es Tränen der Freude.

Natürlich waren auch die Abendmahlsfeiern an der Jerusalemer Erlöserkirche von einer ganz eigenen spirituellen Tiefe – vor allem, weil sie regelmäßig an jedem Sonntagmorgen stattfanden, einer sorgfältig und liebevoll eingeübten Liturgie folgend, getragen von Respekt vor denen, die da mitfeierten, vor dem Wort Gottes, vor jedem Element. Manches Mal habe ich Leib und Blut Christi an Menschen gereicht, denen dabei dann auch die Tränen in den Augen standen. Oft gab es Pilgerinnen und Pilger, die mir mitteilten, an ihren Heimatorten schon lange keine solch intensive Abendmahlserfahrung mehr gehabt zu haben. Und am Ende versammelten sich immer ein paar Kirchenälteste mit dem Pfarrer in der Sakristei, um die übriggebliebenen Abendmahlsgaben miteinander zu verzehren.

Vielleicht ist dieser Respekt vor dem Geheiligten tief in der so selbstverständlichen Segmentierung der Lebenswelten verwurzelt. Da mag der Pastor oder die Pastorin einer bürgerlich-deutschen Gemeinde in aufklärerischem Überschwang noch so sehr betonen, dass doch der „Vorhang im Tempel zerrissen" sei; da mögen Kirchengemeinderäte konsequent das Chorgestühl aus ihrer Kapelle reißen und den sakralen Raum in eine Multifunktionshalle für Andachten und Gemeindebasare verwandeln – im Orient lernen Pastoren und Kirchengemeinderäte dann doch oft ganz bescheiden, dass Menschen in ihren spirituellen Bedürfnissen gemeinhin so ganz anders ticken: Der Vorhang vor dem Allerheiligsten des Tempels ist (bildlich gesprochen) eben auch nach zweitausend Jahren Christentumsgeschichte noch da und unterscheidet, tief im Herzen der meisten religiös-sensiblen Menschen, zwischen Heiligem und Profanen. Das Bild aus dem Matthäus- oder Lukasevangelium

(Matthäus 27,51 und Lukas 23,45), welches die Begleitumstände des Todes Jesu dramatisch in Szene setzt, taugt nicht zur Legitimierung einer modernen, westlichen Gleich-Gültigkeit. Die Ikonostase hat in jedem orthodoxen Gotteshaus eine zentrale Funktion, und selbst in etlichen protestantischen Gemeinden des Orients knien die Gläubigen zum Abendmahlsempfang vor dem Lettner nieder.

Es gibt im Judentum wie im Islam eine tiefe Abneigung gegen alles „Vermischen" oder „Beigesellen" von Dingen, die nicht zusammen gehören. „Shituf" heißt das im Judentum und „Shirq" im Islam. Aus Göttlichem und Menschlichen lässt sich bei Juden und Muslimen kein Mischmasch machen; ebenso wenig wie nach jüdischen Regeln aus milchigen und fleischigen Speisen oder Reinem und Unreinem – ja, selbst unterschiedlichen Fasern in der Kleidung. Natürlich liegt das immer wieder auch quer zum Christentum, welches ja auf der Grundlage steht, dass Jesus Christus „wahrer Mensch und wahrer Gott" sei. Aber spiegelt sich in der altkirchlichen Formel vom „unvermischt und ungetrennt" im Blick auf die Naturen Christi (451 nach Christus wurde das im Konzil von Chalzedon so definiert) nicht vielleicht sogar eben diese Einsicht, dass man Naturen noch längst nicht vermischen muss, nur weil man sie nicht auseinanderreißen will?

Was geheiligt ist, lässt sich nicht schadlos wieder profan machen – auch diese Einsicht gehört zur ganz selbstverständlichen Segmentierung der Lebenswelten. Das vierte Kapitel des Talmudtraktates *Megilla* setzt sich breit mit dem Gedanken auseinander, dass man wohl ein Kaufhaus in ein Schulhaus und ein Schulhaus in ein Bethaus verwandeln kann, aber niemals ein Bethaus in ein Schulhaus oder schließlich gar in ein Kaufhaus. In diesem Kapitel wird übrigens auch bis ins Detail geregelt, welchen Abstand zu einem Bethaus jemand beim Urinieren halten muss. Ist einem westlich-aufgeklärten Menschen dies so fremd?

4   Interreligiöses

„Kannst du uns nicht vielleicht einen Vortrag halten über christliche Antworten auf die ökologische Krise?" – Eliyahus Frage klang drängend, und ich spürte, dass er mich mit einem Anliegen angerufen hatte, welches ihm wirklich wichtig war.

Eliyahu McLean war das, was man gemeinhin einen „bunten Vogel" nennt. Seine große, gehäkelte Kippa leuchtete in allen Farben des Regenbogens; sein Gesicht wurde von langen, tiefschwarzen Schläfenlocken und einem ebenso tiefschwarzen, gepflegten Vollbart gerahmt. Häufig trug er Hawaiihemden, denn in Hawaii war er aufgewachsen. Vor allem farbenfroh musste seine Kleidung daher sein.

Irgendwann hatte er mir mitgeteilt, dass er gerade geheiratet hatte: Seine charmante Frau hüllte sich in die langen Röcke, weiten Blusen und Kopftücher der Orthodoxen und war ein eher stilles Wasser – anders als Eliyahu, für den es kaum einen Ort der interreligiösen Szene Jerusalems gab, wo er sich nicht ständig von neuen Ideen sprühend einbrachte. Sein Hebräisch hatte einen unverkennbar amerikanischen Akzent, und ein recht ordentliches Arabisch sprach er auch. Vor allem aber war er gemeinsam mit Scheich Bukhari, dem Oberhaupt der usbekischen muslimischen Gemeinschaft von Jerusalem, eines der Gründungsmitglieder der *Jerusalem Peacemakers*, zu denen sich vor allem Geistliche aus den unterschiedlichen jüdischen, christlichen, muslimischen und drusischen Gemeinschaften zählten. Hin und wieder expandierte die Gruppe zu großen, öffentlichen Begegnungen der verschiedensten irgendwie religiös affinen Menschen aus ganz unterschiedlichen Strömungen; dann nannte sie sich „abrahamitische Versammlung" oder auch „Sulha", was einfach der arabische Begriff für ein Versöhnungstreffen zwischen Familien ist, die miteinander in einen Rechtsstreit geraten sind.

Eine solche Versammlung stand offenbar wieder vor der Tür, und das Thema, welches Eliyahu mir da vorstellte, reizte mich in der Tat: Es gibt wohl kaum eine andere Frage mit solcher Zukunftsrelevanz wie die weltweite ökologische Krise. Und es war wichtig, danach zu fragen, welche Beiträge die Religionen leisten konnten, um mit dieser Krise umzugehen.

„Gerne steuere ich dazu eine christliche Perspektive bei", erklärte ich Eliyahu. „Wann soll das Treffen denn stattfinden?" Mein jüdischer Freund räusperte sich verlegen: „Das könnte vielleicht ein kleines Problem für dich sein: Die Begegnung ist morgen..."

„Aber Eliyahu, das funktioniert so nicht! Das Thema ist wichtig, aber ich bin kein Experte dafür. Ich müsste mich erst einlesen und mir in Ruhe ein paar Gedanken darüber machen, was ich euch in meinem Vortrag überhaupt mitteilen will!"

„Uwe, das schaffst du. Ich kenne dich und weiß, dass der Heilige Geist mit dir ist. Bitte sag zu! Wir haben bislang einfach keinen christlichen Referenten gefunden!"

Das war freilich ein schlagendes Argument. Mit einem Seufzer versprach ich dem erleichterten Eliyahu, dass ich kommen würde. Und verbrachte eine Nacht mit all der Literatur zum Thema, die in der Kürze der Zeit greifbar war.

Ein wenig übermüdet fuhr ich dann am folgenden Tag auf das Gelände der Trappistenmönche in Latrun. Es war heiß – sehr heiß. Und es war staubig. An der Einfahrt schwebten mir zwei nicht mehr ganz junge Damen barfuß und in wallenden Gewändern entgegen. *„Schalom – Salam – Peace!"*, rief die eine, während mir die andere ein Stoffband um das Handgelenk knotete, welches wohl die Eintrittskarte war. *„The Way to Sulha 08"* lautete der Schriftzug darauf. Daneben waren ein Halbmond, ein Davidsstern und ein Kreuz abgebildet. Da diese drei Symbole ein wenig an ein C, ein X und ein T erinnerten, ließ sich damit wunderbar spielen. Ein junger Mann mit Rastalocken, der in der Nähe stand, hatte sie auf sein T-Shirt drucken lassen und lediglich die Buchstaben o, e, i und s ergänzt: *„Coexist"*, stand da zu lesen.

Die Stimmung auf dem Gelände oszillierte irgendwo zwischen interreligiösem Woodstock und Taizé: Es waren wohl Hunderte von Menschen, die sich da versammelt hatten; Christen, Juden und Muslime. Irgendwo klimperte immer jemand auf einer Gitarre; die Frauen trugen fast durchweg lange, bunte Röcke und farbenfrohe Bänder in den wallenden Haaren, bei den Männern waren Rastalocken ein verbreitetes Modeacessoire. Gerade traf ein ganzer Bus mit jungen Muslimen aus dem Westjordanland ein, und ich wusste nicht, worüber ich mich mehr wundern sollte: dass es offenbar muslimische Hippies gab – oder dass die alle einen Passierschein erhalten hatten, um ins israelische Staatsgebiet einreisen zu dürfen. Denn als solches wurde Latrun von den israelischen Behörden angesehen, auch wenn es faktisch im Niemandsland lag. Einige Juden, Christen und Muslime, die sich im hohen, vertrockneten Gras gelagert hatten, und deren verschwitzte Gesichter bereits ganz mit ockergelbem Staub überzogen waren, schenkten den Neuankömmlingen ein beseeltes Lächeln, und der Trappistenmönch, welcher als Vertreter der Gastgeber neben mir stand, beeilte sich, mir zu versichern, dass Drogen auf dem Gelände selbstverständlich strikt verboten seien.

Bald erschien die Kerngruppe der Versammlung: der abermals farbenfroh gekleidete Eliyahu McLean, an seiner Seite – würdigen Schrittes und im langen, weißen Gewand – sein Freund Scheich Abdul Aziz Bukhari. Schließlich gesellten sich noch Haj Ibrahim Abu El-Hawa und Rabbi Menachem Froman zu der illustren Runde. Der Verantwortliche eines Fernsehteams schob mich in ihre Mitte; die Podiumsdiskussion zum Auftakt des Treffens war eröffnet.

Es waren in der Tat außergewöhnliche Gestalten, die mich da als Teil ihrer interreligiösen Familie „adoptiert" hatten. Leider leben bereits zwei von ihnen nicht mehr. Scheich Bukhari verstarb im Juni 2010 völlig unerwartet und wurde auf dem kleinen Familienfriedhof im Innenhof seines Anwesens mitten in der Jerusalemer Altstadt, an der Via Dolorosa, beerdigt. Es war ein faszinierendes Haus: Während vor dem Vordereingang die christlichen Pilger von der ersten zur zweiten Station der Via Dolorosa zogen, grenzte der rückwärtige Teil des Familiensitzes direkt an die nördliche Umfassungsmauer des *Haram al-Sharif* bzw. Tempelberges. Der Blick auf die goldene Kuppel des Felsendomes war faszinierend. Hier hatten nur die bedeutendsten muslimischen Notabeln der Stadt ihre Häuser. Wie eben auch das Oberhaupt der usbekischen muslimischen Gemeinschaft von Jerusalem. Anfangs war ich der Meinung gewesen, dass da wohl vor nicht allzu langer Zeit eine Gruppe von Usbeken ins Heilige Land eingewandert sein musste. Erst als ich die Dokumente einer langen Familiengeschichte sah, die an den Wänden des Wohnzimmers präsentiert wurden, wurde mir deutlich, dass diese Einwanderung bereits im Jahr 1616 (nach christlicher Zeitrechnung) geschehen war. Und noch immer handelte es sich bei den Nachkommen dieser Eingewanderten um eine klar abgrenzbare Gruppe – ähnlich etwa den Tscherkessen, die als nichtarabische muslimische Gruppe in einigen Dörfern im Norden Israels lebten.

In diesem Haus habe ich von Bukhari auch gelernt, muslimisch zu beten. Ich hatte ihn immer wieder danach gefragt – nicht, weil ich mich mit dem Gedanken trug, zum Islam zu konvertieren, sondern weil ich selbst ein Gespür für diese einzigartige Form der Hingabe an Gott entwickeln wollte. Irgendwann gab er meinem Drängen nach. Nachdem wir uns gereinigt hatten und er zwei Gebetsteppiche ausbreitete, fiel mir die Besonderheit der Lage seines Hauses erst richtig auf: Wenn man hier in Richtung Mekka betete, so hatte man die muslimischen Heiligtümer des *Haram al-Sharif* bzw. des Tempelberges praktisch genau vor sich. In Richtung dieser Jerusalemer Heiligtümer hatte der Prophet Muhammad in der Anfangszeit des Islam gebetet, bevor er nach seiner Auswanderung („*Hidschra*") nach Medina begann, in Richtung Mekka zu beten. Das Haus der Bukharis stand tatsächlich an einer Stelle, an der die erste *Qibla*, die erste Gebetsrichtung der Muslime, mit der seither gültigen *Qibla* zusammenfiel. Welch einzigartiger geografischer Ort! Und so standen wir da nebeneinander zum eröffnenden *Taqbir*, hoben die Hände auf Höhe unserer Ohren, verschränkten sie zum *Qiam* vor unseren Bäuchen, verbeugten uns zum *Ruqu'* und warfen uns zur *Sadscha* nieder.

Wir waren nur zu zweit und ich stellte mich einigermaßen unbeholfen an. Und doch hatte ich für einen Moment das Gefühl, an dem wogenden Auf und Ab der Betenden dort oben auf dem *Haram* teilzuhaben. Es war wie das Eintauchen in einen Jahrhunderte alten, zeitlosen Strom der Gott-Mensch-Beziehung, wie sie von den Muslimen in Ehren gehalten wurde.

„Bismillah ar-rahman ar-rahim. Al-hamdulillahi rabb al-'alamin; ar-rahman ar-rahim; maliki jaum ad-din..." – *„Im Namen Allahs, des Allerbarmers, des Barmherzigen. Alle Lobpreisung gebührt Allah, dem Herrn der Welten, dem Allerbarmer, dem Barmherzigen, dem Herrscher am Tage des Gerichts. Dir allein dienen wir und Dich allein flehen wir um Hilfe an. Leite uns den rechten Pfad, den Pfad derer, denen Du gnädig bist, nicht derer, denen Du zürnst und nicht derer, die in die Irre gehen. Amen."* In der Schönheit solcher Verse wie der *Fatiha* wird spürbar, dass es in den Quellentexten des Islam nicht um das Fürwahrhalten dogmatischer Sätze geht, sondern vielmehr um poetische Überformungen und Ausschmückungen der Glaubensinhalte von Juden und Christen, welchen der Prophet des Islam auf seinem eigenen geistlichen Weg begegnete. So mag es geschehen, dass Christen hinter den Schichten der Fremdheit solcher Poesie auch ihr Eigenes noch einmal neu und ganz anders entdecken. Wie armselig sind die, die aus der Fülle dieses ästhetischen Reichtums ein Handbuch für Sittenwächter gemacht haben!

„Eines musst du mir versprechen, Propst", erklärte Bukhari, nachdem wir das Gebet beendet hatten. Ich blickte den Scheich fragend an; es schien ihm sehr ernst zu sein: „Tu dies niemals in der Öffentlichkeit! Es ist ein Bekenntnis zum Islam – und du würdest große Probleme bekommen, wenn du anschließend jemals wieder Christ sein willst!"

„Ich verstehe nicht, Scheich. Du meinst: Ich erkläre mich mit einem solchen Gebet selbst dann zum Muslim, wenn ich euer Glaubensbekenntnis, die *Schahada*, nicht ausspreche?" – „Selbst wenn du die *Schahada* nicht mitsprichst, Propst. Sobald du unsere muslimischen Gebetshaltungen einnimmst, gibst du ein ziemlich eindeutiges Signal an alle Muslime deiner Umgebung. Also versprich mir bitte, in der Öffentlichkeit nicht muslimisch zu beten."

Ich versprach es ihm. So selbstverständlich, wie ich in katholischen Kirchen und jüdischen Synagogen zum Gebet aus- und einging, würde dies in einer Moschee nie möglich sein. Aber ganz heimlich hatten Scheich und Propst gemeinsam auf die muslimische Weise den einen, großen Gott angerufen. Und auch aus diesem Grund trauerte ich sehr, als Scheich Bukhari so plötzlich verstarb.

Es war eine der wenigen muslimischen Beerdigungen, an denen ich teilnahm, und ich hatte die Ehre, selbst eine Schaufel in die Hand gedrückt zu bekommen, um mich am Ausheben des Grabes in dem winzigen Hof zu beteiligen. Nilar war derweil eine derjenigen, die Bukharis Frau Hala zu trösten versuchten. Noch wenige Monate zuvor hatte Bukhari als muslimischer Vertreter gemeinsam mit einer kleinen interreligiösen Gruppe die Familien von Opfern auf beiden Seiten des vorhergehenden Gazakrieges besucht. Er war dafür von den unterschiedlichsten Seiten angefeindet und massiv bedroht worden. Aber auch innerhalb seiner Familie hatte es offenbar heftige Auseinandersetzungen um die rechte Fortführung der Familientradition gegeben. Ohne Zweifel: Er hatte sein Werk nicht zu Ende führen können.

Weniger als drei Jahre später starb dann auch Rabbi Menachem Froman. Anders als bei Scheich Bukhari hatte man seinen Tod nach langer Krankheit kommen sehen. Aber ganz ähnlich wie der Scheich war auch der Rabbiner eine in den gängigen Kategorien nur schwer fassbare, einzigartige Persönlichkeit. Als Rabbiner der Siedlung *Tekoa*, südlich von Bethlehem im Westjordanland, gehörte er zum Urgestein der israelischen Siedlerbewegung in den besetzten Gebieten. Aber zugleich war er einer derjenigen, die die Hand am weitesten zu den Palästinensern der Nachbarschaft ausgestreckt hatten. Nach seinem Verständnis des jüdischen Siedlungswerkes ging es nicht um das Besitzen von Grund und Boden, sondern einfach um das toragemäße Wohnen auf diesem von Gott verheißenen Land, Seite an Seite mit den dort lebenden Palästinensern. Über Jahre hinweg baute er bei regelmäßigen Besuchen im Gazastreifen eine Freundschaft zu dem greisen Scheich Ahmed Yassin, einem Mitbegründer der Hamas-Bewegung, auf – bis Yassin schließlich im Jahr 2004 vom israelischen Militär getötet wurde. Dies hielt Froman nicht davon ab, weiter Kontakte insbesondere zu streng muslimischen Palästinensern zu pflegen. Aber auch ein Vertrauter des Palästinenserpräsidenten Yasser Arafat war er. Irgendwann hatte ihm jemand auf die Wand seines Hauses gesprüht: „PLO-Außenstelle Tekoa".

Nun mag man einwenden, dass die extremen Ränder des Spektrums aller Religionen einander immer in gewisser Weise berühren, und Froman war gewiss das Gegenteil eines „Liberalen". Aber er war vor allem eines: ein Mensch mit großem Respekt vor allem Leben. Nie wäre er mit demonstrativ umgeschnallter Waffe durch die besetzten Gebiete gereist. Mit den Muslimen war er sich ganz eins im strengen, radikalen Monotheismus, der keinen *Shituf*, keinen *Shirq*, keine „Vermischung" oder „Beigesellung" von menschlicher und göttlicher Natur duldete. Was Christen eigentlich für ihn sind, habe ich mich manches Mal gefragt.

Jetzt aber saßen wir in Latrun gemeinsam in der Eröffnungsdebatte einer einzigartigen Versammlung. Und noch einer hatte sich dabei zu uns gesellt: Hajj Ibrahim Abu El-Hawa aus dem Dorf *A-Tur* auf dem Ölberg. Auch Hajj Ibrahim ist eine ganz besondere Persönlichkeit. Von Statur recht klein, trug er meistens ein schlichtes weißes Gewand und eine rot-weiß gemusterte *Kuffiyeh*. Die Familie El-Hawa war eine der großen muslimischen Sippen des Dorfes A-Tur, welches südlich an das Gelände der Kaiserin Auguste Victoria-Stiftung grenzte. Hajj Ibrahim betrieb hier ein Gästehaus, in welchem er – zumeist ohne finanzielle Gegenleistung – mittellose Reisende beherbergte, ganz gleich welchen religiösen Hintergrundes. Recht wundersame Gestalten quartierten sich da oftmals bei ihm ein, die zumeist zwei Dinge gemeinsam hatten: kein Geld – aber dafür umso mehr Religiosität. Weil die Zahl seiner Gäste ebenso beständig am Wachsen war wie seine eigene Großfamilie, war Hajj Ibrahim manches Mal gezwungen gewesen, sein Haus zu erweitern, anzubauen, aufzustocken... Nur: Für Palästinenser in Ostjerusalem war es in der Regel nicht einfach, von den israelischen Behörden für solche Baumaßnahmen die notwendigen Genehmigungen zu erhalten. Und so baute man halt illegal.

Hajj Ibrahim hatte wegen seiner zahlreichen illegalen Anbauten bereits einen ganzen Stapel an Abrissverfügungen, gerichtlichen Vorladungen und Bußgeldbescheiden erhalten. Mehrere Spendenkampagnen wurden von seinen Freunden organisiert, um eine Bezahlung der über ihn verhängten Geldstrafen zu ermöglichen. Mehr als einmal sah es so aus, als würde der Abriss seines Anwesens jetzt wirklich unmittelbar bevorstehen – wobei ebenfalls klar war, dass er für den Abriss selbst würde bezahlen müssen. Sein wirtschaftlicher Ruin schien also unausweichlich. Kurioserweise waren es oft dieselben Vertreter der Staatsgewalt, die solche Verfügungen ausstellten, und die sich dann wieder bei internationalen, multireligiösen Begegnungen mit ihrer Freundschaft zu Hajj Ibrahim schmückten. Womöglich blieb ihm genau dadurch manches Ungemach erspart, das für andere Palästinenser nicht zu vermeiden gewesen wäre.

Nach der Eröffnungsrunde sah ich mich ein wenig auf dem Gelände um. Eine große Feldküche war in der Mitte aufgebaut, in der strikt vegetarisch gekocht wurde – was mit allen religiösen Speiseregeln stets kompatibel war. Hier und da wurden allerlei Devotionalien verkauft, und am Rande des Geländes waren drei Gebetszelte aufgebaut: ein jüdisches, ein muslimisches und ein christliches. Hier wurde also nicht interreligiös gebetet, sondern multireligiös. In Deutschland hatte es einige Jahre zuvor eine Debatte um die Unterscheidung des einen vom anderen gegeben: Interreligiöses Beten bedeutet ein Gebet auf dem „kleinsten gemeinsamen Nenner": Es wird von vorneherein nur das gebetet, was die Angehörigen aller drei Religionen guten Gewissens mitsprechen können. Multireligiöses Beten hingegen heißt, dass es nebeneinander klar unterschiedene christliche, jüdische und muslimische Gebete gibt. Die Angehörigen der jeweils anderen Religionen sind dabei eingeladen, hinzu zu kommen und selbst zu entscheiden, worauf sie ihr Amen sprechen können – und worauf eher nicht.

So mag es für einen Juden oder Muslim anstößig sein, wenn Christen im Namen Jesu Christi zu Gott beten, oder ihn als Vater, Sohn und Heiligen Geist anrufen. Christen hingegen mögen sich mit Teilen des jüdischen Achtzehn-Bitten-Gebets eher schwer tun oder aber bei dem Verzicht auf eine christologische beziehungsweise trinitarische Vermittlung ihren eigenen Gott nicht wiedererkennen. Aber diese Anstößigkeit wird in multireligiösen Gebeten nicht vermieden. Dies gehört zur Ehrlichkeit und Aufrichtigkeit des Betens: Die Anstößigkeit bleibt stehen – ohne dass dabei ein Angehöriger einer jeweils anderen Religion gezwungen wird, in Aussagen, die für ihn anstößig sind, mit einzustimmen.

Im Laufe der Begegnung nahm ich an christlichen, jüdischen und muslimischen Gebeten teil. Dabei meinte ich, spüren zu können, wie mit der Zeit das Vertrauen wuchs und wie immer mehr Angehörige der jeweils anderen Religionen in die Gebete mit einstimmten, die da in einem der Gebetszelte gesprochen oder gesungen wurden.

Meinen Vortrag über christliche Perspektiven auf die ökologische Krise hielt ich dann auch noch. An den Theologen Albert Schweitzer und seinen Ansatz der Ehrfurcht vor allem Leben versuchte ich anzuknüpfen. Aber eigentlich war das in diesem Moment schon gar nicht mehr so wichtig. Wichtiger waren vielmehr die Beziehungen, war das Vertrauen, welches hier zwischen ganz unterschiedlichen Menschen aufgebaut wurde. Und so durfte ich die „Abrahamitische Versammlung" im folgenden Jahr an der Erlöserkirche begrüßen. Auf einen „*Walk about*

Love" hatten sie sich da gemacht; eine „Wanderung über die Liebe". Von Eilat an der Südspitze Israels bis an die libanesische Grenze ganz oben im Norden sollte diese Wanderung ihre jüdischen, muslimischen und christlichen Teilnehmenden führen. In den Tagen von Pessach und Ostern hatten sie Jerusalem erreicht, und ich hatte sie zu einer Rast im Refektorium meiner Propstei eingeladen.

Die jüdischen Mitwanderer bereiteten in unserer Küche eine „Se'udat Ha-Maschiach", ein „messianisches Mahl" zu, welches nach ihrer Tradition in diese Tage gehörte. Natürlich war das Essen koscher, für die Muslime damit auch *halal* – und wir Christen konnten ja ohnehin alles essen. Es gab unterschiedliche geistliche Impulse; so sprach ich etwa über die Emmaus-Jünger, die sich ja auch auf einen „Walk about Love" gemacht hatten, und die in unserer Liturgie für den Ostermontag einen festen Platz hatten. Und dann wurde gesungen, viel gesungen. Rabbi Froman und Eliyahu McLean stimmten das jüdische „Schma Israel" an. Scheich Ghassan Manasra (der Sohn von Scheich Abdel Salaam Manasra aus Nazareth) lächelte – ganz ähnliche Melodien gebe es auch in seiner muslimischen Sufi-Tradition. Und so legte er seine ganz eigene, durchaus passende, Melodie über den Gesang seiner jüdischen Weggefährten. Zwei katholische Zionsschwestern, die neben mir saßen, raunten mir zu: „Würde das nicht auch gut mit unseren Taizé-Gesängen zusammenklingen?" Wir probierten es. Unser Einsatz lautete: *„Laudate omnes gentes"*. Und es passte tatsächlich. So war es am Ende eine einzigartige, interreligiöse Jam-Session in unserem Refektorium: Die Gesänge wogten hin und her, von einer Ecke in die andere. Mal waren die jüdischen Stimmen stärker zu vernehmen, mal die muslimischen, mal die christlichen.

Je länger es ging, desto mutiger wurden die Teilnehmenden. *„Allah hu-akbar!"*, stimmte Rabbi Froman an, und zunächst stutzten alle, diese muslimischen Worte aus dem Mund eines orthodoxen Juden zu hören. „Allah ist *Ha-Elohim!"*, rief Froman begeistert. „Und wer sollte größer sein als ER, Gott? Habt ihr Christen etwa einen noch Größeren?", fragte er mich. Ich musste lachen. Froman legte Scheich Bukhari und mir die Hände auf die Schultern und machte, das rechte Bein über Kreuz vor das linke stellend, den leichten Tanzschritt einer israelischen *Hora* oder einer palästinensischen *Dabke*. *„Allah hu-akbar-hu-hu"*, sang er. Sofort traten andere in den Kreis: Männer und Frauen, Juden, Christen, Muslime. *„Allah hu-akbar-hu-hu"*: Zu dem *„hu-hu"* schwang Froman seinen Körper jeweils nach rechts und nach links, wie es fromme jüdische Männer im Gebet tun – und andere taten es ihm gleich. Bald steigerte sich der Rhythmus zu einem aberwitzigen Tempo; Schweiß lief über die Gesichter der Tanzenden. Am Ende war es ein stampfender, fast extatischer Reigen zu dem immer selben Vers, der unser Refektorium erfüllte. Erschrocken steckte unser Hausmeister, der gute Yacoub, den Kopf durch die Tür. Als er mich erblickte und sah, dass mir offenbar nichts fehlte, zog er kopfschüttelnd wieder davon.

Ein weiteres Mal trafen wir uns hoch oben auf den Zinnen des Davidsturms, der herodianischen Zitadelle von Jerusalem. Es war am 26. September 2010. Kurz zuvor hatte mich Eliyahu McLean abermals angerufen: „Uwe, wir müssen irgendetwas machen. Das israelische Siedlungsbaumoratorium läuft aus, und alle Weichen sind auf Konfrontation gestellt. Einige Verantwortliche aus unserer Siedlerbewegung wollen sofort wieder bauen wie verrückt – und mehrere palästinensische Gruppen haben gewaltsamen Widerstand angekündigt."

In der Tat war der israelische Siedlungsbau in den Besetzten Gebieten auf Druck der Amerikaner bis dahin für zehn Monate offiziell ausgesetzt worden. Eine Voraussetzung für die Wiederaufnahme israelisch-palästinensischer Friedensverhandlungen war dies gewesen, da solche Verhandlungen den Palästinensern so lange sinnlos erschienen, wie die Israelis gleichzeitig Fakten aus Beton schufen. Dabei hatte es sich letztlich um ein eher halbherziges Moratorium gehandelt: Ostjerusalem und die bestehenden Siedlungen waren auf Drängen der Israelis explizit vom Baustopp ausgenommen worden; lediglich neue Siedlungen durften nicht gebaut, illegale Außenposten nicht erweitert werden.

Zumindest jedoch war es zu einer erkennbaren Reduzierung der israelischen Bautätigkeit in den Besetzten Gebieten gekommen – und so waren die Palästinenser in den letzten Wochen des Moratoriums tatsächlich an den Verhandlungstisch zurückgekehrt. Dabei hatten sie verlangt, dass der Baustopp über den September heraus verlängert werde, da anderenfalls weitere Verhandlungen sinnlos seien. Nun aber sollte das Gegenteil geschehen; der Siedlungsbau sollte im großen Stil wieder aufgenommen werden. Und wie im Blindflug waren die gegnerischen Parteien auf diesen Tag der Eskalation zugesteuert.

„Und was schlägst du nun vor?", fragte ich Eliyahu. Er hatte bereits einen Plan: „Wir Juden feiern momentan ohnehin *Sukkot*, das Laubhüttenfest. Normalerweise beten wir jetzt immer bereits früh am Morgen zum Sonnenaufgang. Wie wäre es, wenn wir zum ersten Sonnenaufgang nach dem Ende des Baustopps auf den Davidsturm steigen und gemeinsam mit euch Christen und den Muslimen dort über den Dächern der Stadt Jerusalem für den Frieden beten würden?"

„Eliyahu, der Davidsturm ist ein Museum in öffentlicher Trägerschaft. Da schließt uns doch niemand morgens um fünf Uhr die Tür auf!"

„Und wenn doch?"

„Dann bin ich dabei!"

Natürlich schaffte es der umtriebige Eliyahu irgendwie, eine Sonderöffnungszeit am frühen Morgen für uns zu erwirken. Es war noch dunkel und kühl, als wir auf die Plattform des höchsten Turmes der Zitadelle hinaustraten. Unser Sohn Jonathan sowie zwei unserer Volontäre begleiteten mich. Eliyahu stellte mir Rabbi Yosef Hadane vor. Der sympathische, dunkelhäutige Herr war der Oberrabbiner der äthiopischen Juden in Israel. Ganz untypisch für einen Äthiopier trug er den Hut und den schwarzen Anzug der aschkenasischen Juden. Und er hatte noch jemanden mitgebracht: Der kräftige junge Mann an seiner Seite war Imam Khalil Albaz, das geistliche Oberhaupt der Beduinen von *Tel Sheva* in der Negev-Wüste. Bald kamen noch Hajj Ibrahim Abu El-Hawa und Rabbi Froman hinzu; schließlich auch noch einige katholische Nonnen. Die Begrüßung war herzlich; es gab zahlreiche Umarmungen. Gerade zeigte sich über dem Ölberg und der Altstadt der erste Streifen der Morgenröte. Es war in der Tat ein einzigartiges Panorama, welches sich hier unter unseren Augen entfaltete.

Rabbi Froman hatte einen *Lulaw* mitgebracht, den traditionellen Palmblatt-Feststrauß zum Sukkot-Fest, in welchen *Hadasim* und *Arawot* (also Myrten- und Weidenzweige) eingebunden waren, sowie eine *Etrog*-Frucht. In diesen Tagen sah man auf den Märkten zahlreiche orthodoxe Juden, die nach solchen makellosen Sträußen suchten. Rabbi Fromans Lulaw war besonders prächtig: ein wahrer „*langer Lulatsch*". Nun schüttelte er ihn in die vier Himmelsrichtungen und rezitierte gemeinsam mit Rabbi Hadane die traditionellen Sukkot-Gebete, woraufhin er noch den Psalm 122 anfügte: „*Wünschet Jerusalem Glück! Es möge wohlgehen denen, die dich lieben! Es möge Frieden sein in deinen Mauern und Glück in deinen Palästen! Um meiner Brüder und Freunde willen will ich dir Frieden wünschen.*"

Dann ergriffen Imam Khalil Albaz und Hajj Ibrahim Abu El-Hawa das Wort und sprachen gemeinsam ein muslimisches Gebet für den

Frieden. Zuletzt las ich die Seligpreisungen aus dem Matthäusevangelium sowie das Gebet „Mache mich zu einem Werkzeug deines Friedens", welches oftmals auf Franz von Assisi zurückgeführt wird. Gemeinsam stimmte die kleine jüdisch-muslimisch-christliche Versammlung in das „Amen" ein, und jemand ließ zwei weiße Tauben fliegen. Vielleicht war die Versammlung letztlich auch gar nicht so klein – denn immerhin wurde sie per Livestream in die ganze Welt verbreitet.

Jetzt war der rot-goldene Ball der Sonne ganz über der Altstadt aufgegangen, und der Turm der Erlöserkirche zeichnete sich weich gegen dieses einzigartige Licht ab. Eliyahu McLean hatte ein bescheidenes Frühstück mitgebracht, welches wir nun miteinander teilten. Anschließend gingen wir zurück in unsere Kirchen, Synagogen und Moscheen, um dort jeweils noch nach unserer je eigenen Tradition um den Frieden zu beten.

Ein Moratorium des Siedlungsbaus wurde an diesem Morgen nicht wieder eingeführt. Die Friedensverhandlungen lagen wieder einmal auf Eis. Aber es brach auch nicht gleich eine Gewaltwelle aus. Vielleicht haben unsere Gebete ja mit dazu beigetragen, dass dieser Herbst ein relativ friedlicher war.

Natürlich ziehen solche Gruppen auch Charaktere an, deren Religiosität sich in eher grenzwertigen Sphären bewegt. Und womöglich zählte auch Rabbi Michael zu dieser Kategorie. Ich hatte ihn schon in Latrun kennengelernt. Er wohnte in einer Hütte irgendwo mitten im besetzten Gebiet, strafte jedoch (ebenso wie Rabbi Froman) alle diejenigen Lügen, die jüdische Siedler in einem grundsätzlichen Antagonismus zu ihren palästinensischen Nachbarn sehen. Meistens umgab sich Rabbi Michael mit einer ganzen Wolke frommer Männer, bei denen kaum unterscheidbar war, wer von ihnen Jude war und wer Muslim. Sie alle ähnelten ein wenig der Darstellung Johannes des Täufers auf manchen mittelalterlichen Fresken oder im Markusevangelium (Markus 1,6). Abenteuerliche Gestalten in groben Gewändern und mit zotteligen Haaren waren das, welche die Begierden, Sorgen und Nöte dieser Welt bereits längst hinter sich gelassen hatten und zumindest mit einem Bein bereits in der kommenden Welt standen. Auch Rabbi Michel machte sich keine Gedanken um seine Sicherheit; er fuhr nicht bewaffnet durch das Westjordanland. An Stelle eines Revolvers trug er geradezu abenteuerlich lange Schläfenlocken, einen in alle Richtungen auseinanderstrebenden Bart und

Kopfbedeckungen, die wirkten, als seien sie aus lauter bunten Stoffresten zusammengepatcht worden. Auf seinem Gesicht lag meistens ein entrücktes Lächeln.

Natürlich ist der Begriff „Rabbi" im Judentum durch kein Copyright geschützt, und vielleicht hätte ich Rabbi Michael meine Telefonnummer besser nicht geben sollen. Als er anrief, klang auch seine Stimme irgendwie entrückt: „Uwe, habt ihr einen *Vortex*?"

„Einen was?!"

„Na, einen *Vortex*. Einen bestimmten Punkt auf eurem Kirchengelände, an dem die gute Energie des Universums wie in einem Strudel zusammenströmt. Die gebündelten Kräfte des Kosmos. Du müsstest das doch spüren... Man fühlt es tief drinnen im Bauch, wenn man an diesem Punkt steht. Ein Kanal zwischen dieser Welt und der kommenden Welt. Die meisten Gotteshäuser aller Religionen wurden an Stellen gebaut, wo es einen *Vortex* gibt. Also rück raus mit der Sprache: Wo ist eurer?"

Ich beschied ihm, dass es dergleichen bei uns nicht gebe. Aber natürlich konnte ich ihn nicht daran hindern, selbst danach zu suchen. Denn wie sollte man jemanden von einem Kirchengelände weisen, der auf der Suche nach einer spirituellen Erfahrung ist? So hatte er irgendwann unseren *Vortex* gefunden – und zwar auf dem Dachübergang zwischen Propstei und Gästehaus, an einer etwas höher gelegenen Stelle, von der man einen phantastischen Blick sowohl auf den Felsendom hat, als auch auf die kleine ovale Kuppel, unter der sich die beiden Zentralachsen des römischen Jerusalem, der *Cardo* und der *Decumanus*, kreuzen. Also sozusagen am Mittelpunkt der Heiligen Stadt. Ich hätte mir denken können, dass dort unser *Vortex* liegt.

Was ich mir hingegen nicht hatte denken können, war, dass Rabbi Michael diese Information an eine interreligiöse Gruppe esoterischer Frauen weitergeben würde. Kurz vor Anbruch einer Vollmondnacht trafen sich die muslimischen, christlichen und jüdischen Damen nämlich an unserem Vortex und zeichneten das Labyrinth aus der Kathedrale von Chartres dort auf den Boden. Gut – dergleichen hätte eine ganz normale evangelische Selbsterfahrungsgruppe aus Deutschland womöglich auch getan. Eher heterodox waren dann jedoch die Menstruationstänze, die des Nachts unter dem Vollmond schließlich in diesem Jerusalemer *Vortex*-Chartres-Labyrinth stattfanden. Die eigenartigen Laute, welche die Frauen bei ihrer nächtlichen Aktivität ausstießen, beunruhigten einige Bewohner des Gästehauses doch sehr.

Ein anderer Freund unserer interreligiösen Gruppe kam aus den Niederlanden – und er wollte den jüdischen Tempel als geistliches Zentrum von Juden, Christen und Muslimen wiedererrichten. Nicht wirklich aus Stein und Zedernholz – denn dazu hätte man ja den muslimischen Felsendom abreißen müssen, und das wäre vielleicht doch etwas zu weit gegangen (wobei manche Fanatiker nicht einmal davor zurückgeschreckt wären). Auch hatte er nicht vor, den Tempelberg mit einem Nebeneinander von jüdischen, christlichen und muslimischen Heiligtümern zu bebauen, wie jener Herr aus der Schweiz, der sich mir als Repräsentant einer Initiative vorstellte, die eben dies vorhatte. Aber irgendwas mit dem Tempel sollte es schon sein. Darunter machten es die besonders ehrgeizigen Friedensstifter wohl nicht.

So saß er also bei mir im Büro, nachdem ich ihm einen Termin nicht länger hatte verweigern können, und präsentierte mir einen ganzen Aktenordner mit Bildern von Lichtprojektionen: In dieser Weise wollte er ein dreidimensionales Abbild des Tempels mit mehreren starken Projektoren am Nachthimmel über dem Felsendom erscheinen lassen. Ich sah neonfarbene Laserstrahlen auf den Bildern, die aussahen, als kämen Sie geradewegs aus den Flakscheinwerfern des Zweiten Weltkriegs, und blickte in ebenso strahlende Augen meines Gegenübers. Ob er sich denn denken könne, so fragte ich ihn, wie die Muslime in Jerusalem und der Welt darauf reagieren würden, wenn da plötzlich ein Abbild des jüdischen Tempels genau über ihrem drittwichtigsten Heiligtum schweben würde. Der Niederländer lächelte. Diese Frage sei bereits geklärt, so erläuterte er mir. Er habe schon längst mit den wichtigsten muslimischen Autoritäten darüber gesprochen, und sie seien begeistert gewesen von diesem Symbol des Friedens. Jetzt gehe es nur noch um die Frage, wie ich ihn bei seinem Vorhaben unterstützen könne. Höflich komplimentierte ich ihn aus der Propstei heraus.

Der Gedanke legt sich nahe, dass solche Fälle bereits an das berüchtigte Jerusalemsyndrom grenzen. Doch dem ist nicht so. Vom Jerusalemsyndrom spricht man erst bei gewissen Persönlichkeitsveränderungen, die sich bei manchen Menschen einstellen, welche sich schwer damit tun, die verwirrenden Eindrücke aus dieser Stadt in einer gesunden Weise zu verarbeiten. Manche halten sich dann für einen Heiligen, einen Propheten, den Elia vielleicht – oder im schlimmsten Fall für Jesus höchstselbst. Dieses Jerusalemsyndrom ist eine medizinisch anerkannte Persönlichkeitsstörung, mit der sich auch renommierte Psychologen beschäftigen. Im Jerusalemer Stadtteil *Giv'at Schaul* gibt es gar eine Klinik, in der sich Menschen mit dieser Störung behandeln lassen können. Übrigens liegt Giv'at Schaul genau dort, wo sich einst das palästinensische Dorf *Deir Yassin* befand, welches im israelischen Unabhängigkeitskrieg traurige Berühmtheit erlangte, als sich die Kunde von einem Massaker verbreitete, welches jüdische Milizen dort unter der Zivilbevölkerung angerichtet hatten. So schließt sich zuweilen an unerwarteter Stelle ein historischer Kreis des Irrsinns.

Ganz gewiss vom Jerusalemsyndrom befallen war Herbert. Er hieß natürlich nicht wirklich Herbert, und eigentlich würde ich es lieber meinen pastoralen Kollegen vom Ölberg überlassen, von ihm zu berichten, da er sie in besonderer Weise ins Herz geschlossen hatte. Herbert stammte aus dem Erzgebirge, woher manche Menschen mit einem etwas besonderen Frömmigkeitsprofil stammen. Durch Jerusalem zog er meistens in einem langen, grünen Rock aus grobem Cord-Stoff, mit ebenso langen, wirren Haaren, und mit viel metallenem Schmuck auf, in und unter der Haut. Vom nahen Weltuntergang predigte er dann meistens, und anfangs hielt er noch unsere Erlöserkirchengemeinde für ein geeignetes Zielpublikum seiner Botschaft. Wer ihn kannte, ging in Deckung, sobald er sich beim Kirchenkaffee im Kreuzgang auf einen zubewegte. „Und dann hat sich auch noch meine Tochter von mir losgesagt", hörte ich ihn einmal mit schriller Stimme rufen. „Können Sie sich vorstellen, warum?" Ich dachte mir meinen Teil.

Einmal hatte er sich in den Gottesdienst unserer arabischen Partnergemeinde gesetzt, seinen durchgewetzten Rock ausgezogen und seelenruhig begonnen, ihn zu flicken. Wenig später wurde in dafür empfänglichen Kreisen die Kunde verbreitet, die nackten, haarigen Beine in zweifelhaften Unterhosen seien ein gezielter Affront aus der Richtung unserer Gemeinde gegen die arabischen Partner gewesen. Doch die dadurch aufkommenden Wogen ließen sich noch relativ einfach glätten. Herbert quartierte sich zunächst in den billigen Hostels Jerusalems, Bethlehems sowie Beit Jalas ein; später dann hauste er in den antiken Grabhöhlen an der Jerusalemer Altstadtmauer – gleich einem arabischen *Dschinn*. Diese Art der Unterkunft wird sich nicht positiv auf seinen Gemütszustand ausgewirkt haben. Irgendwann wurde er überfallen, von jüdischen oder muslimischen Jugendlichen mit Steinen beworfen und schließlich kräftig verprügelt. Er schrieb dann zahlreiche, wirre Briefe an ebenso zahlreiche Empfänger, in denen er behauptete, dass der Propst Gräbe selbst hinter solchen Übergriffen gegen seinen Leib und sein Leben stünde. Als kirchlicher Repräsentant vertrat ich für ihn wohl die apokalyptische „Hure Babylon", die sich dem Anbruch seines messianischen Reiches entgegenstellte. Auch an mich selbst schrieb er einen langen Brief. Wenn ich dereinst zur Hölle fahren würde, so erklärte er mir darin höflich, dann möge ich doch zumindest darauf achten, dabei nicht ein junges, unschuldiges Ehepaar mit mir zu reißen, welches sich in dieser bösen Welt reine Herzen bewahrt habe.

Damit waren ohne Zweifel meine Kollegen Michael und Ulrike vom Ölberg gemeint, die in der Tat immer wieder mit großem Langmut Herbert die Türen geöffnet hatten. Eine Grenze hatte Herbert jedoch auch hier überschritten, als er einmal mitten in der Nacht bei den beiden klingelte, um mit ihnen den genauen Zeitpunkt des Weltuntergangs zu diskutieren. Ob dies nicht bis zum anderen Morgen warten könne, hatte ihn Michael mit wahrscheinlich kaum unterdrücktem Ärger gefragt. Die Reaktion kam prompt: „Würdest du Jesus auch so schroff abweisen?", fragte Herbert. Dies sei ja wohl ein gewisser Unterschied, entgegnete der übermüdete Michael. Herbert muss sehr indigniert geschaut haben: „Dann hast du mich noch immer nicht erkannt!"

Irgendwann einmal hatte Herbert sein Visum wohl so gnadenlos überzogen, dass ihm die israelischen Beamten am Flughafen ein mehrjähriges Wiedereinreiseverbot in den Pass stempelten. Das bedeutete jedoch nicht, dass ich nun Ruhe vor ihm gehabt hätte. Im Jahr darauf stand ich in an einem Bahnsteig des belebten Berliner Hauptbahnhofs, als ich plötzlich eine ebenso laute wie bekannte Stimme vernahm, die mir meine baldige Höllenfahrt ankündigte. Wie er mich hier wohl aufgespürt hatte? Mir war unwohl. Vielleicht war er ja tatsächlich der Messias. Bei sowas weiß man ja nie…

In manch anderem religiösen Umfeld fühlte ich mich deutlich stärker zu Hause als bei den Verrückten Zions. So hatte ich in der *Har-El*-Synagoge sofort meinen Platz wiedergefunden. In der vorletzten Reihe des vorderen Stuhlreihen-Drittels, links, relativ nah an der Wand, hatte ich auch als Student während meines Jerusalem Studienjahres oft gesessen. Jene Zeit lag zu Beginn meines Propstamtes zwar fast zwei Jahrzehnte zurück, doch war ich damals an fast jedem Freitagabend gekommen, um hier den *Schabbat* zu empfangen. *Har-El*, das war die Synagoge der Ben-Chorins. Schalom Ben-Chorin, 1913 in München als Fritz Rosenthal geboren, hatte diese Synagoge mit gegründet. Auf schwachen Beinen, in kleinen Tippelschritten, ließ er sich um 1988 herum meistens von seiner Ehefrau oder einem Enkelkind in die Synagoge führen. Dort saß er stets in der zweiten Reihe rechts vorne, direkt am Gang.

Welche Kraft ihn trotz seiner körperlichen Schwäche erfüllte, das merkte man am deutlichsten an seinem Gesang. Vor allem dann, wenn man morgens in die Synagoge kam und ihm zuhörte, während die *„Birkot Ha-Schachar"*, also die Verse des Morgensegens, gesungen wurden. Einer dieser Verse lautet: *Baruch ata adonai, melech ha-olam, sche-asani Ben-Chorin.* – „Gepriesen seist du, Herr, König der Welt, der du mich als freien Menschen geschaffen hast." Beim „freien Menschen", also dem *„Ben-Chorin"*, erhob sich die Stimme des alten Mannes stets zu einem großen Jubel. Sein Sohn Tuvia war damals der Rabbiner an Har-El – und ein wunderbarer Prediger. Wenn man einmal einen Zugang zur Familie Ben-Chorin gefunden hatte, dann wurde man vom Patriarchen auch schon mal zu seinem Gesprächszirkel in das Café *Atara* – zu Deutsch: „Krone" – eingeladen.

So nahm ich 2006 an einem Freitagabend zur *„Kabbalat Schabbat"* gemeinsam mit Nilar wieder in der Synagoge Platz. Natürlich kannte uns die neue Rabbinerin nicht, und auf dem Stuhl in der zweiten Reihe, rechts vom Gang, ließ sich kein Schalom Ben-Chorin nieder. Er war 1999 verstorben. Aber die Liturgie war noch immer dieselbe – wie ein ewiger Strom, in den man sich nur fallen lassen muss. Der kräftige Auftakt mit Psalm 95: *Lechu neranena la-adonai, nari'a le-zur jisch'eynu...* – „Kommt herzu, lasst uns dem HERRN frohlocken und jauchzen dem Hort unsres Heils!" Nach einigen weiteren, gesungenen Psalmen dann der herrliche Gesang von Schlomo Ha-Levi: *Lecha dodi liqrat kala, penej schabbat nekabela...* – „Komm, mein Freund, der Braut entgegen, lasst uns Schabbat empfangen!" Strophe für Strophe bereitet sich die Gemeinde stehend darauf vor, den Schabbat wie eine geschmückte Braut in ihrer Mitte willkommen zu heißen – bis sich während der neunten Strophe alle zum Eingang hinwenden und sich vor der eintretenden, königlichen Braut verneigen: *Boi be-schalom, ateret ba'la, gam be-simcha u-ve-zahala...* – „Komm in Frieden, Krone Gottes, in Freude und in Frohlocken!" Es war tatsächlich stets ein Moment sinnlich-fassbarer Freude, die königliche Braut Schabbat nun in der Mitte der feiernden Gemeinde zu wissen. In zahllosen Melodien habe ich dieses Lied singen gelernt – der Text hingegen bleibt stets derselbe, altvertraute.

Einer der Gesänge, die sich daran anschließen, ist der betörende Schabbat-Psalm 92: *Zadik ka-tamar jifrach, ke-erez ba-lvanon jisgeh. Schtulim be-veyt adonai, be-chazrot eloheynu jafrichu.* – „Der Gerechte wird grünen wie ein Palmbaum, er wird wachsen wie eine Zeder auf dem

Libanon. Die gepflanzt sind im Hause des HERRN, werden in den Vorhöfen unsres Gottes grünen." – Schön und berührend war das!

Nun folgten bald die Bibelverse, die auf das jüdische Glaubensbekenntnis, das *Schma Israel*, hinführen: „Höre Israel, der Herr ist unser Gott, der Herr ist ein Einziger!" Die Hand vor Augen, betonen die Betenden den letzten Buchstaben dieser Zeile – ein hebräisches d – in besonderer Weise, um so die Einzigkeit Gottes noch zusätzlich zu unterstreichen. Das war nun das Herz des Gottesdienstes! Nach den Bibellesungen, die sich an das Schma Israel, anschließen, folgten dann die Segensverse nach dem Schma – eröffnet durch den „Segen der Erlösung": *Emet ve-emuna kol zot ve-qayyiam aleynu, ki hu adonai eloheynu*: „Wahr und wahrhaftig und feststehend ist es für uns, dass der Herr allein unser Gott ist…"

Eine Nachbarsynagoge von Har-El nannte sich nach diesem Vers: „*Emet Ve-Emuna*". Während Har-El eine Reformsynagoge war, in der Frauen und Männer nebeneinander saßen und unabhängig vom Geschlecht zur Toralesung aufgerufen wurden, war Emet Ve-Emuna als orthodoxes jüdisches Gotteshaus ebenfalls von Juden aus Deutschland im Erdgeschoss eines Mietshauses eingerichtet worden. Die Feier hatte eine gewisse Sprödigkeit, und während einige meiner besonders belesenen Kommilitonen meinten, nur dort das Judentum „in seiner ganzen Authentizität" antreffen zu können, fühlte ich mich in Har-El einfach wohler, wo auch Nichtjuden mit großer Herzlichkeit aufgenommen wurden. Eigentlich ist es ein Wunder, dachte ich als Student manches Mal, dass ich hier mit eben denen, welche zur Zeit meiner Großeltern unter deutscher Verantwortung, auf deutschen Befehl hin und von deutschen Händen hätten umgebracht werden sollen, feiern und beten und mich vor Gott meines Lebens freuen durfte. „Das Volk Israel lebt, und ich lebe – und manchmal möchte ich es so laut singen, dass selbst die, die für ihre Ideologie des Hasses gestorben sind, es in ihrer Hölle hören können", schrieb ich damals der Gemeinde nach meiner Rückkehr nach Deutschland. Angeblich haben sie den Brief in der Synagoge vorgelesen.

Adonai, sfatai tiftach, u-fi jagid tehilatecha, hieß es hier bald: „Herr, tue meine Lippen auf, dass mein Mund deinen Ruhm verkündige" – und damit wurde die *Amidah*, das „Stehen", eingeleitet, dessen Herzstück das 18-Bitten-Gebet ist. An dieser Stelle verlor ich manches Mal in der Liturgie den Faden, den ich dann aber spätestens zu den Schlussgebeten wiederfand, von denen das *Kaddisch* für die Verstorbenen aus der Gemeinde eines der wichtigsten war.

Es war eigenartig: Obwohl das alles so vertraut war, fand ich doch in der Har-El-Gemeinde nicht wieder das Zuhause, welches ich zu Studentenzeiten dort genossen hatte. Vielmehr erhielt ich jetzt immer wieder Einladungen der anderen Reformgemeinde in Jerusalem, welche den Namen *Kol Ha-Neshama* trägt. Oder genauer: Rabbi Levi Weiman-Kelman und seine Frau Paula luden Nilar, Jonathan und mich hin und wieder zu den Gottesdiensten ihrer Gemeinde ein. Eine junge, unkonventionelle, egalitäre Gemeinde war das – in gewisser Weise stets ein wenig radikaler als die von alten deutschen Juden gegründete *Har-El*-Synagoge. *Kol Ha-Neshama* zog viele der „Mühseligen und Beladenen" Jerusalems an: Gemischtreligiöse oder auch schwule und lesbische Paare; Einwanderer, deren Judentum nach Auffassung des Oberrabbinats höchst zweifelhaft war, „Palästinenserversteher" und Menschen von den Rändern der Gesellschaft. Im Sommer 2018 wurde Rabbi Levi Direktor der Organisation „Rabbiner für Menschenrechte". Eine Aufgabe, die zu ihm passte.

Einige Elemente in der Liturgie von *Kol Ha-Neshama* waren einzigartig: Etwa der Moment am Freitagabend, wenn Rabbi Levi die Gemeinde aufforderte, tief ein- und wieder auszuatmen, dabei die zurückliegende Woche Revue passieren zu lassen und vor Gott zu bringen. Oder die hebräisch-arabische Überformung von Psalm 122 im zweiten Segen nach dem Schma Israel. Es verlockte geradezu zum Tanzen, wenn da zweisprachig gesungen wurde: *Od javo schalom aleynu, od javo schalom aleynu, ve-al kulam. Salaam aleinu, ve-al kol ha-olam. Salaam, Shalom!* – „Es wird noch kommen der Frieden über uns und über alle: Friede über uns und über die ganze Welt. Salaam, Schalom." Am gewagtesten jedoch war wohl der Schluss des Gottesdienstes, wenn der ganz und gar arabische Gesang erklang: *Allahumma anta as-salam wa-minka as-salam.* – „Gott, du bist der Friede, und der Frieden ist von dir." Als Letztes dann erklang ein nicht enden wollender Vers nach der Melodie des Taizé-Kanons „Jubilate Deo": *Kol ha-neshama tehallel-ja, halleluja:* „Alles was Atem hat, lobe den Herrn, Halleluja." Es war ein Vers aus dem letzten Buch des Psalters, dem 150. Psalm, aus dem auch der Name der Synagoge stammte: *Kol Ha-Neshama* – „Alles, was Atem hat." Damit war dann auch der Bogen zum tiefen Atemzug zu Beginn des Gottesdienstes geschlagen.

Trotz solcher entscheidender Einsprengsel war es doch letztlich unverkennbar dieselbe, uralte Liturgie wie in *Har-El*, in *Emet Ve-Emuna* oder allen jüdischen Synagogen der Welt. Eine hemdsärmelige liturgische Unachtsamkeit, wie man sie in manchen christlich-protestantischen Milieus antreffen mag, wäre wohl auch für die aufgeschlossenste jüdische Gemeinde schlicht undenkbar.

Freilich muss ein Rabbiner, der in seinen Gottesdiensten Taizé-Melodien singen lässt, immer wieder Anfeindungen aus der eigenen Gesellschaft ertragen. Für Rabbi Levi war diese Form der Frömmigkeit dennoch ein Herzensanliegen. Er war ein enger Freund eines Mitglieds der Mönchsgemeinschaft von Taizé, mit dem zufällig auch ich seit Jahrzehnten befreundet bin. Dann und wann pilgerte Levi auf den Hügel im französischen Burgund, wo diese Kommunität angesiedelt ist. Zugleich war dies ein schöner Anknüpfungspunkt, einen anderen der Brüder von Taizé, der Anfang 2012 eine Nahostreise unternahm, zu uns in die Erlöserkirche und in die Gemeinde von Amman einzuladen, wo wir in einzigartig ökumenischer Gemeinschaft berührende Gebetszeiten miteinander feierten.

Wo von der Synagoge Shalom Ben Chorins die Rede war, muss in einem Atemzug wohl auch jener andere Jerusalemer Jude genannt werden, der sich so intensiv auf das Neue Testament und die Person Jesu eingelassen hatte, wie es wohl nur Menschen möglich ist, die diesen Jesus ganz als „Familienangehörigen" wahrnehmen. An meinen verstorbenen Lehrer David Flusser wurde ich erinnert, als mich Johnny ansprach. Eigentlich habe ich schon wieder vergessen, wie er wirklich hieß – aber nennen wir ihn hier einfach mal Johnny. Wir waren uns im Jahr 2011 in der Baptistenkirche an der *Narkis*-Straße im Westen Jerusalems über den Weg gelaufen – jener Kirche, an der einst der Neutestamentler Robert Lindsey zu Hause war, einer der engsten theologischen Freunde Flussers. Im wissenschaftlichen Austausch waren die beiden zu dem Ergebnis gekommen, dass in der synoptischen Überlieferung dem Lukasevangelium eine Priorität zukomme, insofern es in besonderem Maße auf hebräische Quellen zurückgreife. In dieser Tradition stand auch Johnny: Er sei ein Schüler David Flussers, so begann er das Gespräch, und er habe gehört, dass auch ich ein solcher sei. In der Tat: Woche für Woche war ich 1988/89 zu dem Haus an der Alkalai-Straße Nummer 10 gepilgert, wo die Familie Flusser zu Hause war, und wo der große jüdische Neutestamentler als Emeritus abends sein Oberseminar unterrichtete.

Dann, so erklärte Johnny strahlend, sei ich herzlich eingeladen, auch am kommenden Dienstagabend um acht Uhr zur Wohnung eines weiteren Flusser-Schülers zu kommen. Dort werde man, ganz im Geiste des alten Lehrers, miteinander das Neue Testament studieren. Es gebe nämlich noch einen ganzen Kreis von Menschen in Jerusalem, die in unregelmäßigen Abständen um jeweils diese Zeit zusammenkämen, um die einst begonnene theologische Arbeit fortzuführen. Ich stutzte: am Dienstagabend? Um acht Uhr? Der Termin sagte mir etwas. Er hatte vor langer Zeit einmal in meinem Stundenplan gestanden. Konnte es wirklich sein, dass dieser Schülerkreis nach dem Tod des Lehrers im Jahr 2000 einfach mit dem Oberseminar weitergemacht hatte – am jeweils selben Wochentag, um die jeweils selbe Uhrzeit? Und dies nun bereits über mindestens elf Jahre hinweg?

Es war eine wundersame Gruppe an Menschen, die da unter dem Signet der „*Jerusalem School*", welche einst von Flusser und Lindsey gegründet worden war, zusammenkamen. Der Gastgeber, der die anderen in seine kleine Stadtwohnung eingeladen hatte, hatte zwischen Bücherstapeln und Bergen von Papieren zunächst ein wenig Platz für seine fünf oder sechs Gäste schaffen müssen. Großzügig öffnete er eine Chipstüte. Und, ach ja: Im Kühlschrank habe er noch etwas Salat vom Vortag und ein Glas Anchovis. Eingelegte, kleine Fische. Im Ernst. Davon dürften wir uns gerne bedienen. Johnny griff freudig zu.

Und dann begann die Arbeit. Jeder von uns hatte sein griechisches Neues Testament mitgebracht. Der Gastgeber nannte die Stelle, bis zu der man beim letzten Treffen gekommen sei. Dort wolle man nun fortfahren. Alle schlugen ihre Bibeln auf. Jetzt sollte reihum jeder einen Abschnitt aus dem griechischen Text vorlesen und gleich ins Aramäische übersetzen. Das war ohne Zweifel ganz der Ansatz David Flussers: Der griechische Text der Evangelien klinge deswegen zuweilen so ungelenk, weil hinter jeder Formulierung eigentlich ein ursprünglicherer Text in der Sprache Jesu liege. Und den müsse man, um die Bedeutung zu verstehen, nur wiederentdecken.

Wenn aramäische Christen – beispielsweise in Syrien – heute miteinander das Vaterunser beten, dann erscheint diese Sprache oft als der „*missing link*" zwischen Hebräisch und Arabisch. Sie hat von beiden etwas – und sie ist bei alledem doch etwas ganz Besonderes, weil sie eben die Sprache Jesu ist. Meine Kollegen übertrugen mit einer geradezu abenteuerlichen Leichtigkeit den Text Abschnitt für Abschnitt vom Griechischen ins Aramäische, um jeweils gleich anschließend in die freie theologische Debatte einzusteigen. Für einen Moment hatte ich den Eindruck, hier habe sich der „*Club der toten Dichter*" versammelt.

Leider konnte ich da nicht annähernd mithalten, denn meine Aramäischkenntnisse beschränkten sich auf wenige rudimentäre Bruchstücke. Also wurde mir das Sonderrecht eingeräumt, den Text nicht ins Aramäische, sondern ins Hebräische zu übersetzen. Das war bereits die Hälfte des Weges zum Aramäischen. Mein Nebenmann erledigte dann den Rest für mich. Doch einmal kam die Reihe an mich mit einem Vers, der etwas in mir zum Klingen brachte. Eine ähnliche Formulierung gab es auch im Talmud, den ich ebenfalls viele Jahre zuvor in Jerusalem studiert hatte. Und auch der Talmud enthält etliche aramäische Passagen. Ich fasste mir also ein Herz und übersetzte den griechischen Bibelvers in etwas, das ich für Aramäisch hielt. Als ich geendet hatte, blickte ich stolz in die Runde. Doch es herrschte Schweigen im Raum. Johnny blickte betreten zu Boden. Wahrscheinlich wollte mir niemand sein vernichtendes Urteil über meine Übersetzungskünste direkt ins Gesicht sagen. Bis sich einer räusperte: „Frühestens fünftes Jahrhundert. Allerfrühestens." Und dann lang gezogen: „So-hat-zur-Zeit-Jesu-niiiemand-gesprochen!" OK: Auch das Aramäische hat durch die Jahrhunderte hindurch erhebliche Wandlungen durchlaufen. Und ich war hier eben im „*Club der toten Dichter*".

David Flusser selbst hätte sich angesichts eines groben Fehlers seines Schülers wohl in den Handrücken gebissen. Das war seine Art. Wenn er die Ignoranz der ihn umgebenden Welt nicht mehr ertragen konnte, dann knurrte er, stützte den Ellenbogen auf die Tischplatte und biss sich so heftig in den Handrücken, dass es wohl geschmerzt haben muss. Ich hatte Respekt vor dem weißhaarigen, alten Mann mit seiner mächtigen, dicken Hornbrille. Deshalb hatte ich mich 1988/89 als Student an der Hebräischen Universität für diese Lehrveranstaltung eingeschrieben. Flussers Arbeitszimmer, in dem er das Oberseminar hielt, war vollgestopft mit Büchern und Papieren; dazwischen stand wohl irgendwo auch sein berühmter „Zettelkasten" voller unpublizierter Ideen und Gedankenbruchstücke. Und draußen vor seinem Haus an der Alkalai-Straße stand ein prächtiger alter Zitronenbaum. Einmal fiel mir bei meinem Eintreffen eine große, saftige Zitrone genau vor die Füße. Ich konnte nicht anders: Ich musste sie einstecken. Im Flusserschen Studierzimmer duftete die Zitrone dann mit einer solchen Intensität aus meiner Tasche, dass vermutlich alle die Präsenz eines Zitronendiebes in ihrer Mitte bemerkt haben. Der Professor hatte Stil und sagte nichts.

Es war nicht ganz leicht, den Ausführungen des Professors immer zu folgen. Der in Wien geborene, in Prag aufgewachsene und 1939 nach Palästina emigrierte Gelehrte wechselte in seinen akademischen Ausführungen mit großer Leichtigkeit zwischen Hebräisch, Englisch, Deutsch und Tschechisch hin und her. Und wenn er einen Katholiken spüren lassen wollte, dass der seine eigene Kirchensprache nicht beherrschte, dann setzte er seine Erläuterungen auch mal in fließendem Latein fort. Dabei konnte er durchaus einen gewissen Charme spielen lassen und die Menschen um sich herum freundlich necken – er war aber ebenso auch in der Lage, ziemlich schroff zu seinen Zeitgenossen zu sein.

Doch obwohl er sich meinethalben manches Mal in den Handrücken biss, war ich entschlossen, nicht aufzugeben – weil Flusser der wohl beeindruckendste zeitgenössische Kenner Jesu war, weil ich von ihm lernen wollte, und weil es angesichts dessen wohl ein fairer Preis war, hin und wieder von ihm ziemlich unverblümt auf meinen Mangel an Bildung aufmerksam gemacht zu werden. Also schrieb ich im Februar 1989 eine Seminararbeit über den jüdischen Hintergrund des Johannesevangeliums. Nachdem ich die Arbeit abgegeben hatte, hüllte sich der Professor einige Wochen in Schweigen.

Dann zeigte sich, wie viel Stil Flusser tatsächlich hatte: „Ich hatte Sie wohl ein bisschen falsch eingeschätzt", erklärte er mir knurrend und auf Deutsch. „Ihre Arbeit gefällt mir. Sie sind nicht dumm. Ich muss mich wohl bei Ihnen entschuldigen. Kommen Sie am nächsten Schabbat mal zu Kaffee und Kuchen bei uns vorbei." Seitdem gehörte ich für den (leider allzu kurzen) Rest des Studienjahres wohl irgendwie zur Familie Flusser. Es blieb nicht bei dieser einen Einladung, und Flussers Frau Hanna war eine hervorragende Kuchenbäckerin. Es war die Zeit, als ihr Sohn Johanan begann, seine zukünftige Frau Miri mit nach Hause zu bringen – aber das ist eine andere Geschichte.

Als das Studienjahr schließlich endete, schenkte mir David Flusser zum Abschied seine Aufsatzsammlung *„Judaism and the Origins of Christianity"*. Auf die erste Seite schrieb er mir eine persönliche, handschriftliche Widmung, die mich berührte*: „Siehe Jes. 49, 6 und Apg 1, 6-8. Es ist die Zeit der Erfüllung und Freude, den Juden zuerst und dann den Völkern. Frisch in den Kampf mit den theologischen fleischlosen Gespenstern! Und ein freudiges Herz, im Namen des Herrn!"*

Eine ganze Weile befasste ich mich nicht näher mit den beiden genannten Bibelversen (die übrigens in dem ganzen Buch nicht vorkommen). Es war mir genug, dass mein Lehrer offenbar das Vertrauen in mich hatte, mich angesichts meiner Rückkehr nach Deutschland in den Kampf mit irgendwelchen „theologischen fleischlosen Gespenstern" zu schicken. Wobei mir ja völlig klar war, wen er damit meinte – nämlich all jene Gestalten an den Universitäten, die damals noch meinten, christliche Theologie abgeschnitten von ihren jüdischen Wurzeln betreiben zu können. Aber irgendwann las ich die Sache dann doch mal genauer nach:

„Es ist zu wenig, dass du mein Knecht bist, die Stämme Jakobs aufzurichten und die Zerstreuten Israels wiederzubringen, sondern ich habe dich auch zum Licht der Völker gemacht, dass mein Heil reiche bis an die Enden der Erde." (Jesaja 49,6)

„Die nun zusammengekommen waren, fragten ihn und sprachen: Herr, wirst du in dieser Zeit wieder aufrichten das Reich für Israel? Er sprach aber zu ihnen: Es gebührt euch nicht, Zeit oder Stunde zu wissen, die der Vater in seiner Macht bestimmt hat; aber ihr werdet die Kraft des Heiligen Geistes empfangen, der auf euch kommen wird, und werdet meine Zeugen sein in Jerusalem und in ganz Judäa und Samarien und bis an das Ende der Erde." (Apostelgeschichte 1, 6-8)

Beide Bibelverse haben etliche Berührungspunkte zueinander. Fast ließe sich der neutestamentliche Text als eine Art Midrasch auf den alttestamentlichen lesen: Beide Male steht angesichts von Zerstörung und Exil die jüdische Frage nach der Wiedererrichtung Israels im Raum, und beide Male kommt es zu einer Antwort, welche diesen Ausgangspunkt transzendiert: Ja, die Wiedererrichtung Israels steht ganz außer Frage. Aber zugleich und in enger Verbindung damit sind Juden – der „Gottesknecht" ebenso wie die jüdischen Jünger Jesu – aufgerufen, befähigt (und im zweiten Fall durch den Heiligen Geist bestärkt), hinauszugehen in die Welt, um dort „Zeugen" für Gottes Heilshandeln bzw. „Licht der Völker" zu sein. Diese Dynamik führt von Jerusalem „bis an die Enden der Erde", und nur so kann Gottes Heil (auf Hebräisch *„Jeschuati"*, was man auch als „mein Jesus" übersetzen könnte!) überhaupt erst in einem solch weltumspannenden Horizont erfahren werden. Das Zeuge-Sein von Juden gegenüber den Völkern der Welt ist somit unlöslich verbunden mit der Wiedererrichtung Israels.

Flusser selbst mag sich um Israels willen als Teil dieser jüdischen Bewegung hin zu den Völkern verstanden haben, und vielleicht war dies ein Grund, warum er sich als Jude so intensiv auf Jesus eingelassen hat. Welch ein Irrsinn ist es demgegenüber jedoch, wenn Heidenchristen diese Dynamik von Jerusalem bis zu den Enden der Erde umkehren – und meinen, Juden zum Glauben an Jesus führen zu müssen! Auf der Grundlage der Verse, die mir mein Lehrer David Flusser im Sommer 1989 mit auf den Weg gegeben hat, erweist sich jegliche Form von „Judenmission" als biblisch ganz und gar unmöglich, gar widersinnig. Und der Kämpfe mit „theologischen fleischlosen Gespenstern" sind dann in der Tat noch viele zu führen.

Das Trauma der Shoah, welches ihn bei einem großgewachsenen Deutschen wie mir anfangs nahezu automatisch in eine Art Abwehrhaltung hatte fallen lassen, war in einer Familie wie den Flussers natürlich über Generationen hinweg präsent. David Flussers Sohn Johanan nannte seinen Hund Blondi. Das war freilich der Name, den auch Adolf Hitler seinem deutschen Schäferhund gegeben hatte...

Die sechs Millionen in der Shoah ermordeten Juden waren in Israel immer präsent und die Erinnerung an die Opfer prägte auch das jüdisch-christliche Miteinander. Sicher: Der Umgang mit uns Deutschen hatte sich in den vergangenen Jahrzehnten verändert. In den Achtzigerjahren war ich sehr zurückhaltend, mich mit meinen Kommilitonen im öffentlichen Bus auf Deutsch zu unterhalten. Denn einmal war es mir passiert, dass da ein älterer Herr vor uns aufgestanden war, seinen Ärmel hochgekrempelt und uns die eingebrannte Nummer aus Auschwitz gezeigt hatte: „Sie werden verstehen, dass ich Ihre Sprache nicht ertragen kann." So etwas passierte heute nicht mehr – weil die Überlebenden weniger geworden waren, weil viele von ihnen jetzt in Pflegeheimen lebten, nicht mehr so mobil waren, als dass sie öffentliche Busse hätten benutzen können. Bei vielen jungen Israelis hingegen war Deutschland „*mega hip*": Man verbrachte den Urlaub in Berlin oder zog gleich ganz nach dort um, weil dort der Schokoladenpudding billiger und die Atmosphäre politisch wie religiös weniger aufgeladen ist als in Israel.

Und doch sollte man sich dadurch nicht zu dem Gedanken verleiten lassen, der Massenmord am jüdischen Volk spiele zwischen Israelis und Deutschen oder auch zwischen Juden und Christen keine Rolle mehr. Spätestens da, wo eine Beziehung zwischen Menschen über die alltäglichen Freundlichkeiten hinauswächst, steht plötzlich ausgesprochen oder unausgesprochen die Frage im Raum, was die Großväter in ihrer Jugend getan haben – und wie ihre Enkel heute damit umgehen. Und je mehr einer diesen Gedanken aus seinem Kopf verdrängen will, desto beharrlicher bekundet eben dieser Gedanke immer wieder seine Präsenz.

Auch der Jahresablauf in Israel wird durch die Erinnerung an die Geschichte strukturiert – besonders deutlich wird dies am *Yom Ha-Shoah*, dem Holocaust-Gedenktag. Ende April oder Anfang Mai findet dieser

Tag statt: eine Woche vor dem Gedenktag für die gefallenen Soldaten und Terroropfer Israels, beziehungsweise acht Tage vor dem israelischen Unabhängigkeitstag am 5. *Iyyar* nach dem jüdischen Kalender. Eine Dramaturgie ist dies, die aus den Abgründen der Vernichtungslager zur mühsam erkämpften Errichtung eines selbstbewussten jüdischen Staates führt: Alles ist auf das Leben hin ausgerichtet, nicht auf den Tod.

Am unmittelbarsten spürbar ist der *Yom Ha-Shoah* jeweils am Vormittag um 10 Uhr, wenn in allen israelischen Städten und Dörfern die Sirenen ertönen und das ganze Land für zwei Minuten still steht: Autofahrer halten ihre Fahrzeuge an, steigen aus und bleiben für diese zwei Minuten regungslos stehen, Jugendliche unterbrechen ihre Smartphone-Telefonate, Händler ihre Verkaufsgespräche; selbst die Eisenbahn stoppt auf offener Strecke. Nur in den palästinensischen Wohngebieten bemühen sich die meisten, so zu tun, als ginge sie dies alles nichts an, und führen ihre Geschäftigkeit fort (wobei es in Israel dann umgekehrt auch tunlichst ignoriert wird, wenn die Palästinenser in den Autonomiegebieten zur Erinnerung an ihre „*Nakba*", die Niederlage im israelischen Unabhängigkeitskrieg, ihrerseits die Sirenen erschallen lassen).

Seinen offiziellen Beginn hat der *Yom Ha-Shoah* jeweils bereits am Vorabend. Jahr für Jahr waren Nilar und ich da zur Eröffnungszeremonie mit dem Staatspräsidenten und dem Ministerpräsidenten im Garten der Gedenkstätte Yad Vashem eingeladen. Lange vorher musste man stets zu diesem Termin eintreffen; für die aufwendigen Sicherheitskontrollen waren ganze mobile Schleusenanlagen vor dem Gelände aufgebaut: Röntgenapparate, Taschenkontrollen, Metalldetektoren, Sprengstoffdetektoren. Wegen einer Haarnadel, die sich irgendwo verkrümelt hatte, wurde Nilar einmal in einen kompletten zweiten Durchlauf geschickt. Die Prozeduren hier waren deutlich penibler als an den Checkpoints zwischen den palästinensisch kontrollierten Gebieten und Israel. Bei dem Gedenken an sechs Millionen Ermordete wollte man einfach jegliches Anschlagsrisiko ausschließen – und für die Überlebenden mag es immer wieder eine bedrückende Erfahrung sein, dass dergleichen Sicherheitserwägungen auch mehr als siebzig Jahre nach dem Massenmord am jüdischen Volk immer noch notwendig sind.

Schließlich hatten alle ihre Plätze vor dem Mahnmal des Warschauer Ghettos eingenommen: Das diplomatische Corps, die komplette Ministerriege, die Oberrabbinate, Vertreter aus Politik, Kultur und Religion. Die orthodoxe Christenheit war meistens durch den griechischen Patriarchen vertreten, das Lateinische Patriarchat und die mit Rom unierten

Kirchen durch Pater David Neuhaus, einen gebürtigen Juden, der für die hebräischsprachigen Katholiken in Israel verantwortlich war, und von protestantischer Seite kamen der anglikanische Bischof und der evangelische Propst.

Sechs Überlebende stiegen Jahr für Jahr bei dieser Feier auf eine erhöhte Plattform, um hier jeweils eine große Fackel zu entzünden – für jede Million der Ermordeten ein Licht der Erinnerung. Da diese Überlebenden nun bereits ein hohes Alter erreicht hatten, stiegen sie nie allein auf die Bühne. Oft mussten sie auf diesem Weg von ihren Kindern gestützt werden; einmal brach ein greiser, alter Herr dabei fast zusammen – was der Feierlichkeit der Szene keinen Abbruch tat, sondern die Dramatik eher noch steigerte. Lieder wurden vorgetragen, Gedichte aus den Konzentrationslagern; ein Gebet, der Brief eines Ermordeten, einige Reden. Der mit Abstand beste und einfühlsamste Redner war auch hier immer wieder Staatspräsident Shimon Peres. Zum Schluss dann eine Psalmlesung durch den aschkenasischen Oberrabbiner, das Kaddisch gelesen vom sephardischen Oberrabbiner, der berührende Trauergesang „*El maleh Rachamim*" und schließlich *Ha-Tikva*, die israelische Nationalhymne.

„Kinder in der Shoah", so lautete das Oberthema des Gedenkens 2010, „Erinnerungsfragmente" im Jahr 2011, oder „Meines Bruders Hüter: Jüdische Solidarität während der Shoah" 2012. Unter diesem Jahresmotto ging das Programm dann auch am folgenden Vormittag, dem eigentlichen *Yom Ha-Shoah*, am selben Ort weiter. Wobei die Vormittagsveranstaltung in Yad Vashem freilich ein Großereignis war: Jeglicher Verein, jegliche Organisation, die in Israel offiziell registriert war, konnte sich hier anmelden, um zum Gedenken an die Opfer der Shoah am Mahnmal im Innenhof der Gedenkstätte einen Kranz niederzulegen. Das Amt des Premierministers, die Einheiten der israelischen Armee und die Oberrabbinate waren da ebenso vertreten wie die Mitarbeitervertretung des Kraftfahrzeug-Registrierungsamtes, die Postgewerkschaft und der israelische Rentnerbund. Mittendrin auch immer wieder Veteranenverbände: Ehemalige jüdische Soldaten der Sowjetischen Armee, die gegen Nazi-Deutschland gekämpft hatten, kamen schwer behängt mit Orden und Ehrenzeichen. Bei manchem gut Neunzigjährigen hatte man das Gefühl, dass er das ganze Metall an seiner Brust kaum noch zu tragen in der Lage war.

Ganz hinten saßen bei dieser Veranstaltung stets die Vertreter der Kirchen und christlichen Organisationen: Zumeist fromme, evangelikale, oder, wie sie oft selber sagen: „bibeltreue" Verbände, die in der Versöhnungsarbeit mit Holocaustüberlebenden engagiert waren – wie die Darmstädter Marienschwestern oder jene schwäbischen Pietisten, die irgendwo in Israel ein Altenheim betrieben. Die jungen Freiwilligen der Aktion Sühnezeichen Friedensdienste saßen auch dort – redlich bemüht, zu den allzu evangelikalen Organisationen ein wenig Abstand zu halten, wobei einige von ihnen aber auch eher skeptisch gegenüber uns Vertretern der Erlöserkirche waren, weil wir gemeinhin in diesem Setting als zu palästinenserfreundlich galten. Auffällig war, dass meine Kollegin, mein Kollege und ich, die wir die Evangelische Kirche in Deutschland vertraten, die einzigen Repräsentanten einer der Hauptkirchen Jerusalems waren: Weder Orthodoxe, noch Katholiken oder palästinensische Protestanten ließen sich an diesem Vormittag gemeinhin blicken.

Um zehn Uhr erscholl, wie überall im Land, die Sirene. Wie überall im Land erhoben sich alle Anwesenden von ihren Sitzen und standen für zwei Minuten still. Die ewige Flamme wurde entzündet, die Nationalhymne gesungen, eine Eliteeinheit der Armee trat zum Appell an. Wieder gab es einige Ansprachen und Gebete, dann wurden in ordentlich nummerierter Reihenfolge, mit jeweiligem Namensaufruf, die Kränze niedergelegt – von den wichtigsten Repräsentanten des Staates in den ersten Reihen angefangen bis hin zu den christlichen Kirchen in den letzten Reihen. Nach ungefähr der Hälfte der Zeremonie erhoben sich Staats- und Armeeführung von ihren Plätzen und eilten davon, zu anderen Verpflichtungen dieses gewichtigen Tages. Für einen Großteil der verbliebenen Anwesenden war dies jeweils das Signal, sich jetzt auch ein wenig die Beine vertreten, miteinander plaudern oder sich eine Zigarette anzünden zu dürfen; hübsche russischstämmige Enkeltöchter in kurzen Röcken posierten mit den ordensgeschmückten Veteranen für Erinnerungsfotos, und selbst die Scharfschützen der Sicherheitsdienste auf den umliegenden Dächern lehnten sich nun hinter ihren auffälligen Zielfernrohren entspannt zurück. In den hinteren Stuhlreihen bemühten wir uns, trotz der nun einsetzenden Mittagshitze weiterhin Haltung zu bewahren, da wir unsere Kränze ja noch nicht nach vorne zum Mahnmal getragen hatten. Wenn es dann schließlich soweit war, dass auch wir Christenmenschen zur Kranzniederlegung aufgerufen wurden, hatte sich das Areal bereits größtenteils geleert. Immerhin, einen Vorteil hatte dieser Ablauf: Da der Kranz der Evangelischen Kirche in Deutschland einer der letzten war, lag er schließlich ganz vorne vor allen anderen Kränzen, und die von mir zurechtgezupfte, hebräisch beschriftete Schleife

(*„Ha-Knesiah ha-Evangelit be-Germania"*) war auf den anschließend gemachten Pressefotos meistens ziemlich gut lesbar.

Zu den religiösen Institutionen Israels, mit denen wir immer wieder einmal zu tun hatten, gehörte auch das Oberrabbinat in Jerusalem. Die beiden damaligen Jerusalemer Amtsinhaber, Jona Metzger und Shlomo Amr, waren beliebte Gesprächspartner zu zahlreichen Anlässen. Mancher christliche Besucher mag den aschkenasischen Oberrabbiner von Jerusalem, Jona Metzger, auch mit so etwas wie einem jüdischen Papst verwechselt haben – was er zweifellos *nicht* war!

Der Titel „Oberrabbiner" ist im Judentum ebenso wenig wie der bloße Titel „Rabbiner" geschützt. Normalerweise hat jede mittelgroße Stadt einen Oberrabbiner, das Militär hat einen und die Polizei ebenfalls. Manche Städte haben gar mehr als einen Oberrabbiner, je nach den ethnischen Gruppen, auf die sich die jüdische Bevölkerung verteilt. Es gibt aschkenasische und sephardische Oberrabbiner – und mit dem äthiopischen Oberrabbiner, Yosef Hadane, hatte ich ja im Rahmen der *Jerusalem Peacemakers* zuweilen zu tun gehabt.

Der aschkenasische und der sephardische Oberrabbiner von Jerusalem verfügten allerdings zweifellos über eine gewisse herausgehobene Position – und dies nicht allein deshalb, weil der Ärger, welchen Ersterer aufgrund zahlreicher Korruptionsvorwürfe mit der Justiz hatte (im Mai 2017 musste Metzger deswegen eine dreieinhalbjährige Haftstrafe antreten), immer wieder in den Medien diskutiert wurde. Nein, vor allem war es den beiden gelungen, sich durch ihre enge Zusammenarbeit breiten Respekt zu erwerben. Traditionell ist es doch so, dass die beiden großen Oberrabbinate Jerusalems eher ein gewisses Gegeneinander pflegen. Nicht so unter Metzger und Amr! Ihre Büros hatten sie in demselben, nüchternen Betonbau unweit der zentralen Busstation im Westen Jerusalems, und wann immer es möglich war, traten sie in der Öffentlichkeit gemeinsam auf. Beeindruckend sah das stets aus: Metzger im feinen, schwarzen Anzug mit Hut und sorgfältig gestutztem, grauen Bart; Amr im dunklen Gewand mit Goldpailletten und einer Kopfbedeckung, welche der des koptischen oder syrischen Erzbischofs ähnelte.

Gemeinsam luden die beiden auch 2007 zur Gründungsversammlung des „Rates der Religionsoberhäupter in Israel" (oder auf Hebräisch: *Mo'etzet Reshey ha-Datot be-Israel*) in ihr Dienstgebäude ein. Eigentlich war dieses Projekt auf politische Initiative hin zustande gekommen: Die

Verantwortlichen der Religionsabteilungen im Innen- und im Außenministerium hatten sich zusammengetan, um die leitenden Geistlichen der Religionsgemeinschaften aus ihrem Zuständigkeitsbereich endlich gemeinsam an einen Tisch zu bringen. Viel zu viele ökumenische und interreligiöse Versammlungen gab es im Heiligen Land, deren Grundlogik ebenso simpel wie letztlich lähmend ist: Die, die zum Kreis der Mitglieder einer Versammlung gehören, vergewissern sich gegenseitig nach innen, dass sie wichtig sind – und dass die, die nicht dazu gehören, hingegen unwichtig und somit auch möglichst draußen zu halten seien. Diese Logik wollten die jüdischen, christlichen und drusischen Beamten der beiden Ministerien nunmehr durchbrechen. Mit schier unendlicher Energie, Bienenfleiß und Beharrlichkeit besuchten sie alle, die nur irgendwie in Frage kamen, an einem möglichst breit aufgestellten Rat von Religionsoberhäuptern beteiligt zu sein. Persönlich luden sie sie ein und ließen nicht locker, bevor sie jeweils die persönliche Zusage der Geladenen erhalten hatten. Auch während der Versammlungen war erkennbar, wie sie im Hintergrund die Fäden zogen und immer wieder beharrlich diejenigen an den Tisch zurückbrachten, die vielleicht aus dem einen oder anderen Grund den Raum gerne verlassen hätten.

Dennoch wäre das Projekt wohl nicht zustande gekommen, wenn die beiden Oberrabbiner ihre Differenzen nicht überwunden und nicht gemeinsam dazu eingeladen hätten. „Wenn die beiden das können, dann können wir das auch!", war wohl die vorherrschende Stimmung unter den geladenen Vertretern aus Judentum, Islam und Christentum, von Drusen, Bahá'í und Samaritanern. Und so drängten sie sich schließlich in dem eigentlich viel zu engen Konferenzraum des Oberrabbinats – ich schätzte, dass es um die achtzig Menschen waren: die leitenden Rabbiner der unterschiedlichsten jüdischen Gemeinschaften von der ganzen Bandbreite der Orthodoxie bis hin zu den Minderheiten der Karäer und Reformjuden; die christlichen Kirchenoberhäupter vom griechisch-orthodoxen Patriarchen bis hin zum Baptistenbischof und dem leitenden Pfarrer der Mormonen auf dem Ölberg; ein bunter Querschnitt der Drusen, eine hochrangige Delegation des Bahá'í-Weltzentrums aus Haifa zusammen mit den Vertretern ihrer Dependancen in Akko und Jerusalem; Samaritaner aus der Stadt Holon im Gebiet Gush Dan, die sogar einige Glaubensgeschwister aus dem palästinensischen Nablus mitgebracht hatten – vor allem aber auch ein so breites Mosaik der muslimischen Gemeinschaften, welches alle Behauptungen einer islamischen Uniformität Lügen strafte: Vertreter der sunnitischen Mehrheit waren ebenso gekommen wie Repräsentanten der winzigen alawitischen Minderheit; Oberhäupter von Sufi-Orden gaben sich ein Stelldichein mit Scheichs und Imamen der Tscherkessen; Vertreter der seit dem frühen 17. Jahrhundert im Heiligen Land ansässigen usbekischen Gemeinde saßen neben Entsandten des Hauptquartiers der Ahmadiyya-Bewegung in Haifa – und zwischen allen schritten in großer Würde die Oberhäupter diverser Beduinenstämme einher. Allein über Formen und Farben all der traditionellen Kopfbedeckungen hätte man wohl eine Doktorarbeit schreiben können.

Die Botschaft der gastgebenden Oberrabbiner war eindeutig: Alle diese Gemeinschaften haben Platz im jüdischen Staat – und es gehört zur recht verstandenen Identität des jüdischen Staates, solche Gemeinschaften und ihre Heiligen Stätten zu schützen. Drängend war die damit verbundene Frage an alle Anwesenden: Seid ihr auch bereit, für die jeweils anderen einzutreten? Seid ihr bereit, nicht nur für eure jeweils eigenen Anliegen immer wieder die Stimme zu erheben – sondern auch für die Anliegen eurer jeweiligen religiösen Nachbarn? Es war die Zeit, in der erstmals gehäuft rassistische Graffiti extremistischer Juden auf den Wänden von Kirchen und Moscheen, aber ebenso auch muslimische Hassbotschaften auf jüdischen Grabsteinen oder antimuslimische Flugblätter fundamentalistischer Christen in den Straßen Israels auftauchten. Die Debatten aller Beteiligten waren engagiert, das koschere Essen, welches gereicht wurde, köstlich, und am Ende wurde eine gemeinsame Erklärung in hebräischer und arabischer Sprache unterzeichnet: Die Unterzeichnenden verpflichteten sich darin, beherzt für den Schutz der Heiligen Stätten der jeweils anderen Religionen einzutreten. Ich setzte meine Unterschrift unter die des Franziskanischen Kustos, nur einige Zentimeter von der des amtierenden griechischen Patriarchen – und war stolz darauf. Denn eine solche Selbstverpflichtung war in der Tat neu. Dass Religionsvertreter sich öffentlich laut vernehmbar zu Wort meldeten, wenn ihre eigenen Heiligen Stätten gefährdet oder gar geschändet wurden, das war eine oft praktizierte Selbstverständlichkeit. Sich aber schriftlich dazu zu verpflichten, auch für die jeweils anderen mit gleicher Vehemenz einzutreten – so etwas hatte es in Israel bis dahin wohl nicht gegeben.

Welche Tragweite das Dokument hatte, das da unterzeichnet worden war, erwies sich schon sehr bald. Denn in den folgenden Zeiten zeigte sich immer häufiger ein Phänomen, welches wohl zu den widerwärtigsten Begleiterscheinungen der israelischen Siedlerbewegung im Westjordanland gehört: Es waren die so genannten „Preisschild"-Aktionen. Der hebräische Begriff „*tag machir*" wurde bald ebenso zum Schlagwort der politischen Debatte wie das englische Pendant „*price tag*". Dahinter verbarg sich eine ebenso simple wie bedrohliche Logik der Siedler: Wann immer jemand etwas gegen das Siedlungswerk unternahm – etwa in Form juristischer Schritte oder simpler Verwaltungsmaßnahmen – musste jemand anders dafür einen Preis bezahlen. Wer dies war, der den Preis zu bezahlen hatte, sollte für niemanden vorhersehbar sein.

Zu solchen Maßnahmen fühlten sich extremistische Siedler beispielsweise herausgefordert, wenn die israelische Armee Vertreter der „Hügeljugend" festnahm, die hooligangleich ihre palästinensischen Nachbarn an der Olivenernte gehindert hatten. Die Antwort auf diesen Armeeeinsatz, der „Preis", der zu zahlen war, konnte darin bestehen, dass in der folgenden Woche eine christliche Kirche mit Hassparolen beschmiert wurde, welche besagten, dass Jesus ein Affe und Maria eine Hure sei. Wenn israelische Friedensaktivisten ihre palästinensischen Partner bei einer Demonstration gegen die israelische Besatzung begleiteten, bestand der „Preis" womöglich in einem Brandsatz, der in eine Moschee geworfen wurde. Kam es gar zu einer offiziellen Abrissverfügung gegen illegal errichtete Siedlerbauten, so konnte es passieren, dass die israelische Armee selbst den „Preis" zu bezahlen hatte: Einmal drangen Siedler in ein Armeelager ein, in welchem sie hohe Sachbeschädigungen anrichteten. Aufgeschnittene Reifen an den Fahrzeugen christlicher Kleriker, erhebliche Brandschäden in Kirchen und Moscheen, beschmierte Wohnhäuser „linker" israelischer Politiker – all dies gehörte zum Repertoire der „Preisschild"-Vandalen. Und stets war nicht weit vom Tatort an Wänden oder auf Flugblättern der Schriftzug „*tag machir*" zu lesen.

Die Selbstverpflichtung des „Rates der Religionsoberhäupter in Israel" wäre ihr Papier nicht wert gewesen, wenn solche Attacken kein praktisches Handeln der Religionsoberhäupter nach sich gezogen hätte. Und in der Tat blieb es nicht bei öffentlichen Verurteilungen solcher Angriffe auf die israelische Demokratie: Stets machten sich fortan nach jedem Anschlag gemischtreligiöse Gruppen von Geistlichen auf den Weg, um den Opfern beizustehen, ihnen Trost und Solidarität zuzusprechen, bei der Beseitigung der Schäden zu helfen – und im schlimmsten Fall: ihre Kondolenz auszusprechen. Insofern muss man wohl sagen, dass diese interreligiöse Gruppe gerade zur rechten Zeit ins Leben gerufen worden war.

Fortan wurde in jedem Jahr ein Treffen des Rates der Religionsoberhäupter einberufen. Nachdem 2007 die jüdischen Oberrabbiner Jerusalems dazu eingeladen hatten, ging 2008 die Einladung von der muslimischen Gemeinde im galiläischen *Kfar Kara* aus und 2009 von den Drusen in *Nabi Shueib*. Die unterschiedlichen christlichen Kirchen brauchten eine Weile, um sich auf einen Ort zu einigen, an den sie die Oberhäupter der anderen Religionsgemeinschaften einladen mochten: Am 25. November 2010 war dies das katholisch-charismatische *Domus Galileae* unweit des Sees Genezareth. Die Teilnehmerzahlen waren im Laufe der Jahre auf über Hundert gestiegen, so dass man davon ausgehen konnte, dass wirklich jede Religionsgemeinschaft Israels mit ihrem jeweils leitenden Geistlichen in dem Kreis vertreten war. Schließlich übernahm Staatspräsident Shimon Peres selbst eine Art Schirmherrschaft für den Fortgang des Projektes.

Am meisten beeindruckt hat mich das Treffen bei den Drusen im Jahr 2009. Sowohl der Ort als auch die Form der Begegnung waren einzigartig. Nur selten macht man sich bewusst, dass die Drusen in Israel in annähernd gleicher Zahl präsent sind wie die Christen. Ihr zentrales Heiligtum liegt zu Füßen der „Hörner von Hittin", des Ortes der entscheidenden Schlacht Saladins gegen die Kreuzfahrer, oberhalb des Sees Genezareth. Auf dieser Anhöhe mit einem spektakulären Blick über das gesamte Umland verehren die Drusen das Grab von „*Nabi Shueib*", des Propheten Jethro, der in der Bibel als Schwiegervater des Moses erwähnt wird und im drusischen Glauben eine zentrale Stellung einnimmt. Nur wenige Touristen besuchen dieses Heiligtum – und ahnen nicht, was sie da verpassen! Im 11. Jahrhundert hatten sich die Drusen von den ismaelitischen Schiiten in Ägypten abgespalten und bildeten bald eine eigenständige Religion. Heute liegt ihr Hauptsiedlungsgebiet in der Grenzregion von Israel, dem Libanon, Syrien und Jordanien. In Nabi Shueib haben sie sich ein Zentralheiligtum errichtet, welches einen Vergleich mit den architektonischen Zeugnissen anderer Religionen nicht scheuen muss. Inmitten der rollenden Hügel Galiläas, eingebettet in eine bezaubernde, biblische Landschaft, ist um den steinernen Sarkophag des Propheten herum ein Ensemble aus Kuppeln, weitläufigen Hallen und lauschigen Arkadengängen entstanden. Der Jerusalemer Stein leuchtet golden in der Sonne, während meistens eine leichte Brise über den Hang weht und den Duft von Thymian und Oleander herbeiträgt.

Das Treffen war außerordentlich gut vorbereitet worden. Diesmal wollte man nicht nur reden, sondern es sollte um die konkrete Praxis der Deeskalation in Religionskonflikten gehen. Dozenten und Studenten der Konfliktforschung waren von den besten Universitäten Israels angereist, um mit den Religionsoberhäuptern ein Planspiel durchzuführen: Stell dir vor, die Wand der Moschee deines Dorfes wurde über Nacht mit den Worten beschmiert: „Der Prophet Mohammed war ein Schwein" – wie reagierst du als Religionsoberhaupt? Am nächsten Tag wurde ein jüdischer Friedhof geschändet – was tust du jetzt? Das Auto eines christlichen Priesters wurde in Brand gesetzt – deine Reaktion? Oder, auf einer weiteren Eskalationsstufe: Es hat eine Schlägerei zwischen jüdischen, muslimischen und christlichen Jugendlichen gegeben – wie gehst du damit um? Irgendwann schließlich eine (vorerst) letzte Eskalationsstufe: Es ist zu einem religiös motivierten Mord gekommen. Was kannst du jetzt noch tun?

Ich wurde für das Planspiel in eine Gruppe eingeteilt, in der auch der Griechisch-Orthodoxe Patriarch, Theophilos III, saß. Der junge Doktorand der Konfliktforschung, der die Teilnehmenden durch die einzelnen Eskalationsstufen hindurchführen sollte, war gewiss hoch motiviert und qualifiziert in seiner Materie. Mit der feinen Etikette der historischen Kirchen des Heiligen Landes kannte er sich jedoch offenbar nicht ganz so aus. Und so ruderte er mit israelischer Hemdsärmeligkeit flott in das erste Fettnäpfchen. Eine kurze Vorstellungsrunde hatte er zu Beginn angesetzt. Reihum erklärte jeder kurz, wer er war und welche Religionsgemeinschaft er leitete. Nur der Patriarch sprach nicht selbst, sondern ließ den jungen Mönch, den er offenbar als Adjutanten mitgebracht hatte, für sich sprechen: „Zu meiner Seite sitzt Seine Seligkeit, Theophilos der Dritte, Patriarch der Heiligen Stadt Jerusalem und ganz Palästinas, von Syrien, Arabien, jenseits des Jordan, Kana in Galiläa und des Heiligen Berges Zion". Der Student schluckte: „Darf ich dich für das Planspiel einfach als Theo anreden?" – Es hat keiner gelacht. Ehrlich. Der Patriarch saß einfach da, gestützt auf den goldenen Knauf seines Patriarchenstabes und geschmückt mit dem großen Brustkreuz und zwei Medaillons, die er um den Hals trug. Nicht für einen einzigen Augenblick entglitten ihm die Gesichtszüge. Aber in diesem Moment zeigte es sich in anschaulichster Weise, wie dringend notwendig der Dialog zwischen den verschiedenen, religiös geprägten Kulturen des Heiligen Landes ist – und welch weiter Weg da noch vor allen Beteiligten liegt.

Manches Bauprojekt haben wir in sechs Jahren in Jerusalem „gestemmt": Ein neues Dach für das Refektorium und eine erneuerte Eingangshalle unserer Propstei, ein Gemeindezentrum im jordanischen Amman als Aufstockung des dortigen archäologischen Institutes, die neue Etage auf unserem Gästehaus und auch die Baumaßnahme auf dem Ölberg, von der nun endlich auf den folgenden Seiten die Rede sein soll. All diese Projekte wären nicht möglich gewesen ohne den Verwaltungsleiter und später die Verwaltungsleiterin, mit denen ich zusammenarbeiten durfte, und die sich durch ein schier unglaubliches Nervenkostüm auszeichneten – wovon ja bereits die Rede war. Gemeinsam lernten wir, wie viele Teil-Baugenehmigungen benötigt werden, bevor eine endgültige Baugenehmigung ausgestellt werden kann, und zu welchem Zeitpunkt die ersten dieser Teilgenehmigungen jeweils wieder verfallen, so dass der ganze Prozess von vorne gestartet werden muss. Wir lernten, welch einen rechtlichen Unterschied für die weitere Bewirtschaftung es macht, ob das Land, welches man besitzt, „*Miri*-Land" oder „*Mulk*-Land" ist – diese osmanischen Rechtsbegriffe waren konsequent in das moderne Immobilienrecht übernommen worden: Während man bei „*Miri*-Land" aufpassen musste, dass es nicht irgendwann an den Staat zurückfiel (manche westliche Journalisten sprachen in solchen Fällen juristisch nicht ganz korrekt von „Enteignung"), konnte man über „*Mulk*-Land" frei verfügen wie ein kleiner „*Malik*", also König. Doch wehe, wenn das Land, welches einer besitzt, „*Waqf*-Land" ist: Dann kann man nichts anderes darauf tun als das, was womöglich bereits vor zweihundert Jahren dort getan wurde und als religiöser Stiftungszweck festgelegt ist.

Wir lernten so kuriose Steuern kennen wie die „*Embetterment-Tax*", die nach der „Verbesserung" einen Gebäudes fällig wird, und mussten dabei zugleich erfahren, dass der Bescheid über eine solche Steuer niemals eine absolute oder definitive Setzung war, sondern lediglich den Auftakt zu Verhandlungen zwischen Bauherrn und Behörden darstellte, an deren Ende bestenfalls eine Steuerzahlung stand, welche allenfalls einen Bruchteil des ursprünglich geforderten Betrages ausmachte. Wir lernten, welche Steuerbescheide man tunlichst ignoriert, ohne irgendwelche negativen Folgen befürchten zu müssen – und welchen Zahlungen man besser sofort nachkommt. Wir übten uns darin, einzuschätzen, wann man sich wirklich auf den steinigen Weg der Beantragung von Genehmigungen machen muss, und wann man eine Baumaßnahme besser mit

Augenzwinkern und ohne Genehmigung in Angriff nimmt. Wir erfuhren viel über die nahöstliche Dehnbarkeit von Gesetzen und Verordnungen – darunter auch, welche Bestimmungen man nur als Ausländer dehnen kann, und welche man gerade als Ausländer keineswegs zu dehnen versuchen sollte. Wir verstanden bald, dass man sich an plötzlich angeordnete Baustopps zu halten hat – und wie man nach dem ebenso plötzlichen Ende eines Baustopps die Arbeiter möglichst schnell wieder auf die Baustelle bekommt. Wir verinnerlichten, dass das höchste Glück des Bauherrn an der Erteilung eines Papiers namens „*Tofes Arba*" hängt, welches notwendig ist, um ein neues Gebäude beziehen zu dürfen – dass das „*Tofes Arba*" aber noch längst keine Betriebsgenehmigung für das Gebäude darstellt. So tasteten wir uns immer tiefer in den Dschungel des eher theoretischen sowie des praktisch angewandten Baurechts vor und klopften uns jedes Mal erneut voller Begeisterung gegenseitig auf die Schultern, wenn am Rande des Dschungels sich eine Lichtung auftat, auf der wir ein fröhliches Einweihungsfest feiern konnten.

„Bald feiert die Kaiserin Auguste Victoria-Stiftung ihr hundertjähriges Bestehen", erinnerten mich meine Kollegen vom Ölberg zeitig genug vor dem Jubiläumsjahr 2010. „Zu dem Anlass müssen wir den Kaisersaal der Stiftung unbedingt renovieren!"

„Macht was ihr wollt", erklärten mir die Verantwortlichen meiner Kirche in Deutschland, „aber von uns bekommt ihr keinen Cent zu einem solchen Projekt. Es reicht, was wir in euer Gästehaus investiert haben!" Ein genervter Unterton war bei diesen Worten unüberhörbar.

Ratlos stand ich im Kaisersaal, dem Verbindungsbau zwischen der Himmelfahrtkirche und dem Auguste Victoria-Krankenhaus. Mit welch einem gerüttelten Maß an Geschichte war dieser Raum bis zur Decke angefüllt – und in welch traurigem Zustand zeigte er sich jetzt! Als die Anlage 1910 eingeweiht worden war, war er als Festsaal für die Gemeinde, für den Johanniterorden und für die zahlreichen Jerusalem-Pilger aus der deutschsprachigen Welt vorgesehen gewesen. Die Diakonissen aus Kaiserswerth hatten entscheidende Verantwortung für den Betrieb der Gebäude auf dem Ölberg übernommen. Doch schon bald kam der Erste Weltkrieg. Der deutsche Generalstab, welcher der osmanischen Armee zur Seite gestellt worden war, zog in die Stiftungsgebäude ein; als die Niederlage unmittelbar bevorstand und sich die Deutschen etappenweise in Richtung Norden absetzten (zunächst nach Nablus, dann nach Nazareth, nach Damaskus und schließlich ins türkische Adana, von wo es nach der Niederlage zurück ins Deutsche Reich ging), übernahmen die siegreichen Engländer das Gebäude. In diesem Saal wurde einst das britische Mandat über Palästina ausgerufen; er beherbergte illustre Besucher wie General Allenby, Winston Churchill, Lawrence von Arabien und manch anderen. Als das Gebäude bei dem großen Erdbeben von 1927 schwer beschädigt wurde, hatten die Engländer es eilig, es an die Deutschen zurückzugeben. Sie warfen es ihnen sozusagen wieder in den Schoß. Für einige Jahre fand hier in notdürftig renovierten Räumlichkeiten wieder die christliche Pilger- und Gemeindearbeit statt, für die es einst vorgesehen war: Schon 1928 tagte im Kaisersaal die Weltmissionskonferenz, die zweite überhaupt nach einem ersten Treffen in Edinburgh 1910. Hatten 1910 die Kirchen der Welt noch gedacht, sie könnten innerhalb einiger Jahre den Planeten christianisieren, so mussten sie 1928 – zehn Jahre nach dem Ersten Weltkrieg – in Jerusalem die Scherben aufkehren, die ein christlicher Triumphalismus in der Welt hinterlassen hatte.

Es kamen die Jahre, in welchen auch ein großer Teil der Palästinadeutschen zu Anhängern des Nationalsozialismus wurde. Die Kaiserswerther Schwestern wandelten das Gebäude ab 1937 in ein Krankenhaus um. Mit dem Ausbruch des Zweiten Weltkrieges wurde die Kaiserin Auguste Victoria-Stiftung auf dem Ölberg mitsamt Kaisersaal und Himmelfahrtkirche abermals von den Engländern besetzt und dem britischen Feindgutverwalter unterstellt. In den Hauptgebäuden wurde ein britisches Feldlazarett eingerichtet, welches später vom Roten Kreuz und anschließend dem 1947 gegründeten Lutherischen Weltbund übernommen wurde: Als das Britische Mandat im Mai 1948 endete, da sprachen die Zeichen der Zeit nicht für eine Rückgabe einer solchen Immobilie an ihre ursprünglichen Eigentümer. Die deutschen Kriegsverbrechen aus den Jahren des Zweiten Weltkrieges lagen offen vor aller Augen. Der Lutherische Weltbund übernahm die Treuhandschaft für die Kaiserin Auguste Victoria-Stiftung auf dem Ölberg. Das Krankenhaus, nunmehr im jordanischen Teil der demilitarisierten „Scopusberg-Enklave" gelegen, entwickelte sich zu einer der wichtigsten Gesundheitseinrichtungen für den jordanisch besetzten Teil Palästinas. Erst Jahre später übernahmen die Deutschen wieder Verantwortung auf dem Gelände – in deutlich begrenzten Umfang: Zunächst für die Himmelfahrtkirche, die ein Vorgänger von mir – ermuntert durch den legendären Jerusalemer Bürgermeister Teddy Kollek – in den Neunzigerjahren restaurieren ließ, dann für die Pilgerseelsorge, die in den zuletzt errichteten Nebengebäuden ihren Platz fand. Das Hauptgebäude mit dem Krankenhaus blieb in den Händen des Lutherischen Weltbundes.

Und dazwischen – der Kaisersaal. Wer einen Schlüssel besaß, konnte durch diesen Festsaal hindurch vom Krankenhaus in die Kirche gelangen. Und als Durchgangshalle unter nie ganz geklärter Zuständigkeit fristete der einst prächtige Festsaal ein trostloses Schattendasein. Ein schmutziggrauer, abwaschbarer Schutzanstrich bedeckte die Wände. Er war wohl aufgetragen worden, als die Halle zu Kriegszeiten – war es 1948/49 oder 1967? – in einen Notoperationssaal des Krankenhauses umgewandelt worden war. Über dem gewaltigen Kamin waren noch die Reliefs von Wappen erkennbar, die einmal farbig ausgemalt gewesen waren. Ein wenig verloren hing in der Mitte des Raumes ein einzelner verbeulter Radleuchter aus korrodiertem Kupferblech von der Decke. Er war der letzte verbliebene jener prächtigen Lüster, die zu besseren Zeiten davon gezeugt hatten, dass dies das erste elektrifizierte Gebäude in Palästina gewesen war. So ganz allein streute er nur noch Schummerlicht von der Decke. Und überhaupt diese Decke: Dass sie einmal farbig und golden bemalt gewesen war, konnte man bestenfalls noch ahnen. Ob es hier wohl einmal gebrannt hatte, fragten wir uns angesichts der großen schwarzen Flächen über unseren Köpfen. Erst später wurde uns klar, dass man die Stellen, an denen beim Erdbeben von 1927 der Putz abgeplatzt und der hellgraue, nackte Stein zum Vorschein gekommen war, kurzerhand mit schwarzer Farbe überpinselt hatte. Dazwischen hingen einige Stahlträger seit nunmehr über achtzig Jahren bedenklich schief in ihren Verankerungen.

Die ersten Kostenschätzungen, die wir im Blick auf eine mögliche Renovierung einholten, waren desillusionierend. Ich fragte nochmals bei unserer Kirchenleitung in Deutschland nach möglichen Zuschüssen. „Kein Cent von uns!", wurde mir abermals bestätigt. „Aber wir müssen!", sagten die jungen Kollegen vom Ölberg. „Das Jubiläum ist nahe!"

Und dann trat Kurt Heinrich in unser Leben. Natürlich trug er in Wirklichkeit einen anderen Namen – aber den Lauf der Dinge auf dem Ölberg hat er tatsächlich entscheidend geprägt. Dass ich ihn überhaupt kennenlernte, hatte mit einem Grab zu tun. Einem Grab, welches er für seine eigene Bestattung gekauft hatte. Und welches somit ein Problem für mich darstellte.

„Sag mal, kann das wirklich sein, dass Verantwortliche aus unserer Gemeinde ein Grab an einen Herrn Heinrich verkauft haben?", fragte ich nach längerem Aktenstudium eines Tages eine Mitarbeiterin der Propstei. „Ja, natürlich!", war die Antwort. „Es war eine großartige Initiative zum Fundraising. Wir könnten das Modell in Zukunft noch ausbauen. Es gibt zahlreiche Freunde in Deutschland, die bereit wären, ein Vermögen dafür zu bezahlen, einmal in Jerusalem bestattet zu werden."

Ich blätterte irritiert in den Akten, die ich bei meinem Amtsantritt vorgefunden hatte und nun zu verstehen versuchte. „Aber euch ist schon klar, dass ihr da etwas verkauft habt, das uns gar nicht gehört?"

„Nun, es ist ein Grab auf unserem gemeinsamen deutsch-anglikanischen Zionsfriedhof..."

„...welcher laut Grundbuch nur leider ausschließlich den Anglikanern gehört!", unterbrach ich meine Mitarbeiterin ärgerlich.

Ich raufte mir die Haare. Denn judiziable Ansprüche auf Teile des Geländes hatten wir Deutschen nicht. Zwar war der protestantische Friedhof am Hang des Zionsberges tatsächlich das letzte Relikt des von 1841 bis 1886 existierenden gemeinsamen preußisch-anglikanischen Bistums von Jerusalem. Aber die gemeinsame Friedhofsverwaltung funktionierte bereits seit 1994 oder 1998 nicht mehr, und die Anglikaner hatten auch keine Eile, daran etwas zu ändern – war ihnen doch sehr bewusst, dass sie offiziell als einziger Eigentümer des Geländes registriert waren. Der letzte anglikanische Bischof hatte den deutschen Partnern sogar das Bestattungsrecht streitig gemacht. Vorsichtig hatte ich erst vor kurzem die Gespräche eingefädelt, die notwendig waren, um die gemeinsame Friedhofsverwaltung wieder ins Leben zu rufen – denn eine Gemeinde muss ihre Toten ja beerdigen können! Doch noch waren wir weit entfernt von den geregelten Bestattungen, die einige Zeit später wieder möglich wurden. Wie sollte ich den anglikanischen Partnern da erklären, dass Vertreter meiner Gemeinde (wenn auch deutlich vor meiner Amtszeit) ein Stück anglikanischen Friedhofslandes verkauft hatten?

Ich machte mich über die Preise von Friedhofsland in Jerusalem kundig. Kurt Heinrich hatte ganz offenkundig einen mehr oder weniger angemessenen Preis bezahlt: Im Vergleich zu den Kosten einer Grabstätte in Deutschland gewiss eine stolze Summe; gemessen an den Verhältnissen in Israel hingegen, wo Friedhofsland aufgrund des ewigen Ruherechtes ein solch knappes Gut darstellte, war es ein eher durchschnittlicher Betrag. Mancher Jude aus Amerika oder Russland bezahlte für eine Grabstätte an den Hängen des Ölberges leicht das Zehnfache. Und konnte man den protestantischen Friedhof auf dem Zionsberg nicht irgendwie mit dem jüdischen Friedhof am Ölberg vergleichen? Ich spielte in Gedanken verschiedene Optionen durch. Eine davon war ganz sicher die, Herrn Heinrich schlicht und einfach die Wahrheit zu sagen und den Betrag zurückzuzahlen.

„Unmöglich!", erklärte mir meine Mitarbeiterin. „Weißt du denn nicht, wer den Deal eingefädelt hat?"

Natürlich wusste ich es. Soweit hatte ich die Akten inzwischen studiert: Es war das Büro eines ehemaligen israelischen Diplomaten gewesen, welches sich in den zurückliegenden Jahren zu einem bekannten politischen *Thinktank* entwickelt hatte. Offenbar war der ehemalige Diplomat selbst mit Heinrich befreundet und hatte den Auftrag übernommen gehabt, ihm ein Grab in Israel zu verschaffen. Hier galt es nun, jeden weiteren Schritt wie auf rohen Eiern zu gehen. Ich beschloss, mir einige Wochen Zeit zum Nachdenken zu nehmen und Heinrich vorerst nicht direkt zu kontaktieren.

Doch meine erste Begegnung mit Kurt Heinrich kam schneller als gedacht. Es war auf einem Empfang im Garten des israelischen Staatspräsidenten Shimon Peres. Die Sonne strahlte von einem makellos blauen Himmel, die Ansprachen waren gut gewesen, um die Stehtische herum sammelten sich die Gäste in kleinen Grüppchen, um ein vorzügliches Essen, guten Wein und noch bessere Gespräche zu genießen.

„Ach, Sie müssen der derzeitige Propst sein. Ich wollte schon längst einmal mit Ihnen gesprochen haben." – Es war ein nicht besonders großgewachsener, älterer Herr im dunkelblauen Anzug, der da energischen Schrittes, mit seinem Spazierstock weit ausholend, auf mich zugelaufen kam. Auf seinem kahlen Schädel trug er eine ebenfalls dunkelblaue Baseball-Kappe; die lebhaften, schalkhaft blitzenden Augen waren nur einen Spalt weit geöffnet. „Heinrich, mein Name. Kurt Heinrich. Sie werden in nicht allzu ferner Zukunft meine müden Knochen unter Ihre heilige Erde bringen. Ich habe nämlich vor einiger Zeit ein Grab bei Ihnen für eine nicht unerhebliche Summe Geldes käuflich erworben."

Ich schluckte. Das war er also. *Der* Kurt Heinrich. Und ausgerechnet hier beim Staatspräsidenten musste ich ihm über den Weg laufen. Dabei lebte er meines Wissens doch in Deutschland. Ich versuchte, mich in freundlicher Konversation mit ihm zu üben. Doch bereits nach den ersten Minuten hatte er mich durchschaut: „Irgendetwas quält Sie doch, junger Mann. Und wahrscheinlich meinen Sie, dass Sie das hier nicht mit mir besprechen können. Wissen Sie was? Die Sekretärin des ehemaligen Diplomaten wird Ihnen einen Termin mit mir arrangieren, und dann sollten wir mal offen miteinander reden!"

So kam es, dass wir einige Tage später im vertraulichen Rahmen zusammentrafen: Kurt Heinrich, die Sekretärin des ehemaligen Diplomaten und ich. Heinrich hatte einen gediegenen Ort dafür gewählt: die Terrasse des feinen American Colony Hotels im Osten Jerusalems. Dort saßen wir unter der Frühlingssonne; die Sekretärin hatte einen Notizblock vor sich liegen, Heinrich zog die Baseball-Kappe tief in sein Gesicht: „Der Krebs, wissen Sie. Es ist scheußlich, wenn die Sonne drauf scheint."

„Wollen wir dann vielleicht nach drinnen gehen?"

„Blödsinn. Ich werde früh genug in der Dunkelheit meines Sarges ausruhen. Jetzt sollten wir das Licht des hellen Tages genießen."

Damit war das Stichwort gefallen. Als einige Gläser frisch gepressten Fruchtsaftes und ein kleiner Imbiss auf dem Tisch standen, wollte Kurt Heinrich wissen, wie es denn um sein Grab auf dem Zionsfriedhof stehe.

„Ich werde alles dransetzen, dass Sie Ihr Grab bekommen. Aber versprechen kann ich es leider nicht."

Die Sekretärin des ehemaligen Diplomaten unterbrach mich mit spitzer Stimme: „Aber wir haben einen gültigen Kaufvertrag!"

Ruhig versuchte ich zu erklären, dass denjenigen aus der Gemeinde, die das Grab verkauft hatten, wohl ein tragischer Fehler unterlaufen sei – da der Grund und Boden des Friedhofs unserer Gemeinde gar nicht gehörte und selbst das Nutzungsrecht daran momentan umstritten sei. Noch während ich sprach, ging mir selbst auf, dass ich mich gerade als Chef einer Hehlerbande präsentierte. Die Sekretärin wurde rot im Gesicht und schnappte nach Luft. Erst viel später erfuhr ich aus zuverlässiger Quelle, dass sie in diesem Moment fast ihren Job verloren hätte. Ihr Chef, der ehemalige Diplomat, sei nicht erfreut gewesen, zu erfahren, dass seine Mitarbeiterin den Kauf einer Immobilie eingefädelt hatte, ohne zu merken, dass diese sich zu dem Zeitpunkt der Transaktion gar nicht im Eigentum des Verkäufers befand.

Doch bevor die Sekretärin noch etwas entgegnen konnte, ergriff Kurt Heinrich wieder das Wort. Erstaunlicher Weise schien er nicht verärgert, sondern sogar ein wenig amüsiert zu sein: „Das hatte ich irgendwie geahnt, dass ich da einen Deal mit Leuten gemacht habe, die Weltmeister im Verändern von Eigentumsverhältnissen sind."

Was ich denn nun zu tun gedenke, fragte er mich. Denn das größere Problem liege ja ganz offenkundig bei mir als Vertreter der unrechtmäßigen Grabverkäufer. Ich versprach ihm, baldmöglichst den Kontakt zum anglikanischen Bischof aufzunehmen, um eine offizielle Vereinbarung zu bewirken, welche eine zukünftige Bestattung der sterblichen Überreste des Kurt Heinrich auf dem Zionsfriedhof garantiere. Alles Geld, was ich dazu möglicherweise brauche, sei ja im Rahmen der Transaktion bereits auf das Gemeindekonto überwiesen worden. Und falls ich bei meiner

Unternehmung erfolglos sei, dann würde ich persönlich dafür garantieren, dass der volle Betrag an die Familie Heinrich zurück erstattet werde.

Damit war Heinrich offenkundig zufrieden und wechselte das Thema. So erfuhr ich im weiteren Verlauf des Gesprächs von seiner bewegten Vergangenheit als hochrangiger politischer Beamter in den Ministerien seines Bundeslandes und den zahlreichen internationalen Reisen, die er in dieser Funktion unternommen hatte. Bald war von seinem „Freund Bruno" die Rede, seinem „lieben Freund Willy", oder eben auch seinem „treuen Freund Shimon": Gemeint waren führende Sozialdemokraten wie der österreichische Bundeskanzler Bruno Kreisky, der deutsche Bundeskanzler Willy Brandt, sowie der israelische Staatspräsident Shimon Peres. Ganz offenkundig war Heinrich nicht nur eine „graue Eminenz" in der Politik seines Bundeslandes gewesen, sondern auch jemand, der in den Kreisen der Sozialistischen Internationale einige wichtige Fäden gezogen hatte. Heinrich lachte viel: schalkhaft, hintergründig, und bald ließ ich mich davon anstecken – trotz des nicht unerheblichen Problems, welches ich nun zu lösen hatte. Nur die Sekretärin saß fast regungslos und mit furchtbar blassem Gesicht daneben.

Behutsam führte ich in den folgenden Wochen zahlreiche Gespräche mit Vertretern der anglikanischen Kirche, auch mit dem Bischof selbst. Das alles ging einher mit der Wiederbelebung der gemeinsamen Friedhofsverwaltung. Natürlich konnte ich nicht alle Karten offen auf den Tisch legen – und doch war es unvermeidlich, dass ich für das, was ich von den Anglikanern wollte, auch einen gewissen Betrag zu bezahlen hatte. Kurt Heinrich ließ sich über jeden meiner Schritte genau informieren. Dazu durfte ich ihn jedoch nicht zu Hause anrufen. Er hatte einen eher konspirativen Weg gewählt: Die Telefonnummer eines Luxusrestaurants in der deutschen Landeshauptstadt, in der er die meiste Zeit des Jahres lebte, hatte er mir gegeben. Diese Nummer wählte ich zu jeweils fest vereinbarten Zeitpunkten. Vermutlich, so stellte ich es mir vor, trug die Kellnerin, die sich dort stets meldete, ihm das Telefon dann in ein Séparée, in dem er saß. Nach etlichen Wochen konnte ich ihm gute Nachrichten nach Deutschland vermelden: Ich hatte die Bestätigung der anglikanischen Partner, dass er nach seinem Ableben auf dem protestantischen Zionsfriedhof würde beigesetzt werden dürfen. Ein Grab jedoch zu Lebzeiten an jemanden zu verkaufen (der zudem weder dauerhaft in Jerusalem ansässig noch Mitglied unserer Gemeinde war) – das sollte in Zukunft nicht mehr möglich sein. So schrieben wir es gemeinsam gleich in den Entwurf unserer neuen Friedhofsordnung.

Kurt Heinrich gratulierte mir zu meinem Verhandlungserfolg. Bald darauf trafen wir uns abermals auf einem politischen Empfang in Israel. Schelmisch empfahl er mir, dass ich in Zukunft vorsichtig mit denen sein möge, deren Haupttalent im Verändern von Eigentumsverhältnissen bestehe. Aber er freue sich darauf, eines Tages auf dem heiligen Berg Zion ruhen zu dürfen. Ich lachte und lud ihn, auch im Namen meiner Frau, zu einem Mittagessen zu uns nach Hause ein. Die Einladung nahm er gerne an.

Die Dame, welche Kurt Heinrich im Oktober 2008 in die Altstadt hineinchauffierte, war abermals eine Mitarbeiterin des Büros, welches der besagte ehemalige Diplomat unterhielt. Es war jedoch nicht mehr die Sekretärin, die im American Colony mit uns zusammengesessen hatte. Vielmehr handelte es sich um eine jüngere Kollegin, die ihren Gast in meine Hände übergab. Behutsam führte ich Heinrich die Treppenstufen zur Propstei hinunter. Nilar hatte ein köstliches Mittagessen gekocht. Wir schwelgten gemeinsam in den kulinarischen Genüssen, im Austausch frecher Bemerkungen über das israelische politische Establishment (ausgenommen natürlich von Shimon Peres, den wir ja gleichermaßen schätzten) und in den Erinnerungen an ein bewegtes Leben, welche uns unser Gast eröffnete.

Als Nilar ihn darauf ansprach, wie jung er für sein Alter wirke, da strahlte Heinrich über sein ganzes verschmitztes Gesicht – und erinnerte uns dann doch wieder daran, dass er ein kranker Mann sei, der schon bald in seinem Grab auf dem Zionsberg ruhen werde. Dabei standen ihm Tränen in den Augen. Nein, dachte ich mir, ich werde diesen Menschen nicht um weiteres Geld bitten. Nicht jetzt. Das wäre einfach nicht fair.

Aber da hatte ich meine Rechnung ohne Kurt Heinrich gemacht. Er war meinen Gedanken abermals um Längen voraus: „Nun kommen Sie aber endlich mal zur Sache, junger Mann", nickte er mir nach einer Gesprächspause aufmunternd zu, „Sie haben mich doch nicht umsonst zu sich nach Hause eingeladen und ihre Frau ein Fünf-Sterne-Essen kochen lassen. Wieviel Geld wollen Sie denn von mir – und wofür?"

Da hatte er mich erwischt. Verlegen stotterte ich ein wenig herum und versuchte weit auszuholen, um ihm zu erzählen, welch herrliches Kleinod wir in Form des Kaisersaals auf dem Ölberg besäßen, welches wir nur noch ein wenig renovieren müssten, um darin eine ebenso herrliche Begegnungsarbeit stattfinden zu lassen. Und dazu fehle uns in der Tat noch die eine oder andere Spende. Heinrich wirkte ungeduldig: „Also – wie viel?"

Darüber hatte ich mir noch keinerlei Gedanken gemacht. Es gab ja noch nicht einmal einen Finanzierungsplan für das Projekt. Lediglich die Zusage, die ich ein halbes Jahr zuvor von Außenminister Steinmeier erhalten hatte, stand im Raum. Nilar lächelte still in sich hinein. Rasch überschlug ich im Kopf die Zahlen, die mir gerade in den Sinn kamen, und nannte dann einen höheren fünfstelligen Betrag. Heinrich war davon keinesfalls schockiert: „Sie sind aber bescheiden, lieber Propst. Hätten Sie die doppelte Summe genannt, so hätte ich Ihnen auch die gegeben. So bekommen Sie jetzt nur den Betrag, um den Sie mich gebeten haben."

Man muss dazu erwähnen, dass Heinrich einige Wochen nach der ersten Zahlung doch noch ein zweites Mal einen Scheck in gleicher Höhe schickte. „Damit Sie mit Ihrem Projekt auch fertig werden", hatte er mir in einem weiteren konspirativen Telefonat aus dem Luxusrestaurant in seiner Heimatstadt erklärt. Vergnügt hatte er dabei vor sich hin gekichert: „Dass ein alter Sozi wie ich einer Hinterlassenschaft von Kaiser Wilhelm wieder auf die Beine hilft, das passiert wohl nicht alle Tage."

Bereits die erste seiner beiden Spenden – zusammen mit der Zusage, die wir anderenorts von Außenminister Steinmeier erhalten hatten – war die Initialzündung, um mit dem Renovierungsprojekt jetzt endlich zu beginnen. So schnell wie möglich versammelte ich das Team aus Pfarrerin, Pfarrern und Verwaltungsleitung, dem ich vorstand, auf dem Ölberg. „Ihr hattet recht", erklärte ich meinen jungen Kollegen, „zum hundertjährigen Jubiläum der Kaiserin Auguste Victoria-Stiftung müssen wir den Kaisersaal tatsächlich restaurieren lassen. Es ist genügend Geld da, um mit der Arbeit zu beginnen. Wir haben eine Zusage vom Auswärtigen Amt, und der erste Großspender ist nun auch im Boot. Also lasst uns Pläne machen, Restauratoren und weitere Förderer gewinnen, eine Öffentlichkeit für das Projekt herstellen."

Meine jungen Kollegen waren genial. Auch sie hatten in aller Stille bereits ein breites Netzwerk an Kontakten aufgebaut, welches mit meinem eigenen Netzwerk famos ineinandergriff. Bald war der Freistaat Sachsen mit im Boot, die Stadt und die Kulturstiftung Leipzig, das Land Brandenburg, das Auswärtige Amt über das Vertretungsbüro in Ramallah, die evangelischen Landeskirchen von Westfalen, dem Rheinland und Bayern, der Johanniterorden, der Evangelisch-Kirchliche Hilfsverein Potsdam, das preußische Königshaus und weitere bedeutende Adelsfamilien, zahlreiche sächsische Firmen, sowie viele, viele Einzelspender.

Wer kein Geld geben konnte, der half mit Arbeitskraft und Sachmitteln. Während der Fachmann, welcher das gesamte Konzept des Projektes und den ersten Kostenvoranschlag erstellt hatte, sich nun auf die Wände und die Infrastruktur des Saales konzentrieren durfte, machten sich sächsische Handwerker an die Wiederherstellung der prächtig bemalten Decke. Eine Leuchtenmanufaktur aus dem sächsischen Wurzen restaurierte den letzten noch im Saal verbliebenen Radleuchter und fertigte die fehlenden Exemplare nach historischen Vorbildern neu an.

Irgendwann stand ich in luftiger Höhe von geschätzten acht Metern auf dem Gerüst unter der Decke und sah auf der einen Seite die Schäden ganz aus der Nähe: den abgeplatzten, mit schwarzer Farbe überpinselten Putz, die klaffenden Spalten zwischen Balken und Decke. Auf der anderen Seite jedoch waren die zarten Bemalungen und leuchtenden Vergoldungen bereits wieder hergestellt. Es war ein erhebendes Gefühl! Dann wieder waren die wesentlichen Elemente der Wandbemalungen unter zahlreichen Putzschichten freigelegt worden. Oben, über den Fensterbögen, zeigten sich filigrane florale Muster; unten, auf Augenhöhe hingegen, eine schier unendliche Reihe imperialer Adler. Die Vögel wirkten martialisch und irritierten mich. Ich legte mir meine eigene Interpretation zurecht: Die Adler waren wohl ursprünglich von den Rittern des Johanniterordens angebracht worden, sagte ich mir. Nach dem Ersten Weltkrieg waren die Ritter dann fort, und die Diakonissen, die das Haus leiteten, hatten die Wände dann mit so etwas wie dem Vorläufer der „Pril-Blumen" (die wir viel später, in den Siebzigerjahren, an unsere Küchenfliesen geklebt hatten) übermalen lassen.

Allein: meine Theorie stimmte nicht. Blumen und Adler stammten aus derselben Zeit und gehörten zusammen. Es gab sogar zwei Farbschichten mit imperialen Adlern übereinander, wobei die spätere offenbar erst nach dem Erdbeben von 1927 aufgetragen worden war. „Für mich sehen die Viecher aus wie Nazi-Adler", erklärte mir der Vertreter der internationalen Ökumene auf dem Ölberg, ein Amerikaner. Also wurde ich kurzzeitig zum Heraldiker, der über die unterschiedlichen Formen imperialer Adler nachforschte. Mit den Adlern der Nationalsozialisten hatten unsere Exemplare nichts gemein, soviel war recht bald klar. Am ehesten erinnerten sie an den so genannten Saladin-Adler, der auf den Staatswappen Ägyptens, Syriens und des Irak zu sehen war, aber auch auf dem palästinensischen nationalen Wappen. Da unser ökumenischer Partner ein großer Freund der Palästinenser war, konnte er gegen dieses Argument nichts einwenden.

Als unsere finanziellen Mittel erschöpft waren – in einer letzten Anstrengung hatte Michael noch einmal zehntausend Euro eingeworben, damit ein Handwerker seinen Subunternehmer, der bislang leer ausgegangen war, noch bezahlen konnte – war das Werk vollendet. Ich begann, eine Erinnerungstafel zu entwerfen, auf der alle, die zu dem Gelingen des Projektes beigetragen hatten, aufgeführt werden sollten. Nur ganz klein und bescheiden habe ich den Namen von Kurt Heinrich auf dieser Tafel eingefügt; anders hätte er es selbst nicht gewollt. Immerhin an prominente Stelle habe ich ihn jedoch gesetzt, zwischen die Logos des Auswärtigen Amtes und der beteiligten Bundesländer, seinem außerordentlichen Beitrag zur Verwirklichung dieses Projektes entsprechend. Leider musste ich ein kleines Kreuz hinter den Namen setzen: Heinrich hat den Abschluss nicht mehr miterlebt; kurz vor der fröhlichen Einweihungsfeier ist er verstorben. Er wurde dann auch nicht auf dem Zionsfriedhof beigesetzt: Kurz vor seinem Tode hatte er seinen Angehörigen offenbar mitgeteilt, dass er sich doch anders entschieden habe. Einen echten Grabstein auf dem Zionsfriedhof hätte Kurt Heinrich wohl verdient gehabt – doch zumindest für Eingeweihte wird auch die winzige Gravur auf der Erinnerungstafel im Kaisersaal die Erinnerung an einen faszinierenden Menschen wach halten.

Die Wiedereinweihung des restaurierten Kaisersaals war eine Sternstunde der gemeinsamen Zeit unseres kleinen Teams in Jerusalem. Die ursprüngliche Einweihung der Kaiserin Auguste Victoria-Stiftung war unter dem Titel „Die Jerusalemer Festtage im April 1910" in die Geschichtsbücher eingegangen. Und wir feierten nun unsere Jerusalemer Festtage im April 2010. Das heißt: Eigentlich begannen wir mit den Festtagen bereits am 27. März: In Stellvertretung von Ministerpräsident Tillich war die sächsische Staatministerin für Wissenschaft und Kunst, Freifrau Irene von Schorlemer, angereist um die in Sachsen gefertigten Radleuchter feierlich zu übergeben. Da wir gerade die Nahostkonferenz der deutschsprachigen Gemeinden von Istanbul bis Kairo, beziehungsweise von Teheran bis Zypern, zu Gast hatten, war dies eine willkommene Gelegenheit zu intensiven ökumenischen Begegnungen, die mit dem Konzert des Leipziger Synagogalchors einen würdigen Abschluss fanden.

Es schloss sich eine spannende und spannungsreiche Karwoche an – wieder einmal waren orthodoxes und westkirchliches Ostern auf denselben Termin gefallen, so dass die Stadt während der Zeremonie des Heiligen Feuers am Karsamstag entsprechend überfüllt war. Wie fröhlich durften wir dann nach der Bewältigung aller Schwierigkeiten am Ostermorgen, dem 4. April, unseren Gottesdienst in der Himmelfahrtkirche der Kaiserin Auguste Victoria-Stiftung als ZDF-Fernsehgottesdienst feiern!

Doch der Höhepunkt kam am 6. April. Zur „eigentlichen" Wiedereinweihung des kaiserlichen Festsaals hatten wir zahlreiche Einladungen ausgesprochen. Ob alle geladenen Gäste kommen würden? Solche Ereignisse waren immer auch ein Testfall für das „Standing", welches eine Kirche in dem subtilen ökumenischen und politischen Gefüge Jerusalems genoss. Nun – unser Standing schien gut zu sein. Alle waren sie gekommen.

Aus der ökumenischen und interreligiösen „Szene" Jerusalems durften wir begrüßen: Seine Seligkeit Theophilos III, den Griechisch-Orthodoxen Patriarchen von Jerusalem, zusammen mit Erzbischof Aristarchos und weiteren Vertretern seines Patriarchats, den armenischen Erzbischof Aris Shirvanian zusammen mit dem Chefdragomanen Pater Goosan Aljanian, den äthiopischen Erzbischof Abba Matthias, den Franziskanischen Custos Pierbattista Pizzaballa OFM (welcher später als amtierender Lateinischer Patriarch nach Jerusalem zurückkehrte), Bischof Kamal Batish und Pfarrer Bernt Besch vom Lateinischen Patriarchat, den anglikanische Bischof Suheil Dawani zusammen mit Canon Robert Edmunds, den griechisch-katholischen (melkitischen) Archimandriten Joseph Saghbini, den rumänisch-orthodoxen Archimandriten Ieronym Cretu, sowie hochrangige Vertreter der palästinensischen lutherischen Kirche, der Dormitio-Abtei, des Österreichischen Hospizes, des Lutherischen Weltbundes, des Pontifikalen Instituts Notre Dame zu Jerusalem, des Deutschen Vereins vom Heiligen Land, der Jerusalem Baptist Church, der Salvatorianerinnen von Emmaus-Qubeibe, der Kommunität von St. Johannes in der Wüste aus Even Sappir bzw. Grandchamps, der Marienschwestern aus Darmstadt, der Jesusbruderschaft Latrun und des Christustreffs Jerusalem. Auch die Repräsentanten der Bahá'í-Gemeinschaft waren gekommen, sowie zahlreiche Vertreter jüdischer und muslimischer Organisationen.

Zu unseren Ehrengästen aus Deutschland gehörten Martina Münch, die Ministerin für Wissenschaft, Forschung und Kultur des Landes Brandenburg und SKH Georg Friedrich Prinz von Preußen als Ur-Urenkel von Kaiser Wilhelm II. Darüber hinaus waren zahlreiche weitere Funktionsträger gekommen, ohne deren Unterstützung wir das Projekt nicht zum Abschluss hätten bringen können – und selbst der stellvertretende türkische Generalkonsul in Jerusalem gab sich die Ehre – war doch die Kaiserin Auguste Victoria-Stiftung einst in enger Abstimmung mit den Autoritäten des Osmanischen Reiches gegründet worden.

Natürlich war auch unsere Gemeinde mitsamt ihrem Kirchengemeinderat fast vollzählig erschienen – und wer verhindert war, der hatte zumindest ein schriftliches Grußwort geschickt. Von vorne blickte ich in unzählige frohe, erwartungsvolle, erhitzte Gesichter. Selbst der großzügige Saal war nun ein wenig eng geworden. Es war überwältigend. Der Griechisch-Orthodoxe Patriarch hielt die Festansprache im Namen der Jerusalemer Ökumene – wann hatte es das in einer evangelischen Kirche je zuvor gegeben? Es gab gute, mittelalterliche Musik, gutes Essen und gute Gespräche am Rande.

Als sich spät in der Nacht der Saal geleert hatte, stand ich noch für einen Moment zusammen mit meinem Kollegen Michel Wohlrab in der Mitte des Raumes: über uns die prächtigen Radleuchter, um uns herum die Wand- und Deckengemälde, Adelswappen, Goldschimmer überall. Nur religiöse Symbole fehlten hier ganz. Gut so – umso besser würde dieser Saal in Zukunft für interreligiöse Begegnungen (welche es in den folgenden Monaten tatsächlich reichlich gab!) geeignet sein. Und wer die Kirche suchte, der hatte sie gleich nebenan. Für einen Moment fassten wir uns gegenseitig fest an den Schultern. Es war geschafft. Eigentlich unglaublich.

IV   WEITER AUF DEM WEG

1.   Ortswechsel

Meine Zeit als Propst von Jerusalem endete dort, wo sie mit der Nahost-
konferenz 2006 begonnen hatte, nämlich in Beirut. Oder, wie man auf
Arabisch sagt: „*Nihaya wa-Bidaya*": Ein Ende und ein neuer Anfang. Ich
war mittlerweile auf meine neue Stelle gewählt worden, nämlich als
Nahostreferent der Evangelischen Mission in Solidarität (EMS) und damit
Geschäftsführer des Evangelischen Vereins für die Schneller-Schulen im
Nahen Osten. Und im März 2012, zweieinhalb Monate vor meinem
Dienstende in Jerusalem, besuchte ich in Beirut einige der Partner, mit
denen ich fortan zusammenarbeiten sollte. Etliche davon hatte ich ja
bereits auf der Nahost-Konferenz 2006 kennengelernt.

Es waren gute Gespräche in Beirut und an der Johann-Ludwig-Schneller-Schule in der libanesischen Bekaa-Ebene. Der Weg zur
Schneller-Schule war zunächst versperrt, weil der Gebirgspass über das
Libanongebirge mehrere Tage lang komplett eingeschneit war. In Beirut
hatte man derweil im Stadtzentrum um die evangelische Kirche herum
Nato-Stacheldraht ausgerollt, weil sich eine Demonstration gegen den
syrischen Staatspräsidenten Assad angekündigt hatte – und zeitgleich eine
Gegendemonstration für Assad. Doch blieb es trotz dieses Szenarios
ruhig, weil offenbar auch zahlreiche Demonstranten bei ihrer Anreise im
Schnee stecken geblieben waren.

Wenn man die Zeit mitbringt, sich auf Beirut einzulassen, dann stellt
man sehr bald fest, wie viele Ähnlichkeiten es zwischen Israel und dem
Libanon gibt. Das Mittelmeer – die „Braut Palästinas" oder auch die
„Braut des Libanon", wie man auf Arabisch sagt – ist dasselbe, und wenn
man auf der *Corniche* in Beirut entlangspaziert, dann könnte man zuweilen glauben, auf der *Tayyelet*, der Strandpromenade von Tel Aviv,
unterwegs zu sein: Auf der einen Seite das Meer, auf der anderen die
überall gleichen Hotelhochhäuser, und in ihrem Schatten junge Leute, die
mit aufgedrehten Musikanlagen ihre Autos spazieren fahren. Auf dem
breiten, für Fußgänger bestimmten Streifen beider Promenaden tun die
Menschen, was man eben so tut, wenn man unter einem lauen mediter-
ranen Himmel einfach nur das Leben genießen möchte – joggen, skaten,
mit Inlinern fahren oder den Hund ausführen. Das Innenstadtgebiet von
Beirut hat zwar nur eine Felsenküste, keinen Sandstrand – der findet sich
erst etwas weiter südlich unter dem Namen *Ramlet el-Baida*. Aber die

sonnengebräunten Angler auf den Felsen von Beirut könnten auch draußen auf der Mole von Tel Aviv stehen. An manchen Ecken von Beirut muss man nur mit den Augen blinzeln, um sich vorzustellen, in Jerusalem zu sein. In dem von der Aktiengesellschaft *Solidère* luxusrenovierten (aber leider weitgehend leerstehenden) Viertel an der *Place de l'Etoile* zum Beispiel. Der Blick vom Zentrum des Platzes auf das *Generali*-Gebäude ist fast identisch mit dem, den man in Jerusalem genießt, wenn man entlang der Jaffa-Straße von Westen her auf die Gabelung mit der *Shlomzion Ha-Malka*-Straße blickt: Offenbar hat der italienische Versicherungskonzern Generali zu Beginn des Zwanzigsten Jahrhunderts an mehreren Stellen im Nahen Osten seine markanten, vier- bis fünfstöckigen Sandsteingebäude mit dem beeindruckenden Löwen oben auf der Fassade hinterlassen. Damals war der Weg zwischen Beirut und Jerusalem noch nicht mit Stacheldraht versperrt, der Tunnel durch die weißen Kreidefelsen von *Rosh Ha-Nikra* bzw. *Ras an-Nakoura* noch nicht zugemauert.

Die augenfälligsten Parallelen aber sind wohl der Hedonismus und die Improvisationsgabe, die einen großen Teil der Libanesen wie der Israelis auszeichnen. Wohl nirgendwo sonst auf der Welt wird so exzessiv und ausgelassen gefeiert wie in Tel Aviv und in Beirut – ein Tanz auf dem Vulkan, möchte man manchmal sagen. Nirgendwo sonst sind sich die *hippen* Cafés so ähnlich wie in diesen beiden Städten, nirgendwo sonst die Röcke der jungen Frauen so kurz. Und beiden Menschengruppen ist die im Nahen Osten sonst so oft anzutreffende Larmoyanz ganz fern. Wenn wieder einmal alles schief geht, wenn sich die Wolken der politischen Großwetterlage dunkel zusammenballen, wenn die Verwerfungslinien des Nahen Ostens sich wie frische Wunden in die Gesellschaften hineinschneiden – dann wird eben improvisiert, in der Hoffnung, dass sich am Ende doch noch alles irgendwie zum Guten fügt. „*Yihyeh be-seder*", sagt man auf Hebräisch: Es wird schon in Ordnung sein. Und auf Arabisch mag man ergänzen: „*Insha-allah*": So Gott will. Oder: Mit Gottes Hilfe. Eigentlich wären der Libanon und Israel zwei gut geeignete Länder, um miteinander Frieden zu haben. Wenn nicht im Libanon der Hass auf Israel geradezu Staatsraison wäre.

Natürlich hatten die Israelis bei ihren diversen militärischen Operationen im Libanon die wenigen Verbündeten, die sie dort hatten, immer wieder furchtbar enttäuscht und nach ihrem jeweiligen Abzug – aus den im ersten Libanonkrieg bis hoch nach Beirut eroberten Gebieten und später auch aus dem Südlibanon – dem Zorn der libanesischen Mehrheitsgesellschaft überlassen. Man durfte im Libanon daher nicht einmal andeutungsweise erwähnen, irgendetwas mit Israel zu tun zu haben.

Im Frühjahr 2014 war ich auch wieder mit der Familie im Nahen Osten unterwegs. Einer anstehenden Dienstreise an die Schneller-Schule im Libanon, die ich zu unternehmen hatte, hatten wir einen gemeinsamen Osterurlaub vorgeschaltet. Nach atemberaubenden Wanderungen mit einem drusischen Bergführer durch das frühlingshafte Schuf-Gebirge bekamen wir Lust, auch einmal jenen Teil dieses Landes zu besuchen, der bislang außerhalb unserer Reichweite lag, nämlich den äußersten Süden. Jener Landstreifen südlich des Litani-Flusses war bis zum Jahr 2000 von den Israelis besetzt und wurde von der „SLA" bzw. auf Hebräisch „*Zadal*", also der „Südlibanesischen Armee", kontrolliert – einer mit Israel verbündeten Miliz, die 1978 von Major Haddad gegründet und nach dessen Tod von General Antoine Lahad kommandiert worden war. Einmal, es muss 1994 oder 1998 gewesen sein, waren wir im nordisraelischen Nahariya Haddads silbergrauem Mercedes begegnet. Seine ganze Familie fuhr häufiger zum Einkaufen nach Israel.

Nach dem Abzug der israelischen Armee aus dem Libanon im Jahr 2000 flohen Tausende von SLA-Angehörigen mit ihren Familien in das südliche Nachbarland. Rund ein Jahrzehnt später entwickelte dort die Tochter von Major Haddad am Technion, der technischen Universität von Haifa, Raketentriebwerke für die israelische Armee, und Antoine Lahad betrieb bis kurz vor seinem Tod im Jahr 2015 ein libanesisches Restaurant in Tel Aviv. Andere hatten es weniger gut getroffen: Durch die Presse ging immer wieder der Fall der Tal Hajjar, eines libanesischen Mädchens, das vor der Knesset in Hungerstreik getreten war, weil die Familie ihres Vaters, eines ehemaligen SLA-Offiziers, in Israel unter erbärmlichen Umständen ihr Leben fristen musste. Am Strand von *Akhziv* ganz im Norden des Landes hatte sich Jonathan einmal mit einem Angler angefreundet, der ebenfalls aus den Reihen der ehemaligen SLA-Soldaten stammte. „Dies ist ein Fisch aus dem Libanon", präsentierte er unserem Jungen traurig seinen Fang. „Ein Fisch aus der Heimat". Manchen dieser ehemaligen Soldatenfamilien ging es so schlecht, dass sie in den folgenden Jahren trotz Strafandrohung in den Libanon zurückkehrten.

Heute wird der Südlibanon nahezu unangefochten von der schiitischen Hizbollah-Miliz kontrolliert. Gerne wollten wir auf unserem Osterausflug 2014 die Kreuzfahrerfestung von *Beaufort* besichtigen, auf der bis zum Mai 2000 israelisches Militär stationiert war. Auf einem Wege wollten wir uns dabei auch noch das ehemalige Foltergefängnis von *Khiyam* und das christliche Städtchen *Marjayoun* anschauen. Doch um in die Grenzregion zwischen dem Litani-Fluss und der israelischen Grenze einzureisen, benötigt man einen Passierschein der libanesischen Armee.

Unsere libanesischen Freunde waren rasch bereit, uns zu helfen. Gemeinsam fuhren wir zum Armee-Hauptquartier nördlich der Stadt Zahle. Dabei handelt es sich um ein weitläufiges Gelände unter schattenspendenden Bäumen – eine Wohltat angesichts der Hitze und des Staubes in den umliegenden Wohnvierteln. Es hätte sich um das Gelände einer Kurklinik handeln können. Zuvorkommend leitete man uns in ein kleines Büro, in dem ein Mann mittleren Alters in ziviler Kleidung saß. Ganz offensichtlich gehörte er zum militärischen Geheimdienst, und er stellte uns viele Fragen – wobei der Ton stets freundlich blieb. Ja, selbstverständlich könnten wir einen Passierschein für den Süden bekommen. Aber die Ausfertigung dieses Papiers würde zehn Tage benötigen. Das war ernüchternd: Nein, in zehn Tagen wären Frau und Kind schon längst wieder abgereist, und ich hätte anderes zu tun. Er zuckte mit den Schultern. Dann könne er uns auch nicht helfen.

Nun gibt es in der arabischen Welt eine Tradition, dass man seinen Gästen jeden Wunsch von den Lippen abliest. Und unsere libanesischen Freunde merkten rasch, dass wir angesichts des abgesagten Ausflugs ein wenig traurig waren. „Macht euch keine Gedanken", erklärte uns einer von ihnen. „Ich habe da ein paar Kontakte, die euch nützlich sein könnten." Ich ahnte, wie tief er im traditionellen schiitischen Milieu des Südlibanon verwurzelt war. Und dieses Milieu war ohne die Hizbollah nicht denkbar. „Nein, herzlichen Dank. Bitte macht euch keine Mühe," erklärte ich angesichts der etwas seltsamen Perspektive, mit einem von der Hizbollah autorisierten Passierschein unterwegs zu sein – wurde diese Organisation doch in weiten Teilen der Welt als terroristische Vereinigung gebrandmarkt. „Doch", erklärte mein Kontaktmann, „da dulde ich keinen Widerspruch. Ihr seid unsere Freunde, und unsere Freunde bekommen einen Passierschein."

Einen Nachmittag und einen Abend lang hörten wir nichts mehr von unserem Freund. Wir hatten am nächsten Morgen schon unseren Mietwagen vom Autovermieter abgeholt, da erreichte uns sein Anruf. Der Passierschein sei da. „Und wo können wir ihn abholen? Beim Militär? Oder ist er als Fax gekommen?" Nein, nichts von alledem. Der Passierschein sei kein Papier. Er sei eigentlich nur eine Nummer: 366. „Und was sollen wir mit dieser Nummer machen? Wie kommen wir damit in den Süden?" – „Fahrt einfach los. Ihr werdet es schon merken."

Unweit des Litani-Flusses befand sich der Checkpoint, an dem alle die, die ins Grenzgebiet weiterfahren wollten, streng kontrolliert wurden. „*Wheen al-tasrih?*", fragte der junge Soldat. „Wo ist euer Passierschein?" – „*Talaate, sitte, sitte*", antwortete ich: „Drei, sechs, sechs." – „Steig aus und komm mit!" Ich folgte ihm. Er brachte mich zu einem höheren Offizier, der mir dieselbe Frage stellte – worauf ich dieselbe Antwort gab. „Komm mit!" Diesmal wurde ich in ein kleines Containerbüro am Rande des Checkpoint-Geländes eskortiert. Dort saß ein stämmiger älterer Herr in Zivilkleidung hinter einem Schreibtisch, auf dem sich nur ein Handy befand und ein übervoller Aschenbecher. An der Wand hing ein Bild von Scheich Hassan Nasrallah, dem Oberhaupt der Hizbollah. Der Mann machte mir ein Zeichen, mich zu setzen. „Wo ist euer Passierschein?" Abermals dasselbe Spiel. Auf meine Antwort hin nahm der Mann hinter dem Aschenbecher das Handy, wählte eine Nummer und begann offenbar, die Angelegenheit mit seinen Vorgesetzten zu klären: „Ja, drei Personen, zwei Erwachsene, ein Kind, Deutsche. 366. Habt ihr die auf der Liste? Schaut doch mal genau nach. Ja, für einen Tag nur. Verstanden." Er lächelte mich an: „Euer Passierschein ist in Ordnung." Ich wollte aufstehen, doch er bedeutete mir, noch für einen Moment sitzen zu bleiben: „Liebst du Scheich Hassan Nasrallah?" Das kam unvermittelt. Ich hatte mit allem gerechnet, nur nicht mit der Frage, ob ich ausgerechnet den Chef der Hizbollah liebe. Ich begann zu stammeln, um mir beim Reden irgendetwas zurechtzulegen. „Liebet eure Feinde", hatte Jesus gesagt. Das war die Lösung, und so griff ich gleich zum Ehrentitel religiöser Würdenträger: „Ja, ich liebe *Sayyidna* Scheich Hassan Nasrallah!" – „Dann gute Fahrt!", rief mir der Mann mit einem Rasseln zu, welches tief aus einer verteerten Lunge kam und wohl ein Lachen bedeuten sollte. Dabei stand er auf und klopfe mir gönnerhaft auf die Schulter.

Die Kreuzfahrerfestung von Beaufort war beeindruckend. In dem verstörenden israelischen Kinofilm gleichen Namens werden die letzten Tage der Armee auf dieser Festung gezeigt, der Abzug im Mai 2000 unter dem Feuer der Hizbollah, und schließlich die Sprengung der Anlage durch israelische Soldaten. Den jahrhundertealten, meterdicken Mauern des Glacis hatte diese Sprengung offenbar nichts anhaben können. Und die Durchgänge und Gewölbe, die dabei doch eingestürzt waren, wurden gerade restauriert. Einer der für die Restaurierungsarbeiten verantwortlichen Ingenieure sprach uns an, als er uns miteinander Deutsch reden hörte. Er hatte in Emden studiert. Für Nilar öffnete er die Toilette der Bauleitung. Auf der Festung wehte die gelbe Fahne der Hizbollah.

Schon bald war Jonathan zum höchsten Punkt der Anlage hinaufge-
klettert. Der Blick bis tief nach Israel hinein sowie zu den umliegenden
libanesischen Orten war atemberaubend. Kein Wunder, dass die Armeen
aller Jahrhunderte versucht hatten, diesen Aussichtspunkt zu kontrollieren. Dabei war die Anlage so kompakt, dass sie geradezu die gefühlte
Idealform einer Burg darbot.

Nicht weit entfernt lagen die Ruinen von *Khiyam*. In den Dreißiger-
jahren des 20. Jahrhunderts war die Anlage von den Franzosen gebaut
worden. Ein Türsturz mit der Inschrift „*Charpentier 193_-34*" (eine Ziffer
war durch ein Einschussloch zerstört) bezeugt dies bis heute. Ende der
Siebzigerjahre hatte die SLA hier unter den Augen ihrer israelischen
Schutzmacht ein Gefängnis eingerichtet, in dem sie regelmäßig ihre
Gegner folterte. Der Hizbollah-Mann, der uns über das Gelände führte,
war einst selber einer der Insassen gewesen. So zeigte er uns die enge
Metallkiste, in die man die Gefangenen eingesperrt hatte, um dann laut
mit Stangen darauf herumzutrommeln. Und er zeigte uns den Laternen-
pfahl, an den er tagelang mit einer Handschelle angekettet war – wobei
der Arm zu hoch fixiert war, als dass er sich hätte hinsetzen können, und
zu niedrig zum geraden Aufstehen – um hier regelmäßig Schläge und
Peitschenhiebe zu empfangen oder mit Elektroschocks gequält zu werden.
Es war schwer erträglich, so unmittelbar zu sehen, welches Leiden
Menschen einander zufügen können. Gleich nach dem Abzug der Israelis
und der Flucht ihrer Verbündeten von der SLA im Mai 2000 war die
Anlage von der Hizbollah in ein Museum umgewandelt worden. Doch
während des Krieges im Sommer 2006 waren israelische Flieger noch
einmal zurückgekehrt, um die Gebäude durch gezielten Beschuss in
Schutt und Asche zu legen. Seitdem sind sie eine Trümmerwüste. Nur
einzelne Gefängniszellen hat die Hizbollah nach dieser Zerstörung zur
Veranschaulichung wieder hergerichtet.

Vor den Gefängnismauern stand ein Galgen aus solidem Beton (weiß
der Himmel, wer hier wen wann aus welchem Grund erhängt hat), dahinter war alles Mögliche an erbeutetem israelischem Kriegsgerät zu-
sammengetragen. Und oben auf den Schutthügeln standen zwei Rake-
tenattrappen, ausgerichtet auf Israel, als Symbol für die Wehrhaftigkeit
der Hizbollah.

Marjayoun ist ein eigentlich charmanter Ort kurz vor der israelischen
Grenze. Die Mehrzahl seiner Einwohner sind griechisch-orthodoxe
Christen, die Landschaft ist grün und erinnert an die rollenden Hügel
Galiläas. Wenn da nicht die Geschichte wäre. In Marjayoun befand sich

einst das Hauptquartier der israelischen Besatzungstruppen wie auch das ihrer libanesischen Verbündeten von der SLA. Eine Attentäterin hatte hier einmal versucht, General Antoine Lahad in die Luft zu sprengen, aber das war wohl eher die Ausnahme gewesen. „Fast alle Einwohner haben gut mit den Israelis zusammengearbeitet", sagten uns libanesische Freunde. Entsprechend viele mussten im Mai 2000 offenbar fliehen: Mitten im Ortszentrum standen einige herrliche Villen im traditionellen libanesischen Baustil leer und verfielen; in einigen Dächern klafften große Löcher.

Kurz darauf standen wir am Grenzzaun. Eigentlich hatten wir ganz woanders hin gewollt, doch die gut ausgebaute Hauptstraße führt, anders als in der libanesischen Landkarte verzeichnet, genau auf die Grenze zu. Einige unserer libanesischen Freunde sagen, dass die Israelis das noch so gebaut haben, um von Süden aus schnell ihr Hauptquartier in Marjayoun erreichen zu können. Andere behaupten, dass die Hizbollah die Straße so angelegt habe, um von Norden aus rasch an der Grenze aufmarschieren zu können. Genau auf der Grenzlinie, wo einst das so genannte *Fatima-Tor* stand, hatten die Israelis 2012 eine Betonmauer errichtet, die mittlerweile mit bunten Graffitis geschmückt war. Und genau im Schatten dieser Mauer hatte die Hizbollah einen grünen Park mit zahlreichen bunten Sportgeräten angelegt.

Die Grenzanlage beim *Fatima-Tor* wurde von den Israelis einst „*Ha-Gader ha-tova*" genannt, zu Deutsch: „der gute Zaun". Im Frühjahr 1989 hatten wir von der israelischen Seite aus zugeschaut, wie aus dem Libanon Hunderte von Arbeitskräften herüberkamen, die in israelischen Betrieben ihren Lohn verdienten. Die Grenze selbst wurde als eine Art Touristenattraktion vermarktet, mit Imbissbuden und Souvenirverkäufern. Man konnte sich vor einer Metallskulptur mit der israelischen und der libanesischen Fahne fotografieren lassen oder T-Shirts mit dem entsprechenden Motiv kaufen. Darunter stand dann der Slogan: „Besser ein guter Nachbar als ein ferner Bruder." Will heißen: Die Ruhe an dieser Grenze war aus israelischer Sicht besser als ein echter Frieden mit irgendwelchen noch so sehr mit Israel verbundenen Staaten in der Ferne. Schon im Sommer 2000, unmittelbar nach dem israelischen Rückzug aus dem Südlibanon, war die Brüchigkeit dieser Ruhe hier mit den Händen greifbar gewesen: Die Souvenir- und Imbissbuden waren noch da, aber niemand pendelte mehr über die Grenze. Stattdessen wurden von der libanesischen Seite hin und wieder Steine herübergeworfen (auch den palästinensischen Gelehrten Edward Said hatten Journalisten einmal bei dieser sportlichen Aktivität fotografiert), und das Areal wurde aus großen libanesischen Lautsprechern mit Propagandaparolen beschallt.

Langsam fuhren wir dieses Mal auf der libanesischen Seite an der Grenze entlang. Da, wo die Mauer wieder in einen Zaun überging, hatten wir spektakuläre Blicke auf die roten Ziegeldächer von Metulla, der nördlichsten Stadt Israels. Und dann erreichten wir den Parkplatz genau an der Grenzlinie, auf dem zwei indonesische Blauhelmsoldaten mit ihrem weißen Panzerwagen standen. „Was seid ihr denn?", fragten sie entgeistert. „Touristen??" – Sie wollten sich kaputtlachen. Touristen, die auf eigene Faust in dieser Gegend unterwegs waren, hatten sie wohl noch nie gesehen. Bereitwillig posierten sie in ihrer vollen Montur für Fotos mit Jonathan. Ob sie uns irgendetwas Gutes tun könnten, fragten sie. Ich wusste, dass Jonathan der Gedanke durch den Kopf ging, dass es doch wohl nett wäre, einmal in dem weißen Panzerwagen mitzufahren, und warf ihm einen mahnenden Blick zu.

Von dieser UN-Position ging der Blick weit nach Galiläa hinein. Unten am Hügel lagen Felder und Apfelplantagen; ein Israeli näherte sich der Grenze mit seinem Auto und machte Fotos von uns. Gewiss nicht für Facebook. Irgendwo da hinten musste der Kibbuz *Yiftah* liegen, in dem wir manchen schönen Tag verbracht hatten. Die Situation erinnerte ein wenig an die des Mose, der das verheißene Land sehen, aber nicht hinein durfte. Die Mose-Geschichte hatte sich auf dem Berg *Nebo* in Jordanien zugetragen, den wir auch das eine oder andere Mal bestiegen hatten. Doch nirgendwo hatten wir sie so gut nachempfinden können wie hier, an der Südgrenze des Libanon.

2   *Nahöstliche Wege*

Zwei- bis dreimal im Jahr besuchte ich in meiner neuen Funktion fortan die von uns geförderten Einrichtungen im Libanon und in Jordanien. Dies trug wohl wesentlich dazu bei, dass es nach der Verabschiedung aus dem Propstamt 2012 nicht zu dem gefürchteten „Kulturschock rückwärts" kam. Auch im Jahr 2013 machte ich mich wieder einmal auf den Weg zur Theodor-Schneller-Schule in Jordanien, diesmal gemeinsam mit dem Generalsekretär der EMS, Jürgen Reichel. Die Schule am Rande der jordanischen Hauptstadt Amman war 1959 gegründet worden. Wie die 1952 gegründete Johann-Ludwig-Schneller-Schule in der libanesischen Bekaa-Ebene ist sie aus der Arbeit des Syrischen Waisenhauses in Jerusalem hervorgegangen. Die Grundidee ist dabei über die Jahre hinweg dieselbe geblieben: Kinder vom Rande der Gesellschaft werden hier aufgenommen, die sonst wenig Bildungschancen hätten. Waren das früher vor allem Waisenkinder, so sind es heute eher Kinder aus dysfunktionalen Familien. Manche der Kleinen haben bereits massive Erfahrungen mit häuslicher Gewalt gemacht, wenn sie hier Aufnahme finden. Für manchen jungen Menschen stellen diese Einrichtungen die vermutlich letzte und einzige Möglichkeit dar, aus der Spirale von Chancenlosigkeit und Armut auszubrechen. Wie bereits gesagt: *„Dass sie in Ehren ihr eigen Brot essen"*, so hatte schon Johann Ludwig Schneller einst sein Programm beschrieben. Ein zweiter Aspekt besteht darin, dass sie *„den Frieden leben lernen"*: Kinder unterschiedlicher Religions- und Konfessionszugehörigkeit leben in den Internaten der Schneller-Schulen zusammen. So erfahren sie im Alltag das ganz selbstverständliche Miteinander von Verschiedenen, welches heute im Nahen Osten an so vielen Stellen bereits zerbrochen ist.

Wurden nach dem Zweiten Weltkrieg zunächst nur Jungen an den Schneller-Schulen aufgenommen, so sind seit einigen Jahren auch die Internatseinrichtungen für Mädchen ein integraler Bestandteil der pädagogischen Arbeit. Am Ende der Schulzeit steht dann für die meisten Jugendlichen eine Ausbildung an den Lehrwerkstätten der Schneller-Schulen: Als Kraftfahrzeugmechaniker, Schlosser, Schreiner, Industrieelektriker, Friseurin, Schneiderin oder Kosmetikerin.

Und wieder arbeiteten wir an die Schneller-Schulen mit jungen Freiwilligen aus Deutschland, unseren so genannten „Volontären". Einer, den ich hier Michael nennen möchte, war ein besonders praktisch begabter junger Mann. In der Kfz-Werkstatt der Theodor-Schneller-Schule arbeitete er zunächst mit. Doch dann kam es zu der Geschichte mit dem syrischen Ingenieur. Oder, besser gesagt: Eine ganze Familie war es, die da aus dem syrischen Kriegsgebiet geflohen war und an der Schneller-Schule Aufnahme gefunden hatte. Zu dem Ingenieur gehörten seine Frau Nisreen und zwei Kinder. Nisreen konnte sich als Lehrerin bald an der Schneller-Schule nützlich machen, und auch die beiden Jungen besuchten hier den Unterricht. Aber was sollte hier der Ingenieur nur Sinnvolles anfangen – außer den Tag totzuschlagen?

Irgendwann hatte Ghazi Musharbash, der Direktor der Schneller-Schule, eine brillante Idee: Ohnehin hatte er auf dem Gelände einige Grünanlagen geplant. Dazu waren auch verschiedene Natursteinmauern zu errichten – und wer wäre besser geeignet, dieses Vorhaben konkret zu planen und anzulegen, als ein syrischer Ingenieur? Und der praktisch veranlagte Michael sollte ihm dabei als Assistent zur Hand gehen! Irgendwann sah ich, worauf diese Idee letztlich hinausgelaufen war: Es waren wohl fast vierzig Grad im Schatten, und Michael schleppte Steine. Er rührte Mörtel an und strich ihn mit der Kelle auf die Steine – nein, eigentlich: Felsbrocken – um so eine Mauer Schicht um Schicht hochzuziehen. Michael schwitzte. Dann und wann waren knappe arabische Kommandos aus dem Schatten eines angrenzenden Gebüschs zu vernehmen. Ich schaute nach und entdeckte dort den syrischen Ingenieur: Tee trinkend und Michael Anweisungen zurufend, wie er bei der Arbeit zu verfahren habe. Als ich abermals zu Michael hinüberblickte, stellte ich fest, dass der nicht nur schwitzte, sondern kochte.

Rasch verstand ich, worum es eigentlich ging: Ein Ingenieur, ein hoch respektierter Mann in Syrien, war hier in Jordanien nur das, was alle Syrer waren: Ein Flüchtling, ein Underdog, einer, der von den meisten Jordaniern verachtet wurde, weil er zu denen gehörte, die niemand hergebeten hatte und mit denen sich die Einheimischen nun das Wasser und andere knappe Ressourcen teilen mussten. Die syrischen Flüchtlingslager an der Grenze wie z.B. das *Zaatari*-Camp gehörten zu diesem Zeitpunkt zu den größten Städten Jordaniens. Die Lebensumstände dort waren so, dass man überleben konnte – aber auch nicht viel mehr. Man erwartete von den Syrern, dass sie so bald wie möglich in ihr eigenes Land zurückkehrten. In der Tat geschah dies immer massiver ab der zweiten Jahreshälfte 2017, als der „Islamische Staat" in Syrien immer mehr auf dem Rückzug war. Die jordanischen Behörden sorgten dafür, dass sich die Lager rasch leerten. Wer aus politischen Gründen nicht nach Syrien zurückkehren konnte, der wurde in der Regel in neue Lager in der Wüste umgesiedelt – wie z.B. in das Camp von *Azraq*, welches sich ganz in der Nähe der Luftwaffenbasis befand, wo auch die deutsche Bundeswehr seit 2017 stationiert war, um sich am Anti-IS-Einsatz zu beteiligen. Und die Menschen im neuen Flüchtlingslager nebenan, welches von hohen Zäunen umgeben war, konnten hier, in der Einöde, von den jordanischen Sicherheitskräften viel besser kontrolliert werden als in den Grenzregionen des Landes.

Natürlich: die meisten syrischen Flüchtlinge waren von Anfang an nicht in den Lagern geblieben, sondern waren irgendwo im Lande unterwegs – wo auch immer sie sich ein Auskommen erhofften. Aber wann immer einer von ihnen die Aufmerksamkeit einer Polizeistreife erregte, konnte er sofort wieder ins Lager abgeschoben werden. Jordanien war seit je her ein Land der Flüchtlinge: Vermutlich stellen Palästinenser, von denen die meisten in Folge der Kriege von 1948 und 1967 gekommen sind, hier sogar die Bevölkerungsmehrheit. Später kamen die Flüchtlinge aus dem Irak, und seit 2012 eben die Syrer. Und zunehmend sagten die Menschen: Es reicht. Ja, die Syrer sind unsere Gäste. Aber es gibt auch für die sprichwörtliche arabische Gastfreundschaft klare Regeln – insbesondere was die Dauer betrifft, für die einer die Gastfreundschaft eines anderen höchstens in Anspruch nehmen darf.

So hatte unser syrischer Ingenieur gewiss schon lange nichts mehr zu sagen gehabt; still hatte er sich bewegen müssen, immer bedacht, nur nicht aufzufallen. Und nun hatte er erstmals wieder einen Assistenten – einen Deutschen zudem – dem er Anweisungen geben durfte. Ja, wer konnte ihm verdenken, dass er das dann auch tat – und zwar von Herzen! Endlich war er wieder der Ingenieur, eine Respektsperson, und nicht nur der Syrer. Sein Verhalten war gewiss nicht böse gemeint. Genauso gewiss war aber auch, dass jedes Kommando aus dem Gebüsch unseren armen Michael nur noch wütender machte.

„Ich verstehe, dass Michael das nicht gut aushält", erklärte mir später der Direktor der Schneller-Schule bedächtig. „Aber man kann sich kaum vorstellen, welch eine enorme Stabilisierung dies für unseren syrischen Ingenieur bedeutet. Ich habe ihn zum ersten Mal seit Monaten wieder lächeln gesehen."

„Und was meinst du, wie lange Michael das noch mitmacht?", fragte ich ihn. „Die Schufterei in der Hitze unter dem Kommando des Ingenieurs ist schon ein wenig grenzwertig."

„Ich habe mir etwas Besonderes ausgedacht." Der Direktor schmunzelte. „Michael hat Großes für diese Einrichtung geleistet. Wir haben morgen hier die offizielle Feier zur Verleihung der Abschlusszeugnisse. Dabei werden wir einigen herausragenden Schülern eine besondere Auszeichnung verleihen. Auch Michael wird eine solche Auszeichnung bekommen, anlässlich seiner Verdienste um die Schneller-Schule. Und Prinzessin Alia Tabbaa wird ihm persönlich diese Auszeichnung verleihen."

Der Besuch eines Mitglieds des Königshauses war im Haschemitischen Königreich Jordanien eine wirklich hohe Würdigung der Arbeit einer Einrichtung. Prinzessin Alia Tabbaa war von 1987 bis 2008 mit Prinz Faisal bin Al Hussein, dem Bruder des gegenwärtigen Königs Abdallah II, verheiratet gewesen. Die Ehe war dann zwar geschieden worden; da Prinzessin Alia jedoch auch weiterhin die Schirmherrschaft über zahlreiche wichtige Wohlfahrtseinrichtungen in Jordanien inne hatte, gehörte sie ohne Zweifel zu den inneren Kreisen des Königshauses. Und sie erschien tatsächlich zur Zeugnisverleihung an der Schneller-Schule.

Die Aula war mit üppigen Blumengebinden dekoriert, alle hatten sich in ihren feinsten Zwirn geworfen. Für die Lehrlinge, welche ihre Abschlusszeugnisse erhielten, waren eigens Anzüge geschneidert worden, deren Schnittmuster die Gattin des Bischofs höchstpersönlich entworfen hatte. Die Musik spielte laut, wie es sich zu arabischen Veranstaltungen gehört. In der Mitte der ersten Reihe saß die Prinzessin, flankiert vom Erzbischof und dem Direktor der Schneller-Schule; etwas am Rande der Schulpfarrer, mein Generalsekretär und ich. In der zweiten Reihe dann einige hohe Militärs, welche die Prinzessin mitgebracht hatte, weitere Würdenträger des Staates, Parlamentsabgeordnete und die Abteilungsleiter der Schule. In den weiteren Reihen folgten die stolzen Eltern und die Mitarbeiterschaft der Einrichtung. Die noch stolzeren Abgänger saßen in ihren ungewohnten Anzügen und mit gegelten Haaren auf der Bühne, auf welcher zunächst einige Chorgesänge und Dabketänze aufgeführt sowie etliche Reden gehalten wurden. Die Zeugnisse wurden verteilt – dazu wurde jeder Abgänger einzeln aufgerufen. Der Direktor zog das jeweilige Zeugnis aus einem großen Korb und reichte es dann abwechselnd an den Bischof und an die Prinzessin weiter, welche es dann an seinen Empfänger aushändigten.

Schließlich kam der große Moment: Die Auszeichnungen für besonders herausragende Leistungen bestanden in recht hübschen Glaskörpern, in welche der Name des Ausgezeichneten und der Grund der Auszeichnung eingraviert worden waren. Drei oder vier davon händigte die Prinzessin aus, dann wurde Michaels Name aufgerufen.

Zunächst passierte einige Sekunden gar nichts, dann vernahm ich zwei oder drei Reihen hinter uns ein Gemurmel in deutscher Sprache: „Mich erst zu Sklavenarbeit verdonnern und dann meinen, mich mit so einem blöden Glasdings trösten zu können. Mir reicht's."

Eine Seitentür knallte, und von dem Moment an habe ich Michael nie wieder gesehen. Vorne stand noch immer die Prinzessin, wartend, lächelnd. Natürlich hatte sie nicht verstanden, was da unten im Publikum in einer ihr fremden Sprache gesagt worden war und warum jemand den Saal verlassen hatte. Die 1964 geborene Alia Tabbaa hatte ein herbes, mädchenhaftes Gesicht und war mit ihren langen blonden Haaren eine aparte, durchaus aristokratische Gestalt. Irgendetwas musste jetzt passieren, denn auf den Ruf einer jordanischen Prinzessin nicht zu reagieren, sondern stattdessen durch einen Seitenausgang davonzurennen – das war wohl der schlimmste protokollarische Fauxpas, den man sich im Haschemitischen Königreich leisten konnte.

„Ich bin Michael!", rief mein Generalsekretär geistesgegenwärtig und sprang auf. Lächelnd überreichte ihm die Prinzessin die Trophäe. Sie muss wohl gedacht haben, dass Michael von der ganzen Situation so überwältigt war, dass er ein paar Momente brauchte, um sich zu sammeln und vor ihre königliche Hoheit zu treten. Auf den Fotos, die von dem Ereignis zeugen, blickt Jürgen Reichel ein wenig derangiert in die Kameras. Er konnte in dem Moment wohl noch nicht ganz erfassen, wie sehr er mit seiner Geistesgegenwart die Reputation der Schneller-Schule gerettet hat.

Bei allen persönlichen Veränderungen war uns als Familie doch immer klar, dass wir das Privileg hatten, Zeugen von Umwälzungen im Nahen Osten zu werden, die wohl auf ganzer Linie präzedenzlos waren. Noch im Frühjahr 2009 hatten wir im Iran an der Konferenz der deutschsprachigen Gemeinden im Nahen Osten teilgenommen. In Teheran hatten wir die junge Rechtsanwältin kennengelernt, welche mit unendlicher Energie die „Eine Million Unterschriften"-Kampagne für mehr Frauenrechte vertrat. Und als wir in der heiligen Stadt Isfahan vor der schier unfassbaren Weite des *Meidan-Emam-* (eigentlich: *Meidan-e Naghsh-e Jahan-*) Platzes standen und unseren Blick über die herrlichen Fassaden von Königspalast und Moscheen schweifen ließen, da drängten sich zwei junge Frauen an uns heran, deren Haarpracht vorwitzig unter dem *Tschador* herauslugte: „Wie geht das mit der Demokratie?", flüsterten sie uns fragend zu. „Ihr habt bei euch doch Demokratie – wie macht man das, wenn man sich von einer Diktatur befreien will? Ihr müsst das doch wissen!" Unsere Pastorenkollegen in Teheran hatten kurz zuvor ihre lebenslustige Tochter von einer Polizeistation abholen müssen, weil man sie auf einer Party aufgegriffen hatte, auf der offenbar reichlich Alkohol geflossen war. Bei einem Empfang auf der deutschen Botschaft in Teheran trafen wir einen jungen schiitischen Geistlichen, der konkrete Pläne zu demokratischen Reformen schmiedete. Derweil berichteten uns unsere evangelikalen Freunde in Jerusalem und Beirut von geradezu abenteuerlichen Zahlen junger iranischer Muslime, die im Untergrund zum Christentum konvertierten – trotz aller Gefahren, die ein solcher Übertritt mit sich brachte.

Nur wenige Wochen später, nach den Präsidentschaftswahlen vom 12. Juni 2009, brachen in Teheran und anderen größeren Städten der Islamischen Republik Iran öffentliche Proteste und Demonstrationen gegen das offiziell bekannt gegebene Wahlergebnis aus, demzufolge der bisherige Amtsinhaber Mahmud Ahmadinedschad die absolute Stimmenmehrheit errungen hatte. Allenthalben war von Wahlbetrug die Rede; bis zum September weiteten sich die Proteste, die mittlerweile als „Grüne Revolution" bezeichnet wurden, zu massiven Unruhen aus, in deren Verlauf mehrere Dutzend Menschen ums Leben kamen. Tausende von Menschen wurden verhaftet, darunter auch unser Reform-Geistlicher aus der deutschen Botschaft, wahrscheinlich auch die frauenbewegte Rechtsanwältin, die wir getroffen hatten – und wer weiß: vielleicht auch die jungen Frauen, die sich in Isfahan an uns herangedrängt hatten, um uns zu den Möglichkeiten einer Demokratie zu befragen.

Im Dezember 2010 kam es dann geradezu im Wortsinne zu einem Fanal für die arabische und muslimische Welt: Im tunesischen Provinzort Sidi Bouzid verbrannte sich auf einem öffentlichen Platz ein Gemüsehändler, der am herrschenden System von Korruption und Despotismus immer wieder gescheitert war: Als sein Gemüsekarren wieder einmal von der Polizei konfisziert worden war und er die erwarteten Bestechungsgelder nicht aufbringen konnte, um seine einzige Einkommensquelle wieder auszulösen, sah er keine andere Möglichkeit als den öffentlichen Selbstmord durch Verbrennung – eigentlich ein absolutes Tabu im Islam. Ähnliche Vorfälle hatte es auch in den Jahren zuvor dann und wann gegeben. Aber erst jetzt waren die sozialen Medien in einer Weise entwickelt, dass sich die Nachricht in Windeseile über das Internet verbreitete und landesweit Demonstrationen auslöste, welche abermals über Facebook und Youtube eine enorme Öffentlichkeitswirksamkeit erreichten, so dass ein Schneeball-Effekt einsetzte: Polizeistationen wurden gestürmt, der Diktator und seine Familie aus dem Land gejagt.

Bald erfasste diese Bewegung auch die Nachbarländer. Was in Tunesien als „Jasmin-Revolution" begonnen hatte, wurde schon wenige Monate später als „Arabellion" oder auch (wie man im Nachhinein sagen muss: etwas vollmundig) als „Arabischer Frühling" bezeichnet. Im Februar 2011 hatten wir das eigenartige Vergnügen, in Taba auf der ägyptischen Sinai-Halbinsel ein paar Urlaubstage in unmittelbarer Nähe des zurückgetretenen Präsidenten Mubarak zu verbringen, der sich in sein Feriendomizil im Küstenort Sharm El-Sheikh zurückgezogen hatte. Die Demonstrationen vor allem auf dem Tahrir-Platz in Kairo hatten ein Ende des herrschenden Systems herbeigeführt. Mehr als einmal waren sie aber auch aus dem Ruder gelaufen – etwa als der Diktator Kamelreiter prügelnd in die Menge rasen ließ, oder als es zu Massenvergewaltigungen junger Frauen unter den Demonstranten kam. Es hatte Sternstunden gegeben – etwa als Christen und Muslime gemeinsam als Teile der einen ägyptischen Zivilgesellschaft auftraten – und Abgründe des Hasses, beispielsweise als plötzlich in Ägypten zahlreiche Kirchen brannten.

Die ersten freien Wahlen im Mai 2012 spülten die Muslimbruderschaft unter Präsident Mursi an die Macht, doch bereits ein gutes Jahr später, im Juli 2013, wurde er vom Militär und Teilen der Bevölkerung wieder aus dem Amt gejagt. Ägyptische Christen reagieren oftmals verärgert, wenn man in diesem Zusammenhang von einem „Militärputsch" spricht. *„We have done it again"* – „Wir haben es wieder getan", schrieb ein christlicher Abgeordneter des ägyptischen Parlaments und guter Bekannter in unseren Nahost-Kreisen trotzig auf seiner Facebook-Seite. Als wäre der Sturz von Präsident Mursi mit dem von Präsident Mubarak vergleichbar gewesen. Zugegeben: Mit der Einsetzung von General Al-Sisi als neuem Präsidenten im Sommer 2014 war ein enormer Druck von den Schultern der ägyptischen Christen genommen, dem sie unter Mursi und seinen Muslimbrüdern ausgesetzt waren. Und doch kann man wohl nicht gut bestreiten, dass damit ein rigideres Regime an die Macht gekommen war, als man es in der Vergangenheit je gekannt hatte. Und man mag sich gar nicht ausmalen, welches Schicksal den ägyptischen Christen droht, sollte auch diese Herrschaft je wieder gestürzt werden.

In Syrien begannen die Umwälzungen mit friedlichen Protesten gegen das Assad-Regime im Frühjahr 2011; für kurze Zeit war gar vom „Damaszener Frühling" die Rede. Auch etliche der Menschen, denen wir ein halbes Jahr zuvor begegnet waren, als wir das Land von Süd nach Nord bereist hatten, waren nun offenbar auf die Straße gegangen. Doch schon bald hatte das Assad-Regime damit begonnen, die Proteste brutal zu zerschlagen.

So nahmen die Auf- und Umbrüche in der arabischen Welt je nach Land ganz unterschiedliche Wege. In Libyen wurde der Diktator ermordet und das Land zerfiel in unterschiedliche Stammesgebiete, die jeweils von Warlords kontrolliert wurden, welche das Land in einen unendlichen Bürgerkrieg zogen. Auch der Jemen verstrickte sich zunehmend in einem Stammeskrieg, dessen Ende nicht absehbar ist, während beispielsweise in Bahrain den Protesten ein gewaltsames Ende gesetzt und die alte Ordnung wieder hergestellt wurde. In Jordanien war das Königshaus klug genug, mit vorsichtigen Reformen den Druck aus dem „Kessel" einer unzufriedenen Bevölkerung zu nehmen. Noch Anfang des Jahres 2011 saß ich im

Flugzeug zwischen Amman und Dubai neben einem älteren Jordanier, der sich durch seinen langen Bart, sein ebenfalls langes Gewand und ein beachtliches, dunkles und verhorntes Gebetsmal auf der Stirn als frommer Muslim auswies. Wie oft er diese markante Stirn in seinem Leben wohl auf den Gebetsteppich gepresst hatte? In seiner Hand hielt er eine Gebetskette. „Weißt du, was passiert, wenn solch eine Kette reißt?", fragte er mich unvermittelt. „Der tunesische Diktator ist weg, der ägyptische Diktator ist weg – und die nächste Perle, die von der Kette fliegt, ist der Mann, der in Jordanien König spielt. Am Ende folgen die öltrunkenen Prinzen der Golfstaaten, und dann bleibt nur noch der Islam!" Er lachte polternd und selbstzufrieden über den Vergleich, den er da eben angestellt hatte. Zum Glück hatte er nicht Recht, und Jordanien blieb trotz aller Unkenrufe relativ stabil.

Ein probates Mittel der Diktatoren zum Machterhalt war es, eine massive Gefährdung der öffentlichen Ordnung herbeizuführen, um sich dann selbst als Ordnungsmacht zu inszenieren. Hatte also beispielsweise die tunesische Regierung bis dahin die eigene Mittelmeerküste peinlich genau kontrolliert, so wurden in den letzten Wochen des Diktators Ben Ali plötzlich die Sicherheitskräfte zurückgezogen. Ihren Raum nahmen Schlepperbanden ein, und ein bis dahin nicht gekannter Strom an Flüchtlingen machte sich auf den Weg nach Europa. Es nützte Ben Ali nichts; keine europäische Regierung unternahm zu diesem Zeitpunkt noch ernsthafte Anstrengungen, ihn im Amt zuhalten. Der syrische Präsident Assad öffnete gar die Gefängnisse und ließ unzählige Schwerstkriminelle frei, die fortan die Bevölkerung terrorisierten und zumindest teilweise auch islamistische Netzwerke knüpften.

Letztlich kann man gar den so genannten „Islamischen Staat" (IS) als eine Art Produkt des Assad-Regimes verstehen. Waren es zunächst wohl Kämpfer des Terrornetzwerkes Al-Qaida, die (mit aktiver oder passiver Unterstützung des Regimes) über Syrien in den Irak gelangten und dort als „Islamischer Staat in Syrien und der Levante" (ISIL oder ISIS) regen Zulauf von frustrierten ehemaligen Militärs der aufgelösten Saddam-Armee erhielten, so war daraus bald ein Monstrum entstanden, welches den Verwerfungen in der arabischen Welt eine völlig neue Dimension gab: Mit einem Mal standen da nicht mehr in erster Linie demokratische Kräfte diversen diktatorischen Systemen gegenüber, sondern Diktatoren wie Assad vermochten jetzt die Alternative zu präsentieren: „Entweder das Monstrum oder ich."

Die schon immer herrschende Grundspannung zwischen (pro-)schiitischen und (pro-)sunnitischen Staaten und Parteiungen im Nahen Osten führte zusätzlich dazu, dass das Monstrum von etlichen Kräften direkt oder indirekt „gefüttert" wurde, die meinten, ihren jeweiligen Gegnern damit schaden zu können. Einige dekadente Herrscher vom Golf mögen es anfangs auch „gefüttert" haben, um ihren eigenen unislamischen Lebensstil dadurch ein wenig zu kompensieren und sich durch die Förderung besonders radikaler islamistischer Kräfte ein paar Punkte im Himmel zu verdienen. Wie auch immer: Die Alternative des syrischen Diktators, „Entweder das Monstrum oder ich", fand zunehmend Abnehmer in der Welt – stand doch die Diktatur immerhin für ein Mindestmaß an Ordnung. So verwundert es nicht, dass mehr oder weniger demokratische Rebellengruppen – die zudem auch noch hoffnungslos zerstritten waren – in der Folge fast jegliche internationale Unterstützung verloren.

Die massivste Stabilisierung erhielt das Assad-Regime schließlich durch das offene Eingreifen Russlands auf Seiten der „schiitischen Achse", die von Teheran über die alawitischen Herrscher in Syrien bis zur libanesischen Hizbollah-Miliz reichte. Dem gegenüber stand die „sunnitische Achse" von Staaten wie Saudi-Arabien und Ägypten, die direkt oder indirekt von den USA unterstützt wurde – eine Art Club, welchem sich der Staat Israel nur zu gerne anzuschließen versuchte. Obwohl sich Saudi-Arabien und Israel offiziell weiterhin im Kriegszustand miteinander befinden, kam es in der Folge zu einigen denkwürdigen Begebenheiten – wie zum Beispiel mehr oder weniger konspirativen Besuchen von Vertretern des saudischen Königshauses in Israel, immer neuen Hinweisen auf eine vertrauensvolle Zusammenarbeit der Geheimdienste, oder auch dem Fall eines saudischen Passagierflugzeugs, welches 2015 eigenartiger Weise auf dem Flughafen von Tel Aviv gesichtet wurde, wohin es zur Wartung überstellt worden war. Dies sei lediglich ein unverzeihliches Versehen der portugiesischen Firma gewesen, die man mit dem Betrieb dieser Flugzeuge beauftragt habe, hieß es aus Riad. Diese Portugiesen hätten einfach nichts von dem offiziellen Nicht-Verhältnis zwischen Saudi-Arabien und Israel gewusst. Natürlich.

Ende September 2014 versuchte ich wieder einmal, von der Johann-Ludwig-Schneller-Schule im Libanon aus nach Hause zu gelangen. Normalerweise fährt man dazu etliche Kilometer durch die Bekaa-Ebene nach Norden und biegt dann bei dem Ort *Chtaura* nach Westen ab, um

über den Gebirgspass nach Beirut zu gelangen, wo es vom Ra-
fiq-Hariri-Flughafen aus recht komfortable Flugverbindungen nach Europa gibt. Doch diesmal funktionierte mein Plan nicht. Und das hatte
damit zu tun, dass der Syrienkrieg mit seinen Auswirkungen punktuell
immer wieder in den Zedernstaat hineinschwappte. Einige Monate zuvor
hatte es einen dramatischen Zwischenfall in der Ortschaft Arsal im
Nordosten des Libanon gegeben: Islamistische Milizen waren von Syrien
aus über die Grenze auf libanesischen Boden vorgedrungen und hatten
sich dort festgesetzt. Ein gerütteltes Maß an militärischer Diplomatie war
notwendig, um den Abzug dieser Milizen zu erzwingen. Doch kurz darauf stellte die libanesische Seite fest, dass bei diesem Abzug über dreißig libanesische Soldaten nach Syrien verschleppt worden waren.

Die Absicht der Entführer war klar: Mit diesem „Faustpfand" wollten
sie die Freilassung zahlreicher islamistischer Gesinnungsgenossen aus
dem berüchtigten *Roumieh*-Gefängnis bei Beirut erzwingen. Die (in
Abwesenheit eines Präsidenten in ihren Handlungsmöglichkeiten deutlich eingeschränkte) libanesische Regierung zeigte sich zu einem solchen
Entgegenkommen nicht bereit. Daraufhin drohten die Entführer damit,
bis zur Erfüllung ihrer Forderungen in regelmäßigen Abständen immer
wieder Einzelne ihrer Geiseln zu foltern und umzubringen. Der Drohung
folgten bald die ersten grausamen Taten.

Für die Familien der Entführten war dies eine unerträgliche Situation.
Da sie das Gefühl hatten, von ihrer Regierung nicht wirklich wahrgenommen zu werden, griffen sie zu drastischen Maßnahmen: Sie blockierten die Passstraßen über das Libanongebirge, um so den Verkehr im
Land komplett lahmzulegen. Auf diese Weise wollten sie erreichen, dass
die Regierung auf die Forderungen der Entführer eingeht und dadurch
letztlich auch die Geiseln freikommen. Doch die Regierung blieb hart:
Weder von den Entführern selbst noch von den Zelten und Barrikaden
auf den Passstraßen werde man sich erpressen lassen. Die Situation zog
sich über etliche Tage hin. Die Passstraßen blieben gesperrt; bald machte
man sich Gedanken über Versorgungsengpässe in etlichen Teilen des
Landes.

„Und wie komme ich jetzt nach Hause?", fragte ich unsere libanesischen Partner. „Gibt es eine Möglichkeit, sich an den Protestzelten auf
den Pässen vorbeizumogeln?" – Sie rieten energisch ab. Ein solches
Manöver könnte lebensgefährlich sein, denn die Demonstranten ver-
stünden gegenüber Blockadebrechern keinen Spaß. „Aber wir haben hier
einen Vertrauten, der alle befahrbaren Feldwege und Nebenstraßen durch

das *Schuf*-Gebirge kennt", erklärte mir ein örtlicher Mitarbeiter. „Wenn du möchtest, kannst du mit ihm fahren. Er wird versuchen, die Blockaden weiträumig zu umfahren."

Es wurde eine halsbrecherische Fahrt. Die Wege durch den *Schuf* waren stellenweise wirklich schmal und die diversen Abzweigungen verwirrend – was meinen Fahrer nicht davon abhielt, tüchtig auf das Gaspedal zu treten. Man unterhält sich über vieles auf einer solchen Fahrt. Irgendwann verstand ich, dass mein Fahrer während der Zeit der israelischen Besetzung des Südlibanon in der „Südlibanesischen Armee" (SLA) gekämpft hatte – jener Miliz also, welche sich an die Seite des israelischen Militärs gestellt hatte. Israel zu unterstützen – das war im Libanon eigentlich ein Kapitalverbrechen, und deswegen waren ja auch so viele Angehörige der SLA nach Israel geflüchtet. Aber in etlichen Fällen hatten der libanesische Staat und die Hizbollah-Miliz auch Milde walten lassen, insbesondere gegenüber den Angehörigen der niedrigen Ränge der SLA, die sich nach dem israelischen Abzug den Behörden gestellt hatten. Und so war wohl auch mein Fahrer mit einer relativ geringfügigen Haftstrafe davongekommen. Seitdem schlug er sich mit diversen Hausmeisterarbeiten durchs Leben und war geübt darin, bei Unbekannten, denen er begegnete, den Eindruck zu erwecken, er sei ein wenig dumm und unzurechnungsfähig.

Ich war mir sicher, dass er eigentlich ein höchst kluger Mensch war und fragte mich daher für einen Moment, ob ich vielleicht versuchen sollte, auf Hebräisch mit ihm zu sprechen. In der Zusammenarbeit mit den Israelis hatte er die Sprache womöglich einmal erlernt. Aber das ließ ich dann doch besser bleiben. Mit solchen Sachen musste man im Libanon vorsichtig sein – denn wer weiß, ob er nicht längst für die andere Seite arbeitete. So verlief die Unterhaltung eher in einer etwas ulkigen (und doch so typisch libanesischen) Mischung von Arabisch, Englisch und Französisch. „Ich hatte doch nur meine Familie schützen wollen", erklärte er voller Emotion. Und dazu sei es zur Zeit der israelischen Besatzung seines Heimatdorfes eben notwendig gewesen, auch auf der Seite der Israelis zu kämpfen. Zum Überleben musste man eben mit den Wölfen heulen.

Seltsamerweise erfährt man bei solchen Fahrten stets Erstaunliches über das politische Seelenleben des jeweiligen Fahrers. Ich dachte an jene islamistischen Taxifahrer aus Hebron, die mir auf dem Weg nach Jerusalem stets genau die letzte Freitagspredigt aus ihrer Moschee zusammenfassen konnten. Oder an die auch von diversen Touristen immer wieder kolportierten Aphorismen arabischer Chauffeure, die angesichts deutscher Fahrgäste gerne ihre Liebe zu Mercedes, Bayern München und Adolf Hitler bekundeten, wobei letzteres eigentlich kein Wunder war – gehörten „Mein Kampf" und die „Protokolle der Weisen vom Zion" in arabischer Sprache doch ganz offenkundig von Kairo über Amman und Damaskus bis nach Beirut zu den auf allen arabischen Open-Air-Buchmärkten am meisten angebotenen Werken der Populärliteratur.

Ich dachte aber auch an die besonders eindrückliche Begegnung mit einem Taxifahrer, welcher mich irgendwann im Jahr 2015 in Beirut vom Flughafen abgeholt hatte. Das Auto war ein altersschwacher, mit Teppichen ausgelegter Mercedes. Am Rückspiegel baumelte ein Rosenkranz mit dickem Kreuz; auf das Armaturenbrett war das Heiligenbild eines bärtigen Mannes mit schwarzer Kapuze geklebt – es zeigte Mar Charbel, einen libanesischen Nationalheiligen. Bei dem Fahrer handelte es sich also ohne Zweifel um einen maronitischen Christen. Der Mann freute sich darüber, dass ich offenkundig Arabisch verstand, und begann, mir aus seinem reichen Erfahrungsschatz zu erzählen. Daher merkte er nicht, dass ich immer einsilbiger wurde, je mehr sich sein Redefluss steigerte. Irgendwann nämlich ließ meine Konzentration nach, ich konnte seinen Ausführungen nicht mehr folgen, meine Gedanken schweiften ab, während ich den wie immer chaotischen Verkehr im Straßengewirr von Beirut betrachtete. Nur Wortfetzen drangen noch an mein Ohr: Moschee, *Kaaba*, Mekka, Terroristen, Spezialeinheit...

Da wurde ich wieder wach: „Haben Sie eben gesagt, dass Sie einmal in einer Spezialeinheit des französischen Militärs gekämpft haben?", fragte ich auf Englisch. Doch diese Sprache verstand er nicht. Er zuckte bedauernd mit den Schultern. Ich wiederholte die Frage auf Französisch, worauf ein Strahlen über sein Gesicht ging: „Warum hast du nicht gleich gesagt, dass du auch Französisch sprichst?", rief er aus. „Ich bin doch Franzose! Libanese und Franzose! Ja, ich habe zwei Pässe. Aber nach dem Bürgerkrieg habe ich mich wieder im Libanon niedergelassen. Frankreich war gut. Aber in der Heimat ist es besser."

Und dann erzählte er mir noch einmal die ganze Geschichte, von der ich auf Arabisch nur Fragmente wahrgenommen hatte. Und die war atemberaubend. Offenbar war er Mitglied der französischen Spezialeinheit gewesen, welche vom Saudischen Königshaus zu Hilfe gerufen worden war, als die Große Moschee von Mekka im November 1979 von rund fünfhundert islamistischen Terroristen besetzt worden war. Erst einige Monate zuvor war es im schiitischen Iran zur islamischen Revolution gekommen. Was jetzt im *wahabitischen*, also sunnitisch geprägten, Saudi-Arabien geschah, gilt manchen Beobachtern als der Beginn des weltweiten islamistischen Terrorismus: Die Aufständischen, die die Moschee besetzt hatten, erklärten, dass das Ende der Welt gekommen sei, und forderten unter anderem die Absetzung des saudischen Königshauses sowie die Einstellung des Erdölexports an die USA. In mehrwöchigen Kämpfen, die in den labyrinthartigen Gängen des Heiligtums mehrere Hundert Tote forderten, ließ der König die Moschee zurückerobern. Und dabei kam auch die besagte französische Anti-Terror-Einheit zum Einsatz. In der muslimischen Welt löste die Kunde von einem Einsatz dieser „Ungläubigen" am wichtigsten Heiligtum des Islam Zorn und Proteste aus. Zunächst versuchte die Saudische Regierung, den Skandal herunterzuspielen, indem behauptet wurde, die Franzosen seien nur außerhalb der Stadt Mekka zum Einsatz gekommen. Ungefähr so erklärt es auch der Journalist Yaroslav Trofimow, der über diese Ereignisse ein gutes Vierteljahrhundert später einen Roman veröffentlicht hat. Eine andere Erklärung lautete, dass die Mitglieder dieser Einheit vor dem Betreten der Heiligen Stadt allesamt zum Islam konvertiert seien.

Nun, mein Taxifahrer sah mir mit seinem Rosenkranz und dem Heiligenbild nicht so aus, als wäre er irgendwann ein Muslim geworden. Dafür konnte er mir umso genauer einige Details der Kämpfe in Mekka beschreiben: „Tagelang hatte ich mich mit einem Kameraden in diesem Gang verschanzt. Von weitem hörten wir die Schreie der Terroristen, und da wussten wir, dass entweder nur sie überleben würden – oder nur wir. Wir hatten kein Essen und kein Wasser mehr; ich saß in meiner eigenen Pisse. Und dann zeigte sich das Gesicht dieses Terroristen auf der anderen Seite jener Öffnung in der Wand. Er hatte mich nicht gesehen, aber ich sah ihn klar und deutlich. Ganz leise hob ich mein Gewehr und zielte auf seine Stirn, genau zwischen die Augen. Und dann: *Paff* – wieder ein Terrorist weniger!" Mein Fahrer krümmte sich vor Lachen hinter seinem Lenkrad.

Ob nun mein anderer Chauffeur von der Schneller-Schule auf dem Weg durch das Schuf-Gebirge auch jemanden erschossen hatte, als er im Dienst seiner proisraelischen Miliz stand, das erfuhr ich nicht. Aber wahrscheinlich war wohl auch aus jenen Verwerfungen im Südlibanon niemand herausgekommen, ohne Schuld auf sich zu laden. Wir unterhielten uns noch über manches andere, und ich war froh, dass ich die hebräische Sprache nicht ins Spiel gebracht hatte.

Nach einer Weile verlangsamte er plötzlich die Fahrt. Vor uns lag ein Kontrollpunkt, an dem einige Bewaffnete die Fahrzeuge anhielten. Aber das waren keine gewalttätigen Demonstranten, die irgendwelche Straßen blockierten. Es war vielmehr der Checkpoint der libanesischen Armee an der Einfahrt des Flughafengeländes. Wir hatten das Ziel der Autofahrt ohne weitere Probleme erreicht. Ich konnte sicher nach Hause fliegen.

Die Gebirgspässe blieben nach meinem Abflug übrigens nicht mehr lange blockiert. Einem Vermittler gelang es, die Familien der entführten Soldaten davon zu überzeugen, dass ihrem Anliegen besser gedient sei, wenn sie die Zelte direkt im Regierungsviertel von Beirut aufschlagen würden. Und so geschah es: Bald standen die Zelte auf dem *Riad el-Solh*-Platz genau vor dem *Serail*, also dem Regierungsgebäude. Die Polizei zog Stacheldrahtbarrieren, um die Protestierenden davon abzuhalten, den Serail zu stürmen. Diese Barrieren „schützten" dann auch die evangelische Kirche, die am selben Platz lag. Manches Mal musste ich mit den Soldaten und Polizisten an der Barriere ein wenig diskutieren, um zur Kirche vorgelassen zu werden.

Anfang Dezember 2015 wurden die meisten der entführten libanesischen Soldaten schließlich freigelassen. Ihnen wurde ein begeisterter Empfang bereitet. Offenbar hatte die libanesische Regierung eingelenkt und einige ihrer islamistischen Gefangenen aus dem Roumieh-Gefängnis freigelassen. Der größte Teil der Protestzelte verschwand sofort – allerdings nicht alle: Einige der Entführten waren zu dem Zeitpunkt nicht mehr in den Händen von „*Al-Nusra*" und ihren verbündeten islamistischen Rebellengruppen gewesen, sondern vielmehr in der Gefangenschaft des Islamischen Staates, der an eine Freilassung oder einen Gefangenenaustausch nicht dachte. So bleiben die letzten beiden Protestzelte ein trauriger Anblick, an welchen sich die meisten Anwohner rasch gewöhnten.

Für einen kurzen Moment im Frühjahr 2015 hatte ich befürchtet, dass meine eigene Organisation nun auch von den Entführungen betroffen sein könnte, die erstmals nach dem 1990 beendeten Bürgerkrieg im Libanon wieder zunahmen. In jedem Jahr entsenden wir einige Studierende der Theologie aus Deutschland und Österreich an die „*Near East School of Theology*" (NEST) in Beirut, die wichtigste protestantisch-theologische Ausbildungsstätte des Nahen Ostens (wenn man von Ägypten einmal absieht). Dort sollen sie die Kirchen des Ostens besser kennen lernen und erfahren, wie die wenigen Protestanten der Region Theologie ihrer christlich-muslimischen Nachbarschaft betreiben. Natürlich stellt sich auch bei einem solchen Studienprogramm die Frage, wie denn in Krisenzeiten zu verfahren sei – vor allem wie man vermeidet, dass Studierende, für die man Verantwortung trägt, in gefährliche Situationen geraten. Sowohl die Reisehinweise des Auswärtigen Amtes als auch die jeweilige Einschätzung der Partner vor Ort spielen dabei eine zentrale Rolle.

Die Stadt *Baalbek* in der Bekaa-Ebene ist in dieser Hinsicht ein etwas heikler Punkt auf der Landkarte. Wie der Name sagt, war sie einst ein wichtiges Heiligtum des kanaanäischen Gottes Baal und wurde von den Römern in der heute sichtbaren Pracht ausgebaut. Sie befindet sich in einer schiitischen Gegend, in welcher die Hisbollah-Miliz stärker ist als die reguläre libanesische Armee, in der aber auch einige Großfamilien, die ihre Stärke in früheren Jahren durch den Drogenanbau gewonnen haben, eine wichtige Rolle für die allgemeine Sicherheitssituation einnehmen. Hier teilt sich die Bekaa-Ebene in zwei Hälften: Für die Bekaa südlich von Baalbek (und damit auch für die Gegend, in der sich die libanesische Schneller-Schule befindet) spricht das Auswärtige Amt in der Regel lediglich einige streng klingende Sicherheitshinweise aus, während für die Gegenden nördlich davon oftmals eine klare Reisewarnung gilt. Baalbek selbst gilt angesichts der dort befindlichen touristischen Stätten in der Regel als relativ gut geschützt. Zu Zeiten, in denen sich die Situation zuspitzt, wird der Ort jedoch zuweilen in die für die nördliche Bekaa geltende Reisewarnung mit einbezogen.

So war es auch im Frühjahr 2015, und daher hatte die NEST jegliche Exkursionen nach Baalbek abgesagt, bzw. den ausländischen Studierenden auch streng davon abgeraten, auf eigene Faust dort hin zu fahren. Und eine solche Maßgabe sollte eigentlich gelten – ohne jegliche Diskussion. Einer meiner Studenten an der NEST sah dies jedoch ein wenig anders. Er war wohl ein begeisterter Alttestamentler, und als solcher verpasst man einen religionsgeschichtlich so wichtigen Ort nur höchst ungern – vor allem, wenn man für nur ein Jahr ohnehin in der Gegend ist. Und zudem hatte er auch gerade Besuch von zwei Kumpels aus Deutschland, die sich im Nahen Osten zwar überhaupt nicht auskannten, sich von ihrem Freund jedoch allzu gerne zu solch spannenden Orten wie Baalbek führen ließen.

Wenn ich es recht verstanden habe, war bereits der öffentliche Bus, den die drei hoffnungsfrohen Jungforscher nach Baalbek nahmen, ein regelrechter Fehlgriff. Es handelte sich dabei nämlich nicht um den Bus, der in den Ort hineinfuhr, sondern um jene andere Linie, die ihn auf der Umgehungsstraße lediglich tangierte. Dennoch stiegen die Studenten aus – sie hatten ja ihre Smartphones dabei, die ihnen den Weg in den Ort und zu den archäologischen Stätten schon weisen würden. Ich habe immer wieder versucht, mir jene skurrile Szene auszumalen, ohne dabei allzu plakativ zu werden: Da stapften also drei junge Männer einige Kilometer weit am Rande der staubigen Straße in Richtung Ortszentrum – in touristischer Funktionskleidung, mit Tagesrucksäcken und umgehängten Kameras. Mitten in einem politischen Krisengebiet.

Nach kurzer Zeit – so habe ich es mir später berichten lassen – hielt ein geräumiger Geländewagen neben der kleinen Wandergruppe: ohne Nummernschilder, dafür mit getönten Scheiben. Eine Tür habe sich geöffnet, im klimatisierten Wageninneren habe jemand lediglich auf seine Kalaschnikow gedeutet und die Jungs zum Einsteigen aufgefordert. Widerspruch wäre wohl zwecklos gewesen. Einmal im Wagen, erfolgte eine unmissverständliche Erklärung der Situation: Die jungen Männer seien entführt. Sie mögen bitte ihre Eltern in Deutschland anrufen. Gegen eine Zahlung von 10.000 US-Dollar werde man sie freilassen. Man mag vielleicht von Glück reden, dass die Eltern meines Studenten gerade ebenfalls auf Reisen und somit telefonisch nicht erreichbar waren – und dass die Smartphones seiner beiden Gäste im Libanon schlicht nicht funktionierten. Jedenfalls wurden die Entführer nach etlichen gescheiterten Versuchen der Kontaktaufnahme vermutlich nervös – und ganz sicher waren sie wohl auch Anfänger im Entführungsgeschäft. Auf jeden Fall war ihre Idee ein wenig unkonventionell: In diesem Fall werde man eben sämtliche Geldautomaten in ganz Baalbek abklappern, und überall hätten die Entführten jeweils die mögliche Höchstsumme mit ihren Karten abzuheben. In der Summe würde das als Lösegeld wohl reichen.

Die Höchstsumme betrug allerdings lediglich 500 Dollar pro Person und Tag – anschließend spuckte kein weiterer Automat mehr Geld aus. In ihrer Verzweiflung – und mit lediglich 1.500 Dollar in der Hand – forderten die Entführer ihre Opfer auf, nun zur Aufstockung des Entführungserlöses ihre Jacken, ihre Kameras, ihre Smartphones und den Bargeldbestand in ihren Portemonnaies auszuhändigen. Immerhin – es waren wohl Gentleman-Entführer: Die SIM-Karten ihrer Mobiltelefone durften sie behalten, außerdem spendierten die Entführer jedem der drei Jungs einen Busfahrschein zurück nach Beirut. So kamen sie noch einmal mit einem blauen Auge davon.

Ich habe intensiv überlegt, ob ich meinen Studenten zur Strafe für die Missachtung aller Anweisungen jetzt nicht sofort nach Deutschland hätte zurückbeordern müssen. Allein: Er war durch das Erlebte bereits genug bestraft. Am Telefon klang er dermaßen zerknirscht und schockiert, dass ich mir sicher war, er würde als abschreckendes Beispiel auf alle möglichen Nachahmer wirken, wenn ich ihn nur bis zum Ende seines Studienjahres in Beirut belassen würde. Und so war es.

Einige Monate später, im November 2015, kam ich mit einer Reisegruppe, die ich da unter meinen Fittichen hatte, doch recht bald wieder nach Baalbek. Die Sicherheitssituation hatte sich kurzzeitig entspannt, so dass wir den Ausflug wagen konnten. In Baalbek sprach ich unseren örtlichen Kontaktmann auf die „Entführung" der Studenten an. Natürlich hatte er davon gehört. „Ach die", sagte er. „Die wollten hier Drogen kaufen und sind dabei in einen Konflikt zwischen zwei Großfamilien hineingeraten. Haben halt Pech gehabt." Nein, so war es wohl nicht. Aber wieder einmal zeigte sich, wie nahöstliche Narrative auch auf der Basis von Gerüchten entstehen.

3   In einem aus den Fugen geratenen Nahen Osten

Das Bild, welches sich ab spätestens 2013 im Libanon zeigte, war insgesamt erschütternd. Der kleine Zedernstaat war voll von syrischen Flüchtlingen; auf jeden vierten Libanesen kam inzwischen ein Syrer. Manche wohlhabende Flüchtlinge hatten sich in den Hotels des Landes einquartiert, andere waren bei ihren libanesischen Familienangehörigen untergekommen. Man war ja kreuz und quer über die Grenze hinweg verwandt oder verschwägert. Diejenigen Flüchtlinge, die in der Bekaa-Ebene, rund um die Schneller-Schule herum, angekommen waren, gehörten jedoch wohl zu den ärmsten von allen: Die Bekaa ist eine landwirtschaftliche Gegend. Schon früher hatten hier viele Syrer als Tagelöhner bei den libanesischen Bauern gearbeitet. Und als in Syrien die Front näher rückte, wird mancher zu seiner Frau und seinen Kindern gesagt haben: Seht zu, dass ihr über die Grenze kommt. Ich kenne da in der Bekaa einen guten Bauern, der euch vielleicht aufnehmen kann...

Nur: Das Reservoir an guten Bauern in der Bekaa war nicht unerschöpflich, und organisierte Flüchtlingslager gab es nicht. Anders als in Jordanien, wo die Flüchtlingsarbeit in wesentlichen Teilen über den *Hashemite Fund* der Regierung zentral abgewickelt wurde, hatte sich die libanesische Regierung nie um die Einrichtung von Flüchtlingslagern gekümmert. Zum einen war sie angesichts der lähmenden politischen Spaltung, welche das Land durchzog, wohl einfach zu schwach dazu. Zum anderen hatte aber auch niemand ein Interesse am Entstehen organisierter Flüchtlingslager. Man erinnerte sich noch gut daran, wie die palästinensischen Flüchtlingslager auf libanesischem Boden nach 1967 zu regelrechten Städten und schließlich zu einem „Staat im Staate" geworden waren, was schließlich zu dem fünfzehnjährigen Bürgerkrieg ab 1975 geführt hatte. Diese Erfahrung wollte man nicht noch einmal machen.

So entstanden allenthalben im Libanon – und eben auch in der Bekaa – „wilde" Flüchtlingslager: An den Rändern der großen Straßen wurden notdürftige Hütten und Zelte aus Plastikfolien und Wellblech errichtet, und die „guten Bauern" vermieteten ihre Äcker für gutes Geld an die Flüchtlinge, damit sie dort ihre Behausungen bauen konnten. Die paar Quadratmeter Land für ein einziges Zelt kosteten einen Flüchtling in der Regel fünfzig amerikanische Dollar im Monat. Das war einträglicher als der Anbau von Gemüse – und weniger riskant als der Anbau von Drogen.

An der Johann-Ludwig-Schneller-Schule gab es bald zahlreiche syrische Flüchtlingskinder. Zum Schuljahresbeginn im Spätsommer 2012 – also bereits einige Monate nach Ausbruch des Krieges – hatten wir damit begonnen, unsere libanesischen Partner bei der Aufnahme dieser Kinder zu unterstützen. Auch die staatlichen libanesischen Schulen begannen damals zaghaft damit, syrische Flüchtlingskinder aufzunehmen. In der Regel im Zwei-Schichten-Betrieb: Die libanesischen Kinder vormittags und die syrischen Kinder nachmittags. Allerdings wollte man den Syrern keinen Anreiz geben, für die Schulausbildung im Libanon zu bleiben: Sie sollten keine Abschlussprüfungen schreiben dürfen und keine Zeugnisse erhalten. Noch 2017 erzählten mir eine ehrenamtlich in der Flüchtlingsarbeit engagierte Dame mit Stolz, dass es ihr gelungen sei, einige syrische Klassen für ihre Prüfungen kurz mit dem Bus hinter die Grenze zu bringen, wo man ihnen dann auch syrische Zeugnisse ausgestellt habe. Nur an der Schneller-Schule war das anders: Hier wurden die syrischen Kinder von Anfang an in die bestehenden Schulklassen und Internatsgruppen integriert. Und natürlich galten für sie dieselben Regeln wie für alle anderen Kinder auch.

Eine Schulpsychologin hatten wir extra für die syrischen Kinder eingestellt. Mit schwersten Kriegstraumata, die es aufzuarbeiten galt, hatten wir dabei gerechnet. Aber bald stellte sich heraus, dass die Traumata gar nicht das größte Problem darstellten. Es war einfach schwierig, Kinder aus dem syrischen in das libanesische Schulsystem zu integrieren. Der Libanon ist ein weltoffenes Land; Fremdsprachen zählen hier unendlich viel. Zumeist wachsen die Kinder von frühester Kindheit an mit zwei Sprachen auf: Neben Arabisch wird überall auch Englisch oder Französisch gesprochen. Schon in der Vorschule wird Englisch systematisch unterrichtet; irgendwann in der Grundschule folgen Französisch und eine weitere Fremdsprache, wie z.B. Deutsch. Syrien hingegen ist über Jahrzehnte hinweg eine stark auf sich selbst bezogene Diktatur gewesen. Auf den Austausch mit der Welt wurde hier in den zurückliegenden Jahrzehnten nie in besonderer Weise Wert gelegt; die Fremdsprachenkenntnisse der Kinder sind schlecht. Wie kann man sie nun so fördern, dass sie im Libanon Fuß fassen?

„Was war für euch das Schlimmste, als ihr aus Syrien geflohen seid?", fragte ich zwei Grundschulkinder. Ich war drauf gefasst, von Soldaten, Gewehren und Toten zu hören. Aber die Antwort der achtjährigen Rihan war eine andere: „Im Libanon haben alle zu mir gesagt: 'Iih du Flüchtling, geh doch weg, wir haben zu viele von euch!' Das war richtig schlimm. Erst als ich an die Schneller-Schule gekommen bin, hat das keiner mehr zu mir gesagt. Hier bin ich wie alle anderen Kinder. Nur dass ich kein Englisch kann..."

Ab Januar 2014 waren zu den Flüchtlingskindern die alleinerziehenden syrischen Flüchtlingsmütter hinzugekommen. Denn schon bald hatte die Leitung der Schneller-Schule bemerkt, dass das Flüchtlingsproblem in dieser Gegend ein Problem der Frauen und Kinder war. Die Männer waren nicht selten im Gefängnis oder tot. Die Frauen aber, sie waren in der Regel jung verheiratet worden und ohne eine Berufsausbildung. Wie sollten sie, wenn ihre Männer nicht mehr da waren, nach dem Krieg einmal ihre Kinder ernähren?

An der Schneller-Schule gab es drei Ausbildungsgänge zu Berufen, die man wohl als klassische „Mädchenberufe" bezeichnen mag: Friseurin, Modeschneiderin und Kosmetikerin. Diese Ausbildungsgänge waren einige Jahre, nachdem man mit der Aufnahme von Mädchen an Schule und Internat begonnen hatte, eingerichtet worden. Waren die Schneller-Schulen früher reine Jungenschulen gewesen, so arbeiteten sie jetzt koedukativ. Und dazu gehörte es freilich, dass die Mädchen nach ihrem Schulabschluss auch eine Berufsausbildung machen konnten. Nur: Viele Eltern aus der eher konservativ geprägten Bekaa scheuten sich ein wenig davor, ihre Töchter im paarungsfähigen Alter eine Berufsausbildung an einer Einrichtung machen zu lassen, an der – direkt nebenan – auch junge

Männer im paarungsfähigen Alter zu Ausbildungszwecken weilten. So waren diese Ausbildungsgänge allenfalls dünn frequentiert. Wie wäre es, hier alleinerziehende syrische Flüchtlingsmütter aufzunehmen und ihnen in „Kurzzeit-Ausbildungen" ein Handwerk zumindest so gut zu vermitteln, dass sie anschließend damit etwas Geld verdienen und ihre Kinder ernähren könnten? Ein gutes Werk an den Müttern wäre es allemal – und es würde womöglich auch dazu dienen, ein Beispiel zu geben, was junge Frauen in diesen Werkstätten an Nützlichem erlernen konnten, ohne dabei irgendetwas moralisch Verwerfliches tun zu müssen.

Die Auswahl der Frauen, die für diese Ausbildung in Frage kämen, muss zu Beginn eine Sisyphos-Arbeit gewesen sein. Denn obwohl die ganze Gegend um die Schneller-Schule herum voll war mit improvisierten Flüchtlingshütten, hatte doch keine Frau Zeit für eine Berufsausbildung: Als Tagelöhnerinnen in Fabriken, Privathaushalten und auf Bauernhöfen musste sich diese Klientel zu Pfennigbeträgen verdingen, um überhaupt in der Lage zu sein, ihre Miete für das Fleckchen Land zu bezahlen, auf dem jeweils ihre Hütte oder ihr Zelt stand. Wir stockten den Etat für unser Projekt also noch einmal auf: Eine kleine Ausbildungsvergütung für die Frauen musste mit drin sein – ein wenig Bargeld, etwas Milch für ihre Kinder, ein paar Liter Heizöl für die Öfchen in ihren Flüchtlingszelten.

Es war mitten im Winter, gegen Ende des Jahres 2013, als der Direktor der Schneller-Schule seine erste Gruppe alleinerziehender Frauen im benachbarten, improvisierten Flüchtlingslager von *Marj* (was einfach „Wiese" heißt, auch wenn es auf Deutsch ein wenig wie „Matsch" klingt, was der Realität zuweilen sogar ziemlich nahe kommt) für dieses Ausbildungsprogramm sammelte. Bitter kalt war es, und dicker Schnee lag auf den Zelten und Hütten. Ob es denn jemanden gebe, der ihm die zehn ärmsten Frauen des Lagers nennen könne: Frauen ohne eigene Berufsausbildung, deren Männer nicht mehr leben, mit Kindern, welche sie allein erziehen. Der Direktor wurde zu Ahmed gebracht. Über den schmalen Jungen sagte man ihm, dass er zwölf Jahre alt sei. Als „ältester Mann im Camp" war er damit der Chef des Lagers.

Bedächtig und mit ernstem Gesicht benannte Ahmed die gewünschten zehn Frauen. Hinterher stellte sich heraus, dass sie wirklich alle genannten Kriterien erfüllten. Sie seien erst ängstlich gewesen, so erzählte mir der Direktor, und hätten sich gefragt, was sie für ihren neuen Herrn zu leisten hätten. Dass sie eine Ausbildung bekommen sollten, einfach so, ohne Gegenleistung – das sei für sie praktisch unvorstellbar gewesen.

274

„Und Ahmed?", fragte ich den Direktor am Telefon.

„Was sollte mit Ahmed sein?", fragte er zurück.

„Ich habe auch einen Sohn, der zwölf Jahre alt ist. Und ich würde nicht wollen, dass der zum Chef eines Flüchtlingslagers wird. Ich würde alles dafür tun, damit mein Sohn zur Schule gehen kann."

„Einen solchen Gedanken hatte ich auch schon", sagte der Direktor zögernd. „Ich werde sehen, was wir tun können."

Ahmed war im normalen Unterricht nicht integrierbar. Er hatte nie zuvor eine Schule besucht, niemals Lesen, Schreiben und Rechnen gelernt. Und bald stellte sich heraus, dass er nicht erst zwölf, sondern bereits vierzehn Jahre alt war. Doch als Vierzehnjähriger hätte er Syrien nicht verlassen können. Er wäre vermutlich an der Ausreise gehindert worden, um wenig später seinen Militärdienst leisten zu können. Darum hatte er sich als Zwölfjähriger ausgegeben.

Ahmed kam dann an die Schreinerwerkstatt der Schneller-Schule. Nicht für eine reguläre Ausbildung – dazu hätte er vorher eine Schule besucht haben müssen. Aber er lief eben mit – und die beiden Schreinermeister kümmerten sich rührend um ihn. Bald zeigte sich sein großes handwerkliches Talent. Als wir Ostern 2014 mit der Familie an der Schule zu Gast waren, zeigte er unserem Jonathan voller Stolz einige kleinere Schreinerarbeiten, die er selbst angefertigt hatte – was Jonathan so reizte, dass er sich nun selbst zeigen ließ, wie man eine schöne, kleine Holzkiste herstellt.

Die erste Gruppe alleinerziehender Mütter hatte ihre Ausbildung in der Schneiderei absolviert; später kamen die Friseurinnen hinzu. Die Auswahl der Frauen aus dem Lager verlief auch weiterhin nach ungefähr denselben Kriterien wie zuvor. Ein syrischer Familienvater, der mit Frau und Kindern an der Schneller-Schule lebte (und sich ansonsten als fähiger Handwerker für Reparaturen und Renovierungsarbeiten hervortat) kümmerte sich irgendwann um ein geregeltes Aufnahmeverfahren – und eröffnete auch meinen Kollegen und mir einen durchaus erhellenden Zugang zu den Flüchtlingslagern der Umgebung. Mit den Frauen in den jeweiligen Ausbildungsgruppen geschahen oftmals erstaunliche Veränderungen: Waren sie zu Beginn ihres jeweiligen Kurses oftmals schwarz vermummt zur Ausbildung erschienen, so zeigten sich bald die ersten bunten Kopftücher oder Blusen. Sie hatten sich dann jeweils selbst ihrer Umwelt geöffnet und wieder Hoffnung für ihre Zukunft gewonnen.

Einzigartig war dabei wohl der Einsatz von Carmen Zeino. Carmen war Modedesignerin, Inhaberin eines eigenen, bekannten Modelabels.

Normalerweise entwarf sie ausladende Hochzeitskleider und Ballroben, die man auch im Internet bestellen konnte. An der Schneller-Schule hatte sie sich nun bereit erklärt, die Flüchtlingsfrauen im Schneiderhandwerk auszubilden. Und der Funke sprang über: „Ich möchte eines Tages auch Modedesignerin werden", erklärte uns eine Frau, die noch einige Wochen zuvor gar keine Träume mehr hatte und sich ebenfalls verstört gefragt hatte, was diese Christen eigentlich als Gegenleistung von ihr erwarteten. Wieder ein Ziel vor Augen zu haben – und mag es auch noch so unerreichbar scheinen – das ist wohl der erste Schritt heraus aus Zerstörung und Elend.

Zum Abschluss der Ausbildung bekam jede von ihnen ein Zertifikat und eine Nähmaschine überreicht, mit der sie sich fortan selbständig machen und im Lager etwas Geld verdienen konnten. Einige fanden sogar Arbeit in einer nahe gelegenen Textilfabrik. Wie erfolgreich manche von ihnen anschließend waren, zeigte sich aber erst bei einem traurigen Anlass: Es hatte gebrannt im Flüchtlingslager. Offenbar war in einem der Zelte ein Kerosinkocher explodiert; das Feuer hatte rasch auf benachbarte Zelte übergegriffen. Als die Flammen bereits hoch in den Himmel schlugen, näherte sich ein Hubschrauber, von dem die Flüchtlinge dachten, dass er Hilfe bringe. Doch es war nur das Kamerateam eines Fernsehsenders, und die Rotoren fachten das Feuer weiter an. Zum Glück wurde niemand vom Feuer verletzt oder gar getötet. Doch anschließend erklärten zwei der Frauen, die zuvor an dem Schneiderinnenkurs der Schneller-Schule teilgenommen hatten, unter Tränen, dass das Feuer auch ihre gerade angeschafften Kühlschränke zerstört habe. Kühlschränke! Die Frauen hatten sich von ihren eigenen Einkünften tatsächlich jeweils einen Kühlschrank leisten können! Wir sammelten noch einmal Geld in Deutschland, um hier für Ersatz sorgen zu können. Und ebenso für neue Zelte aus schwer brennbarem Material, sowie für mehrere Feuerlöscher, falls es mal wieder zu einem Brand kommen sollte.

Mehrere Abschlussfeiern hat es seitdem in dem Ausbildungsprogramm für alleinerziehende Flüchtlingsmütter gegeben. Einmal war auch Ahmed mit dabei. Als Ausstattung für den weiteren Berufsweg bekam er einen richtigen Werkzeugkoffer geschenkt. Und zugleich erhielt er das erste Zeugnis seines Lebens.

Im September 2015 war eine bis dahin nicht gekannte Migrationsbewegung nach Deutschland in Gang gekommen – und die Bundesrepublik

Deutschland hatte für all die Flüchtlinge, die da zumeist über die Balkanroute eintrafen, die Grenzen offen gehalten. Zumindest für einige Monate, bis nach den Vorfällen der so genannten „Kölner Silvesternacht" 2015/2016 die Stimmung in Deutschland drehte. Wer in den Monaten unmittelbar nach jenem September 2015 Länder wie Jordanien, den Libanon und Syrien besuchte und dort mit Vertretern der christlichen Gemeinschaften ins Gespräch kam, wurde vielfach mit einer völligen Fassungslosigkeit angesichts der Entwicklungen in Europa konfrontiert. „Wisst ihr denn überhaupt, was ihr da tut?", wurden Besucher aus Deutschland wieder und wieder gefragt – eine Frage, die sich in drei Richtungen auffächert: Da waren die einen, die befürchteten, dass nun gerade diejenigen in Deutschland aufgenommen worden seien, die bereits in ihren Herkunftsländern keinen positiven Beitrag zu ihren Gesellschaften geleistet hätten. Oftmals mündete diese Befürchtung in dem deprimierten Fazit: „Und wenn uns Christen eines Tages gar keine Überlebensperspektive im Nahen Osten mehr bleibt; wenn auch wir gar keine andere Wahl mehr haben als nach Europa zu fliehen – dann wollen wir doch nicht schon wieder mit denjenigen dort um unseren Platz in der Gesellschaft ringen müssen, die uns bereits zu Hause das Leben schwer gemacht haben!" Europa, so die Logik, müsse doch ein christliches Europa bleiben.

Die zweite Richtung dieser Kritik zielte nun gerade nicht auf die gesellschaftlich problematischen Elemente, sondern im Gegenteil auf diejenigen, deren Fortgang im Nahen Osten geradezu als Aderlass empfunden wurde. In der Gegend zwischen den syrischen Städten Homs und Tartus konnte man hören: „Wir wollen Städte wie Homs doch wieder aufbauen. Aber die jungen Männer, die dazu notwendig sind, habt ihr ja alle nach Europa gelockt." Natürlich blendeten jene, die diesen Vorwurf erhoben, völlig aus, dass diese geflohenen jungen Männer im syrischen Regimegebiet wohl weniger zum Aufbau zerstörter Städte als vielmehr zum Militärdienst eingesetzt worden wären. Und es mag wohl geradezu nach Verschwörungstheorien klingen, wenn hier gar der Verdacht geäußert wurde, die deutsche Bundeskanzlerin habe durch ihr Vorgehen, quasi von langer Hand geplant, das demografische Problem Deutschlands lösen zu wollen.

Einer speziell kirchenpolitischen Ausformung dieser Kritik – also einer dritten Richtung – begegnete man da, wo man mit Kirchenoberhäuptern aus der Region ins Gespräch kam. Da war dann gar der Vorwurf zu hören, dass die westlichen Kirchen jahrelang nicht auf die Stimmen der

Geschwister im Orient gehört, sondern blind auf die Karte „Regime-wechsel um jeden Preis" gesetzt hätten. Und nun, da dieser Ansatz ge-scheitert und der Nahe Osten im Chaos versunken sei, falle den Ge-schwistern in Deutschland nichts anderes ein, als die Grenzen zu öffnen und so einen unüberhörbaren Lockruf auszusenden, der letztendlich zu einer völligen Auflösung der christlichen Gemeinschaften im Orient führe. Natürlich werden solche Aussagen auch von den Fremdenfeinden der extremen Rechten in Deutschland nur zu gerne gehört: Eine Delega-tion der so genannten „Alternative für Deutschland" (AFD) fühlte sich im März 2018 in der syrischen Hauptstadt Damaskus erkennbar wohl, wur-den sie doch dort in ihrer Weltsicht bestärkt, dass man die Flüchtlinge ja kurzerhand zurückschicken könne.

Unsere kirchlichen Partner im Nahen Osten konnten sich den Luxus nicht leisten, die innenpolitischen Debatten in Deutschland bis ins Detail zu verfolgen. Angesichts ihrer eigenen Skepsis gegenüber Abwanderung und Flucht war es im Rückblick nur logisch, dass sich einige von ihnen bereits im Frühjahr 2013 an meine Organisation gewandt hatten, mit der Bitte, lokal vor Ort Alternativen dazu zu schaffen. Die Arbeit mit syri-schen Flüchtlingskindern, wie sie an der Schneller-Schule im Libanon bereits stattfand, könne doch gewiss in einer gemeinsamen Anstrengung auch nach Syrien hinein ausgeweitet werden. Es war am Rande einer Konferenz in Beirut gewesen, welche von regionalen und internationalen Kirchenverbänden zur Frage der Zukunft des Christentums im Nahen Osten ausgerichtet worden war. Die allermeisten Flüchtlinge des Syrien-krieges, so wiederholte es ein leitender Pfarrer aus dem Libanon, seien Binnenflüchtlinge innerhalb Syriens. Menschen, die von einem Teil des Landes in einen anderen Teil umgesiedelt seien, um dem Morden zu entkommen. Und diese Landesteile, zu denen auch mehrheitlich christ-liche Regionen gehörten, seien jetzt von Menschen überlaufen. Obwohl die Schulen dort mittlerweile in mehreren Schichten unterrichteten, hätten zahlreiche Schüler doch keine Chance, irgendwo am Unterricht teilneh-men zu können. Eine verlorene Generation sei im Entstehen begriffen.

Der Generalsekretär der EMS und der Vorsitzende des Evangelischen Vereins für die Schneller-Schulen waren begeistert. Dies sei der Moment, die Herausforderung anzunehmen und erstmals seit mehr als 50 Jahren eine Erweiterung der Arbeit ins Auge zu fassen. Die Konferenz im ma-ronitischen Tagungszentrum „*Notre Dame du Mont*", oben in den Bergen über der Bucht von *Jounieh*, war gerade zu Ende gegangen und wir waren noch einmal in der Lobby des *Casa D'Or*-Hotels unten im Beiruter

Stadtteil *Hamra* zusammengekommen. Ein Hotel in der chaotischen, abgasgeschwängerten Enge dieser Stadt war dies; wie so viele, an deren Bars sich während des Bürgerkrieges die internationalen Kriegsberichterstatter gedrängt hatten: Das *Mayflower*, das *Commodore*, das *Bristol* – sie lagen alle ganz in der Nähe. Der Pfarrer, der Vereinsvorsitzende und der Generalsekretär befeuerten sich in dieser Lobby geradezu gegenseitig im Entwickeln von Ideen, wie es sein würde: das neue „Syrische Waisenhaus", die erste Schneller-Schule in Syrien. Ich war eher still und kalkulierte beim Zuhören im Hinterkopf, welche Finanzmittel dazu notwendig wären, welche Geldgeber in Frage kämen, wie die Antragstellung vonstattengehen könnte, die Öffentlichkeitsarbeit, die Rekrutierung von pädagogischem Personal – und schließlich eine transparente Berichterstattung über dies alles. Ganz ähnlich war es ja gewesen, als wir den Kaisersaal in Jerusalem renoviert hatten: Auch da waren anderen aus dem Team vorgepprescht, und mir war die Aufgabe zugewachsen, schließlich die Fäden zusammen zu halten und die beteiligten Kräfte durch das Auf und Ab der folgenden Zeit hindurch bis zum erfolgreichen Abschluss des Projektes zu leiten.

Eine abenteuerliche Konstruktion war es schließlich, die sich nach unserem Gespräch in Beirut herausbildete: Im *Wadi Nasara* sollte das Projekt angesiedelt sein, dem „Tal der Christen" zwischen den syrischen Städten Homs und Tartus. Eine Region war dies, formell zwar unter der Kontrolle des Assad-Regimes stehend, und doch weit weg von der Hauptstadt Damaskus, wo die Verantwortlichen mit ganz anderen Fronten beschäftigt waren. Vierzig mehrheitlich christliche Dörfer gebe es in dem Tal, einst um die hunderttausend Einwohner – eine Zahl, die sich durch die Binnenflüchtlinge verfünffacht habe. Zu allen Bevölkerungsgruppen gehörten sie, die den Schutz dieser relativ sicheren Gegend suchten: Sunniten und Alawiten, Christen und Drusen. Die nächste evangelische Gemeinde lag in dem Städtchen *Mhardi* zwar rund siebzig Kilometer entfernt, doch gerne bot sich der Gemeindepfarrer von dort an, die Leitung dieses Projektes zu übernehmen, für das auch bald ein Gebäude gefunden und angemietet wurde. Die in Syrien ansässige evangelische Kirche war einverstanden, dass ihr Pfarrer all dies unter der Aufsicht unserer libanesischen Partner tat. Es wurde schließlich eine „*Preschool*" als Außenstelle der kirchlichen Schule in Mhardi: Eine Tagesstätte mit Krabbelgruppe, Kindergarten und Vorschule bis hin zu den Sechs- oder Siebenjährigen; Mädchen und Jungen aus den verschiedensten ethnischen und religiösen Gruppen.

Es war ein Puzzlespiel für unsere Partner vor Ort, die „richtigen" Kinder zu finden – also die, bei denen die Not am größten war, deren Mütter nicht einmal für eine warme Mahlzeit am Tag sorgen konnten. Nein, Kinder von aktiven Kämpfern sollten nicht aufgenommen werden. Weder durften die Väter Soldaten in der regulären syrischen Armee sein, noch Mitglieder irgendeiner Rebellenmiliz. Zu groß wäre die Gefahr gewesen, dass dann auch die Schule in das Kriegsgeschehen mit hineingezogen worden wäre. Und, ja, unter den vielen Binnenflüchtlingen, die händeringend nach irgendeiner bezahlten Beschäftigung suchten, galt es, einige geeignete Erzieherinnen, eine Köchin und anderes technisches Personal auszuwählen. Es war ein Hin und Her von Emails; zahlreiche Finanzierungsanträge schrieb ich für diverse Geldgeber, stets ohne Netz und doppelten Boden – das heißt: ohne auch nur die annähernde Gewissheit, dass die Dinge so kommen würden, wie sie zwischen Syrien, dem Libanon und Deutschland über meinen Schreibtisch liefen. Bald wurde mir klar, dass die neuen Partner in Syrien sich keine Vorstellung davon machten, wie ein Verfahren vom Projektantrag über die Begleitung bis zum Berichtswesen in Deutschland zu laufen hatte.

Ohne Frage: Ich musste mir die Dinge in Syrien selbst anschauen und Etliches direkt vor Ort regeln. Doch die syrische Botschaft in Berlin hüllte sich angesichts meiner Frage nach einem Visum in Schweigen; auch das Konsulat in Hamburg reagiert nicht. Es bestand kein Zweifel: Hier saßen Menschen, die in der Diktatur groß geworden und es gewohnt waren, nur auf Befehl hin aktiv zu werden. Aber zum Umgang mit dem Visabegehren eines dahergelaufenen Pfarrers gab es keine Befehle. Da hatte sich das Außenministerium in Damaskus um Dringlicheres zu kümmern. Ich musste es also anderswo probieren – so nah wie möglich an Syrien selbst.

Die syrische Botschaft in der libanesischen Hauptstadt Beirut liegt an der Straße nach *Baabda*, wo sich auch der Sitz des libanesischen Staatspräsidenten befindet. Im Januar 2014 war unser Schulprojekt in Syrien eröffnet worden. Mittlerweile war es Mai, und jetzt hatte ich diese Botschaft aufgesucht, um vielleicht hier endlich ein Visum zu erhalten. Das erste, was in dieser syrischen Botschaft auffiel, war der Geruch von Schweiß, Angstschweiß wohl – jedenfalls in der großen Halle, in die man nach etlichen Sicherheitskontrollen zunächst eingelassen wurde. In diesem eher schäbigen Saal fanden sich etliche Schalter hinter dicken Panzerglasscheiben; nur ein kleiner Teil davon war an jenem Tag besetzt. Vor diesen Schaltern wanden sich lange Menschenschlangen: die Unglücklichen, die aus Syrien geflohen waren, in einem guten Teil der Fälle vor den

Schergen des Assad-Regimes, und die nun zur Begründung ihres Flüchtlingsstatus im Libanon das eine oder andere Papier verlängern oder neu ausstellen lassen mussten. Wie es sich anfühlen musste, als Bittsteller denjenigen gegenüberzutreten, vor deren Apparat man geflohen war? Es waren vor allem ärmliche Gestalten, die hier geduldig darauf warteten, ihr Anliegen an einem der Schalter vortragen zu können. Viele hatten wohl auch schon lange keine Dusche mehr gesehen, was den Geruch in dieser überfüllten Räumlichkeit nicht verbesserte. Unsicher stellte ich mich selbst hinten an einer Schlange an. Doch es dauerte keine zwei Minuten, bis ein Aufpasser auf mich zugelaufen kam. Hier, so erklärte er, gehöre ein geschätzter Gast wie ich doch nicht hin. Ich möge ihm bitte durch eine unscheinbare Tür nach hinten folgen.

Dort, jenseits der großen Schalterhalle, eröffnete sich eine völlig andere syrische Botschaft: Dicke Teppiche, die auf den Marmorböden ausgelegt waren, schluckten jeden Lärm. Traditionelle arabische Möbel aus dunklem Holz mit sanft schimmernden Perlmutteinlagen verbreiteten einen gediegenen Stil. Eine hübsche junge Angestellte hörte sich mein Anliegen an, um mich in das Vorzimmer eines Konsularbeamten zu schicken, in dem ebenfalls eine schlanke, junge Syrerin mit offenem, langem schwarzen Haar saß. Ihre Fußnägel in hochhackigen Sandalen waren leuchtend rot lackiert. Ihr Vorgesetzter sei gerade unterwegs, so erklärte sie mir, aber er werde gewiss in wenigen Minuten zurück sein. Ich möge doch einfach hier warten. Man habe auch einen starken arabischen Kaffee für mich.

Nachdem wir uns eine Weile in unverfänglicher, freundlicher Konversation geübt hatten, betrat eine weitere Mitarbeiterin den Saal. Sie hatte offenbar gerade in einer der Luxusboutiquen Beiruts eingekauft. Mir nickte sie nur kurz zu, dann begann sie, die großen Papiertaschen, die sie mit sich führte, auszupacken. Einige Sommerkleidchen in kräftigen Farben kamen zum Vorschein. Kichernd und albernd tauschten die beiden Sekretärinnen ihre Meinungen zu jedem Kleidungsstück aus. Dass ich gerade daneben saß, schien sie nicht zu stören.

Ein Herr mittleren Alters betrat das Büro. Zu seinem grauen Anzug trug er ein weit aufgeknöpftes Hemd ohne Krawatte. Freundlich begrüßte er mich. Ich sei also der Deutsche, der ein syrisches Visum beantragen wolle, stellte er fest. Dazu müsse ich jedoch wissen, so erklärte er bedauernd, dass Visaanträge heutzutage allein in Damaskus bearbeitet würden. Die Botschaft könne die Papiere dazu lediglich weiterreichen. Und im Übrigen könne ich die Antragsformulare von der syrischen Botschaft in Berlin hier nicht verwenden. Ich müsse dies bitteschön noch einmal ausfüllen – auf den Formularen mit dem Briefkopf der syrischen Botschaft in Beirut.

So kam ich also nicht weiter. Natürlich hörte ich anschließend abermals von der ganzen Angelegenheit nichts mehr. Man hatte meine auf dem korrekten Papier neu ausgefüllten Formulare in Damaskus wohl in irgendein schwarzes Loch geworfen, und selbst alle sonst so effektiven Beziehungsnetzwerke der libanesischen Kirche schienen diesmal nichts zu nützen. Sogar die persönliche Freundschaft eines Kirchenmitgliedes mit dem syrischen Botschafter brachte die Sache nicht voran – da ein Botschafter im Ausland in diesen Kriegsjahren offenbar tatsächlich nichts selbst entscheiden durfte. Doch irgendwann hatten unsere lokalen Partner herausgefunden, wie es dann trotzdem funktionierte. Es ging eigentlich nur darum, dass unsere Partner aus dem „Tal der Christen" persönlich in Damaskus vorstellig wurden und uns dort auf irgendeiner Behörde anmeldeten. Die Fahrt dorthin war je nach Sicherheitslage mal mehr, mal weniger riskant. Aber sobald dieser Schritt erledigt war, konnten wir einfach an der Grenze vorstellig werden und die dortigen Beamten auffordern, sich die Bestätigung aus Damaskus faxen zu lassen, dass wir einreisen dürfen. Dann, so wurde uns zugesagt, werde man uns gegen die Entrichtung der entsprechenden Gebühr die Visa direkt vor Ort ausstellen.

Kurz vor Weihnachten 2014 machte ich mich mit Jürgen Reichel, dem Generalsekretär meiner Organisation, abermals auf den Weg nach Syrien; beim folgenden Besuch im Advent 2015 hatte ich meinen Vereinsvorsitzenden und einen württembergischen Kirchenrat dabei. Zwischen dem libanesischen Dorf *Aboudiyeh* und dem syrischen Örtchen *Dabousiyeh* lag der Grenzübergang. Die Einreiseprozedur dauerte jeweils deutlich länger als uns angekündigt worden war. Nachdem wir unsere Pässe abgegeben hatten, wurden wir stets in ein erstes, rauchgeschwängertes Büro geleitet, in welchem wir in tiefen Polstermöbeln versanken. Es gab starken arabischen Kaffee und ausgiebigen Smalltalk mit dem syrischen Beamten, der uns an einem mächtigen Schreibtisch gegenüber saß. Die einst weiß getünchten Wände waren gelblich-grau verfärbt. Ein wenig Farbe brachten das Portrait des syrischen Staatspräsidenten, eine syrische Fahne und ein Strauß Plastikblumen in den Raum. Anschließend ging es weiter in ein zweites Büro, in welchem ein offenbar noch wichtigerer Beamter an einem noch größeren Schreibtisch saß. Abermals galt es, Kaffee zu trinken und mit großer Geduld Smalltalk zu führen. Unser syrischer Partner – ein Pfarrer der dortigen evangelischen Kirche – erzählte dem Beamten, wie sehr er als Christ alle Muslime liebe. „Ich haben selten so viel Unsinn auf einmal gehört wie in diesem Büro", flüsterte mir anschließend unser libanesischer Partner zu, der uns ebenfalls begleitete. Bei der zweiten Einreise nach Syrien war der diensthabende Beamte hier ein sympathischer drusischer Offizier mit einem hübschen, leuchtend roten Regimentsabzeichen auf den Schultern, der uns Pfarrern davon erzählte, schon einmal das Neue Testament gelesen zu haben. Dies war wieder einmal ein Moment, in dem mir aufging, wie zufällig Menschenschicksale im Nahen Osten zustande kamen. Wäre dieser nette Druse nur wenige Kilometer weiter westlich geboren, so wäre er wahrscheinlich ein ebenso treuer Diener des Staates Israel und würde eine nur wenig anders aussehende Uniform tragen. Auch bei den israelischen Soldaten waren die Regimentsabzeichen an den Schulterklappen mit den jeweiligen Rangabzeichen befestigt und wirkten künstlerisch recht ansprechend.

Irgendwann hieß es dann: Das Fax aus Damaskus ist da! Ein Bote trug die Pässe mit dem säuberlich eingestempelten syrischen Visum in das Büro seines Vorgesetzten, welches wir nach einem den rituellen Austausch der entsprechenden arabischen Höflichkeitsformeln mit diesem Schatz in der Hand rasch verließen. Der Preis von siebzig Dollar war auf jedes unserer drei Visa aufgedruckt. Drei Visa, das mache dann zweihundertfünfzig Dollar, hatte der Beamte erklärt. Dreimal siebzig mache aber zweihundertundzehn, nicht zweihundertfünfzig, entgegnete mir später der württembergische Kirchenrat, dessen schwäbische Genauigkeit im Nahen Osten zuweilen rührend wirkte. Ich musste schmunzeln, als er laut darüber sinnierte, wie er die Diskrepanz zwischen aufgedrucktem und tatsächlich gezahltem Preis wohl in seiner Reisekostenabrechnung erklären solle.

Auf den ersten Blick konnte man in dem Teil Syriens, durch den wir nun fuhren, nicht viel vom Krieg erkennen. Die Oliven- und Zitronenhaine waren so schön und so grün wie immer. Kinder spielten am Straßenrand, und am Horizont erhoben sich die mächtigen Mauern des *Krak des Chevaliers*, der größten Kreuzfahrerfestung der Region. Aber irgendwann fielen sie doch auf: all die Plakate am Straßenrand, Hunderte wohl auf wenigen Kilometern. Auf jedem dieser Bilder war ein junger Mann in martialischer Pose zu sehen: mit furchteinflößender Waffe und dem Konterfei des syrischen Präsidenten im Hintergrund. „Unsere Märtyrer", erklärte unser syrischer Partner wie selbstverständlich. Langsam begriffen wir, dass alle diese Plakate junge Männer aus den Dörfern hier zeigten, die im Krieg gefallen waren. Und keiner dieser jungen Männer war ja zu allererst ein Soldat, sondern vielmehr ein Sohn, wahrscheinlich ein Bruder, vielleicht ein Ehemann und Familienvater. Wie auch immer: Jeder dieser jungen Menschen fehlte!

Der Krak des Chevaliers war einige Monate zuvor noch von Rebellen besetzt gewesen und erst nach blutigen Kämpfen wieder vom Regime erobert worden. Jetzt war es in dieser Gegend ruhig. An nahezu jeder größeren Kreuzung stand ein Kontrollposten des Militärs, zumeist mit Veteranen besetzt, von denen einige im Krieg verwundet worden waren. Einem fehlte ein Bein, einem anderen eine Hand. Dann und wann händigte unser Fahrer einigen von ihnen eine Flasche Arak aus. Sein Handy klingelte. Ja, erklärte er, drei Deutsche habe er im Auto. Was noch einmal unsere Passnummern seien. Mit der rechten Hand blätterte er in unseren auf dem Armaturenbrett liegenden Papieren, während er mit der Linken das Handy an sein Ohr hielt. Das Lenkrad versuchte er derweil mit dem Knie festzuhalten. Der württembergische Kirchenrat, der neben ihm auf dem Beifahrersitz saß, griff beherzt ins Steuer, um ihn von dieser Aufgabe zu entlasten. Noch drei oder vier weitere Male rief während der Fahrt der Geheimdienst an. Wie man unsere Namen denn auf Arabisch buchstabiere. Wann wir die große Kreuzung zu passieren gedenken. Und auf gar keinen Fall sollten wir unterwegs aus dem Wagen steigen.

Natürlich: Zu früheren Zeiten hatte man sich als Tourist über eine solche, allzu große Neugier des Geheimdienstes lustig gemacht – oftmals verdrängend, wie sehr manche Syrer unter diesem Apparat litten. Einmal mehr erinnerte ich mich daran, wie ich mich als Student in Ugarit einst meines Aufpassers entledigt hatte. Aber dieses Mal war klar, dass die Sorge solcher Spitzel auch unserer Sicherheit diente. Zwar gab es in diesem Teil Syriens keine Kampfhandlungen. Aber gewiss hatte ein Ausländer in dieser Gegend auch einen gewissen „Marktwert" als potentielles Entführungsopfer. So wirkte es fast beruhigend, als sich gleich nach unserer Ankunft im „Tal der Christen" vier Geheimdienstmänner zu uns gesellten, die uns fortan bis zu unserer Rückkehr in den Libanon nicht mehr von der Seite wichen.

„Good morning, partners from Germany!", riefen die Sechsjährigen im Chor, als wir die Klasse betraten. Sie hatten Englischunterricht und waren zur Begrüßung von den Plätzen aufgesprungen. Im Raum nebenan lernten die Vier- und Fünfjährigen bereits das arabische Alphabet. Und bei den Kleinsten lagen bunte Legosteine auf den Tischen. Ich versuchte, mich einem der Kinder zuzuwenden, welches gerade dabei war, ein Haus zu bauen. „Am besten reden Sie ganz leise mit dem Kind", erklärte mir

eine junge Frau, die hinter mir stand. „Das Mädchen stammt aus Aleppo. Das Haus seiner Familie wurde ausgebombt. Wann immer die Kleine ein lautes Geräusch hört, fängt sie an zu schreien, hält sich die Ohren zu oder versteckt sich gar unter dem Tisch."

Wie ich bald erfuhr, hieß die Dame, die mich angesprochen hatte, Layal. Sie war für einige Wochenstunden als Buchhalterin für das Schulprojekt eingestellt worden, aber auch in ihrer freien Zeit versuchte sie zu helfen, wo sie nur konnte – vor allem, weil das ihrem Leben wieder eine Struktur gab. Denn auch Layal war in diesen relativ sicheren Teil Syriens geflohen, gemeinsam mit ihrem Mann und ihrem sechsjährigen Sohn. Ihre bisherige Existenz hatten sie hinter sich gelassen: Layal war leitende Angestellte einer Bank gewesen, ihr Mann Rechtsanwalt – bis die Bank und die Kanzlei ausgebombt wurden. Etliche Wochen hatten sie im Keller eines Hauses von Verwandten verbracht, während ihr Stadtviertel bombardiert wurde. Wie das kleine Mädchen in der Schule, so wurde auch Layals Sohn von Alpträumen verfolgt und schrie oft nachts im Schlaf. Und dann stellte sich heraus, dass Layal mit einem zweiten Kind schwanger war. Ihre Zeit in dem Schulprojekt im „Tal der Christen" war nur eine Rast auf dem Weg – auch, um dieses Kind zur Welt zu bringen.

Eigentlich waren alle Mitarbeitenden in dem Projekt Binnenflüchtlinge: Die Lehrerinnen und Erzieherinnen ebenso wie die Köchin, die früher in einem Luxushotel in Aleppo angestellt war, und die jetzt die Schulspeisung zubereitete. Und Nabil schließlich, ein älterer Herr, der auch längst im Ruhestand hätte sein können. Die Lufthansa-Vertretung in Damaskus hatte er geleitet, bis diese aufgrund der internationalen Sanktionen geschlossen worden war. Die Abrechnungen des Schulprojektes sollte er übernehmen, sobald Layal mit ihrer Familie auf der Suche nach irgendeiner dauerhaften Perspektive weitergezogen wäre.

„Nabil, eure Finanzberichte gehen so einfach nicht", erklärte ich ihm in deutscher Direktheit. Mit dem örtlichen Pfarrer hatte ich diese Frage schon lange diskutiert, und der hatte sich schwer damit getan, mein Anliegen zu verstehen. „Ich brauche einen Einnahmen- und einen Ausgabenplan zu Beginn jeder Projektphase, denen dann die tatsächlichen Einnahmen und Ausgaben gegenübergestellt werden, dazu Kostenstellen, Sachkonten und Kostenträger." Nabil lächelte: „Damit wir dann am Ende Gewinne und Verluste feststellen können und genau wissen, in welchem Bereich und wodurch verursacht sie entstanden sind, nicht wahr?" Ja, genau so war es. Für ihn war das eine Selbstverständlichkeit, die er nur noch seinem betriebswirtschaftlich eher ahnungslosen Pfarrer verständlich machen musste. Und einen unabhängigen Buchprüfer, der bereit sei, hier her zu kommen, habe er auch bereits gefunden. Ich war erleichtert.

Eines der Kinder in der mittleren Klasse stammte aus Rakka: ein kleiner Junge mit schüchternem Blick. Ich versuchte mir vorzustellen, was seine Familie dort, in der Hauptstadt des „Islamischen Staats" wohl erlebt hatte, bevor sie fliehen konnten. „Niemand weiß, wo sein Vater geblieben ist, und ob er noch lebt", raunte Layal mir zu.

Der syrische Pfarrer, der sich zwar mit großem Engagement, professionell aber eher schlecht als recht um das Projektmanagement kümmerte und der uns bis hier gefahren hatte, mischte sich in das Gespräch ein: „In den Schneller-Schulen sollen doch ganz unterschiedliche Kinder miteinander den Frieden leben lernen, nicht wahr? Wir haben versucht, alles richtig zu machen: Wir haben zur Hälfte Mädchen, zur Hälfte Jungen; zur Hälfte Christen, zur Hälfte Muslime. Und bei den Muslimen je zur Hälfte Alawiten und Sunniten. Vereinzelt sind auch drusische Kinder dabei. Die Mütter sind mit ihren Kindern von überall und vor den verschiedensten Kriegsparteien zu uns geflohen."

„Wie bekommt ihr eine solche Mischung hin?", fragte ich. „Nun", entgegnete der Pfarrer, „erstes Kriterium ist die Armut. Wenn eine Mutter ihre Kinder nicht einmal mit einer warmen Mahlzeit am Tag versorgen kann, dann tun wir, was wir tun können. Die Christen, die hier her geflohen sind, haben jedoch meistens noch ein paar Ressourcen. Wer von ihnen so furchtbar arm ist, dass er dieses erste Kriterium erfüllt, kann sich daher fast sicher sein, dass wir einen Platz für sein Kind anbieten können. Bei den Muslimen hingegen gibt es viel mehr völlig verarmte Menschen. Da könnten wir durchaus noch zahlreiche zusätzliche Plätze an der Schule schaffen."

„Und spielt bei den Kindern ihre unterschiedliche Herkunft eine Rolle?"

„Sie vertragen sich gut miteinander. Politik hat an unserer Schule keinen Platz. Und wenn da mal ein Kind ist, mit dem die anderen nicht spielen wollen, dann hat das meistens ganz andere Gründe. Noura zum Beispiel…"

Und dann erzählten mir der Pfarrer und Layal eine Geschichte, die mir anschließend den Stoff für manche Weihnachtspredigt gab. Mit Noura hatten die anderen Kinder wirklich nicht spielen wollen. Denn Noura stank. Genaugenommen roch sie ziemlich penetrant nach Kuhstall – was auch kein Wunder war. Denn die Familie von Noura war aus der Stadt Idlib geflohen und hier, im Wadi Nasara, von einem Bauern in seinem

Kuhstall einquartiert worden. Das war eigentlich kein Problem, denn beim Vieh war es – gerade jetzt im Winter – schön warm, und früher hatten viele Menschen so gelebt. Nur brachte es eine gewisse Geruchsbelästigung mit sich. Und gerade Kinder konnten da erbarmungslos sein. Der Pfarrer hatte es jedoch mit einer wirklich guten Idee aufgefangen: Noura, so hatte er erklärt, rieche genauso, wie einst die Jungfrau Maria im Stall zu Bethlehem gerochen hatte. Denn auch die hatte das Christuskind zwischen Ochs und Esel und inmitten von Schafen zur Welt gebracht. Es sei daher eine Auszeichnung, so zu riechen und der Jungfrau Maria damit so ähnlich zu sein. Und daher solle Noura eine wichtige Rolle im anstehenden Krippenspiel übernehmen.

Das verstanden die Kinder, und so kam es auch: Stolz spielte Noura im Krippenspiel mit. Die Angelegenheit hätte damit also erledigt sein können. Doch sie war es nicht. Eine orthodoxe Klassenkameradin hatte nämlich heftig protestiert: Keinesfalls, so hatte sie entrüstet erklärt, habe unsere heilige Jungfrau so gerochen wie Noura. Denn der orthodoxe Priester, dem man schließlich vertrauen könne, habe einmal erläutert, dass Maria nach Rosenwasser geduftet habe. Ja, natürlich – so hatten dann auch die muslimischen Kinder in der Klasse bekräftigt – selbstverständlich habe „unsere Jungfrau Maria" nicht anders als nach Rosenwasser gerochen. Das wisse doch jeder. Theologische Diskussionen unter Kindern können großartig sein, vor allem, wenn sich christlich-orthodoxe Kinder mit muslimischen Kindern in ihrer gemeinsamen, selbstverständlichen Marienliebe gegen die allzu nüchternen Protestanten verbünden. Wie diese Debatte jedoch ausgegangen ist, habe ich nie erfahren.

Kaum hatten wir uns all diese Geschichten erzählen lassen, da belebte sich die Halle unserer kleinen Schule. Klassenweise stellten sich die Kinder hintereinander auf, um sich zunächst die Hände zu waschen und dann zum Mittagessen in den Speisesaal hinüberzugehen. Es gab *Qibbeh*, jenes duftende arabische Gebäck aus gut gewürztem Bulgur mit Hackfleischfüllung, dazu Reis und frischen Salat. Zum Nachtisch lagen bereits riesige Apfelsinen auf den Tischen. Aber zunächst stimmte eine Erzieherin das Tischgebet an, welches die Kinder bereits auswendig kannten und lebhaft mitsprachen: *„Guter Gott, wir danken dir für dieses Essen und für alles Gute, das du uns zum Leben schenkst: für die Kleidung, für das Dach über unserem Kopf. Gott wir bitten dich: Beschenke du auch alle die, die in Not sind. Amen."*

Gemeinsam war das gesprochen worden: von den Christen und den Muslimen. Ein ganz einfaches, schlichtes Gebet. Und doch so elementar, so wesentlich – und angefüllt mit einem selbstverständlichen Vertrauen, zu dem wohl nur Kinder in der Lage waren.

Auch meine Begleiter und ich bekamen jeweils eine große Essensportion gereicht. Die syrischen Apfelsinen waren süß und saftig. Und es war wie immer in der arabischen Welt: Wenn man seine Begeisterung über eine Sache zu deutlich ausdrückt, dann fühlt sich der Gastgeber verpflichtet, seinen Gast mit dieser Sache zu beschenken. So kam es, dass ich anschließend einen großen Beutel Apfelsinen nach Hause zu tragen hatte. Es war das schönste Mitbringsel für Nilar und Jonathan aus dieser Krisenregion: Jede einzelne dieser syrischen Apfelsinen haben wir uns in den folgenden Tagen in Deutschland geteilt wie einen großen Schatz.

„Ihr werdet sehen: Diesmal wird der Grenzübertritt ruckzuck gehen", versuchte der syrische Pfarrer uns zu ermuntern, als wir uns, eskortiert von einem Fahrzeug des Geheimdienstes, der Grenze näherten. „Diesmal arbeiten nur Bekannte von mir an der Abfertigung. Alles Leute, die hohen Respekt vor christlichen Pfarrern haben!"

Ich blieb misstrauisch, und in der Tat stellte sich die Abfertigung auf syrischer wie auf libanesischer Seite abermals als ein mühevolles Pendeln zwischen den verschiedenen Schaltern dar. An der einen Stelle mussten wir diverse Fragen über unsere Herkunft beantworten, an der anderen unsere Ausreisegebühr bezahlen, schließlich unsere Pässe von den Syrern stempeln lassen und in einem weiteren Büro zeigen, dass sie tatsächlich gestempelt waren – nur um dann auf libanesischer Seite eine ähnliche Prozedur zu durchlaufen. Mal nahm unser syrischer Begleiter uns die Pässe ab, weil er meinte, diesen oder jenen Teil des Verfahrens für uns schneller erledigen zu können, als wir ahnungslosen Ausländer selbst dazu in der Lage wären. Dann wieder musste er unsere Reisedokumente zerknirscht an uns zurückgeben, weil der eine oder andere Schritt doch eben nur von den Passinhabern höchstpersönlich unternommen werden dürfte.

Es war ein älterer libanesischer Soldat, der den guten syrischen Pfarrer schließlich zum völligen Verlust seiner Contenance brachte. Dieser Soldat stand an der Ausfahrt des Grenzterminals. Er war also quasi die „Schlusskontrolle", bevor wir wieder auf die öffentliche, libanesische Straße fahren durften. „Ihr müsst noch einmal zurück", erklärte er ungerührt. „Man kann einen Stempel in diesem Pass nicht lesen."

Gemeint war der Pass meines Vereinsvorsitzenden. Ungläubig blickten wir auf die Seite, auf die der Soldat mit seinem Handrücken schlug. Ganz offensichtlich war das Stempelkissen, mit dem der libanesische

Einreisebeamte gearbeitet hatte, schon ein wenig eingetrocknet gewesen. Der Stempel war in der Tat sehr blass.

„Du glaubst doch nicht im Ernst, dass wir wegen eines lächerlichen Stempels noch einmal zurückfahren?", fragte unser syrischer Begleiter aufgebracht.

„Auf diesem ‚lächerlichen Stempel' kann man das Datum nicht lesen", erklärte der Libanese ruhig. „Dein Freund könnten am Flughafen in Beirut Ärger bekommen, wenn er damit wieder aus dem Libanon ausreisen will. Kein Mensch kann erkennen, wie lange er sich überhaupt im Libanon aufgehalten hat."

„Nun hör mir mal zu", erklärte der Pfarrer mit rot anlaufendem Gesicht, „diese Menschen hier in meinem Auto sind eine offizielle Delegation aus Deutschland, die hier im Nahen Osten für den Frieden arbeiten. Sie haben genügend Zeit an dieser schrecklichen Grenze vergeudet. Ich bin persönlich für sie verantwortlich, und ich weigere mich, sie auch nur einen einzigen Schritt zurückgehen zu lassen."

Langsam wurde die Angelegenheit meinen Kollegen und mir unangenehm. Unser Begleiter war Syrer. Viele Libanesen haben die erst 2005 beendete syrische Besatzung weiter Teile ihres Landes noch längst nicht vergessen. Und dieser Soldat war Libanese. Wir wollten in den Libanon einreisen. Vielleicht, so dachte ich, sollte unser Begleiter jetzt einfach mal die Klappe halten und das tun, was ihm gesagt wurde. Vorsichtig zupfte ich ihn von der Rückbank aus am Ärmel.

Der Libanese bleib weiter ruhig und sachlich: „Man kann den Stempel nicht lesen. Ich fordere dich auf, noch einmal mit deinen Gästen zum letzten Schalter zurück zu fahren, damit ihr einen ordentlichen Stempel bekommt."

Das Gesicht des Syrers war jetzt tief dunkelrot: *„Ana Moutran. Ana Ra'is Kanisah!"* – Ein Bischof sei er und ein Kirchenoberhaupt. Natürlich war er nichts von alledem. Aber es ging hier schon längst nicht mehr um Sachfragen, sondern nur noch darum, wer welche Autorität hatte. Die Sachfrage hingegen war eigentlich klar: Mit einem unleserlichen Datum im libanesischen Einreisestempel hätte der Kollege bei der Ausreise am Flughafen in Beirut schlechte Karten gehabt.

„Es ist mir egal, was du bist. Fahrt noch einmal zurück!"

Was dann geschah, ging so blitzschnell, dass ich es anschließend nur im Zeitlupentempo wieder in meiner Erinnerung zusammensetzen konnte. Unser syrischer Pfarrer hatte abrupt die Fahrertür seines Autos aufgestoßen, war auf den Asphalt gesprungen und hatte den Grenzsoldaten am

Uniformkragen gepackt. Fünf weitere libanesische Soldaten, die die Auseinandersetzung bislang aus der Distanz beobachtet hatten, waren binnen Sekundenbruchteilen herbeigesprungen und umstellten nun unser Fahrzeug. Mit einem metallischen Klacken wurden fast synchron sechs libanesische Gewehre entsichert. Und wir blickten in sechs Gewehrmündungen.

Langsam und wie vom Donner gerührt hob unser syrischer Begleiter die Hände. Ich war mir fast sicher, dass wir nun wohl die Nacht in einem libanesischen Gefängnis zu verbringen hätten und ich meinen Rückflug von Beirut am folgenden Morgen verpassen würde. Aber da trat ein blutjunger Soldat mit schütterem Oberlippenflaum in die Mitte der Bewaffneten: „Lasst es gut sein, Freunde. *Abouna*, gib mir den Pass. Ich werde gehen und den Stempel für dich abholen."

Ein wenig zitternd reichte mein Vereinsvorsitzender seinen Pass aus dem Wagenfenster. Der junge Rekrut nahm ihn entgegen und ging damit fort. Einer nach dem anderen ließen die Soldaten ihre Waffen sinken. Keiner von uns wusste, was er sagen sollte.

Nach wenigen Minuten kam der Rekrut zurück und lächelte: „Jetzt, *Abouna*, jetzt ist der Stempel richtig!"

Unser syrischer Begleiter streckte seine Arme weit aus und umarmte den Rekruten sowie den älteren Soldaten, der uns zuerst aufgehalten hatte, gleichzeitig. Nacheinander küsste er beide auf die Stirn: Die libanesische Armee sei die beste Armee der Welt, und im Übrigen seien Syrer und Libanesen schon immer die besten Freunde gewesen. „Brüder, ich liebe euch!"

Unter den zahlreichen Kindern, die mir an unserer syrischen Schule vorgestellt wurden, fand sich schließlich auch Aboudi. Das erste, was mir an Aboudi auffiel, war sein leerer, ausdrucksloser Blick. Zwar hatte er große, braune Augen wie die meisten syrischen Kinder. Aber etwas war anders mit diesen Augen, die tief in seinem Gesicht lagen, welches von dunkelblonden Locken gerahmt wurde. Ich versuchte ihn anzusprechen, doch es schien, als blickte er durch mich hindurch. „Aboudi ist stumm", sagte mir Layal, die junge Buchhalterin, die hinter mich getreten war.

Es waren die Tage, in denen die Armee des syrischen Diktators Assad sich mit russischer Unterstützung an die Rückeroberung des von den Rebellen gehaltenen Ostteils der Stadt Aleppo im Nordwesten des Landes gemacht hatte. Täglich fielen dort die todbringen Fassbomben des Regimes; täglich gab es Beschuss durch russische Raketen und syrische Artillerie. Aber auch die Rebellen feuerten in die Wohnviertel im Westen der Stadt. Die Flüchtlinge, die jetzt im „Tal der Christen" eingetroffen waren, berichteten, wie aus dem jahrelangen Morden ein bestialisches Abschlachten geworden war, welches keine Regeln der Menschlichkeit mehr kannte.

Ich weiß nicht, warum ich ausgerechnet beim Besuch syrischer Flüchtlinge im Nahen Osten die E-Mail einer deutschen Palästina-Aktivistin auf mein Handy erhielt. Ich bin mir nicht einmal sicher, ob es bei einem Projektbesuch in Syrien selbst war, oder im Kreise syrischer Flüchtlingskinder und -Mütter an der Schneller-Schule im Libanon. Ich weiß nur, dass es eine Nachricht wie aus einer anderen Welt war. Die Aktivistin erklärte in wenigen Zeilen, die israelische Politik gegenüber den Palästinensern sei „der Kern aller nachfolgenden Krisen und Kriege im Nahen Osten und damit eine, wenn nicht die Ursache für die heutige katastrophale Situation." Fassungslos blickte ich auf die Anzeige meines Smartphones. Wie besessen vom israelisch-palästinensischen Konflikt musste man sein, um diesen auch noch als Ursache all dessen zu sehen, was die Menschen jetzt hier in Syrien durchmachten! Und es gab so viele Friedenskämpfer in Deutschland, die sich dermaßen in den israelisch-palästinensischen Konflikt verbissen hatten, ganz gleich, was sonst in der Welt geschah. Ein rein deutsches Problem war dies allerdings nicht. Als der scheidende UN-Generalsekretär Ban Ki Moon im Dezember 2016 noch einmal vor den Sicherheitsrat trat, erklärte er, die „unproportional" hohe Anzahl an „Resolutionen, Berichten und Ausschüssen", die in den zurückliegenden Jahren gegen Israel gerichtet worden seien, hätten die Vereinten Nationen entscheidend daran gehindert, ihre Rolle in der Welt effizient wahrzunehmen.

Aboudis ausdruckslose Augen ließen mich nicht los. Was mussten diese Augen an Furchtbarem gesehen haben, um so trüb in die Welt zu blicken?

„Aboudi ist gezwungen worden, gemeinsam mit seiner Mutter zuzuschauen, wie sein Vater geköpft wurde", erklärte Layal, die noch immer hinter mir stand.

Ich brauchte eine Weile, um diesen Satz zu verstehen.

Beirut ist eine Stadt der Konferenzen. Erst fünf Monate zuvor hatte ich selbst eine akademische Konferenz an der *Near East School of Theology* mitorganisieren dürfen. Um die Bedeutung der Reformation für den Nahen Osten ging es da. Und jetzt, Ende November 2016, war ich schon wieder hier, während Libanesen, Syrer, Palästinenser, Ägypter, Europäer und Nordamerikaner miteinander über die Rolle der Protestanten in einem aus den Fugen geratenen Nahen Osten debattierten.

Auf der Konferenz zur Reformation hatte unter anderem Tarif Khalidi gesprochen. Als Spross der Jerusalemer Notablenfamilie, deren Name in Palästina vor allem wegen der berühmten Khalidi-Bibliothek so bekannt war, hatte ihn sein Weg über Oxford und Princeton an die Amerikanische Universität von Beirut geführt. Jetzt, am Ende seines Lebens, musste Khalidi in seinen Aussagen auf niemanden mehr Rücksicht nehmen. Ob der Islam einen Martin Luther brauche, war er gefragt worden. Ja, natürlich, hatte Khalidi schmunzelnd entgegnet. Er selbst habe Martin Luther dessen Hetze gegen den Islam und gegen die Türken längst vergeben, da diese Hetze auch nichts anderes gewesen sei als das, was der Reformator an Hässlichem gegen Katholiken, Juden, Wiedertäufer, aufständische Bauern und viele mehr gesagt habe. Natürlich brauche der Islam viele Martin Luthers, welche diese Religion zu ihren Quellen zurückführten. Eine klassische muslimische Debatte habe stets gelautet: „Der Gelehrte A sagt dies – der Gelehrte B sagt das – ich sage jenes – aber Gott allein weiß, was richtig ist, denn nur Gott ist *das* Wissen." Heute hingegen gebe es mehr und mehr junge Leute, die argumentierten: „Der Islam sagt..." Solch ein Unsinn, hatte Khalidi sich echauffiert. „*Der* Islam", wer solle das denn wohl sein?

In dem Altenwohnheim, in welchem mich unsere Beiruter Partnerkirche einmal dankenswerter Weise untergebracht hatte, kam eines Morgens beim Frühstück eine ältere Dame an meinen Tisch. „Nehmen Sie auch an der Konferenz teil?", hatte sie in charmantem, wohlklingendem Englisch gefragt. Ich war irritiert. Woher konnte eine alte Frau in einem Altersheim davon wissen, was ich hier tat – zumal die Veranstaltung, die ich besuchte, gewiss nicht in der Lokalpresse vorkam? Erst später ging mir auf, dass die Frau an Demenz litt. Und diese eine Frage, „nehmen Sie auch an der Konferenz teil?", stellte sie jedem Ausländer, der in einem der Gästezimmer des Altenheims untergekommen war. Denn was sollte ein Ausländer in Beirut auch anderes tun, als an einer Konferenz teilzunehmen? In Sharm el-Sheikh mochte man einen Touristen nach der Qualität des Strandes fragen, in Paris nach den Museen und in Rom nach den Kirchen. In Beirut fragte man eben, wenn man sonst nichts mehr verstand, nach „der" Konferenz.

Auf der Konferenz, die ich im November 2016 besuchte, lagen bei den Einheimischen wie bei den Besuchern die Nerven blank. Die

Schlacht im nicht weit entfernten, syrischen Aleppo ging dem Ende entgegen, und viele im Konferenzsaal des noblen *Gefinor Rotana* Hotels hatten das Gefühl, von den jeweils anderen nicht verstanden zu werden. „Ich habe die schönen Worte so satt", erklärte ein aus dem Westen Aleppos angereister Pfarrer mit unendlich müdem Gesicht. Ihr in Europa und Amerika, ihr bekommt immer nur die Videoclips aus dem Osten unserer Stadt geliefert. In euren Herzen leidet ihr mit den Terroristen dort, wenn sie beschossen werden. Aber vom Leiden in Westaleppo, von dem Beschuss und den Zerstörungen, denen auch wir täglich ausgesetzt sind, von unseren verbrannten Kirchen, wollt ihr nichts wissen und nicht hören. Wir können nicht mehr. Wir wollen nicht mehr. Wann wird die Welt endlich wach und hilft, dem Leiden bei uns ein Ende zu bereiten?

Unten auf der Straße vor dem Hotel traf ich den Vertreter einer internationalen kirchlichen Organisation, der es nach Aleppo hinein geschafft hatte und gerade zurückgekehrt war. „Man glaubt gar nicht, wie relativ normal die Situation im Westen Aleppos ist", erklärte er mir. „Die Leute gehen aus, besuchen abends die Restaurants... Dabei verhungern wenige Dutzend Meter entfernt, im belagerten Osten der Stadt, die Menschen." – Und als wenige Tage später Ostaleppo gefallen war, da zogen die Menschen hupend, jubelnd und fahnenschwingend durch die zerstörten Straßen der Stadt, aus denen gerade Zehntausende von der „anderen Seite" evakuiert worden waren.

Ein wenig erinnerte mich das an die Debatten über die israelische Blockade des Gazastreifens und den Beschuss der israelischen Stadt Sderot durch palästinensische Raketen aus Gaza. Natürlich waren diese fiesen, kleinen Raketen, die stets ohne Vorwarnzeit auf die israelischen Gemeinden am Rande des Gazastreifens niederregneten, ein zermürbendes Terrorinstrument. Manches Mal hatte ich in Sderot in Gesichter geblickt, die ebenso müde wirkten wie das meines Kollegen aus Westaleppo. Und doch war es noch ein relativ normales Leben in Sderot – verglichen mit dem, was in Gaza los war, wenn die israelische Armee dort wieder einmal eine militärische Aktion vornahm. Sicher waren Ausmaß und Art des Leidens in beiden Fällen nicht vergleichbar. Aber die müden Gesichter und die Gegensätzlichkeit der Narrative waren es. Wer im Kreise von Israelis darauf hinwies, dass der Raketenbeschuss aus Gaza wohl auch mit der israelischen Blockade dieses palästinensischen Gebietes zu tun hatte, konnte sich viel Ärger einhandeln. Ebenso wie derjenige, der seinen palästinensischen Freunden mitteilte, sie hätten dafür zu sorgen, dass ihre Extremisten den Raketenbeschuss Israels einstellen –

da anders mit einer Aufhebung der israelischen Blockade nicht zu rechnen sei. „Du beschuldigst die Opfer", hieß es dann stets in beiden Fällen.

„Was Aleppo angeht, erleben wir gerade ein zermürbendes Ringen um die Deutungshoheit der Ereignisse", erklärte mir meine Kollegin aus der Presse- und Öffentlichkeitsarbeit. So war es wohl.

„Wir würden so gerne für euch eintreten", erklärte ich auf einem Podium der Konferenz. „Aber wir wissen nicht, was ihr eigentlich konkret von uns fordert. Wollt ihr, dass wir Lobbyarbeit bei unseren Politikern leisten, zugunsten einer internationalen Intervention? Wer soll denn dann eurer Meinung nach intervenieren? Die UN, die NATO, Amerika, Russland? Unter welchem Mandat und auf wessen Seite? Sollen wir uns dafür stark machen, dass irgendjemand hier militärische Unterstützung erhält? Und wer? Oder sollen wir für die Einrichtung ‚geschützter Zonen' für Christen und andere bedrängte Minderheiten eintreten? – Wenn ja: Wer genau sollte die schützen? Und wie? Wären Flugverbotszonen in eurem Sinne? Seid ihr euch darüber im Klaren, dass die dann insbesondere für die Armee eurer Regierung gelten würden, die viele von euch immer noch als ihren Schutz sehen? Sollten wir nicht besser in Europa darauf hinwirken, dass mehr Flüchtlinge menschenwürdig aufgenommen werden? Oder würden das eure Kirchenleitungen als feindlichen Akt verstehen, durch den wir das Verschwinden der Christen aus dem Nahen Osten befördern? – Verzeiht mir, aber eure unterschiedlichen Stimmen sind so verwirrend, dass wir gar nicht genau wissen können, was ihr von uns wollt."

Ich ahnte, dass mein Statement nicht auf Begeisterung stoßen würde. „Warum beschuldigst du diese armen, leidenden Menschen, dass sie untereinander uneins seien?", fragte mich mein arabischer Gesprächspartner. „Schau dir doch diesen guten, erschöpften Pfarrer aus Aleppo an. Diese Menschen klammern sich an jeden Hoffnungsstrohhalm, der ihren von den unterschiedlichen Seiten vors Gesicht gehalten wird. Nur deswegen sind sie uneins. Und übrigens: In euren Kirchen in Deutschland besteht zu politischen Fragen ja auch nicht immer harmonische Einigkeit. Daran solltest du denken, bevor du die Opfer beschuldigst!"

Zahlreiche Teilnehmer im Saal applaudierten meinem arabischen Gesprächspartner. „Was wir genau von euch wollen, können wir dir durchaus sagen", erklärte mir der Vorsitzende einer christlichen, libanesisch-syrischen Nichtregierungsorganisation. „Wir wollen nur noch Ruhe und Frieden. Wir haben keine großen politischen Ambitionen mehr. Nur den Krieg, den haben wir so satt. Darum sollten eure Regierungen im Westen endlich aufhören, die Terroristen zu unterstützen, und es zulassen, dass unsere gewählte Regierung in Syrien für friedlichere Verhältnisse sorgt. Mehr wollen wir ja gar nicht von euch. Und manchmal haben wir das Gefühl, dass auf der ganzen Welt nur die Russen unser Anliegen begriffen haben."

Abermals Applaus im Saal.

Kurz darauf saß ich mit einem Vertreter christlicher Schulen in der Region zusammen. „Was wir genau von euch wollen, kann ich dir durchaus sagen", erklärte er mir. „Wenn der syrische Diktator nicht endlich aufhört, mit russischer Unterstützung sein eigenes Volk zu ermorden, dann sollten eure Regierungen endlich den Russen ein Signal geben: ‚Bis hier her und nicht weiter!' Wir haben keine großen Ambitionen mehr. Nur den Krieg, den haben die Menschen so satt. Wenn die Russen mit ihren Kampfjets den syrischen Diktator nicht am Leben erhalten hätten, dann wäre dieser Krieg doch schon längst zu Ende."

„Aboudis ganze Familie hatte versucht, aus dem von der islamistischen Al-Nusra-Front gehaltenen Gebiet herauszukommen", erklärte mir Layal. „An einem Checkpoint haben sie seinen Vater dann gegriffen und von ihm gefordert, für sie in den Krieg zu ziehen. Doch der Vater hat sich geweigert, mit ihnen zu kommen. Er musste sich dann vor den Augen von Ehefrau und Kind auf den Boden knien. *Und dann haben sie ihm mit einem Messer einfach den Kopf abgeschnitten. Das Messer war stumpf, und die Hinrichtung brauchte lange*, hat mir Aboudis Mutter erzählt."

Aboudi nahm einige von den Legosteinen, die auf dem Tisch lagen, und baute einen Turm. Nachdem der Turm eine schöne Höhe erreicht hatte, zerbrach er ihn in der Mitte.

Einige Wochen später erhielt ich eine E-Mail von Layal. „Reverend Uwe", schrieb sie, „Du wirst es nicht glauben, aber *Aboudi spricht wieder!*" Ich konnte es tatsächlich kaum glauben. Denn die Situation für dieses Kind war mir so aussichtslos erschienen. Es wäre so dringend notwendig gewesen, einen gut geschulten Traumapsychologen in das Projekt zu schicken, um Kinder wie Aboudi zu betreuen. Aber es gab keine gut geschulten Traumapsychologen mehr in Syrien. Und jemanden aus Deutschland zu schicken, wäre viel zu gefährlich gewesen. Also hatte sich der örtliche Pfarrer – der, der uns einmal in eine heikle Situation an der syrisch-libanesischen Grenze gebracht hatte – seiner pastoralpsychologischen Zusatzausbildung entsonnen und damit begonnen, sich persönlich um Aboudi zu kümmern. Mit Gesprächen und Spielen, jeden Tag. Und irgendwann hatte Aboudi tatsächlich wieder die ersten Sätze gesprochen und den Pfarrer „Vater" genannt.

Eine psychologische Hilfe nach international anerkannten Standards war das gewiss nicht. Und doch viel mehr als nichts. „*Alles ist wieder gut*", schrieb mir Layal. Nein, nichts war wieder gut. Die Verwundungen, die hier entstanden waren, konnte man nie wieder gut machen. Aber man konnte lernen, irgendwie damit zu leben. Und genau dies taten unsere Freunde in Syrien. Dabei gilt in unsicheren Zeiten und angesichts einer immer größer werdenden, „verlorenen Generation" von Kindern, die viel Krieg und wenig Bildung kennengelernt haben, wohl eines: Jeder Tag, jede Woche, jeder Monat und jedes Jahr, in denen ein Kind glücklich sein darf, und alles bekommt, was es für den Leib und für den Geist zum Aufwachsen benötigt, sind ein geschenkter Tag, eine geschenkte Woche, ein geschenkter Monat, ein geschenktes Jahr. Und das Projekt in Syrien hatte von Anfang Januar 2014 bis Ende Dezember 2016 unzähligen Kindern bereits drei geschenkte Jahre gegeben. Allein aus diesem Grund war es allen Einsatz wert – und so wurde schon bald eine zweite, bis 2019 reichende, Projektphase eröffnet.

An einem Sonntag im Advent 2016 ging ich in das libanesische, christliche Dorf Khirbet Kanafar hinauf, gerade oberhalb der Schneller-Schule. Ich wollte einen Gottesdienst besuchen, war mir aber noch nicht ganz sicher, ob ich zu den Maroniten oder zu den Griechisch-Katholischen, also den Melkiten, gehen sollte. Die Sonne strahlte mit aller Kraft des Spätherbstes vom Himmel, und es war noch warm. Ein Auto hielt neben mir, in dem eine kleine libanesische Familie saß: Vater, Mutter und ein etwa fünfjähriger Sohn. Ob ich etwa auf den Weg zur Kirche sei – dann dürfe ich gerne im Auto mitfahren.

So nahmen sie mir die Entscheidung ab: Es war die melkitische Kirche, zu der sie fuhren.

Wer ein Sakralgebäude der Ostkirchen betritt, kommt in eine andere Welt. Halbdunkel umfing mich, und ich tauchte die Hand in das Weihwasserbecken rechts neben der Tür, um mich zu bekreuzigen. Als sich meine Augen an die Lichtverhältnisse gewöhnt hatten, nahm ich die vielen, strahlenden Bilder dieser Kirche wahr, die Ikonen. An der Ikonostase vorne standen einige ältere Frauen, die die Heiligenbilder berührten, küssten, Kerzen davor entzündeten und sich ebenfalls bekreuzigten.

Keine Bilderanbetung war dies, sondern ein seit Jahrtausenden erprobter „Kanal" zum Göttlichen selbst.

Ganz unspektakulär trat der Priester vor seine Gemeinde, ohne große Begrüßung, ohne Ansage, welcher Sonntag im Jahreskreis dies sei. Die Liturgie fing einfach an, die Gesänge wogten hin und her zwischen dem Priester, dem Diakon und der Gemeinde, und bald ließ auch ich mich von diesem jahrtausendealten Strom davontragen. Die Kirche war mit Frauen, Männern und Jugendlichen gut gefüllt, ohne dass ihnen irgendjemand einen „zielgruppenspezifischen" Gottesdienst geboten hätte. Von draußen war aus der Ferne eine Explosion zu hören, und es war schwer zu sagen, ob es sich um ein Artilleriegeschoss auf der syrischen Seite der nur 20 Kilometer entfernten Grenze handelte, oder ob ein libanesischer Jäger mit einem zu großen Gewehr auf Spatzen geschossen hatte.

Was hier drinnen geschah, war die Heilige Liturgie als von Generationen erprobte Gegenrealität zu der „Welt, wie sie ist". Eine Gegenrealität, die nicht zur Weltflucht verleiten will, sondern dem gläubigen Menschen die so dringend benötigte Kraft gibt, um die Welt da draußen zu meistern. Natürlich haben auch in dieser Kirche die Menschen immer wieder mit der Welt da draußen gehadert. An den vielen Bildern, die den Propheten Elias zeigten, konnte man erkennen, dass es sich um eine Mar-Elias-Kirche handelte. Auf einem Bild war der Prophet zu sehen, wie er, der biblischen Erzählung zufolge, gerade den Baalspropheten auf dem Carmel die Köpfe abgeschlagen hatte. Die Heiligen Schriften von Christen und Juden sind eben genauso wenig frei von brutaler Gewalt wie das Heilige Buch der Muslime. Es kam nur darauf an, was man daraus machte. Einer der abgeschlagenen Köpfe auf dem Bild trug eine Art Turban, der an die Kopfbedeckungen traditioneller Muslime erinnerte. War dies ein Zeugnis antimuslimischer, christlicher Militanz? Ich vermutete eher, dass dieses Bild mit dem Morden zwischen Drusen und Christen zu tun hatte, welches 1860 nicht weit von hier stattgefunden hatte, und aus dem die ersten Kriegswaisen hervorgegangen waren, mit denen Johann Ludwig Schneller dann in Jerusalem das Syrische Waisenhaus gründete. Dieses Bild – eine Phantasie von Verfolgten und Bedrängten, die praktisch gar nicht in der Lage waren, ihren Feinden die Köpfe abzuschlagen, und die dann in der Malerei ein Ventil fanden. Ähnliches kann man an so vielen Stellen im Alten Testament entdecken.

„Nehmt und esst alle davon" – wieder sprach der Priester die Einladung des lebendigen, *kosmischen Christus*, von dem die Katholiken wie die Orthodoxen sprechen: Christus, der sich selbst schenken will, ganz leiblich, in Wein und Brot – um die Welt damit zu durchdringen und zu transformieren. In der arabischen Sprache „*kullert*" das „esst alle" (so hört es sich an, weil beide Begriffe auf Arabisch – wie übrigens auch auf Hebräisch – die Wurzelbuchstaben K und L enthalten) geradezu dahin und dem Gottesdienstbesucher entgegen; nach meinem Empfinden auf ökumenische Weite ausgelegt und niemanden von vornherein ausschließend. In dieser Kirche war ich ein Unbekannter, so meinte ich, also stellte ich mich in die Reihe derer, die nach vorne gingen, um Leib und Blut Christi zu empfangen. Ich öffnete den Mund, und der Priester legte mir das duftende, mit Rosenwasser gebackene und in den süßen Messwein getauchte Brot auf die Zunge. Wie gut das tat!

Vielleicht, so ging es mir durch den Kopf, war der Muristan in Jerusalem ja genau so etwas wie die Liturgie in dieser melkitischen Kirche am Rande des Schuf-Gebirges: Nicht selbst ein „verrückter" Ort, und mit einem „Irrenhaus", wie es manche Übersetzer glauben machen wollen, hatte er schon gar nichts zu tun. Vielmehr war er ein Fels in der Brandung, ein Ort der Heilung (und insofern tatsächlich ein „Krankenhaus") in einer total verrückten Welt.

Wo die Narrative neben- und gegeneinander standen, wo unbarmherzig um die Deutungshoheit angesichts des tagespolitischen Geschehens gerungen wurde, da gab es an Orten wie dem Muristan in Jerusalem tatsächlich Begegnung von Verschiedenen, Gespräche von Hörenden, einen Diskurs von Lernenden und ganz viele Gebete von Gottsuchenden. Ein Ort wie der Muristan war nicht allein neutraler, sondern heiliger Grund.

Es war ein Privileg, einige Jahre am Muristan leben zu dürfen und schließlich weit darüber hinaus in der Region Dienst zu tun. Und es war eine Gnade, dass ich dieses Privileg mit meiner Familie, mit Nilar und Jonathan, teilen durfte. Für diese Gnade bin ich dankbar.

Interreligiöse Perspektiven

Moritz Gräper
Jesus im Koran
Ein Beitrag zum christlich-muslimischen Gespräch
„Das vorliegende Buch bietet eine Grundlage dafür, trotz bleibender Unterschiede zwischen Islam und Christentum die jeweils andere Tradition in ihrer Andersheit zu würdigen und als authentischen Ausdruck der Erfahrung von Gottes Selbsterschließung anzuerkennen, und liefert damit eine wichtige Basis für einen theologischen Dialog zwischen Muslimen und Christen."
Mouhanad Khorchide
Bd. 7, 2014, 88 S., 24,90 €, br., ISBN 978-3-643-12759-4

Johanna-Elisabeth Giesenkamp; Elisabeth Leicht-Eckardt; Thomas Nachtwey
Inklusion durch Schulverpflegung
Wie die Berücksichtigung religiöser und ernährungsspezifischer Aspekte zur sozialen Inklusion im schulischen Alltag beitragen kann
Dieses Buch informiert über die Erfassung des schulspezifischen Bedarfs und Kommunikationsmöglichkeiten religionsadäquater Schulverpflegung, vor allem für Schulen mit hohem Migrationsanteil. Religionsadäquate Planung, Beschaffung, Lagerung, Herstellung und ein Angebot von Speisen und Getränken sind Grundlagen einer sozialen Inklusion. Mit Vertretern aus Ökotrophologie und Pädagogik, unterschiedlicher Religionen und Speiseanbietern sind religiöse Speisevorschriften aufbereitet für die konkrete Umsetzung in der Schulverpflegung, basierend auf den Empfehlungen der Deutschen Gesellschaft für Ernährung e.V.
Bd. 6, 2. Aufl. 2013, 136 S., 24,90 €, br., ISBN 978-3-643-12051-9

Johannes Boldt
Gotttrunkene Poeten
Juan de la Cruz und die Sufi-Mystik
„Im Zeitalter des interreligiösen Dialogs bietet es sich geradezu an, die mystischen Dimensionen der geistig eng verwandten Religionen Christentum und Islam auf tiefe Gemeinsamkeiten hin zu erschließen."
Der Theologe Johannes Boldt vergleicht die vielschichtigen Aussagen des spanischen Mystikers Juan de la Cruz mit denen von Sufis und Derwischen, Mystikern des Islam, so Rumi, Ibn al-Arabi, Hallaj, Attar u.a. Er zeigt am Beispiel teilweise noch wenig bekannter Texte aus dem großen Schatz der Poesie christlicher und islamischer Mystik verblüffende Gemeinsamkeiten in den Symbolen, Metaphern, Bildern und allegorischen Darstellungen. Und er öffnet so den Blick dafür, dass mystische Erfahrung – ob nun der Christen oder Muslime – das Bewusstsein für eine tiefe Verbundenheit der unterschiedlichen Religionen über alle dogmatisch fixierten Grenzen hinweg weckt.
Dr. Gerhard Schweizer, Wien
Bd. 5, 2013, 184 S., 19,90 €, br., ISBN 978-3-643-12002-1

Hilke Jabbarian
Der Schleier in der Religions- und Kulturgeschichte
Eine Untersuchung von seinem Ursprung bis zu den Anfängen der Islamischen Republik Iran
Bd. 4, 2009, 136 S., 19,90 €, br., ISBN 978-3-8258-1938-5

Franco Rest
Zweig und Stock
Geschichte eines religionsdialogischen Nachtgesprächs
Bd. 3, 2008, 152 S., 19,90 €, br., ISBN 978-3-8258-1535-6

Stanislaw Korzeniowski
Islam für Neugierige
Ein Überblick mit ‚Sitz im Leben'
Bd. 2, 2008, 72 S., 14,90 €, br., ISBN 978-3-8258-0898-3

LIT Verlag Berlin – Münster – Wien – Zürich – London
Auslieferung Deutschland / Österreich / Schweiz: siehe Impressumsseite

Konfrontation und Kooperation im Vorderen Orient
hrsg. von Prof. Dr. Ferhad Ibrahim

Basil Maghalseh
Die Stadt Jerusalem als zentraler Prüfstein für den Friedensprozess im Nahen Osten
Eine Analyse der palästinensisch-israelischen Verhandlungen anhand ausgewählter Initiativen zur Jerusalemfrage
Der Status der Stadt Jerusalem gilt als eines der Kernprobleme des Nahostkonflikts. Wie in einem Brennglas spiegelt Jerusalem die unterschiedlichen Aspekte des Gesamtkonflikts wider. Eine Beilegung des Gesamtkonflikts bleibt ohne Lösung der Jerusalem-Frage unwahrscheinlich. Der Band analysiert den palästinensisch-israelischen Verhandlungsprozess in ausgewählten Verhandlungskonstellationen, nämlich Camp David im Sommer 2000, die Parameter von US-Präsident Bill Clinton im Dezember 2000 und die Taba-Verhandlungen im Januar 2001. Im Zentrum steht die Frage, an welchen Konstellationen diese Verhandlungen trotz konstruktiver Lösungsversuche und Annäherungen gescheitert sind.
Bd. 16, 2017, 356 S., 39,90 €, br., ISBN 978-3-643-13746-3

Susanne Krause
Strategische Ambivalenz? – Die strategische Kultur Syriens unter Hafiz und Bashar al-Assad
Seit Jahrzehnten wird Syrien vorgeworfen, die Nahost-Region durch Terrorismussponsoring und Chemiewaffenproliferation zu destabilisieren. Die Untersuchung verlässt diese reine Außensicht: Sie arbeitet theoriegeleitet einen umfassenden sicherheitspolitischen Handlungskontext aus der Assad-Perspektive heraus. Dabei zeigt sie, warum die strategische Kultur Syriens Kennzeichen einer Ambivalenz trägt und strategische Klarheit für das Regime unattraktiv ist. Diese Erkenntnis ist für die Ursachenforschung in der Rüstungskontrolle ebenso signifikant wie für die Terrorismusbekämpfung.
Bd. 13, 2016, 460 S., 39,90 €, br., ISBN 978-3-643-13033-4

Melanie Carina Schmoll
Die Kooperation zwischen Israel und Jordanien
Ein Sicherheitsregime als Weg zur Lösung eines Sicherheitskonflikts?
Die Kooperation zwischen Israel und Jordanien stellt einen wenig beachteten Sonderfall im Nahen Osten dar. Die Autorin analysiert die gemeinsame Kooperation seit der Unterzeichnung des Friedensvertrages 1994 und zeigt auf, dass es sich bei der Zusammenarbeit um eine robuste Sicherheitskooperation im Rahmen eines Sicherheitsregimes handelt. Vor allem die Binnenwirkung des Regimes wird theoriegeleitet analysiert und nachgewiesen. Das Sicherheitsregime reguliert erfolgreich den Sicherheitskonflikt zwischen beiden Staaten und hat trotz aller Widrigkeiten in der Region bestand.
Bd. 12, 2008, 376 S., 34,90 €, br., ISBN 978-3-8258-1749-7

Matthias Luterbacher
Frieden am Jordan?
Der jordanisch-israelische Friedensvertrag vor dem Hintergrund des Nahostkonflikts
Der Frieden im Nahen Osten erleidet stets Rückschläge. Trotzdem gibt es im ganzen Chaos Hoffnungsschimmer und kleine Inseln des Friedens, die Teilen der Region Ruhe und Stabilität bringen können. Der Autor stellt die Frage, ob der Friedensvertrag zwischen Jordanien und Israel vom 26. Oktober 1994 eine solche Insel des Friedens darstellt, zeigt den Weg von der Konfrontation zur Kooperation am Jordan auf und beleuchtet die Effekte des Vertrags auf die jordanische Wirtschaft, Innen- und Aussenpolitik. Ein Buch mit grösstem Aktualitätsbezug, da auch in Jordanien wegen der Folgen des Friedensvertrags Terrorgefahr lauert.
Bd. 11, 2004, 488 S., 34,90 €, br., ISBN 3-8258-8276-4

LIT Verlag Berlin – Münster – Wien – Zürich – London
Auslieferung Deutschland / Österreich / Schweiz: siehe Impressumsseite

Fokus ISRAEL (Auswahl)

Deutsch-Israelische Bibliothek

Henning Niederhoff
Trialog in Yad Vashem
Palästinenser, Israelis und Deutsche im Gespräch. Mit einem Geleitwort von Noach Flug
Palästinenser, Israelis und Deutsche sind durch ihre jeweilige Geschichte miteinander verknüpft. Aber Palästinenser und Israelis nehmen fast ausschließlich ihre eigene Geschichte und ihr eigenes Leid wahr.
Niederhoffs authentischer Bericht, in dem die Teilnehmer des *Trialogs* selber ausführlich zu Wort kommen, handelt von dem Versuch, Palästinenser, Israelis und Deutsche an dem schmerzhaften Punkt ihrer jeweiligen Geschichte zusammen zu bringen: dem Holocaust und der Nakba.
Bd. 4, 4. Aufl. 2011, 224 S., 14,90 €, br., ISBN 978-3-643-10226-3

Bibelstudien

Hans-Joachim Seidel
Nabots Weinberg. Ahabs Haus. Israels Thron
Textpragmatisch fundierte Untersuchung von 1 Kön 21 und seinen Bezugstexten
Die Geschichte vom Weinberg Nabots darf als bekanntestes Beispiel prophetischer Sozialkritik gelten. In Goethes Faust II dient sie als Paradigma für das Herrschen.
Diese Untersuchung möchte 1 Könige 21, Nabots Weinberg und das darauf bezogene Schicksal des Königshauses „Ahab von Israel", als kommunikative Einheit darstellen. Darin will die Weinberg-Geschichte ein Ruf zur Verantwortung für den Herrschenden sein. In der Geschichte des Herrschens in Israel ist nach der Auffassung zentraler Texte der Königebücher der HERR selbst gegenwärtig mit seinem Maßstab von „guter" und „böser" Herrschaft.
Bd. 7, 2011, 328 S., 29,90 €, br., ISBN 978-3-643-11357-3

LIT Premium

Yehuda Bauer
Wir Juden – Ein widerspenstiges Volk
„Mich fasziniert das jüdische Volk und seine Geschichte. Von Anfang an war mir klar, dass man dies auf einem noch breiteren Hintergrund sowohl ‚vertikal' als auch ‚horizontal' tun sollte: Vertikal in dem Sinne, dass eine tiefere historische Perspektive notwendig ist, aber ‚horizontal' ebenso, da die Juden das erste Volk waren, das über die ganze bekannte Welt und schließlich über den Globus verstreut wurde. Das jüdische Volk übernahm große Teile seiner Zivilisation von anderen Völkern und beeinflusste sein erseits viele andere Völker und letztendlich die ganze Welt. Jüdische Geschichte lässt sich nur so angemessen behandeln. Die letzten 50 Jahre habe ich damit zugebracht, den Völkermord an den Juden, der gemeinhin als ‚Holocaust' bezeichnet wird, zu erforschen. Den Schwerpunkt der letzten 30 Jahre bildete der Antisemitismus. Mit dem Völkermord im Allgemeinen und wie man ihn verhindern kann, setzte ich mich in den letzten 15 Jahren auseinander. Aus diesem Blickwinkel schaue ich auf die jüdische Geschichte, auf Vergangenheit und Gegenwart. In meinem Buch geht es um die Vergangenheit mit einem Blick auf die Zukunft, die Vergangenheit des jüdischen Volkes, mit seiner langen, schwierigen, schmerzvollen und so aufregenden Geschichte." (Yehuda Bauer)
2015, 338 S., 34,80 €, br., ISBN 978-3-643-12605-4

LIT Verlag Berlin – Münster – Wien – Zürich – London
Auslieferung Deutschland / Österreich / Schweiz: siehe Impressumsseite